JN449413

현대 지방재정의 주요 이론

한국행정학회 재무행정연구회

권오성 · 김재영 · 김정완 · 남창우 · 박민정
박정수 · 신무섭 · 엄태호 · 유금록 · 윤성채
이정만 · 인태환 · 전상경 · 황수연

도서출판 대영문화사

머리말

우리나라에서 지방자치가 본격적으로 시행된 지도 벌써 15년 가까이 되었다. 지방자치 시대에는 각 지방자치단체가 주민들의 요구를 적기에 반영하여 행정 서비스를 효과적으로 제공하지 않으면 안 된다. 지방자치단체들이 의욕적으로 각종 사업을 추진하려고 하면 자치단체의 재정력이 장애 요인으로 작용하는 경우가 매우 많다. 지방자치가 본래의 기능을 성공적으로 수행하기 위해서는 국가사무의 지방 이양을 통한 국가사무와 지방사무의 적정 배분과 함께 지방사무를 효과적으로 수행하는 데 관건이 되는 재정력을 강화하고 지방재정을 합리적이고 효율적으로 운용하지 않으면 안 된다. 하지만 우리나라 지방재정의 현실을 보면 아직도 지방재정력은 상당히 취약한 상태를 벗어나지 못하고 있으며, 지방재정의 운용 과정에서도 비효율적이고 낭비적인 관행들이 상당히 나타나고 있다.

최근 5년 사이 우리나라 지방재정 제도는 크게 변화되었다. 지방재정 운영의 기본 틀이 통제와 투입 중심에서 자율과 성과 중심으로 전환되고, 지방자치단체 회계제도가 단식부기・현금주의회계에서 복식부기・발생주의회계로 바뀌었으며, 지방예산제도에 사업예산제도가 도입되었다. 또한 지방재정조정제도에서 지방양여금제도와 증액교부금제도가 폐지되고, 국가균형발전특별회계와 분권교부세제도, 부동산교부세제도가 도입되었으며, 지방채를 발행할 때 지방채총액한도제가 도입되었다.

한국행정학회 재무행정연구회에서는 지방자치단체들의 재정력을 강화하고 지방재정을 생산적으로 운용하는 데 기여하기 위해 지방재정을 연구하는 사람이면 누구나 한 번쯤 정독할 가치가 있는 지방재정에 관한 외국의 핵심적인 논문들을 엄선하여 논문별로 주요 내용을 소개하고 각 논문의 학문적 기여도와 한계를 평가한 『현대지방재정이론』을 발간하기로 의견을 모으고, 전임 한국행정학회 재무행정연구회장을 역임한 전북대학교 신무섭 교수를 중심으로 작년부터 원고를 집필해 왔다. 그러나 본래 계획한 책의 제목에 상응할만큼 충분한 논문들이 포함되지 못했다고 판단하여 『현대 지방재정의 주요 이론』이라는 제목으로 책을 발간하게 되었다.

이 책에서는 지방재정과 지방분권이론, 지방예산결정이론과 지방세출의 생산성 분석, 지방세입론과 지방재정조정이론, 지방재정관리 등에 걸쳐 20편의 논문을 포함했다. 참여정부에 이어 이명박 정부에서도 지방분권에 역점을 두고 있는 시대적 흐름을 반영하여 재정분권과 지방재정 조정에 관한 논문들을 다수 포함했다. 하지만 아쉽게도 본래의 의도와는 달리, 지방재정을 연구하는 행정학자들을 중심으로 원고를 작성하다보니 집필자의 수가 제한되고 발간 일정이 촉박하여 지방재정에 관한 핵심적인 논문들을 포괄적으로 다루지 못했다. 특히 지방세입론에 관한 논문들이 많이 포함되지 못한 점에 대해 매우 아쉽게 생각한다. 이 분야에 관한 내용은 앞으로 개정판을 발간할 때 보완하려고 한다.

아무쪼록 이 책이 우리나라 지방재정에 관한 경험적 연구를 토대로 실효성 있는 정책적 대안 제시를 활성화하고 지방재정의 합리적 운용을 통한 지방재정력의 강화에 도움이 되기를 기대한다. 특히 이 책은 지방재정을 연구하는 학부 고급 학년과 대학원의 석사 또는 박사 과정의 참고 교재로 활용될 수 있을 것이다.

끝으로 지난 1년 동안 이 책의 발간을 기획하고 원고를 취합하는 과정에서 많은 수고를 하신 신무섭 전임 회장님과 공사다망한 가운데 많은 시간적 제약 속에서도 이 책의 발간에 적극적으로 협조해 주신 집필자들의 노고에 대해 감사드린다. 또한 이 책의 출판을 흔쾌히 수락해 주신 대영문화사의 임춘환 사장님과 이 책의 편집을 위해 많은 수고를 아끼지 않은 관계자 여러분께도 깊은 사의를 표한다.

2009년 6월
한국행정학회 재무행정연구회 회장 유금록

차 례

제 3 편 지방세입과 지방재정조정

제 4 편 지방재정 관리

제 1 편 지방재정과 재정분권

1 돌러리와 왈리스의 시장실패와 지방정부

박정수
(이화여자대학교 교수)

제 1 절 머리말

지방으로의 권한이양에 대한 선진국 사례는 권한이양의 주도권을 중앙정부가 쥐고 있었음을 보여 준다. 1929년 영국 중앙정부는 실업 해결을 위해 적극적인 복지 권한을 지방정부에게 부여했지만, 1934년 이 권한을 거둬들였고, 미국은 1902년 재정 수입의 82%를 지방정부가 사용했으나, 1982년에는 43% 수준으로 줄어들었다. 또한 역사적 경험에 의해 지방정부의 역할이 제한된 경우도 있었는데, 19세기 영국의 위임통치를 수행하던 지방정부에 대한 반감이 호주 지방정부의 역할 축소의 계기가 되었다.

경제학자들은 다양한 이론적 연구와 경험적 연구를 토대로 재정 연방주의(fiscal federalist) 접근법과 시장실패 패러다임의 두 가지 연구 방법을 제안했다. 먼저 재정연방주의 접근법은 정부의 다계층 체계(multi-level system of government) 안에서 재정 지출 기능을 분권화(decentralization)를 통해 효율성과 형평성을 강화하고자 했다. 하지만 이 모형의 유용성에도 불구하고 특정 서비스에 대한 편익(benefits)의 범위를 정의하기 어렵고, 편익을 주는 특정 관할을 확정하기 어려우며, 지역에 따라 서로 다른 서비스를 제공하게 되므로 동질의 서비스를 공급할 수 없다는 한계가 있다. 다른 방안인 시장실패 패러다임은 경제의 최적성을 추구하는 공공 정책결정자들(public policy makers)에게 유용한 지침을 제공하고 시장 경제에서 공공 부문을 위한 경제의 우선적 역할 확정과 분권화된 경제 결정 과정에서의 시장과 정부 부문을 비교할 수 있도록 함으로써 지방정부의 경제 역할을 정립하고자 했다.

외부효과(externalities), 불완전한 시장(imperfect markets), 정보 비대칭(information asymmetric), 공공재(public goods)와 같은 시장실패의 교정을 위해 정부가 시장에 개입하기 시작했고, 연방 체제에서는 지방공공재와 서비스의 효율적 공급과 지역 주민들의 지지를 확보하기 위해 중앙정부와 지방정부가 경쟁하기에 이르렀다(Tiebout, 1956).

제 2 절 시장실패와 지방정부

1 재정연방주의와 지방정부의 기능

재정연방주의는 각기 다른 정부들 중에서 재정적 기능의 분화에 관한 경제적 이론의 규명과 다른 국가들의 공공 부문의 조직과 역할을 설명하기 위한 이론적 구조에 관한 범위를 다계층 정부의 경제적 분석으로 정의할 수 있다. 이 이론에 따를 때 연방주의 경제 이론이 직면한 문제들은 연방-주-지방 각각의 수준에서 가장 잘 해결될 수 있으며, 따라서 당면한 문제를 해결하기 위한 가장 적절한 수준의 정부를 찾는 것이 중요하다. 재정연방주의자들은 권력은 연방정부보다 주나 지방정부에 분배되어야 하는가? 하위 정부의 가장 적절한 규모는 어느 수준인가? 어떻게 주와 지방정부에 재정을 지원할 것인가? 중앙정부에 의해 통제되는 주와 지방정부 활동의 범위는 무엇인가?와 같은 근원적 의문을 가지고 이에 답하기 위한 노력들을 지속적으로 기울여 왔다.

또한 오츠(Oates, 1972)는 공공재의 공급 규모를 결정하고 각 재화의 편익을 내재화하는 대응 원칙(correspondence principle)을 제시했다. 이 원칙은 공공재는 가장 낮은(최하위의) 단계의 정부에 의해 공급되어야 하고, 연방 체제에서 편익 지역 개념은 기능 분배를 위한 중요한 개념이며, 공공서비스는 국방이나 통화정책과 같이 지역적 제한을 넘어서는 경우도 있지만 대부분은 편익면에서 지역적 제한이 있음을 언급하면서 지방정부의 역할을 강조했다.

스티글러(George Stigler) 역시 지방정부는 시민들에게 좀더 가깝기 때문에 유권자들의 요구에 좀더 효율적으로 대처하고, 지방 공공재의 선택시에 더욱 유리하다고 지적했다. 이러한 연구들을 토대로 재정 연방주의자들은 정부의 최적 규모는 공공재 공급에서 1인당 비용을 줄이는 것을 통해 나타나고, 사회적 비용과 사회적 편익이 동일할 때 정부의 최적 규모에 도달한다는 결론에 도달했다.

먼저 오츠(Wallace E. Oates)는 공공 부문 분권화의 경제적 특성으로 복합 관할은 공공재를 요구할 때 공간적 변수에 더 쉽게 반응하고, 서로 다른 관할 간의 경쟁과 시민 유동성의 가능성은 정적 생산 효율성과 장기 역동 효율성을 강화하며, 분권화된 정부 체계는 공공 프로그램의 비용면에서 명확한 인식을 하기 때문에 더 나은 공공 의사결정을 향상시킬 수 있음을 제시했다. 또한 그는 많은 연구자들이 정부의 능력을 강조하고, 특히 관할 지역 간에 서로 다른 서비스 제공을 가능케 하는 지방정부를 강조했다. 경제적 효율성은 시민들의 선호를 가장 잘 반영하는 공공재의 공급에 의해 최적화되고, 지방정부는 중앙정부보다 유권자의 요구를 더 잘 반영하므로 분권화를 통해 효율성이 강화될 수 있음을 주장했다.

하지만 분권화를 통한 효율성은 지방정부 유권자들 간의 초과된 재정지출을 야기하는 분권화는 재정적 환상에 불과하다는 공공선택 이론과 투표의 역설에 관한 중위투표자 모형(median voter model)이 등장했다. 또한 지방정부는 규모의 경제를 통한 효율성을 가지지 못하며, 경험 부족 때문에 새로운 기술에 소극적이어서 상대적으로 비효율적인 기술을 계속 사용하게 된다는 등의 비판에도 직면하게 되었다.

2 시장실패와 지방정부의 기능

경제학의 가장 중요한 통찰은 스미스(Adam Smith)의 보이지 않는 손(invisible hand)에서 유래되었다. 스미스와 후계자들은 개인의 이익 추가가 사회적 편익을 향상시키는 것은 분명하지만, 초과 이윤을 위해 다른 경쟁자들의 진입을 막거나 지대 추구(rent-seeking)와 같이 개인의 이익 추구 노력이 사회적 효용보다 비용을 더 발생시킬 수 있는 양합(陽合) 게임(positive sum game)이 발생할 수 있음을 인지했다.

경쟁시장에서의 순수한 자발적 교환(pure voluntary exchange)은 인간의 노력을 조정하는 하나의 수단에 지나지 않는다. 불딩(Kenneth Boulding, 1978)은 사회적 조직모형을 위협 체계(threat system), 통합 체계(integrative system), 시장 교환 체계(market or exchange system)와 같은 세 그룹으로 나눌 수 있고 각각의 상황에서 교환이 발생한다고 보았다. 또한 용의자의 딜레마, 음합(陰合) 게임, 영합(零合) 게임, 양합(陽合) 게임과 같은 게임이론을 적용하고자 했다. 양합 게임의 산출을 극대화하기 위한 교환모형의 소용없음의 중요한 이유는 시장실패의 존재로 설명된다.

여기서 시장실패란 재화나 용역을 제공하기 위한 시장이나 시장 체계의 불능으로 정의되는데 사회적 한계비용이 사회적 한계 편익과 동시에 발생하지 않을 때 나타난다는 피구 식(Pigouvian)의 관점과 시장실패는 시장가격이 사회적 한계 비용과 동일하지 않을 때 발생한다는 두 가지 관점이 있다. 분배 효율성에 입각한 시장실패의 개념 정의는 그 유용성에도 불구하고 시장의 사회적 기능을 간과했다는 비판에 직면했다. 또한 울프(Wolf, 1989)는 시장의 실패는 효율성이나 형평성 중 어느 하나를 결한 것으로 파악했고, 경제 분석에서 윤리 문제가 간과되는 것은 윤리 문제를 다룰 경우 상황이 너무 복잡해지기 때문이었다.

시장실패를 좁게 정의할 경우 비경제적 시장, 외부효과, 공공재, 정보 비대칭과 불확실성, 불완전 시장, 미시적 경기 변동의 여섯 가지로 나눌 수 있다.

먼저 외부효과(externalities)는 대표적인 시장실패 사례로 소비와 생산의 독립성에서 유래되고, 편익과 비용면에서 상이한 결과가 나타나는 것을 말한다. 외부효과는 시장 가격이 사회적 비용을 전부 포함하지 않는 것으로 호숫가에 폐수를 방출하는 기업으로 인한 지역 어업의 생산량 감소(부의 외부효과)와 실리콘 밸리의 집적 이익(정의 외부효과)의 두 가지 형태로 나타난다. 외부효과를 해결하기 위해서는 시장 가격에서 사회적 한계비용과 편익을 동일하게 교정하는 방법이 있고, 이를 위해 전통적으로 정부가 개입하게 되는데, 정부가 시장 대신 생산과 규제를 수행하는 직접 개입과 세금과 보조금을 통한 간접 개입이 있다. 만약 외부효과에 의해 영향받는 당사자들 간에 효율적인 거래를 하는 데 방해 요인이 없다면 정부 개입을 통한 외부효과 교정이 불필요하겠지만, 현실은 그러하지 않으므로 외부효과 교정을 위한 노력을 기울이게 된다. 이러한 노력의 대표적인 이론으로 코스 정리(Coase theorem)를 들 수 있다. 외부효과로 야기된 시장실패는 특정 지방정부의 수입과 지출이 다른 지방 관할까지 넘어가게 될 때 상호관할(interjurisdictional) 간 외부효과의 발생으로 한정된 자원의 최적 배분을 막는다는 문제점과 외부효과를 특정 지역에 귀속시키기 어렵다는 두 가지 문제점이 나타난다.

다음으로 비경쟁적 시장(non-competitive markets)이다. 보이지 않는 손에서 가장 중요한 가정은 경쟁 시장의 존재이고, 만약 외부 시장에 경쟁이 없고, 독점(monopoly), 과점(oligopoly), 복점(bilateral monopoly)과 같은 시장의 불완전성이 존재한다면, 보이지 않는 손은 효율적인 자원 배분에 실패하게 된다. 정부의 경우 법 체계, 면허 제도, 특허법, 수입 제한과 독립된 지역이나 장거리로 인한 지형적 제한, 기술적 장벽, 규모의 경제 등이 경쟁을 막을 수 있고, 많은 자본이 필요하지만 이에 반해 이익이 적은 하수시설, 수도시설, 전기, 교통, 소방 분야는 정부가 기업에게 보조금을 주거나 손실을 보전해 주어 기업이 계속해서 서비스를 공급하게 하는 자연독점(natural monopoly)이 발생할 수 있다. 이러한 자연독점 체제에서는 시장실패와 비효율적 배분이 야기되므로 사회적 한계비용 문제를 배제하고 정부가 개입하게 된다. 자연독점에서 정부가 시장에 개입하는 방법은 정부가 직접 서비스를 생산하거나, 기업에 보조금을 지불하여 생산하게 하거나, 보조금 지급 대신 기업이 요금을 조정할 수 있도록 허락하여 서비스를 제공하게 방법이 있다. 오츠는 대응 원칙과 규모의 경제를 통해 자연독점을 조정하고 규제하고자 했다.

셋째, 공공재(public goods)의 경우 재정연방주의는 서로 다른 수준의 정부들이 어떻게 공공재를 할당할 것인가에 큰 관심을 가졌다. 공공재는 비경합성(non-rivaly in consumption)과 비배제성(non-excludability)을 특징으로 하며, 비경합성은 어느 한 사람의 소비는 다른 사람의 소비를 위한 재화의 유용성을 감소시키지 않음을 의미하거나(TV 시청 등), 모든 사람이 동일한 재화를 사용함을 의미하고, 여기서 비경합성의 중요한 경제학적 함의는 공공재 소비자는 추가적인 비용 지불 없이 재화를 소비할 수 있음을 말한다. 즉 동시에 많은 사람이 소비함으로써 누군가의 소비가 억제되는 것은 준경합(semi-rivalrous)이라 부르고, 비순수·혼합 공공재로 묘사된다(여름날 인기 있는 해변, 좋은 날의 공원, 출퇴근 시간의 거리 등). 비배제성은 재화의 생산자는 기술적으로나 정치적으로나 그리고 경제적으로나 개인이 재화를 소비하는 것을 막을 수 없음을 의미(국방 서비스)하고, 비용을 지불하지 않으므로 무임승차(free-riding) 문제가 발생한다. 이 외 지방정부의 입장에서 볼 때 공공재는 특정 지역에 제한적으로 편익을 미치는 지역성(localness)과 지역 경제의 개방성(openness) 때문에 지방정부가 이 문제를 다루기에는 어려움이 있다. 지역 경제 개방성은 주민 이주와 물자 이동을 포함한 중요한 파생효과를 초래하고, 공공 지출에서 지방정부의 선택은 주민의 이주와 전출, 사적 영역에 대한 자원 배분에 영향을 미친다. 비배제성은 납세자로서 소비자들이 개인적 기여를 고려하지 않고 제공되는 공공재의 무임승차에 대한 믿음 때문에 공공재에 대한 인센티브가 감소하게 되어, 용의자의 딜레마를 야기했고 공공재에 대한 사회적 비용의 측정을 어렵게 했다. 대응 원칙에 따를 때 우선적 관할은 공공재의 지역성에 의존하게 되며, 관할 지역에 우선적으로 편익을 제공하고, 선택된 지방정부는 특정 공공재를 공급하기 위한 최적의 수량과 품질을 결정하게 된다.

넷째, 정보의 비대칭성(asymmetry)과 불확실성(uncertain information)으로 인해서 역선택(adverse selection)의 문제가 발생한다. 애컬로프(Akerlof, 1970)는 중고차(used car)를 예로 정보 비대칭성을 분석했는데,

일반적으로 판매자가 구매자보다 자동차에 대한 정보를 더 많이 가지고 있기 때문에 판매자는 구매자보다 고물차(duds)와 별로인 차(lemons)를 구별하는데 더 숙달되어 있다. 구매자는 그들이 고물차를 구매할 가능성이 높다는 것을 알기에 낮은 가격을 제시하게 되고, 따라서 판매자는 좋은 중고차 판매를 꺼리게 되며 고물차와 별로인 차를 중점적으로 판매하게 됨으로써 시장에는 나쁜 차만 남는, 즉 레몬차(별로인 차)가 좋은 차를 구축(crowed out)하는 역선택이 발생한다. 정보의 비대칭성으로 인한 시장실패를 해소하여 판매자와 구매자의 정보를 동등하게 만들기 위해 정부가 개입하게 된다. 불완전한 정보로 인해 구매자가 자신의 사적 한계편익을 계산하는 것은 어려우며, 판매자 역시 사적 한계비용을 산정하기 어려우므로 정부가 개입하여 피구(Arthur C. Pigou)의 사회적 한계편익과 사회적 한계비용의 균형을 맞추고자 한다. 정보 비대칭성과 불완전성을 해결하기 위해 연방 차원에서 권한 배분이 일어나는데, 가령 주택의 경우 품질, 규모, 안정기준 등과 같은 것을 미리 규정하여 불량 주택이 건설되지 않도록 예방하고, 주택 구입자들에게 더 나은 정보를 제공하게 된다.

다섯째, 불완전 시장(incomplete and missing markets)은 스미스의 보이지 않는 손이 효율적으로 작동하기 위한 완전 경쟁시장의 요건을 불충족하는 가운데 발생하는 것으로 불완전 시장으로 인한 시장실패 문제는 보험시장이나 자본시장에서 주로 일어나며 충분한 공급과 소비가 이루어지지 못한다.

경기 변동(business cycles)은 시장경제의 주기적 경기 변동 경험에 의해 발생한다. 경제 활동의 미시적 파동은 정부 개입을 위한 추정적 증거(prima facie)를 탄생시켰고, 미시경제 정책이 경제에 영향을 미침에 따라 주나 지방정부 수준에서보다는 연방정부 수준에서 개입하게 된다. 이때 미시경제 안정화를 위해 미시경제 정책을 훼손하지 않는 범위 안에서 지방정부가 개입할 수도 있다.

여섯째, 형평성(equity arguments)으로 다른 시장실패가 분배적 효율성에 초점을 두었다면, 형평성은 윤리적 측면을 강조한다. 비록 윤리적 기준 범위가 넓어 이를 파악하기가 어렵고, 보편적 기준에 대한 합리적 합의에 도달하기 어렵기 때문에 경제 분석에서 다루기가 어려운 것은 사실이다.

하지만 와이머와 바이닝(Weimer & Vining, 1999)은 합리성에 포함되어야 할 세 가지 윤리 기준으로 인간 존엄(human dignity), 성과물의 질적 향상(increasing the equality), 제도적 가치의 보장(preserving institutional values)을 제시했고, 울프(Wolf, 1989)는 평등의 기준으로 기회의 평등, 수평적 평등(같은 것은 같게), 수직적 평등(다른 것은 다르게), 마르크스 평등(능력에 따라), 구약의 평등(눈에는 눈), 신약의 평등(뺨을 돌려 댐)을 제시했다. 분배 과정의 평등, 분배 기회의 평등, 분배 성과의 평등 등 다양한 윤리적 기준이 있고 이들이 상호 충돌하는 경우가 있지만(성과의 평등은 동일한 결과물을 받아 들여야 하므로 가정의 평등과 기회의 평등과 배치), 왈리스와 돌러리(Wallis & Dollery, 1999)는 지방 정책을 포함한 정부 정책에서 지침이 될 세 가지 상황을 제시하고 있다.

첫째, 분배적 성과물이 사회적으로 수용되지 않는 수준의 부(富)와 사유재산으로 나타나는 경우 재분배를 위해 정부가 개입하게 된다. 둘째, 우등재와 열등재(merit and demerit goods)의 개념을 도입하는 경우 우등재 보호(전쟁기념관, 스포츠 광장, 개발 제한구역 등)를 위해 정부가 개입한다. 셋째, 소수 그룹에 대한 동등한 경제적 기회 부여를 위해 정부는 시장에 개입하게 된다.

제 3 절 평가적 의견

지방정부의 개입에 대한 시장실패 패러다임이 유용함에도 불구하고 이 모형은 정부 이상화, 차선책이론, 거래비용 간과, 방법론적 한계와 같은 네 가지 비판을 받고 있다.

지나친 정부 이상화에 대한 비판은 이 판단은 현실과 지나치게 동떨어진 판단임을 바탕으로 한다. 장(Chang, 1994)은 기존의 시장실패 이론이 정책 결정자는 시장실패의 정도를 확정할 수 있다고 가정하고, 정부는 분배적 효율성을 추구하기 위한 최선의 개입 방법을 알고 있으며, 정치가와 행정가는 이기주의보다 이타주의에 근거하여 일을 한다고 가정하고 있으나, 이러한 모든 가정은 정부실패로 귀결된다고 주장했다.

차선책이론(theory of second best)의 경우 정책결정자가 시장실패의 범위를 알고 있고, 효율적 개입과 이타심에 근거한 동기부여를 받았다 하더라도, 성과물은 파레토 최적에 이를 수 없음을 의미한다. 차선책이론은 만약 시장실패가 경제의 한 부분에서 일어났다면, 다른 분야의 파레토 최적을 깨지 않고 시장실패를 바로잡는 것은 이론적으로만 가능한 것이므로 현실에서는 실현이 어려움을 간과하지 말 것을 강조한다.

거래비용(transactions costs)은 상품 거래에서 합의점에 이르기 위한 비용을 의미하며, 모든 시장 거래는 거래비용을 포함하나, 이러한 비용이 가격에 포함되지 않았고, 이것이 외부효과를 발생시켜 시장실패를 야기하게 된다.

마지막은 방법론(methodological underpinnings)에 대한 비판으로 이상화된 이론과 실제 현실을 비교함으로써 방법론이 이론적으로 구체화될 수 있으나, 실제 현실에서는 실현이 어렵다. 뎀세츠(Demsetz, 1969)는 이러한 상황을 두고 허상(nirvana)이라 비판했다.

결국 향후 시장실패 패러다임의 과제는 이론과 현실 괴리의 극복 유무에 달려 있다 할 것이다. 지금까지의 논의는 지방정부에 한정된 것이라고 할 수는 없지만 지방정부의 경우 중앙정부에 비해 시장기제를 좀더 적극적으로 활용하는 것이 일반적임을 감안할 때 시장실패에 대한 주의는 여전히 중요하게 다가서는 과제가 된다.

참고 문헌

Akerlof, G. A.(1970). The Market for Lemons: Qualitative Uncertainty and the Market Mechanism. *Quarterly Journal of Economics*, 84(3): 488-500.

Bailey, S.(1999). *Local Government Economics: Principles and Practice*. London: Macmillan.

Boyne, G. A.(1998). *Public Choice Theory and Local Government*. Basingstoke: Macmillan.

Breton, A.(1995). *Competitive Governments*. Cambridge: Cambridge University Press.

Chang, H. J.(1994). *The Political Economy of Industry Policy.* London: Macmillan.

Demsetz, H.(1969). Information and Efficiency: Another Viewpoint. *Journal of Law and Economics.* 82(4): 713-19.

Dollery, B. E. & Wallis, J. L.(1997). Market Failure, Government Failure, Leadership and Public Policy. *Journal of Interdisciplinary Economics,* 8(2): 113-26.

Dollery, B. E. & Worthington, A. C.(1996). The Empirical Analysis of Fiscal Illusion. *Journal of Economic Surveys,* 10(3): 261-98.

Hirschman, A. O.(1976). Political Economy: Some Uses of the Exit-Voice Approach: Discussion. *American Economic Review,* 66(2): 386-89.

Jensen, M. C. & Meckling, W. H.(1976). The Theory of the Firm: Managerial Behavior, Agency Costs, and Ownership Structure. *Journal of Financial Economics,* 3(3): 305-60.

Magee, S. P., Brock, W. A. & Young, L.(1989). *Black Hole Tariffs and Endogenous Policy Theory.* Cambridge: Cambridge University Press.

Mitchell, W. C. & Simmons, R. T.(1994). *Beyond Politics.* Boulder: Westview Press.

North, D. C.(1979), A Framework for Analyzing the State in Economic History, *Explorations in Economic History.* 16(3): 249-59.

Oates, W. E.(1988), On the Nature and Measurement of Fiscal Illusion: A Survey. In G. Brennan, B. S. Grewel & P. Groenewegen(eds), *Taxation and Fiscal Federalism: Essays in Honour of Russell Mathews,* 75-96. Canberra: Australian National University Press.

O'Dowd, M. C.(1978). The Problem of Government Failure in Mixed Economics, *South African Journal of Economics.* 46(4): 360-70.

Olson, M.(1965). *The Logic of Collective Action,* Cambridge: Harvard University Press.

Peltzman, S.(1976). Towards a More General Theory of Regulation, *Journal of Law and Economics.* 19(2): 211-40.

Weimer, D. L. & Vining, A. R.(1999). *Policy Analysis* (third edition). Upper Saddle Prver, NJ: Prentice Hall.

Weisbrod, B. A.(1978). Problems of enhancing the Public Interest: Towards a Model of Government Failures. In B. A. Weisbrod, J. F. Handler & N. K. Komesar(eds), *Public Interest Law,* 30-41. London: University of

California Press.

Wintrobe, R.(1997). Modern Bureaucratic Theory. In D. C. Mueller(ed.), *Perspectives on Public Choice*, 429-54. Cambridge: Cambridge University Press.

Wolf, C.(1989). *Markets or Governments: Choosing Between Imperfect Alternatives*. Cambridge, MA: MIT Press.

2 돌러리와 왈리스의 정부실패와 지방정부

박정수
(이화여자대학교 교수)

제 1 절 머리말

재정연방주의 및 시장실패 패러다임이론이 탁월함에도 불구하고, 지방정부 정책의 효율성을 평가하기에는 불충분하고, 공공정책의 합리적 개입(rational interventionist)을 제대로 짚어내지 못한다. 따라서 정부 능력에 관한 좀더 현실적인 접근이 필요하며, 이는 정부 개입의 편익뿐만 아니라 비용까지 아우르는 고려를 통해 가능할 수 있다.

시장실패와 유사하게, 일반적인 정부실패(government failure) 개념은 시장의 합리적 배분과 생산 효율성을 위한 적정한 개입을 달성하지 못하는 정부기관의 무능을 의미하며 여기에는 효율성(efficiency)과 함께 형평성(equity)까지도 함께 고려한다.

울프(Wolf, 1989)는 정부실패를 정부가 경제적으로 적합한(효율적인) 성과(outcomes)나 사회적으로 바람직한(공평한) 성과물을 산출하는 데 실패한 것을 의미하는 것으로 보았다.

제 2 절 정부실패와 지방정부

1 대안적 정부 모형

시장실패이론에서 국가(state)는 사회 후생의 극대화를 추구하면서, 동시에 이를 달성하기 위한 모든 지식과 능력을 가진 실체로 파악했다. 그러나 이러한 순진한 개념(naive conception) 정의로 인해 많은 비판을 받게 되면서 대안적 정부 모형(alternative models of government)이 등장하게 되었다.

이러한 대안적 정부 모형에 관한 선행 연구는 다음과 같다. 먼저 노스(North, 1979)는 정부의 기능에 대해 합리적 개인이 사회적 계약(social contract)을 맺는 계약이론(contractarian theories), 집중된 권위에 의한 재분배 문제에 초점을 둔 약탈이론(predatory theories)으로 범주화된다고 주장했다. 장(Chang, 1994)은 자율국가 접근법(autonomous-state approach), 이익집단 접근법(interest-group approach), 지대추구 관료 접근법(self-seeking bureaucrats approach)의 세 가지 범주로 나누어 정부를 파악하고자 했다. 베일리(Bailey, 1999)는 정부는 경제적 후생을 극대화하기 위한 지

주의	전통	모형
i. 공익주의		1. 유기체형 모형
		2. 전제형 모형
ii. 사익주의	a. 독점구조	3. 관료 포획 모형
		4. 이익집단 포획 모형
		5. 리바이어던 모형
		6. 강제 모형
	b. 복합구조	7. 경쟁 모형

식과 방법을 모두 알고 있다는 전제적 모형(despotic benevolent model), 납세자를 위한 서비스를 제공하는 재정교환 모형(fiscal exchange model), 사회 정책 목적 추구를 위한 공공 부문 서비스 제공인 재정 지원 모형(fiscal transfer model), 국민이나 시민의 후생보다는 관료와 정치가들의 후생을 극대화하기 위해 애쓰는 리바이어던 모형((leviathan model)의 네 가지로 범주화했다.

정부 개념에 대한 가장 종합적인 접근으로 브레튼(Breton, 1995)의 접근을 들 수 있다. 정부 개념에 대해 브레튼(A. Breton)은 공공의 의지를 구현한다는 공익주의(common-good doctrine)와 권력 집단의 이익을 실현하는 것에 지나지 않는다는 사익주의(self-interest doctrine)를 양 극단으로 기본 틀을 형성했다. 이 기본 틀을 바탕으로 일곱 개의 세부적 모형으로 묘사했다. 먼저 공익주의에는 유기체형 모형(organicist model)과 전제형 모형(benevolent despot model)이 있다. 유기체형 모형은 개인들의 자율적 선호나 요구가 정부에 내포되지 않는다고 보지만, 전제형 모형은 개인의 선호나 요구는 인정하되 다만 집합적 복지로 집결된다고 본다. 사익주의는 다시 정부의 독점 유무를 바탕으로 독점구조(monolithic structure)와 복합구조(composite structure)로 나뉘며, 독점구조에는 공공 분야는 배타적 조정권을 독점한 관료로서의 정부를 나타내는 관료 포획 모형(bureaucratic capture model)과 정부는 지배적 이익집단의 경제적 필요를 생산하고 공급한다는 이익집단 포획 모형(interest group capture model)로 구분된다. 또한 자기 잉여의 극대화를 추구하는 존재라는 리바이어던 모형(leviathan model)과 경제력보다는 강제력을 독점하는 존재라는 강제 모형(coercion model)이 있다. 마지막으로 복합구조에는 자기 이익을 추구하는 개인들로 구성된다는 경쟁 모형(competition model)이 있다.

정부실패 이론으로는 시카고 규제학파(Chicago school of regulation)와 공공선택이론(public choice theory)과 같은 실증이론(positive theories)과 울프(Wolf, 1989)의 비시장실패와 같은 규범이론(normative theories)이 있다. 실증이론은 정부가 실제로 어떻게 운영되는가를 고찰한다면 규범이론은 정부는 어떻게 운영되어야 할지를 다룬다. 실증이론에서는 부분이 전체로 환원될 수 있다는 방법론적 개체주의(methodological individualism)를 바탕으로 자기 이익을 극대화하려는 경제인(*homo economicus*)을 가정한다.

2 공공선택이론

정부실패 이론 중 초기 실증이론으로 스티글러(G. Stigler), 펠츠만(S. Peltzman)에 의해 발전된 시카고 학파 혹은 규제포획이론(capture theory of regulation)으로 불리는 이론이 있다. 이 이론에 따르면 사적 영역에 대한 정부 규제를 통해 사회적 후생보다는 관련 이익단체들의 상대적 권력에 따라 산업과 정치인 및 관료 사이의 독점적 이익 배분이 일어난다.

공공선택이론(public choice theory)이란 경제인을 가정한 방법론적 개체주의를 바탕으로 정책과 같은 비시장적 영역에 경제적 틀을 적용함으로써 정부의 시장 개입을 종합적으로 고찰하는 것으로, 시장실패 패러다임과는 달리 정치인, 공무원, 유권자, 이익집단 구성원들은 공익보다는 자신의 이익 극대화를 위해 자원을 사용한다고 보았다. 공공선택이론에서의 정부실패 양상은 자기 이익 극대화를 위해 행동하는 행위자들로 인해 입법에서 집행에 이르기까지 다양하게 나타남을 알 수 있다(O'Dowd, 1978; Dollery & Wallis, 1997; Weisbrod, 1978).

울프(Wolf, 1989)는 비시장 분야에서의 정부실패에 대해 심도 있게 고찰했다. 비시장 정부실패는 먼저 공공 부문의 의사결정에서 사적 동기로 인해 최적 성과와 관계없는 내부성의 존재와 공공재의 비용과 산출의 비관련성으로 인한 과다 비용, 외부효과 발생, 권력과 특권으로 인한 불평등의 발생으로 야기되었다고 보았다.

보인(Boyne, 1998)은 정부선택이론의 실증적 타당성 분석과 경쟁 개념을 통해 공공선택이론을 지방정부에 적용했다. 지방정부에서 발생하는 경쟁은 공공조직 간 경쟁, 정당 간 경쟁, 정부와 민간 부문 간의 경쟁으로 나눌 수 있다. 먼저 공공조직 간 경쟁은 다른 지역에 존재하는 지방정부가 제공하는 서비스 평가에 따른 지리적 경쟁과 조세 징수와 사용과 관련해서 연방-주-지방정부의 계층에 따른 경쟁이 있다. 여기서 지방정부 간 효율적인 경쟁을 위해 동일한 서비스를 공급하는 다수의 지방정부가 존재함으로써 소비자가 선택할 수 있도록 수평적으로 분산되어 있어야 하고, 유한한 자원을 효율적으로 공급하고 분배할 수 있도록 정부가 계층 수준에 맞도록 수직적인 분화가 이루어져야 한다. 또한 효율적인 자원 공급을 위해 자원 배분 권한과 조직 개편 권한을 가져야 한다. 이 외 실질적인 자율성 보장과 함께 지나친 수직적 재원 구조 개편을 통해 지방정부 간 경쟁을 유도해야 한다.

다음으로 정당 간 경쟁으로 정당 간 경쟁은 다음의 두 가지 특징을 지닌다. 먼저 진입 장벽이 없는 경우, 비록 독점 정당일지라도 반대 정당의 존재나 위협으로 인해 정책의 선택과 형성, 그리고 수행에서 공공 선호를 따르게 된다는 것과 선거 결과의 불확실성으로 인해 경쟁 정당 모두 대중적 정책을 추구함으로써 중위 투표자(median voter)가 형성된다.

마지막으로 정부와 민간 부문 간 경쟁으로 만약 경쟁이 없다면 관료의 자기 이익 추구로 인한 비효율적 서비스 제공, 과잉 공급과 같은 관료실패(bureaucratic failure)가 발생하게 된다. 따라서 공공 서비스의 대안적 공급자를 허용함으로서 정책 입안자는 공공 서비스 공급 비용에 대한 가격 비교가 가능하며, 이를 바탕으로 합리적 결정을 내릴 수 있다.

허시만(Hirschman, 1970; 1976)은 소비자의 경제적 이탈(exit)과 정치적 참여(voice)를 통해 지방정부 실패를 고찰했다. 먼저 이탈이란 특정 서비스를 선택하는 소비자(시민)의 능력을 의미하는 것으로 소비자는 좀더 바람직한 서비스를 제공하는 다른 지방정부로 이동할 수 있음을 의미한다. 그리고 참여란 투표, 불편 신고, 여론조사 등 다양한 방법을 통해 소비자 선호를 표현하는 것을 의미한다.

베일리(Bailey, 1999)는 지방정부의 이탈과 참여의 제한을 다음과 같이 제시했다. 먼저 참여의 경우 정치적 대표성의 약화, 선거와 절차적 불법, 불충분한 공청회와 같은 법적·제도적 장벽, 관료와 시민 간의 정보 비대칭성, 제한된 서비스 제공에 의한 제한적 영향력, 재산, 교육 정도와 같은 사회·인구학적 배경에 따른 집단적 의견 표출의 차이에 따라 참여가 제한된다. 다음으로 이탈에 대한 제한으로 공공재의 비배제성(non-excludability), 자연적 독점, 대체 공급자의 진입에 대한 법적 장애, 이탈의 공간적 장애,

소비자의 불완전한 정보 등이 있다. 이러한 이탈 및 참여 제한 극복은 서비스 공급 확대와 수요 확대를 통해 가능하다. 먼저 소비자가 대체 공급자 선택이 가능하도록 공공 서비스 공급을 자유화, 대규모 지방정부의 소단위 분할, 지방 공공 서비스에 대한 사용자 부담 원칙 준수, 바우처(voucher) 제도 운용, 공공 서비스 공급에서의 경쟁 입찰 시행, 서비스 제공자에 대한 규제 완화, 민영화가 이탈을 촉진하는 방안이 될 수 있다. 참여 촉진 전략으로는 투표를 비롯한 제도 개혁을 통해 시민의 참여 기회 확대, 의견 조사 및 공청회와 같은 공공 컨설팅 개최, 서비스 최소 기준 준수 및 옴부즈맨 제도와 같은 불편 사항 제도 도입, 불충분한 서비스에 대한 시민 제의 가능 방안들을 고려할 수 있다.

정책 담당자들은 이탈과 참여의 최적성을 추구하도록 노력해야 하며, 이탈의 활성화로 지방정부는 재원 확보가 어려워질 수도 있겠으나, 오히려 적절한 재원 관리를 위한 계층별 정부 분화를 통해 더 많은 시민의 참여를 강화시킬 수 있을 것이다.

3 정부실패에 대한 지방정부의 민감성

일반적인 정부실패 양상은 선진국과 개발도상국 모두에서 나타나고 있으며, 특히 중앙정부보다 지방정부에서 이탈이 쉽게 일어나므로 지방정부가 이에 대해 좀더 민감한 것으로 나타났다(Boyne, 1998; Bailey, 1999). 이러한 경향에 대해 지방정부의 네 가지 주요 정부실패 형태인 유권자 무관심(voter apathy), 비대칭적 정보와 의원 포획(asymmetric information and councilor capture), 철의 삼각(iron triangles), 재정착각(fiscal illusion)을 통해 구체적으로 고찰하고자 한다.

1) 유권자 무관심

공공선택이론의 관점에서 볼 때 투표는 투입 비용과 산출 결과를 비교할 때 불합리한 활동이다. 투표 활동을 위한 많은 시간과 비용이 소모되지만, 개인의 투표는 선거 결과에 거의 영향을 미치지 못하기 때문이다. 또한 드러난 투표(expressive voting)처럼 비용과 편익을 모두 고려하여 자신의 이익을 극대화하는 선택을 하지도 않는다. 이렇게 경제적 측면에서 볼 때 불합리한 투표 행위를 멈추지 않는 것은 투표의 역설(paradox of voting)에서 말하듯이 투표가 시민 참여라는 정치적 미덕을 실현하는 것으로 간주되기 때문이다.

대부분의 유권자는 제한된 정보를 가지며, 공공 정책의 잠재적 수혜자이면서 동시에 세금을 통한 재원 조달자의 역할을 담당하는 이중적 지위를 지닌다. 따라서 실제 비용 부담자와 편익자가 분리됨에 따라 용의자의 딜레마와 같은 상황에 직면하게 된다.

현재는 선거 이외의 의견 조사, 항의 집회, 탄원, 시청자 응답 라디오 쇼와 같은 다른 정치적 참여 방법이 도입됨에 따라 투표의 중요성이 감소되고 있으며, 낮은 정치 참여율과 유권자의 정보 부족과 같은 다양한 문제들이 발생하고 있다. 특히 유권자 무관심은 주민에 대한 정부 대응력을 떨어뜨리게 되는데, 특히 이 문제는 지방정부에서 더욱 심하게 나타난다. 지방정부에서 유권자 무관심이 심각한 이유는 바로 지방선거는 중앙정부 선거에 비해 덜 중요시되고, 정당 간 경쟁도 약하며, 상위 수준의 선거보다 미디어의 관심이 낮아 선거 정보가 더 적게 확산됨에 따라 다시 정치적 무관심으로 환원되기 때문이다.

유권자 무관심은 투표로 선출해야 할 대표자와 전문관료를 구분하지 못함에 따라 직무 분담이 어렵게 되고, 지방정부 활동을 평가할 각종 위원회도 자신의 역할을 제대로 수행하지 못하게 된다. 이러한 문제들이 다시 유권자의 무관심을 가중시킴으로써 악순환이 계속됨에 따라 지방정부의 실패가 발생하게 된다.

2) 비대칭적 정보와 의원 포획

정치적 무관심이 고조되는 상황에서 선거를 통해 선출된 대표자와 관료와의 관계는 중요한 문제이다. 이들의 관계를 설명하기 위한 이론적 틀로 대리인이론(agency theory)이 있다. 대리인이론이란 위임자가 대리인에게 자신의 이익을 위해 행동하도록 계약을 맺는 것을 말하며, 위임자는 대리인에게 권력을 위임하게 되고, 대리인은 위임자를 위해 임무를 수행하게 된다. 하지만 실제 위임자와 대리인의 관심은 다르기 때문에 종종 대리인이 위임자의 목적 수행에 실패하는 일이 발생하기도 한다. 또한 대리인의 행동을 감시와 인센티브 제공에 투입되는 모니터링 비용(monitoring cost), 목적 달성을 위해 대리인에게 투자한 비용인 보증비용(bonding cost), 위임으로 인한 위임자의 복지 손실인 잔여손실 비용(residual loss cost) 등의 대리비용(agency cost)이 발생한다(Jensen & Meckling, 1976).

대의주의 관료제에서 위임자-대리인 문제는 관료가 자신의 이익을 위해 예산 극대화를 추구하는 과정에서 발생하며, 예산의 극대화는 과잉 공급, 비효율적 생산을 유발하게 된다. 관료는 예산 극대화를 통해 직접 이익을 추구한다면 납세자는 정부 지출에 의해 간접적 이익을 추구하게 되고, 이에 따라 위임자와 대리인의 목적이 전치됨에 따라 관료주의 과대 확장, 정부 행정 자원의 낭비, 공기업의 비효율성 등의 문제가 발생하게 된다(Niskanen, 1971).

지방선거에서 선출된 대표자와 관료 사이의 대리인 문제는 상위 정부 수준보다 심각하다. 지방 대표자는 대개 본업과 겸업하므로 재정 운영과 같은 복잡한 업무를 감당할 능력이 부족하다. 이러한 약점을 보완하기 위해 대표자는 직업 관료에게 의존하게 되면서 대표자는 관료를 제대로 감시하지 못함에 따라 대리인 실패 문제가 발생하게 된다. 또한 관료는 대표자보다 많은 정보를 가지고 협상에서 유리한 위치를 선점함에 따라 관료들이 의원들을 포획하여 자신들이 원하는 결과를 성취하게 된다. 이러한 정보비대칭 문제를 해결하기 위해서는 대표자의 전문성을 보충해 주어야 한다. 대표자와 전문가의 접촉을 통해 대표자가 지방정부를 평가할 수 있는 능력을 기르도록 한다면, 비록 이러한 조치가 정보 비대칭 문제를 완전하게 해결할 수는 없겠지만, 관료에 의한 대표자 포획 문제는 어느 정도 극복할 수 있다.

정보 비대칭의 또 다른 양상으로 의제통제(agenda control)가 있다. 의제통제는 정보를 가진 관료가 정보가 부족한 시민들로부터 추가적으로 이득을 취하는 것으로 관료가 의회를 통해 어떻게 유권자를 통제하는지 보여준다. 관료는 대표에게 특정 예산안을 제시하여 여기에 투표할 것을 요구한다. 만약 이 예산 제안이 통과되지 않으면 예산은 예전 수준으로 복귀하는데, 복귀 비율이 낮으면 낮을수록 관료는 더 많은 예산을 끌어낼 수 있게 된다(Romer & Rosenthal, 1978). 그리고 관료가 비대칭적 정보를 이용하여 시민의 선택을 통제하는 선별적 효율성(selective efficiency)은 관료가 자신이 하는 것은 효율적인 것이고 그렇지 않은 것은 비효율적인 것으로 포장함에 따라 대표들은 자신들이 원하지 않는 정책을 수행하게 만들 수 있다(Wintrobe, 1997).

3) 철의 삼각관계

이익단체와 정부 간 관계를 고찰한 철의 삼각관계 역시 정부실패의 한 단면이다. 초기 정부실패에 관해 개인과 이익단체가 이익 극대화를 위해 정책 형성과 수행에 영향을 미치고자 노력한다는 지대 추구(Dollery & Wallis, 1997)와 합리적 시민이 이익 추구를 위해 결집된 투표권을 형성함으로써 더 효율적으로 목적을 추구하기 위해 이익단체를 형성했다는 정치에서 이익단체의 형성 원리를 제시했다(Mitchell & Simmons, 1994).

철의 삼각관계를 설명하기 위한 이론적 틀로 지대 추구(rent seeking), 분배연합(distributional coalitions), 내생적 정치이론(endogenous policy theory)이 있다.

지대 추구는 지주가 자신의 이익을 극대화할 수 있는 지대 형성을 위해 정부가 개입하도록 유도하는 것으로 전통적인 경제이론에서, 경제적 지대는 기회비용으로 정의된다. 지대란 자원의 임대 수익을 초과하는 몫으로 자원 소유자에게 발생하며, 정부 개입을 통한 지대 추구는 임대수입보다 더 많은 초과 이익 획득을 목적으로 한다. 지대 추구는 경쟁을 통한 사회적으로 바람직한 지대 형성을 차단함으로써 효율적인 자원 재분배를 침식하여 궁극적으로 사회적 손실을 가져옴으로써 사회적 낭비를 초래할 수 있다.

분배연합은 정치 과정에서 이익 집단의 역할을 조망한다(Olson, 1965). 집단행동의 합리적 선택이라는 경제 패러다임 맥락에서, 집단적 선택, 용의자의 딜레마, 무임승차 문제 등에 대한 분석틀을 제공하며, 분배연합은 구성원의 물질적 이익 추구를 위해 단일 또는 복합적 이익집단으로 구성된다. 하지만 시간이 지나면서 집단 간 상호 활동이 복잡해지고 다양한 이익집단 간의 서로 다른 능력으로 인해 사회 비효율성이 초래될 수 있다.

마지막으로 내생적 정책이론이란 이익집단이 원하는 배분 결과를 보장받기 위해 정치 과정에 개입하는 것으로 손실보다 이익을 우선하는 경제적 효율성보다 당선 가능성을 중시하는 정치적 효율성 추구로 인해 강력한 힘을 지닌 이익집단이 자신들이 원하는 목적을 성취하는 것을 의미한다. 이때 경쟁을 통한 정책 결정 대신 정치 과정에서 이미 내생적으로 결정된 정책이 채택되므로 경제적 효율성에 의한 낭비 문제를 해결할 수 없다(Magee et al., 1989).

이익단체의 이익 극대화는 지방정부에서 성공 가능성이 더 높다. 정당의 영향력이 약하고 미디어 감시도 소홀하며, 극심한 비대칭 정보 상황이므로 지방정치가들은 비교적 견제를 적게 받고, 지방정부의 운영을 감독하는 상임위원회에 대한 정보를 쉽게 입수할 수 있으므로 이익단체는 쉽게 이들을 공략할 수 있다. 또한 이익단체는 관료와 연합을 형성하여 관료가 위원회 구성원에게 이익단체에게 유리한 정책적 조언을 함으로써 위원회-전문 관료-이익단체로 구성되는 철의 삼각관계를 형성하게 된다. 이 철의 삼각연대는 특정 영역 정책 형성에 지배적 역할을 하며 비교적 장기간에 걸쳐 독점적이고 안정적으로 유지된다. 철의 삼각형 내에서의 정책은 관련된 정치가, 관료, 이익집단의 선호와 상호작용을 통해 형성·집행된다.

철의 삼각관계로 인해 지방정부의 재정 지출은 고정적으로 유지되는 경향이 크며, 이는 지방정부가 변화된 사회경제적 조건에 긴히 대응하기 어렵게 하며(Bailey, 1999), 분권화, 분산 정도가 크면 클수록 철의 삼각관계 형성이 용이하고 정책 결정에 미치는 효과가 크다(Boyne, 1998).

4) 재정 착각

산업사회에서 현대 정부의 거대화와 복잡성은 재정 착각에서 기인하는 바가 크다. 특히 지방정부에서 적용되는 재정 착각은 수입 복잡성 가설(revenue complexity hypothesis), 소득 탄력성(income elasticity), 부채 착각(debt illusion), 끈끈이 효과(flypaper effect), 임차 착각(renter illusion)의 다섯 가지로 나눠 볼 수 있다.

첫째, 수입 복잡성 가설에서 개인은 정확한 조세 부과액을 모르므로 정부수입 증가 시스템이 복잡하고, 다른 사항의 변동이 없을 때 공공 부문 지출 수준은 더 높게 증가할 것으로 착각하는 것을 말한다. 하지만 실질적으로 개인에게 부과되는 조세는 수많은 세부 징세 항목으로 분할되어 부과되므로 실제 부담보다 더 적게 느끼게 된다(Dollery & Worthington, 1996a; Buchanan, 1967).

둘째, 소득탄력성은 국가나 지역의 수입 증가가 조세수입보다 더 빠른 속도로 증가할 때, 추가 자금 투입이 세율 감소보다 공공 지출을 더 증가시킬 것으로 착각함을 의미한다. 하지만 국가 전체를 대상으로 하는 종가세(ad valorem)와 비례세(proportionate taxation)가 종종 발생함에 따라 지방정부는 상대적으로 더 많은 수입을 얻게 된다.

셋째, 부채 착각은 만약 공공 부문 차입보다 세제로 재정 조달을 수행한다면 공공 부문 프로그램 비용에 대해 유권자가 좀더 잘 알게 될 것으로 착각하는 것을 말한다. 하지만 실제로는 개인의 불완전한 정보로 인해 부채 착각이 발생한다. 모든 조건이 동일하다고 가정할 경우, 부채착각이 발생하면, 부채와 결합된 미래 세금 의무는 지역 재산 가치로 완전하게 자본화되지 않는다(Oates, 1988).

넷째, 끈끈이 효과는 돈의 고착 현상으로 인해 정부의 정액 교부금이 다른 자원으로부터의 동일한 수익 증대보다 더 많은 공공 지출을 가져올 것으로 착각하는 것을 의미한다. 하지만 실제로는 유권자는 교부금을 선물로 오해함으로써 조세 부담이 증가하는 것을 간과하게 된다.

다섯째, 임차 착각으로 지역에 임차인의 비율이 증가하면, 공공 지출 수준도 증가할 것으로 착각하는 것을 말한다. 재산을 소유하고 직접 세금을 납부하는 주민보다 임차한 주민이 지역 공공재 지출에 더 많은 관심을 가지고 세금을 납부할 것이라는 것과는 달리 단기적 재산 임차는 재산세 수입에 영향을 주지 않고, 따라서 세금 수입 증가는 임차인 비율 증가를 통해 일어나지 않는다.

제 3 절 평가적 의견

우리에게 X비효율성으로 잘 알려져 있는 정부실패가 지방정부의 경우 어떠한 관점에서 접근할 수 있는가 하는 것을 비교적 자세히 설명하고 있다. 규제포획을 중심으로 한 시카고 학파의 견해와 리바이어던 모형을 중심으로 한 공공선택학파의 견해를 중심으로 시장실패의 치유를 위해 개입하는 정부 역시 다른 차원에서 실패할 수 있음을 이론적으로 잘 설명한다. 정부 개입이 필요한 경우라도 중요한 것은 시장실패와 정부실패의 크기와 범위를 비교 형량하는 미시적인 분석이 사안에 따라 반드시 요구된다는 것이다. 특히 지방정부의 경우 이러한 정부실패에 민감한 경향이 있는데 이는 물적·인적 자원의 능력 부족 말고도 유권자의 무관심, 대리인 이론의 차원에서 설명하는 정보의 비대칭성, 철의 삼각관계를 지적할 수 있다. 형평성과 정부의 역할을 강조하는 참여정부를 보내고 실용주의와 경쟁력, 시장 원리를 강조하는 이명박 정부를 맞는 현 시점에서 이 논문은 우리나라에도 많은 시사점을 주고 있다.

참고 문헌

Dollery, Brian E. & Wallis, Joe L.(2001). *The Political Economy of Local Government*. Cheltonham UK: Edward Elgar Publishing.

3 오츠의 재정연방주의에 관한 소고

전상경
(동아대학교 교수)

제 1 절 머리말

오츠(Wallace E. Oates)는 미국 메릴랜드대학의 경제학 교수로서 재정연방주의, 주·지방정부의 재정, 그리고 환경경제학 분야에서 활발한 연구활동을 하고 있다. 그는 1965년 스탠퍼드대학교에서 「연방주의의 경제학(The Economics of Federalism: The Stabilization and Tax Harmonization Problems)」이라는 연구로 경제학 박사학위를 취득했다. 1972년에는 자신의 박사학위 논문을 발전시켜 『재정연방주의(*Fiscal Federalism*)』라는 저서를 출간했고, 그것은 지금까지 이 분야의 고전으로 평가받고 있다. 그 저서가 출간된 지 거의 27년이 지난 1999년에는 재정연방주의에 관한 그동안의 연구 결과와 최근의 연구 경향을 개괄하는 「재정연방주의에 관한 소고(An Essay on Fiscal Federalism)」라는 논문을 발표했다. 이 글은 오츠의 이 논문을 요약 정리한 것이다.

경제학자인 오츠는 연방주의(federalism)라는 용어가 통상적으로 정치학에서 사용되는 방식과는 다른 의미로서 경제학 분야에 사용된다는 점을 강조한다. 즉 정치학에서 연방주의라는 용어는 헌법상 중앙정부와 분권화된 계층의 정부가 모두 일정한 범위의 자율성(autonomy)과 권력(power)을 갖도록 보장해 주는 정치 체제를 지칭한다. 여기에 반해 경제학자들은 거의 모든 공공 영역은 본원적으로 어느 정도의 연방적(federal) 성격을 띤다고 생각한다. 왜냐하면 공공 영역에서는 공식적인 헌법과는 무관하게 사실상의 의사결정권을 어느 정도 가지면서 공공 서비스를 공급하는 서로 다른 계층의 정부들이 존재하기 때문이다.

거의 모든 국가의 공공 영역은 서로 다른 몇 개의 계층으로 구성된다. 따라서 여기에서의 기본적 문제는 공공 영역의 책임과 재정 도구(fiscal instrument)를 적절한 계층의 정부에 어떻게 배분할 것인가이다. 1세기 훨씬 전에 토크빌(Alexis de Toquevile)이 관찰한 바에 의하면 연방제(federal system)는 국가의 크고 작음으로부터 나오는 "서로 다른 이점"을 결합하려는 의도로 창조되었다고 한다. 그렇지만 그러한 서로 다른 이점을 이해하려면 공공 영역의 여러 가지 기능과 재정적 도구 중에서 어떤 것이 집권화와 분권화에 적합할 것인가에 관한 이해가 선행되어야 한다.

오츠에 의하면, 재정학의 한 분야인 재정연방주의(fiscal federalism)는 공공 영역의 수직적 구조(vertical structure of public sector)를 다루는 것이다. 즉 재정연방주의는 공공 영역에서 상이한 계층의 정부들이 갖는 역할을 탐구하고, 상이한 계층의 정부들이 정부 간 지원금과 같은 수단을 통해서 어떻게 상호 관계를 맺게 되는가를 연구하는 것이다. 그렇지만 그는 재정연방주의라는 용어가 예산 문제와 연관된 협소한 영역을 연상시키기 때문에, 공공 영역의 수직적 구조를 취급하는 분야를 재정연방주의라고 부르는 것이 다소 아쉽다고 말하기도 한다.

오츠는 「재정연방주의에 관한 소고」라는 논문에서 재정연방주의에 관한 특정 주제를 심층적으로 다루지는 않는다. 그 대신 그는 서로 다른 계층의 정부에 대한 기능 배분, 재정분권화를 통한 후생 증진, 그리고 재정 도구의 활용과 같은 분야에서 재정연방주의에 관한 전통적 이론을 개괄적으로 정리한다. 그리고 나서 이 분야에서 최근에 이루어진 연구의 경향을 검토하면서 실험적 연방주의(laboratory federalism), 지역 간 경쟁과 환경연방주의, 재정연방주의의 정치경제, 시장 보존적 연방주의(market-preserving federalism), 개발도상국과 전환기 경제 체제 하에서의 분권화와 같은 주제들을 검토하고 있다.

제 2 절 재정연방주의의 전통적 이론 및 새로운 연구 방향과 과제

1 재정연방주의의 전통적 이론

1) 정부 간 기능 배분

하위정부들은 통화와 환율을 관리하는 권한이 없을 뿐만 아니라 자신의 재정 충격 효과를 모두 흡수하지 못하는 개방경제적 성격을 띠기 때문에 거시경제 통제를 위한 매우 제한적 수단밖에 갖지 못한다. 또한 경제 주체의 하위정부 간 이동성은 소득재분배를 위한 노력을 심각하게 제약한다. 왜냐하면 하위정부의 저소득 가구 지원책은 한편으로는 빈곤층의 유입을 초래하고, 다른 한편으로는 그러한 정책에 필요한 조세를 부담해야 하는 부유층의 이탈을 조장하기 때문이다. 바로 이러한 이유 때문에 중앙정부는 거시경제의 안정화 기능과 소득재분배 기능을 담당해야 한다. 그뿐만 아니라 중앙정부는 국방과 같이 한 국가의 모든 국민 전체에게 서비스를 제공하는 국가적 공공재의 공급도 담당해야 한다.

한편 분권화된 하위계층의 정부는 소비가 그 지역에만 한정되는 그러한 재화와 서비스의 공급을 담당해야 한다. 분권화된 하위계층의 정부들은 재화와 서비스의 산출을 그 지역 주민들의 특수한 선호와 환경에 맞게 산출함으로써 중앙집권 하에서 일률적으로 산출될 때보다 좀더 경제적 후생 수준을 증가시킬 수 있다. 또한 지방공공재 산출의 효율적 수준은 선호의 차이와 생산비용 등의 차이 때문에 지역별로 달라질 것이다. 이것으로부터 사회 전체의 후생극대화를 위해 지방공공재의 산출은 지역에 따라 달라야만 한다는 결론을 내릴 수 있다.[1)]

---

1) 정부 간 기능 배분에 관한 이러한 구분은 확고한 원칙이라기보다는 일반적 지침으로 간주되어야 한다. 왜냐하면 비록 제한적이기는 하지만 분권화된 수준에서도 거시경제적 노력과 빈민구제의 가능성이 존재하기 때문이다. 특히 폴리(Mark Pauly)는 지방 수준

전술한 정부 간 기능 배분의 구분은 매우 일반적인 것으로서, 어떤 재화와 서비스가 각 계층의 정부에서 공급되어야 하는지에 관한 구체적 기준을 제시하지는 않는다. 국가 간 비교를 통해서 보면 '지방적'인 것으로 간주되는 것 간에도 상당한 차이가 난다는 것을 알 수 있다. 따라서 상이한 계층의 정부가 공급하는 재화와 서비스의 구체적 패턴은 시간과 공간에 따라 어느 정도 다를 수밖에 없다.

2) 재정분권화로 인한 후생 증진

공공 서비스의 공급은 공간적인 의미로 볼 때 관련 편익과 비용을 포함하는 가장 낮은 계층의 정부에서 이루어져야 한다는 것이 재정분권화의 기본원칙이다. 유럽에서 재정분권화의 주창자들이 제시하는 보충성의 원칙(principle of subsidiarity)도 이것과 같은 맥락이다. 재정분권화를 통한 후생 증진의 이론적 논의는 다음과 같은 세 가지 측면에서 고찰될 수 있다.

첫째, 재정분권화와 후생 증진에 관한 대표적인 이론적 논의는 오츠의 분권화 정리(decentralization theorem)이다. 이 정리는 다음과 같이 요약된다: (i) 특정 공공재의 소비가 지리적으로 전체 인구 중의 일부 주민에만 한정되고, (ii) 각 구역(jurisdiction)에서 소비될 공공재의 공급비용이 중앙정부와 해당 지방정부에서 동일하다는 두 조건 하에서, 중앙정부가 모든 구역에 걸쳐서 일률적으로 정해진 수준의 공공재를 공급하는 것보다 지방정부가 그 해당 지역에서 파레토 효율적인 수준의 산출물을 공급하는 것이 언제나 더 효율적이거나 최소한 중앙정부만큼 효율적이다.

분권화 정리는 (지방)공공재가 집권적으로 공급되면 필연적으로 모든 지역에 걸쳐 획일적 수준으로 되리라는 것을 전제한다. 그렇지만 완전 정보 하에서는 자비로운 중앙기획자가 전체적 사회후생을 극대화시켜 주는 일련의 차별적인 지방공공재 집합을 처방하는 것이 가능하기 때문에 재정분권화에 대한 필요성이 없게 된다. 그렇지만 현실적으로는 정보상의 제약과 공공 서비스를 지역에 따라 차별적으로 공급하는 데 따르는 정치적 제약

에서 빈민 구제에 관한 이론적 근거를 제시했고, 실제로 미국에서 주정부나 지방정부가 상당한 정도의 재분배적 활동을 수행하고 있다.

때문에 중앙정부가 최적 형태의 (지방)공공재를 공급하는 것은 불가능하다.

둘째, 재정분권화를 통한 후생 증진의 크기는 (i) 공공 서비스에 대한 각 지역 간 수요 이질성의 정도와 (ii) 지역 간 공공 서비스 공급비용 간의 차이에 좌우된다. 특히 지역 간 수요 이질성 때문에 야기되는 분권화로 인한 후생 증진은 공공 서비스의 수요의 가격탄력성에 반비례한다. 만약 지역 간 공공 서비스의 공급비용은 동일하지만 그 수요가 다를 경우, 다른 모든 조건이 같다면, 중앙의 획일적 공공재 공급으로 인한 후생 손실의 범위는 그 공공 서비스의 수요의 가격탄력성이 작을수록 증가한다. 경험적 연구에 의하면 (지방)공공 서비스는 수요의 가격탄력성은 작은 것으로 나타나기 때문에, 재정분권화로 인한 후생 증진은 매우 크다고 하겠다.

셋째, 재정분권화가 가져오는 후생 증진에 관한 논의의 원천은 티보(Tiebout) 모형에서 찾을 수 있다. 티보 모형에서는 이동성이 높은 주민들이 자신의 선호에 가장 잘 부합되는 재정 패키지를 공급하는 지역으로 거주지를 옮기는 것으로 가정되는데, 이것은 종종 발로 하는 투표(voting with one's feet)라고 불린다. 티모 모형에서는 극단적인 경우 티보해(Tiebout解)가 경쟁시장에서와 같은 최선의 결과(first-best outcome)를 낳는다. 그렇지만 이동성이 없는 경우에도 분권화를 통한 후생 증진은 존재한다. 즉 새뮤얼슨(Paul A. Samuelson)의 효율성 조건으로 결정되는 (지방)공공재의 효율적 공급 수준은 이동성이 없더라도 지역에 따라 달라진다. 따라서 분권화로 인한 후생 증진은 이동성 때문에 증진되기는 하지만 전적으로 이동성 그 자체에만 좌우되는 것은 아니다. 이것은 매우 중요한 함의를 갖는다. 왜냐하면 많은 사람들은 티보 모형은 미국과 같은 특이한 상황에서만 가능하다고 생각하며, 따라서 분권화로 인한 후생 증진도 미국 아닌 국가에서는 제한적 의미만 갖는다고 믿는다. 그렇지만 이것은 잘못된 것이며, 어떤 국가에서도 이동성과는 무관하게 (지방)공공재의 분권화된 공급으로부터 여전히 의미 있는 후생 증진을 기대할 수 있다.

3) 재정 도구

각 계층의 정부는 자신들의 기능을 수행하기 위해 특정한 재정 도구들을 필요로 한다. 재원 조달을 위해 각 정부들이 갖는 전형적인 수단은 조세와 부채이다. 그러나 연방 체제 하에서는 서로 다른 계층의 정부 간에 자금을 배분하는 다른 방법이 있으며, 그것이 곧 정부간 지원금(intergovernmental grant)이다. 어떤 계층의 정부는 자신의 지출보다 더 많은 금액의 조세수입을 거둘 수 있고, 그 잉여분을 다른 계층 정부들의 예산으로 이전한다. 여기서는 연방재정 체제 하에서의 두 가지 재정 도구인 조세와 정부간 지원금에 관해 기술한다.

(1) 연방 체제 하에서의 조세

조세의 수직적 구조의 결정은 관련 문헌에서 조세의 할당 문제로 알려져 있다. 여기에서의 기본적 이슈는 “어떤 종류의 조세가 각 계층의 정부에서 사용하기에 가장 적합한가?”라는 규범적 문제이다. 이런 문제는 다음과 같은 상황의 가정 하에서 제기된다. 즉 경제 주체나 재화 및 자원이 중앙정부의 경우 국경 간에는 이동성이 거의 없거나 존재하지 않지만, 분권화된 정부의 경우 지역 간 이동성이 상당히 크며, 특히 이러한 이동성은 하위계층으로 내려갈수록 더욱 커진다. 분석의 편의를 위해 지방정부는 종종 경제 주체들이 아무런 비용 없이 지역 간을 이동할 수 있는 상황에서 작동하는 것으로 특징지어진다.

중앙정부와 분권화된 계층의 정부에서 납세 주체(taxed unit)의 이동성 차이는 조세의 수직적 구조의 설계에서 중요한 함의를 갖는다. 조세는 자원 배분에서의 왜곡을 발생시킨다. 공간적 배경에서 납세 주체들은 자신들에게 상대적으로 유리한 지역을 찾기 때문에, 그러한 왜곡은 지역으로 인한 비효율(locational inefficiencies)의 형태를 띤다. 예를 들면, 한 지역에서의 물품세가 높으면 소비자들은 비생산적인 여행경비를 들여서라도 물품세가 상대적으로 낮은 지역으로 쇼핑을 가게 된다. 이것으로부터 우리는 다음과 같은 결론을 얻는다. 즉 효율성의 견지에서 볼 때 분권화된 하위계층의 정부는 이동성이 강한 경제 주체에게 비응익적 조세(nonbenefit tax)를 부과하는 대신, 자신들이 제공하는 공공 서비스에 대한 재원 조달을 위해 응익과세를 적극적으로 활용해야 한다.

한편 빈곤층을 위한 재배분 정책은 앞서 언급했듯이 분권화된 계층의 정부에서는 활용하기에 적절치 않다. 왜냐하면 지역 간에 존재하는 경제 주체들의 이동성이 그러한 정책의 작동을 방해하기 때문이다. 바로 이와 같은 이유 때문에 비응익적 조세가 필요할 경우 그것은 좀더 상위계층의 정부에서 부과하는 것이 적절하다. 그러나 현실적으로 하위계층의 정부들도 비응익적 조세를 부과하고 있다. 한 지방정부가 다른 지방정부의 입장을 고려하지 않은 채 내리는 재정 결정 때문에 초래되는 왜곡은 조세 부담의 수출, 외부 혼잡 효과, 다른 지역의 조세수입에 주는 영향, 공평성 문제 등이다.

(2) 정부 간 지원금과 세입 공유

재정연방주의 하에서 정부간 지원금은 (i) 다른 지방정부에 대한 재정 누출의 내부화, (ii) 각 지방정부 간의 재정력 균등화, (iii) 전반적 조세 체제의 개선과 같은 세 가지의 역할을 갖는다. 먼저 재정 누출의 내부화를 위해서는 지원금의 수혜자가 지원금을 사용할 때 특별한 조건을 충족시켜야만 하는 조건부 지원금(conditional grants)이 적절하다. 어떤 특정 지방정부의 공공 서비스 공급이 다른 지역 주민들에게 편익을 발생시킬 경우 대응지원금(matching grant) 형태의 조건부 지원금이 활용되어야만 한다. 이것의 이론적 근거는 정책결정자들로 하여금 누출편익(spillover benefits)을 그들의 의사결정에 포함시키도록 하기 위해 보조금이 필요하다는 이른바 피구식의 논리(Pigouvian rationale)이다. 이 경우 대응해야 하는 비율의 크기는 누출 효과의 범위를 반영해야만 한다.

각 지방정부 간의 재정력 균등화를 위해서는 지방정부들의 재정 수요와 재정 능력을 반영하여 도출된 일정한 공식에 따라 배분되는 무조건적 지원금(unconditional grant)이 유용하게 이용된다. 비록 재정력 균등화 지원금이 광범위하게 사용되고는 있지만, 그것은 결코 재정연방주의의 필요한 측면은 아니다. 왜냐하면 경제학자들은 통상적으로 재배분 정책이란 고소득층 개인으로부터 저소득층 개인에게로의 소득이전이라고 생각하기 때문이다. 재정력 균등화 지원금은 캐나다처럼 연방제를 더욱 공고하게 해 주는 접착제와 같은 기능을 하는 경우도 있지만, 이탈리아에서처럼 빈곤 지역에 대한 만성적인 대규모 지원에 염증을 느낀 상대적으로 여유가 있는 지역들이 국가 통합에 회의감을 갖게 되는 역기능이 발생하는 경우도 있다. 이처럼 재정력 균등화 문제는 매우 복잡한 정치경제적 논란거리이다.

공평하고 효율적인 조세 체제를 유지하는 데도 정부간 지원금은 유용한 역할을 할 수 있다. 중앙정부가 국세로서 단일 세율로 관리하는 비응익적 조세는 각 지방정부마다 다른 세율을 갖는 지방세 때문에 야기되는 지역으로 인한 비효율(locational inefficiencies)을 발생시키기 않는다. 국세는 지방세에 비해 누진적 성격이 강할 뿐만 아니라, 공간 이동을 초래할 수 있는 재정 유인을 거의 발생시키지 않는다. 따라서 중앙정부가 각 계층의 지방정부를 위한 효과적인 징수기관의 역할을 한 후 그렇게 조달된 재원을 각 계층의 지방정부와 공유하는 세원 공유(revenue sharing) 제도의 필요성이 제기된다. 이러한 세원 공유 제도 하에서 중앙정부는 하위계층의 지방정부에 무조건적 지원금을 배분한다. 정치 체제가 원한다면 이러한 지원금에 균등화의 요소들을 포함시킬 수 있다. 그러나 세원 공유 하의 무조건적 지원금은 하위계층 지방정부에서의 재정규율(fiscal discipline)을 저해하지 않는 수준에서 이루어져야만 한다는 단서가 필요하다.

2 재정연방주의의 새로운 연구 방향과 과제

1) 실험실 연방주의와 복지개혁

1996년에 미국에서는 빈민 구제에 관한 일차적 책임을 연방정부에서 주정부로 이관하는 결정이 이루어졌다. 이러한 복지개혁을 어떻게 판단해야만 하는가? 이것은 앞서 설명한 전통적 재정연방주의의 이론을 전면적으로 부정하는 것인가? 오츠는 이 물음에 대해 반드시 그렇지는 않다고 답했다. 많은 사람들이 분권화된 빈민 구제 체제가 갖는 결점을 인식하고 있었으며 또한 그것에 관심을 갖고 있었다. 정책결정자들은 주정부 복지 지원 수준의 전략적 삭감 위협을 인식하고 있었다. 오츠는 이것을 다음과 같이 해석했다. 즉 사람들은 더 나은 정책대안의 모색을 위해 이러한 위협을 감수하기로 결정했다는 것이다. 이것은 우리들을 재정연방주의의 다른 차원, 즉 실험실 연방주의(laboratory federalism)로 이끈다.

행동을 함으로써 터득하게 되는 불완전한 정보 상황 하에서는 사회・경제적 문제 해결을 위해 여러 가지 정책을 실험함으로써 잠재적 이득을 얻을 수 있다. 연방 체제는 그러한 실험을 장려함으로써 공공정책의 기술적 진보를 촉진할 수 있는 진정한 기회를 제공할 수 있다. 브라이스(James Bryce)는 이미 1888년에 미국 정부 체제에 관한 그의 직관적인 연구에서 연방주의는 우리들로 하여금 집권화된 큰 국가에서는 안전하게 시도될 수 없는 실험을 시도하게 할 수 있다고 언급했다.

처음에는 주나 지방정부의 정책으로 시작되었다가 나중에 연방정부의 정책으로 고착된 사례가 많다. 대표적인 사례가 실업보험이다. 실업보험은 1930년대 연방정부가 전국적으로 시행하기 전에는 주정부의 정책이었다. 물론 주도 다른 주의 사례를 통해 배울 수 있기 때문에 성공적인 정책혁신의 확산은 수직적일 뿐만 아니라 수평적이기도 하다.

새로운 실험적 정책을 채택하는 주는 다른 주들에게 귀중한 정보를 창출한다는 점에서 정보상의 외부효과(information externality)를 발생시킨다. 이것은 다른 주들로 하여금 실험적 정책의 결과에 무임승차하려는 전형적인 유인을 야기한다. 결국 고도로 분권화된 공공 영역에서는 실험과 정책혁신의 과소 공급이 기대된다. 따라서 주와 지방정부 수준에서 정책실험을 장려하기 위해 보조금이 활용될 수 있다. 이것은 1996년의 미국의 복지정책 개혁에 관해 또 다른 시사점을 제기한다. 즉 개혁 이전의 연방정부 복지사업은 대응보조금(matching grant) 형식을 띠고 있었기 때문에 연방정부는 주가 시도하는 새로운 복지사업의 비용과 위험을 효과적으로 분담할 수 있었다. 그러나 복지정책의 개혁에 따라 대응보조금은 포괄보조금(block grant)으로 대체되었고, 그것은 복지정책의 실험에 대한 유인을 감소시켰다. 이 당시의 복지정책 개혁은 한편으로는 주정부가 복지정책을 실험할 수 있는 여지를 넓혀 주었지만, 다른 한편으로는 그것이 초래하는 비용과 위험을 전적으로 주에게 부담하는 결과를 낳았다.

2) 구역 간 경쟁과 환경연방주의

공공 서비스의 공급은 공간적인 의미에서 생각할 때 관련되는 편익과 비용을 모두 포함하는 가장 낮은 계층의 정부에서 이루어져야 한다는 인식이 널리 퍼져 있다. 이것은 곧 보충성의 원칙(principle of subsidiarity)이라는 이름으로 불리며, 유럽연합(European Union)을 위한 기본 원칙인 마스트리히트조약(Maastricht Treaty)에 명백하게 규정되어 있다. 하지만 이러한 견해는 이론적으로나 정책적으로 폭넓은 도전을 받았다. 그러한 도전의 근원은 분권화된 정부 계층 간에 벌어지는 구역 간 경쟁은 심각한 배분적 왜곡을 낳을 수 있다는 것이다.

하위계층의 정부들은 경쟁적으로 일자리의 창출을 통한 경제 발전을 촉진하기 위해 기존의 기업은 물론이고 그곳에 진출할 기업들의 비용을 경감시킬 목적으로 세율 인상을 억제하며, 결과적으로는 공공 서비스의 산출을 동결하려고 할 것이다. 이러한 조치는 최적 수준 이하의(suboptimal) 공공서비스 공급을 초래한다. 즉 자기 지역 내의 기업과 일자리를 잃지나 않을까 하는 두려움 때문에 주나 지방정부들은 최적 수준 이하의 공공 산출물을 공급하게 된다.

하위계층 정부 간의 경쟁은 순수한 재정정책뿐만 아니라 규제정책도 포함한다. 컴버랜드(John Cumberland)는 지방정부의 환경질을 위한 기준 설정 사례를 이용하여 하위계층의 정부들이 파괴적인 지역 간 경쟁을 벌이고 있다고 주장한다. 즉 하위계층의 정부들은 새로운 기업을 유치하고 일자리를 창출하기 위해 자기 지역 내에 입주할 기업들의 오염관리비용을 경감시키기 위해 그 지역의 환경질의 기준 설정을 경쟁적으로 낮추려고 한다는 것이다. 컴버랜드가 주장하는 환경연방주의(environment federalism)의 함의는 주나 지방정부의 환경 기준 설정 하에서 예상될 수 있는 과도한 수준의 오염 방지를 위해 전국적인 환경질 기준 설정이 필요하다는 것이다. 이것은 재정연방주의의 기본 원칙에 대한 도전이라고 할 수 있다.

오츠와 그의 동료들은 정부 간의 수평적 경쟁이 효율 증진적일 수 있는 조건들을 탐색하는 모형을 개발했다. 즉 그들의 모형은 사적 시장에서의 완전경쟁 개념을 이용한다. 즉 하위계층의 정부들은 지역 주민에게 소득을 가져오고 정부에는 세원을 공급하는 유동적인 자본(mobile capital stock)을 얻기 위해 상호 경쟁하며, 그러한 경쟁이 하위계층 공무원들로 하여금 효율적인 세율과 공공재의 산출 수준을 채택하도록 한다는 것이다. 이 모형에서는 사적 영역에서와 마찬가지로 보이지 않는 손이 작동하여 각 개별 구역에서의 정책 결정이 전국적 견지에서 볼 때 효율적인 결과가 된다. 하지만 이러한 모형이 작동하려면 다음과 같은 강력한 전제가 필요하다: (i) 각 구역은 전국 또는 국제적 자본시장에서 가격순응자(price-taker)로 행동한다, (ii) 공무원들은 자기 지역 주민의 후생극대화를 모색한다, (iii) 공무원들은 자신들의 정책을 효율적으로 수행하기 위해 필요한 재정정책 및 규제정책 도구를 활용할 수 있다.

3) 재정연방주의 분석 범위의 확장

(1) 연방 체제에서의 경제적 목적과 정치적 목적

재정연방주의를 다루는 대부분 문헌들의 규범적 틀은 후생경제학의 전통적 원칙으로 구성된다. 따라서 재정연방주의 하의 여러 가지 제도들은 자원 배분과 소득재분배의 효율성에 미치는 그것의 영향에 근거하여 평가된다. 그렇지만 정부 체제(system of governance)의 선택에는 그와 같은 후생경제학의 원칙 이외에도 (i) 정치 참여의 폭, (ii) 개인적 권리의 보호, (iii) 각종 시민적 가치의 발전과 같은 다른 귀중한 가치들도 고려되어야 한다.

인만(Robert Inman)과 러빈펠드(Daniel Rubinfeld)는 정치적 가치를 좀 더 확장된 목적함수에 포함시켜 연방주의 가능곡선(federalism frontier)이라는 지적 도구를 개발했다. 연방주의 가능곡선은 정치적 영향력과 참여의 노력을 평균하여 지표화한 정치적 가치를 수평축으로 하고, 분권화를 통해 달성되는 후생 증진을 나타내는 경제적 효율성을 수직축으로 하여 구성된다. 연방주의 가능곡선 상에는 경제적 효율성과 정치적 참여의 폭이 동시에 증진되는 부분이 없지는 않지만, 우리의 관심이 되는 영역은 정치적 참여의 증진이 경제적 효율의 희생 위에서 이루어지기 때문에 어려운 선택을 필요로 하는 부분이다.

(2) 시장 보존적 연방주의

신제도주의 경제학과 연관된 연방주의의 한 부류는 정치적 분권화를 생산적이고 성장하는 시장경제를 지탱해 줄 수 있는 능력으로 바라본다. 이러한 관점에서 와인가스트(Barry Weingast)는 시장 체제의 안정적인 기반을 보장해 주는 정치 체제의 제도적 구조를 탐색했다. 와인가스트의 출발점은 어떤 경제 체제가 갖는 근본적인 정치적 딜레마, 즉 재산권을 보호하고 계약을 강제할 수 있을 정도로 강력한 정부라면 국민들의 재산 또한 몰수할 수 있을 만큼 강력하다는 점이었다.

와인가스트에게 연방주의의 매력은 효율적 시장 체제를 지원해 주는 정치 체제를 도출해 낼 수 있는 그것의 잠재력이다. 그는 자신이 명명한 '시장 보존적 연방주의(market-preserving federalism)'를 특징짓는 연방 체제를 위한 세 가지 조건들을 제시했다: (i) 분권화된 정부가 경제에 대한 일차적인 규제 책임을 가지며, (ii) 거래 장벽이 전혀 없는 공동시장이 구성되어야 하고, (iii) 분권화된 하위계층의 정부들은 경성예산 제약(hard budget constraints)을 가져야 한다. 경성예산 제약이 의미하는 바는 하위계층의 정부는 자체 재원에 의존해야만 한다는 것이다. 하위계층의 정부는 화폐를 창출할 수도 없고 무제한적인 신용에도 접근할 수 없으며, 중앙정부는 하위계층의 정부가 재정 곤란에 직면했을 때 긴급구제(bailout)를 고려하지 않는다는 것이다.

4) 재정분권화와 경제 발전

오츠는 정부 간 구조에 관해 1985년에 43국을 대상으로 국가 간 횡단 비교를 시도했다. 국가 전체 지출에서 중앙정부가 차지하는 비율은 선진 산업화된 국가군에 속하는 18개 국가의 경우 65%였지만, 개발도상국에 속하는 25개 국가는 89%에 이르렀다. 이와같이 일반적으로 높은 재정집권화는 발전도상국의 특징으로 받아들여지고 있다.

어떤 사람들은 많은 발전도상국의 경제적 성과가 좋지 않은 것은 중앙기획(central planning)의 실패 때문이며 따라서 재정 책임의 분산(devolution)이 필요하다고 주장한다. 그렇지만 문제는 그렇게 간단하지 않다. 왜냐하면 재정분권화가 경제 발전의 원인이냐 아니면 결과이냐 관한 논의가 제기되기 때문이다. 발(Roy Bahl)과 같은 학자들은 경제가 성장하고 성숙함에 따라, 재정분권으로 인한 경제적 이득도 증가한다고 말한다. 즉 그들은 분권화는 경제 발전 단계가 높아질수록 더 용이하게 일어나며, 재정분권화가 매력적일 수 있는 경제 발전 수준은 매우 높을 것이라고 생각한다. 이들의 관점에 의하면 경제 발전이 먼저이고 재정분권은 그 후인 셈이다.

미국의 경우 19세기 후반에 공공 부문은 매우 규모도 작았지만 매우 분권화되어 있었다. 20세기에 접어들었을 때 공공 영역은 GNP의 8%에 불과했고, 총 공공비용에서 중앙정부가 차지하는 비율은 30~35% 정도였다. 그러다가 1955년경에는 중앙정부의 지출 비율이 급격히 늘어나 총 공공 지출의 3분의 2를 차지했다. 영국과 같은 다른 선진 국가들도 비슷한 패턴을 보이고 있다. 대부분의 선진 산업국가에서 재정집권화 비율은 1950년대에 절정에 달했고, 그 이후부터 점진적으로 감소하고 있다. 그러나 발전도상국의 경우는 사정이 다르다. 즉 대부분의 발전도상국은 식민지 시대의 집권적 정부 체제를 물려받았고, 독립 초창기에는 국가적 일체감을 조장하고 신정부와 그 정책을 강화하기 위해 중앙통제와 집권화된 기획 체제를 유지했다. 따라서 이들 국가는 선진 산업국가와 같은 공공 영역의 진화 과정을 경험하지는 않았다.

발전도상국에서의 재정개혁 노력은 다음과 같은 세 가지에 초점을 맞추어야 한다. 첫째, 정부간 지원금 제도를 재설계하여 분권화된 하위계층의 정부에 대한 재정 지원 규모를 삭감하고 또한 수혜단체의 바람직하지 않은 재정 행태를 초래하게끔 하는 잘못된 유인(perverse incentive)을 제거하도록 해야 한다. 둘째, 세입체제를 재설계하여 분권화된 하위계층 정부들의 자체 재원 비율을 높이고 상위계층 정부의 이전금에 대한 의존을 감소시켜야 한다. 셋째, 채권 발행을 통해 경상적자 보전을 하지 않도록 부채에 의한 재원 조달(debt finance)에 엄격한 제한을 두어야 한다. 재정개혁을 위한 이 세 가지 조건 모두는 분권화된 하위정부를 경성예산 제약 하에 두게끔 하는 데 도움이 된다.

공공 영역을 분권화시키려고 노력하는 종전의 사회주의 국가들도 거의 비슷한 이슈에 직면한다. 그렇지만 이곳에서의 분권화 과정은 민영화(privatization) 과정과 동시에 진행되기 때문에 더 복잡하다. 즉 통제경제 체제로부터 시장경제 체제로의 혼란스러운 전환은 공공 영역을 재구성하는 안정적 분위기를 주지 못한다. 그럼에도 불구하고 전면적인 재정분권화 과정이 중부 및 동부 유럽에서 진행되고 있다. 그러한 과정은 (i) 상이한 계층의 정부들이 갖는 재정 책임의 정의와 (ii) 새롭게 등장하는 민간시장(private market)을 지원하고 필요한 공공 서비스를 전달하기 위해 요구되는 재정 도구와 그 절차의 소개와 같은 이슈들을 포함한다.

제 3 절 평가적 의견

오츠는 재정연방주의에 관한 선구자적 연구자이며, 그가 1972년에 발간한 『재정연방주의(*Fiscal Federalism*)』라는 저서는 이 분야의 고전으로 꼽힌다. 그는 머스그레이브(Richard Musgrave)가 분류한 공공 영역의 기능, 즉 소득재분배 기능, 경제안정화 기능, 그리고 자원 배분 기능이라는 개념적 틀에 바탕하여 연방 체제의 경제적 해석을 시도했다. 그는 재정연방주의라는 개념적 틀이 정치 체제와는 무관하게 사용될 수 있다고 주장했고, 따라서 단일국가(unitary state)에서도 그의 이론은 상당한 함의를 갖는다.

오츠는 『재정연방주의』라는 저서의 발간 이후에도 꾸준히 이 분야에 관한 연구를 해 왔다. 「재정연방주의에 관한 소고」라는 논문은 자신의 특별한 이론을 정립한 것이 아니라 이 분야의 전문가로서 재정연방주의에 관해 지금까지 축적된 광범위한 연구물들을 바탕으로 쓰여진 것이다. 이것은 이 논문의 참고 문헌이 115개라는 데서도 알 수 있다. 그렇기 때문에 이 논문에서 다루는 주제는 통상적인 논문과는 달리 광범위할 뿐만 아니라 매우 개괄적으로 언급되고 있다. 따라서 이 논문은 특정 이슈를 이해하기보다는 재정연방주의에 관한 연구의 방향을 이해하는 데 매우 유익하다고 생각된다.

재정연방주의라고 할 때 우리는 통상적으로 오츠의 전통적 재정연방주의이론을 연상하게 된다. 하지만 논문에서 오츠는 자신의 전통적인 재정연방주의이론에서 벗어나 재정연방주의에 관한 새로운 연구 과제와 방향을 소개했다. 몇 가지 예를 들면 실험적 연방주의, 연방 체제 하에서의 정치적 목적과 경제적 목적 간의 상충 관계, 시장 보존적 연방주의, 재정분권화 등이다. 이러한 이슈들은 세계적으로 유행처럼 번지고 있는 분권화운동과 결부시켜 고찰하면 우리들에게 상당한 시사점을 줄 수 있을 것이다.

우리나라도 지방자치가 실시된 후 정부 간의 바람직한 역할 정립에 관해 상당한 논의가 있었다. 특히 2003년에 출범한 노무현 정부는 분권화를 주요 국정과제로 채택하여 과감한 분권화 추진을 천명했다. 특히 이 기간 중에 사회복지 부문에 관한 상당수의 사업이 국가로부터 지방으로 이양되었다. 이것은 전통적인 재정연방주의에는 어긋나지만 오츠가 말하는 실험적 연방주의라는 맥락에서 고찰될 수 있을 것이다. 분권화는 개발도상국은 물론이고 종전의 사회주의 국가에서도 민영화와 더불어 주요한 과제로 추진되고 있다. 분권화가 소기의 목적을 달성하려면 하위계층 정부들이 경성예산 제약을 가져야 한다는 것은 우리 모두가 음미해야 할 중요한 이슈라고 생각된다.

참고 문헌

Oates, Wallace E.(1972). *Fiscal Federalism*. NY: Harcourt Brace Jovanovich.

——.(1999). An Essay on Fiscal Federalism, *Jounrnal of Economic Literature*, 37(3): 1120-1149.

4 티보의 지방공공재이론

전상경
(동아대학교 교수)

제1절 머리말

티보(Charles Tiebout)[1]는 1924년에 태어났으며, 미국 시애틀의 워싱턴대학교에서 경제학 및 지리학 교수로 근무하던 1968년에 43세의 젊은 나이로 갑자기 사망했다. 그는 정치적으로나 지적으로 집권화된 정부가 절정을 이루던 시기에 교육을 받았다. 그는 1957년 미국 미시간대학교에서 지역승수(regional multipliers)에 관한 논문으로 경제학 박사학위를 받았지만, 그가 이룩한 가장 큰 학문적 업적은 그의 박사학위 논문과는 직접적 연관성이 적은 지방재정 분야에서 이루어졌다. 즉 그가 미국 노스웨스턴대학교의 강사로 재직하면서 1956년에 발표한 「지방 공공지출에 관한 순수이론(A Pure Theory of Local Public Expenditures)」은 미국 지방재정이론 분야에서 기념비적 논문으로 인정받고 있다. 티보 모형 혹은 티보 가설이라고도 불리는 그의 이론은 지금까지 미국 지방재정의 이해에 필수적인 지적 도구로 이해되고 있으며, 이 분야에서 엄청난 후속 연구를 유발해 왔었고 앞으로도 유발할 것이다.

1) Tiebout를 '티부'로 표기하기도 하지만 'TEE-bow'로 발음된다고 하기 때문에 여기서는 '티보'로 표기하기로 한다.

전술한 티보의 논문은 1954년에 발표된 새뮤얼슨(Paul Samuelson)의 유명한 논문 「공공지출의 순수이론(The Pure Theory of Public Expenditures)」을 직접적으로 겨냥한 것이다. 그 당시까지 재정학이론에서 머스그레이브(Richard A. Musgrave)와 새뮤얼슨의 연구는 응용경제학이론 분야에서 가장 의미 있는 발전이었다. 머스그레이브와 새뮤얼슨은 정부가 공공재를 공급할 때 직면하게 되는 무임승차자(free rider) 문제를 분석했다. 만약 어느 누구도 공공재의 소비로부터 배제될 수 없다면, 사람들은 공공재에 대한 진정한 선호를 밝힐 유인을 갖지 않는다. 사람들은 한편으로는 다른 누군가에 의해 공급되는 공공재를 즐기려고 하면서, 다른 한편으로는 자신들의 조세 부담을 줄이기 위해 공공재에 대한 자신들의 선호를 실제보다 줄여서 표명할 유인을 갖는다. 머스그레이브와 새뮤얼슨은 이와 같은 논리에 바탕하여 시장은 공공재를 효율적으로 공급할 수 없고, 따라서 어떤 형태로든 정부 개입이 필요하다는 결론을 도출했다.

머스그레이브와 새뮤얼슨의 분석에 대해 티보는 그들의 논의가 연방정부 수준에서는 타당하지만 지방정부 수준에서는 그렇지 않다고 생각했다. 티보는 개개의 시민들이 거주지를 선택할 때 고려하는 결정적 요소는 그 지역의 조세와 공공 서비스로 구성되는 재정 패키지라고 믿었다. 그리하여 서로 다른 재정 패키지를 공급하는 여러 지방정부가 있으면, 각 개인은 자신의 선호를 가장 잘 충족시켜 주는 지방정부를 선택하게 된다. 즉 각 개인은 거주지 이동을 통해 자신의 진정한 선호를 표명하게 되는 셈이며, 이러한 과정은 종종 '발로 하는 투표(voting with one's feet)'라고 묘사되기도 한다. 또한 이것은 민간시장(private market)에서의 소비자의 구매 행위와 비유되어 각 개인은 여러 지방정부들을 '쇼핑(shopping)'한 후 가장 마음에 드는 지방정부를 '구매'하는 것으로도 이해된다. 따라서 머스그레이브와 새뮤얼슨의 생각과는 달리 지방공공재의 경우 각 개인들은 자신이 진정으로 원하는 것을 선택할 수 있을 뿐만 아니라 정치적 해결책에 의존하지 않고서도 최적 수준의 지방공공재를 공급할 수 있게 된다는 것이 티보 모형의 핵심이다.

제 2 절 티보의 지방공공재이론: 티보 모형

머스그레이브와 새뮤얼슨은 공공지출이 중앙정부 수준에서 다루어진다고 암묵적으로 전제했다. 하지만 티보는 경찰, 소방, 교육, 병원, 법원 등과 같은 정부 서비스의 공급에는 굳이 연방정부의 활동이 필요하지 않다고 생각했다. 그는 그동안 별다른 주목을 받지 못했던 지방정부 지출의 중요성을 인식하고, 지방정부가 적정 수준의 공공 서비스를 공급할 수 있도록 보장하는 어떤 메커니즘이 존재하는가에 관심을 기울였다.

티보는 도시 거주자가 교외로의 이주를 고려할 때 어떤 요인이 그의 거주지 결정에 가장 큰 영향을 발휘하는가를 생각했다. 그는 비경제적 변수들도 고려될 수 있다고 생각했지만, 자신의 모형을 정립하기 위해 그러한 변수들은 접어두고 지방정부가 공급하는 공공 서비스의 수준과 질이 거주지 결정을 위한 의사결정 변수라고 간주했다. 그리하여 소비자·유권자는 공공 서비스에 대한 자신의 선호를 가장 잘 충족시켜 주는 지방정부를 선택하는 것으로 간주된다.

티보는 지방정부와 중앙정부의 공공재 공급에 관한 차이점을 다음과 같이 지적한다. 즉 중앙정부의 경우 소비자·유권자들의 선호는 주어져 있고, 중앙정부는 그렇게 주어진 소비자·유권자들의 선호에 맞추려고 노력하는 것으로 간주된다. 여기에 비해 지방정부의 경우 각 지방정부의 재정패키지는 어느 정도 고정되어 있고, 소비자·유권자들은 자신의 선호를 가장 잘 충족시켜 주는 지방정부로 옮겨가려고 한다. 이때 지방정부의 수가 많을수록 그리고 그들 간의 재정 패키지가 다양할수록 소비자·유권자들은 자신의 선호를 더욱 충실하게 실현할 수 있다. 이러한 그의 생각을 정리하기 위해 몇 가지의 전제하에 극단적인 모형을 상정했다.

1 티보 모형의 전제와 모형의 주 내용

1) 티보 모형의 전제

(1) 시민의 이동성: 공공 서비스의 소비자이자 유권자인 시민은 아무런 거래비용 없이 자유로이 거주지를 옮길 수 있으며, 여러 지방정부를 비교한 후 자신의 선호를 가장 잘 충족시켜 주는 지방정부로 옮기려고 한다.

(2) 완전정보: 시민들은 각 지방정부의 재정 패키지에 대한 완전 정보를 가지며, 그러한 재정 패키지에 따라 대응한다.

(3) 다수의 지방정부: 공공 서비스의 소비자이자 유권자인 시민들이 선택할 수 있는 지방정부의 수는 많다.

(4) 배당 수입에 의한 소득: 모든 시민들은 배당 수입(dividend)에 의존하여 생계를 유지한다. 이것은 거주지 선정에 고용 기회가 미치는 영향을 배제하기 위한 것으로서, 시민의 거주지 선정 기준은 순전히 지방정부의 재정 패키지에 달려 있음을 뜻한다.

(5) 외부효과의 배제: 각 지방정부 간에는 공공 서비스로 인한 외부경제나 외부불경제는 없다. 이것은 각 지방정부가 공급하는 서비스의 수혜 지역은 순전히 그 지방정부에 한정된다는 의미이다.

(6) 고정적 생산 요소의 존재: 모든 지방정부에는 최소한 한 가지 고정적 생산 요소(fixed factor)가 존재한다. 이 제약은 각 지방정부가 자신에게 맞는 최적 규모(optimal size)를 갖는다는 의미이며, 최적 규모란 일정 수준의 지방공공재가 최저 평균 비용으로 생산될 수 있는 인구 규모를 뜻한다.

(7) 최적 규모의 추구: 모든 지방정부들은 자신의 최적 규모를 추구한다. 즉 자신의 최적 규모보다 작은 지방정부는 평균 비용을 감소시키기 위해 더 많은 주민을 유인하려고 할 것이며, 자신의 최적 규모보다 큰 지방정부는 자신의 주민을 감소시키려고 할 것이고, 자신의 최적 규모에 있는 지방정부들은 그들의 인구를 그대로 유지하려고 할 것이다.

2) 티보 모형의 주요 내용

티보가 상정하는 지방정부 체계가 균형을 이루지 않을 경우, 자신이 살고 있는 지방정부의 재정 패키지에 불만을 느끼는 일단의 소비자·유권자가 있게 마련이다. 이때 앞에서 열거한 일곱 가지의 전제가 주어지면, 최적 규모보다 큰 지방정부로부터 최적 규모보다 작은 지방정부에로의 이동이 일어나게 된다. 이때 소비자·유권자들은 자신의 선호를 가장 잘 만족시켜 주는 지방정부로 옮겨간다.

소비자·유권자들의 이동 행위와 이동하지 않는 행위는 매우 중요하다. 왜냐하면 이동 행위와 이동하지 않은 행위 그 자체는 통상적인 시장에서 재화를 구매하려는 의지(willingness to buy a good)를 나타내는 시장성 테스트(market test)를 대신하는 것이며, 결과적으로 지방공공재에 대한 소비자·유권자의 선호를 나타내는 것이기 때문이다. 아무튼 소비자·유권자들이 자신들의 선호에 따라 이동하게 되면 결과적으로 각 지방정부는 주어진 재정 패키지에 동질적인 선호를 갖는 소비자·유권자들로 구성되는 셈이다.

이제 이러한 상황이 지방정부의 공공재배분에 어떠한 함의를 갖는지 살펴보기로 하자. [그림 4-1]은 특정 지방정부의 지방공공재 수요이다. 이 지방정부를 선택한 각 소비자·유권자는 지방공공재에 대한 동일한 수요(또는 한계편익)를 가지며, 그것은 [그림 4-1]에서 "i에게 돌아가는 한계편익"인 MBi로 표시된다. 따라서 그 지방정부에 거주하는 모든 소비자·유권자들의 공공 서비스 한계편익의 총합은 동일한 수요곡선의 합인 $\sum MB_i$이다. 모든 소비자·유권자들이 [그림 4-1]의 h_i와 같이 동일한 비용 부담을 한다면, 바람직한 공공재의 공급 수준은 E_i가 되고, 그것은 이 지방정부에 거주하는 모든 소비자·유권자들이 똑같이 누리게 되는 수준(E^*)이다.

각 소비자·유권자의 한계편익이 한계비용과 동일하기 때문에 각 소비자·유권자가 바라는 지방 공공 서비스의 공급 수준은 효율적 수준이다. 모든 사람들의 비용은 한계편익을 반영하고 있기 때문에 각 지방정부에서 이와 같은 티보의 과정을 거친 결과는 응익세 균형(benefit tax equilibrium)이다. 이동성이 없는 상황에서 이루어지는 다수결 투표의 균형과는 달리,

[그림 4-1] 티보 지방정부 하의 지방공공재 수요

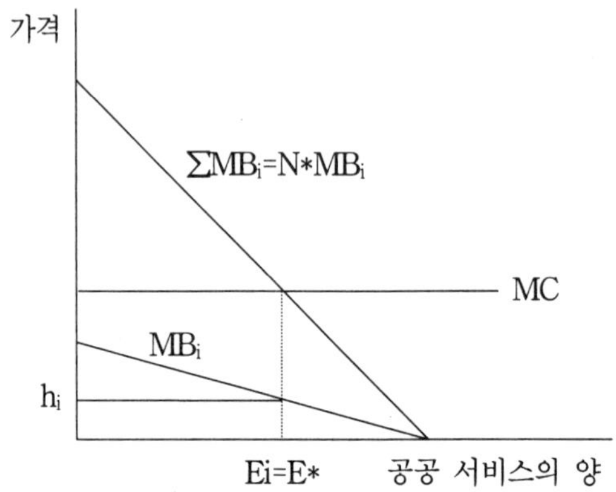

티보적 세계에서 이루어지는 균형에서 모든 소비자·유권자들은 자신의 지방정부에서 공급되는 공공재 수준에 완벽하게 만족하며, 그러한 공공재 공급 수준은 효율적이다.

2 외부경제와 이동성 및 완전정보의 전제에 대한 티보의 논의

지방정부 간에 외부성이 존재하지 않는다는 전제의 완화는 재미있는 함의를 갖는다. 실제로 지방정부 간에는 명백한 외부경제와 외부불경제가 존재한다. 이러한 외부성이 매우 심각할 때에는 어떤 형태의 통합(integration)이 요구된다. 실생활에서 동일한 사회경제적 선호를 반영하는 지방정부들이 인접해 있는 한 외부불경제는 최소화된다. 교외 지역의 응집(suburban agglomeration)은 이와 같은 외부경제와 외부불경제의 증거이기도 하다.

통상적인 경제적 후생의 입장에서 볼 때, 도시정부의 통합은 다른 어떤 서비스 수준을 감소시키지 않으면서 동일한 비용으로 더 많은 서비스를 공급할 수 있을 때만 정당시된다. 사회후생함수가 알려져 있지 않는 상황에서 한두 종류 이상의 서비스가 감소된 상태에서 이루어지는 총비용 감소는 경제적 입장에서 결코 정당화될 수 없기 때문이다.

티보는 이동성과 완전정보의 전제도 현실 상황과 비교되어야 한다고 했다. 실제로 소비자·유권자들은 완벽한 지식과 선호 체계도 갖지 않으며 이동성도 완벽하지 못하다. 그래서 문제는 실제로 사람들이 거주지를 선정할 때 어떻게 반응하는 가이지만, 사람들의 거주지 선정시의 주요 동기에 관한 실증 연구가 그렇게 많지 않았다. 그러나 그런 연구들은 소비자들이 서로 다른 재정 패키지에 대해 놀랄 정도로 잘 인식하고 있음을 보여 주었다.

티보는 산업 및 노동력에 관련된 정보와 직업 간의 이동성이 민간자원배분을 향상시킨다는 것과 동일한 논리로, 소비자·유권자의 지식을 증가시키고 거주지 이동성을 촉진시키는 정책들은 지방정부 지출의 배분을 향상시킬 수 있다고 생각한다. 그는 또한 지방정부들이 과연 고정된 재정 패키지를 가져야만 하는가라는 규범적 문제가 제기될 수 있다고 지적한다. 왜냐하면 역동적인 대도시 지역에서는 그와 같은 재정 패키지의 고정이 거의 불가능하고, 시골 지역 및 교외 지역에서만 그것이 적절한 것으로 간주되기 때문이다.

3 티보 모형의 안정성과 모형의 확장

티보 모형에서는 재원 조달 방식이 거의 언급되지 않았지만 암묵적으로 응익세(benefit charges)나 인두세(head tax)가 상정되었다. 그렇기 때문에 비록 티보의 모든 전제 조건들이 모두 충족된다고 하더라도 응익세나 인두세가 아닌 다른 조세로 재원 조달이 이루어질 경우 지방공공재의 효율적 공급이 불가능해진다. 즉 지방공공재의 재원 조달이 재산세로 이루어질 경우 지방공공재가 효율적으로 공급될 수 없다. 따라서 미국에서는 재산세가 지방정부의 주요 재원이기 때문에 현실 세계에서는 티보 모형의 안정성 문제가 제기된다.

여기에 대해 해밀턴(B. W. Hamilton)은 적절한 토지이용 규제(zoning)만 주어지면 그러한 문제는 극복될 수 있음을 보여 주었다. 토지이용 규제를 적용하려면 수많은 동질적(homogeneous)인 지방정부의 존재가 필요하지만, 조세의 자본화(tax capitalization)가 이루어지면 그러한 필요성은 사라진다.

1) 티보 모형의 안정성

티보 모형의 안정성을 검토하기 위해 다음 보기의 경제적 특성을 갖는 두 학교구(school districts) A와 B로 구성되는 어떤 대도시 지역을 상정하자. 이 두 학교구는 티보의 과정(Tiebout process)을 거쳤다고 가정한다. 이것은 이 두 지방정부에 거주하는 각 가정이 교육에 관한 자신의 선호를 가장 잘 충족시켜 주는 교육구를 선택했다는 의미이다. 또한 각 가정은 자신이 원하는 형태의 주택을 구입했다고 생각하자. 이 경우 초등교육을 위해 지방정부 A에 거주하는 가정이나 B에 거주하는 가정 모두 4,000달러의 교육 서비스를 향유하기 위해 4,000달러의 조세를 기꺼이 지불하려고 할 것이다. 두 가정 모두 초등교육 서비스에 대한 동일한 수요를 갖지만, 그들의 조세 부담을 결정해 주는 주택 수요는 서로 다르다. 티보 모형의 전제하에서, 두 지방정부는 효율적인 수준의 교육 서비스를 공급하며, 각 지방정부에는 소비자·유권자의 어떤 불만도 없다.

위의 보기에서 어떤 지역의 주민이 다른 지역으로 옮김으로써 후생이 증진될 수 있다면 티보의 균형은 불안정하게 된다. 만약 지방정부 B의 주민들 중 한 사람이 지방정부 A에 50,000달러 가치의 소형주택을 건설한다면, 그 주민의 조세 부담은 50,000×0.04=2,000달러가 되어 2,000달러의 비용으

〈보기〉

지방정부 A	지방정부 B
대형주택: 100,000달러 세율: 4% 가구당 조세액: 4,000달러 가구당 학생 수: 1명 학생 1인당 지출: 4,000달러	소형주택: 50,000달러 세율: 8% 가구당 조세액: 4,000달러 가구당 학생 수: 1명 학생 1인당 지출: 4,000달러

로서 거의 4,000달러에 육박하는[2] 교육 서비스를 누릴 수 있다. 이 주민은 이주를 함으로써 약간의 교육 서비스 감소를 경험하지만 그 반면 엄청난 규모의 조세 절감을 누린다. 이것은 큰 규모의 공공 서비스를 공급하는 지방정부로 옮겨가 거기서 평균 가치 이하인 주택을 소유함으로써 가능해진다. 이렇게 되면 티보의 균형은 깨어지며, 지방정부 A에서의 교육비 지출은 더 이상 효율적 수준이라고 할 수 없다.

2) 티보 모형의 확장: 토지이용 규제와 조세의 자본화

(1) 토지이용 규제와 티보 모형의 안정성

만약 위의 보기에서 B의 주민처럼 작은 주택을 선호하는 주민이 큰 주택을 선호하는 주민들로 구성된 A로 이주할 수 없게 하는 장치가 있다면 위에서 언급한 티보 모형의 안정성 문제는 해결된다. 해밀턴은 일상적인 경험적 관찰을 통해 볼 때 토지 이용에 관한 제약 조건이 그와 같은 장치가 될 수 있다고 생각했다. 즉 그는 티보 모형의 기본적 전제들에 덧붙여 각 지역은 (i) 순전히 비례적인 재산세(지역에 따라 세율이 다름)로 운영될 뿐만 아니라, (ii) 어떤 주민도 그 지역이 설정하는 최소 크기의 주택 규모보다 작은 주택을 그 지역 내에 건설하지 못한다는 토지이용 제한조례(zoning ordinance)를 제정할 수 있는 권한을 갖는다는 두 전제 조건들을 덧붙임으로써 효율적인 지방공공재를 공급할 수 있음을 제시했다.

티보의 전제 조건들에 해밀턴의 전제 조건들을 덧붙이면 지방정부의 재산세는 응익세(benefit tax) 또는 수익자 부담료(user charges)로서 기능하게 되어 각 주민들은 그 지방정부가 공급하는 지방공공재의 비용 전액을 지불하는 결과가 된다. 이 경우 토지이용 제한의 규제를 받는 최소 수준의 주택에 부과된 재산세는 각 주민이 그 지역의 공공 서비스를 즐기기 위해 지불해야만 하는 가격이 된다. 바로 이것이 재산세가 응익세적 요소를 지닌다는 것을 말해 주는 것이다.

2) 지방정부 A에 100명이 살고 있었다면, 새롭게 한 명이 이주함으로써 지출은 (4,000×100 +2,000)=3,980.20 달러로 감소된다.

(2) 토지이용 규제와 조세의 자본화

큰 주택을 선호하는 지역(위의 보기에서 A)에서 작은 주택을 소유함으로써 얻게 되는 조세상의 이점은 그 작은 주택 가격을 상승시킨다. 수요의 변화로 야기되는 재산가치의 변화를 자본화(capitalization)라고 하는데, 전술한 조세상의 이점 때문에 그 주택 가격이 상승되는 것은 조세의 자본화(tax capitalization)라고 한다. 만약 이와 같은 조세의 자본화가 일어난다면, 주민들이 여전히 동일한 공공 서비스를 원하는 한 동일한 지방정부 내에 큰 주택과 작은 주택이 공존할 수 있게 된다.

중요한 문제는 자본화의 발생 여부와 그것이 발생할 경우 유지될 수 있는가이다. 자본화는 재정적으로 바람직한 지방정부에서의 이용 가능한 토지와 주택에 대한 경쟁으로부터 나오며, 그러한 경쟁을 제약하는 요인은 자본화를 제약한다. 따라서 지방정부의 수가 충분하지 않거나, 직업이나 다른 요인 때문에 이동성이 제약을 받거나, 또는 지방정부 간의 차이에 대한 정보가 충분하지 않다면, 자본화는 완벽하게 일어나지 않는다. 아무튼 단기적으로는 자본화가 발생하지만, 장기적으로는 주택 공급이나 지방정부의 수가 변하기 때문에 자본화가 유지되지 않을 수도 있다.

아무튼 조세나 공공 서비스 차이 때문에 각 지방정부 간에 발생하는 자본화는 다음과 같은 몇 가지 중요한 함의를 갖는다.

첫째, 한 지방정부의 모든 주민들이 동일한 수준의 공공 서비스뿐만 아니라 동일한 가격의 주택을 선호하도록 보증하기 위해 토지이용 규제(zoning)를 적용할 경우 수많은 동질적인 지방정부가 요구된다. 그러나 자본화가 일어난다면 효율적 균형의 달성을 위한 지방정부의 수가 그렇게 많이 필요하지 않을 수도 있다.

둘째, 각 지방정부는 바람직한 공공 서비스 수준에서만 동질적이면 되고 다양한 규모의 주택을 원하는 세대들을 포함할 수 있기 때문에, 티보 모형에 대한 형평성 관심(equity concern)은 크게 완화될 수 있다.

셋째, 완전한 자본화(complete capitalization)가 발생할 경우 각 지방정부 내의 주민은 그 지방정부가 공급하는 지방 공공 서비스의 전체 비용(full cost)을 지불하기 때문에 지방정부의 재산세는 응익세로 기능하게 된다.

제 3 절 평가적 의견

티보 모형의 전제 조건들은 미국에서조차도 완벽하게 충족되지 않는다. 즉 현실적으로 사람들의 이동성이 그렇게 높지 않고, 각 개인의 선호를 완벽하게 충족시킬 만큼 다양한 재정 패키지를 제공하는 지방정부의 수도 많지 않으며, 한 지방정부 내에서도 소득격차 등과 같은 이질성이 내재한다. 그럼에도 불구하고 티보 모형이 미국 도시 지방정부의 재정을 이해하는 데 필수적인 지적 도구라는 것을 부인하기는 어렵다. 이것은 현실적으로 완전경쟁시장이 존재하지는 않지만 그러한 전제 조건 하에서 전개된 이론이 현실 사회에서 상당한 설명력을 갖는 것에 비유될 수 있다.

티보 모형이 주는 시사점을 이용하여 우리나라의 시·군의 자치단체화를 연구한 논문(정정목, 1992)도 있지만, 티보 모형은 상대적으로 광대한 국토를 갖는 미국이라는 특수한 환경에서 생성된 것이므로 그것을 우리나라에 적용하는 데는 상당한 한계가 수반된다. 앞서 언급했듯이 미국에서조차도 티보가 설정한 몇몇 전제들은 현실과 동떨어져 있지만, 그래도 그러한 전제들이 미국 사회에서는 상대적으로 이해할 만한 수준에 있다고 생각된다. 그러나 우리의 경우는 사정이 다르다.

우리나라에도 이른바 '티보적 현상'이 없는 바는 아니다. 즉 많은 서울 시민들이 교육 여건이 좋은 소위 8학군이 있는 강남 지역으로 이주하려는 현상은 분명히 '티보적 현상'이라고 할 수 있다. 그렇지만 우리의 경우는 미국과 달리 지방정부의 독자적이고 자율적인 재정정책 때문에 주민의 이동이 촉발된다고 보기에는 무리가 있고, 더욱이 지방정부가 자율적인 재정정책을 취할 수도 없는 것이 우리의 현실이다. 세계 어디를 가더라도 미국처럼 광활한 지역에 많고 다양한 지방정부가 존재하는 나라는 드물기 때문에 티보 모형은 미국이라는 특수한 지리적 여건 하에서만 적실성이 있는 것 같다.

허시만(A. O. Hirschman)은 시장조직에 대한 소비자의 통제를 이탈(exit)·항의(voice)·순종(loyalty)의 세 가지 개념을 설명한다. 허시만의 이와 같은 분류는 지방정부의 통제에도 적용될 수 있다. 즉 이탈이란 자신이 살고 있는 지방정부의 재정 패키지가 마음에 들지 않으면 그곳을 떠나 딴 곳으로 이주함으로써 그 지방정부에 타격을 주는 것으로서 티보 모형의 '발로 하는 투표(voting with one's feet)'와 일맥상통한다. 여기에 비해 항의는 정치적 과정의 특성을 띠는 것으로서 지방정부의 재정 패키지에 문제가 있으면 그것의 공론화를 통해 해결하려는 것이다. 우리나라에 지방자치가 활성화되더라도 주민들의 지방정부에 대한 통제는 이탈이라는 방식보다는 항의가 더 효과적이라고 생각된다. 왜냐하면 우리나라의 경우 '발로 하는 투표'를 모토로 하는 티보 모형의 적용은 적실성이 떨어지기 때문이다.

참고 문헌

정정목(1992). 시·군의 자치단체화와 「티이보우모형」. 「한국행정학보」, 26(3): 875-888.

Fisher, Ronald C.(1996). *State and Local Public Finance*(2nd ed.). Chicago: Irwin.

Hamilton, Bruce W.(1975). Zoning and Property Taxation in a System of Local Government, *Urban Studies*, 12: 205-211.

Tiebout, Charles(1956). A Pure Theory of Local Expenditures. *Journal of Political Economy*, 64(5): 416-424.

5 진노 나오히코의 재정분권론

이정만
(공주대학교 교수)

제 1 절 머리말

지방분권은 일반적으로 분권의 내용에 따라 크게 행정적 분권과 재정적 분권으로 나눌 수 있다. 행정적 분권은 주로 사무 및 조직 운영에 관한 지방정부의 권한 확대와 그 권한 행사에 대한 중앙정부 통제의 폐지·축소를 그 내용으로 한다. 한편 재정적 분권은 지방정부의 재정적 자율성의 문제로서 지방 세입 및 세출에 관한 지방정부 권한의 확대와 중앙정부 통제의 축소, 그리고 지방정부의 권한이 미치는 자주재원의 확대를 주요 내용으로 한다.

이렇게 분권의 내용에 따라 행정적 분권과 재정적 분권으로 나누어 볼 수 있지만 원래 행정과 재정이 표리의 관계에 있는 만큼 양자는 상호 밀접한 연관성을 갖고 있다. 특히 사무 권한의 배분 문제는 재정적 분권 차원의 지방 세출의 재량성 수준을 결정하는 중요한 변수가 된다. 또한 재정적 분권은 행정적 분권의 실효성을 담보하는 기반이 된다. 설령 행정적 분권이 이루어진다고 하여도 재정적 분권이 따르지 않으면 주어진 사무 권한의 실효성을 기대하기 어렵기 때문이다.

한편 재정이란 것이 정부 기능 수행을 위한 재원의 조달 및 지출과 관련된 활동인 만큼 재정적 권한과 책임의 배분은 중앙정부와 지방정부 간의 사무 권한과 책임의 배분에 상응하여 이루어지는 것이 논리적이다. 이렇게 보았을 때 재정적 분권의 근거와 방향성도 기본적으로 중앙정부와 지방정부 간의 기능 및 역할 변화와 연계해서 논의될 필요가 있다.

여기서 소개할 진노 나오히코(神野直彦) 교수의 재정분권에 관한 논의도 20세기 후반기의 사회경제적 변화에 따른 중앙정부와 지방정부의 기능 및 역할 변화에 기초를 두고 있다. 즉 중앙정부와 지방정부의 기능 변화에 근거하여 재정연방주의로 대표되는 전통적인 재정분권이론의 한계를 지적하고 재정분권의 새로운 이론적 근거와 방향성을 제시하고 있다. 이러한 진노 교수의 재정분권론은 기본적으로 일본의 중앙지방 간 재정 관계에 대한 문제 인식을 바탕으로 전개된 것이지만 우리나라 재정분권 개혁의 방향성 모색에도 시사하는 바가 크리라고 생각된다.

이하에서는 진노 교수의 재정분권론의 핵심적인 내용이라고 할 수 있는 재정분권의 이론적 논거와 세원 이양을 중심으로 한 재정분권 전략에 관한 논의를 정리, 소개하고자 한다.

제 2 절 재정분권의 논거와 전략

1 재정분권의 이론적 논거

진노 교수는 1980년대 이후 세계 동시적으로 진행되고 있는 지방분권 및 재정분권의 구조적 동인을 20세기 후반기의 국민국가를 둘러싼 세계 경제 질서의 변화와 사회경제적 변화에서 찾고 있다. 구체적으로는 시장경제의 세계화에 따른 국민국가의 퇴조와 사회경제 구조의 변화에 따른 보편적 서비스(universal service)에 대한 재정 수요의 증가를 지적하고 있다.

먼저 국민국가의 퇴조와 관련해서는 자본자유화 및 무역자유화 등 시장경제의 세계화(globalization)로 인해 국경을 넘나드는 자본, 사람, 물자 등의 이동을 규제할 수 있는 국민국가의 국경관리 능력의 약화를 강조하고 있다. 이렇게 국민국가의 국경관리 능력이 약화되면서 중앙정부가 누진소득세나 법인이윤세의 과세를 강화하고자 하면 자본은 국경을 넘어 국외로 이동해 버리는 자본 유출 현상이 나타난다. 결국 시장경제의 세계화로 인해 국민국가의 국경관리 능력이 약화되면서 중앙정부가 소득재분배 기능과 경제안정화 기능을 수행할 능력을 상실해 가고 있다는 주장이다. 이는 전통적인 재정연방주의(fiscal federalism)의 중앙정부와 지방정부 간의 재정 기능분담론의 이론적 근거가 되었던 중앙정부의 국경관리 능력에 중대한 변화가 초래되고 있다는 것을 의미한다.

재정연방주의에서 중앙정부는 소득재분배 기능과 경제안정화 기능을 담당하고 지방정부는 주로 자원 배분 기능을 담당하는 것이 바람직하다고 주장하는 이면에는 중앙정부는 국경을 관리할 수 있는 정부인 반면에 지방정부는 경계를 관리하지 않는 이동이 자유로운 개방 시스템의 정부라는 인식이 존재한다. 따라서 지방정부가 소득재분배 기능을 수행하기 위해 지방세로 누진소득세나 법인이윤세를 부과하거나 과세를 강화하면 출입이 자유로운 지방정부에서는 고소득자나 기업은 다른 지역으로 유출되는 한편 저소득자가 유입되는 인구 이동이 발생하여 소득재분배 정책을 지속화할 수 없게 된다는 주장이다.

또한 지방정부가 경제안정화를 위해 경기부양 정책을 실시한 경우에도 그 효과가 다른 지역으로도 유출되어 버리기 때문에 경제안정화 효과도 제한적이라는 것이다. 반면에 공공재를 공급하는 자원배분 기능이라면 주민에게 가까이 있는 지방정부는 지역 주민의 수요를 잘 파악하고 있기 때문에 지역 주민의 수요인 지방공공재를 효율적으로 공급 가능하다는 입장이다.

한편 국경을 관리하고 있는 중앙정부라면 출입이 자유롭지 못하기 때문에 누진소득세나 법인이윤세를 용이하게 과세할 수 있다는 주장이다. 게다가 누진소득세나 법인이윤세는 세수입의 소득탄력성이 높아 경기 변동에 따라 세수가 크게 변동하기 때문에 경기 변동에 대한 자동안정화 기능(built-in stabilizer)의 수단이 될 수도 있다. 이렇게 중앙정부는 국경을 관리하는 정부이기 때문에 개방 시스템의 지방정부와 달리 소득재분배 기능과 경제안정화 기능에 필요한 재정 수단을 보유할 수 있다는 것이다. 그래서 재정연방주의에서는 중앙정부는 국가공공재의 공급과 함께 소득재분배 기능과 경제안정화 기능을 담당하고 지방정부는 지방공공재의 공급을 통한 자원배분 기능만을 담당하는 것이 효율적인 것으로 상정되어 왔다.

그런데 앞에서 지적한 바와 같이 20세기 후반 1980년대부터 재정연방주의가 상정하고 있던 중앙정부의 국경관리 능력에 큰 변화가 나타나기 시작한 것이다. 즉 시장경제의 세계화가 진전됨에 따라 국민국가의 국경관리 능력이 쇠퇴되어 가는 이른바 ‘국민국가 황혼’ 현상이 발생함으로써 중앙정부도 지방정부와 마찬가지로 소득재분배 기능과 경제안정화 기능을 수행할 능력을 상실해 가고 있다. 따라서 재정연방주의의 중앙정부와 지방정부 간의 재정기능분담론에도 수정이 불가피하다는 것이 진노 교수의 주장이다.

이렇게 국민국가의 국경관리 능력과 중앙정부의 소득재분배 기능이 약화되면서 중앙정부의 국가최소수준(national minimum) 보장 능력도 쇠퇴해 간다. 이제까지의 중앙정부는 빈곤 계층에 한정된 선별적 서비스(selective service)의 제공으로 국가최소수준을 확보해 왔다. 이러한 선별적 서비스를 위한 재원은 부유 계층에 대한 과세로 조달할 때 그 의미가 있고 부유 계층에 대한 과세는 국경을 관리하는 중앙정부에 의해 가능했기 때문에 중앙정부가 국가최소수준 실현에 대한 제일차적 책임을 맡아 왔던 것이다. 그러나 앞에서 언급한 바와 같이 시장경제의 세계화로 인해 자본소득, 즉 부유 계층에 대한 과세가 곤란하게 되면서 중앙정부의 국가최소수준 보장 능력도 약화될 수밖에 없다.

물론 빈곤 문제는 오늘날에는 많이 해소된 데다 국가최소수준도 거의 달성된 상태이기 때문에 선별적 서비스에 대한 재정 수요는 줄어들고 있다고 할 수도 있다. 그런데 선별적 서비스를 대신하여 보편적 서비스(universal service)에 대한 재정 수요가 증가하고 있다. 이는 시장경제의 세계화의 이면에서 진행되어 온 산업구조의 전환과 함께 그간 가족과 지역공동체에서 무상노동을 제공해 온 여성들의 사회 진출이 높아짐에 따라 가족이나 지역 커뮤니티와 같은 사회 시스템이 급속히 공동생활 기능을 축소시키고 있기 때문이다.

이렇게 되면 이제까지 가족과 지역 커뮤니티의 무상노동에 의해 지탱되어 온 육아나 양노 등이 공공 서비스의 지원 없이는 유지 곤란하게 되고 결국 정부가 이러한 공동체 기능을 대신하거나 지원하는 공공 서비스를 공급하지 않을 수 없게 된다. 이렇게 공동체의 공동작업이나 상호 부조에 의해 실시되어 온 공동체 서비스는 빈곤자에 한정되어 공급되는 선별적 서비스가 아니라 지역사회 주민 누구나가 향유하는 보편적 서비스의 성격을 지니고 있다. 이러한 보편적 서비스는 공동체 기능의 쇠퇴와 함께 생활 수준의 향상에 따라 육아나 양노에 국한하지 않고 의료, 교육·문화, 환경·위생, 스포츠·여가생활 등 다양한 서비스에 걸쳐 그 수요가 분출하고 있는 추세이다.

이러한 보편적 서비스 수요에 대해 중앙정부는 종전과 같이 현금급부에 의한 서비스를 제공할 능력도 상실되어 가는 데다 서비스의 성격상 중앙정부가 효율적으로 공급하기도 어렵다. 선별적 서비스의 경우에는 전국적으로 획일화된 기준으로 빈곤자를 한정할 수 있는 데다 주로 화폐를 급부하는 이른바 현금급부이기 때문에 중앙정부가 맡아 온 것이다. 그런데 보편적 서비스는 지역사회마다 가족이나 지역 커뮤니티 등의 공동체 기능의 특성에 따라 그 수요가 다양하고 차별적이다. 게다가 보편적 서비스는 그 성격상 서비스 그 자체를 급부하는 현물급부가 중심이 될 수밖에 없다. 이러한 현물급부, 즉 서비스 급부의 수요는 의사결정에 대한 주민 참여의 기회가 부족한 중앙정부에서는 제대로 파악하기 어렵다. 결국 의사결정에 대한

[그림 5-1] 정부 기능의 변화

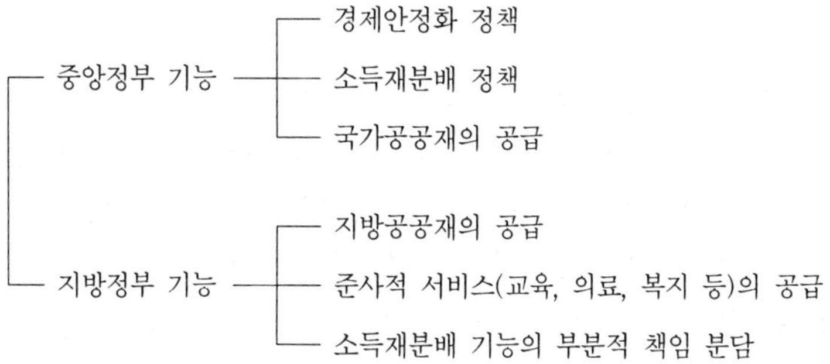

주민의 참여가 용이한 주민에게 가까이 있는 지방정부가 주민 참여를 기초로 서비스 수요를 파악하고 그 공급을 결정해 가는 것이 효율적이다.

이렇게 지방정부가 지역사회의 주민 참여에 기초하여 공동 부담 원칙 하에 보편적 공공 서비스를 스스로 결정하고 공급해 갈 필요성이 증가하고 있다. 결국 지방정부가 종래의 경찰, 소방, 또는 도시공원이나 생활도로 등 생활 관련 지방공공재의 공급에 머물지 않고 복지, 의료, 교육 등과 같이 지금까지 가족 및 지역사회 내의 무상노동으로 제공되어 왔던 서비스, 즉 준사적(準私的) 서비스를 공급하게 되었다는 것이다. 이러한 준사적 서비스의 공급은 일반적으로 현물급부에 의한 소득재분배의 기능을 수행한다고 할 수 있다. 이는 국민국가의 퇴조로 인해 중앙정부의 화폐 급부에 의한 소득재분배 기능이 약화된 대신에 지방정부가 현물급부에 의한 소득재분배 기능을 부분적으로 떠맡게 되었다는 것을 의미한다([그림 5-1] 참조).

결국 국민국가의 국경관리 능력의 약화로 인해 중앙정부의 기능은 축소되는 반면에 보편적 서비스의 수요 증대에 대응하여 준사적 서비스의 공급과 같은 현물급부를 통한 소득재분배 기능을 중심으로 지방정부의 기능이 확대·강화되고 있다는 것이다. 이러한 중앙정부와 지방정부의 기능 변화가 1980년대 이후 세계 동시적으로 진행되고 있는 지방분권 및 재정분권의 이면에 존재하는 구조적 요인이며 기존의 중앙집권적 패러다임에서 벗어나 지방분권적 패러다임으로 전환해야 되는 논거가 된다는 것이 진노 교수의 주장이다.

2 재정분권의 방향성

진노 교수는 이상과 같은 지방분권 및 재정분권의 구조적 요인과 논거에 대한 논의를 바탕으로 기존에 논의되고 있는 재정분권 전략에 대한 비판적 검토를 통해 바람직한 재정분권의 방향성을 제시하고 있다.

진노 교수는 재정분권의 핵심은 세입의 자치와 세출의 자치에 있다고 하면서 세출의 자치는 세입의 자치를 전제로 하는 것으로 이해하고 있다. 세입의 자치가 없으면 지방정부는 스스로 기획한 신규 기획사업의 재원을 중

앙정부의 보조금에 의존하지 않을 수 없게 되고 국고보조금을 획득하려면 지방정부의 기획사업을 포기하고 중앙정부가 기획한 사업에 비교적 가까운 사업을 선택할 수밖에 없기 때문이라는 것이다. 따라서 중앙정부 보조금에 의한 세출 통제에서 벗어나 세출의 자치를 확보하기 위해서는 먼저 세입의 자치를 확보할 필요가 있다는 주장이다.

세입의 자치란 중앙정부로부터 재정 이전에 의존하지 않고 세입에 관한 자기결정권과 자기책임성(local accountability)을 확보하는 것인데 이를 위해선 우선 용도를 특정화시킨 특정 보조금을 감축시키거나 폐지해야 할 필요가 있다. 진노 교수는 특정 보조금을 삭감하는 데에는 일단 합의가 이루어진다고 해도 그 다음 단계의 재정분권 추진전략에 대해서는 견해가 나뉜다면서 일본에서 논의되고 있는 재정분권 전략을 일반재원주의, 규제완화론, 중앙정부의 재원보장 책임을 전제로 한 자주재원주의로 나누어 그 타당성을 검토하고 있다.

먼저 일반재원주의는 용도가 지정된 특정 보조금을 지방교부세 등의 일반재원으로 대체하는 개혁을 지지하는 견해로서 지방세라는 자주재원이 아니라 용도가 지정되지 않은 일반재원에 의한 재원 이전의 확충을 재정분권 개혁의 목표로 해야 한다는 입장이다. 이는 일반재원이 지방정부에게는 세입에 대한 자기결정권이 없는 중앙정부의 이전재원이라 해도 세출 측면에서는 자기결정권이 허용되고 있기 때문에 지방재원으로서 바람직하다는 것이다. 즉 세입의 자치 없이도 세출의 자치는 성립될 수 있고 재정 운영의 자율성 확보 차원에서 세입의 자치보다 세출의 자치가 더 중요하다는 주장이다.

일반재원주의가 세입의 자치에 소극적인 것은 지방정부 간에 존재하는 재정력의 격차 때문이다. 지방세라는 자주재원을 강화하면 세원이 풍부한 지역과 그렇지 못한 지역 간에 재정력의 격차가 더 심화될 수 있다는 우려에서이다. 따라서 지방세를 강화할 것이 아니라 국세의 일부를 일반재원으로 지방정부에 이전하면 지방정부 간 재정력의 격차를 시정하면서 재량적인 지방재원을 확충할 수 있다는 것이 일반재원주의의 주장이다.

그러나 이에 대해 진노 교수는 세입의 자치가 없어도 세출의 자치가 확보되면 지방정부의 재정에 관한 자기결정권이 회복된다는 것은 환상에 불과한 것으로 비판한다. 즉 세입의 자치가 없으면 세출의 자치도 성립되기 어렵다는 입장이다. 일반재원의 이전으로 지방재정이 운영된다면 비록 지출 용도에 개입하지 않더라도 그 지방재정의 세출의 규모는 중앙정부가 결정해 버리는 결과가 되기 때문이라는 것이다. 게다가 일반재원주의는 재정의 자기결정권을 전제로 한 자기책임성에 대해 고려하지 않고 있다고 비판한다. 즉 일반재원주의에 입각한 재원이전은 재정 착각을 불러일으킴으로써 수익과 부담의 일치를 전제로 하는 자기책임성이 성립되기 어렵다는 것이다.

다음은 지방정부에 대한 조세통제나 기채통제를 완화해야 한다는 이른바 규제완화론이다. 규제완화론은 일반재원을 통한 재정조정제도까지 부정하지만 인정하는 경우에도 일반재원의 이전은 전국 획일적인 재정 수요의 충족에 한정하고 그 수준을 넘어서는 선택적인 재정 수요에 대해서는 재정통제를 완화하여 지방정부가 증세와 기채에 의해 조달할 수 있도록 해 주어야 한다고 주장한다. 그렇게 하면 공공 서비스의 수익과 부담이 일치하여 자치책임성에 바탕을 둔 자율적 재정 운영이 가능해진다는 입장이다.

진노 교수는 규제완화론에서 주장하는 재정통제 축소의 당위성은 인정하지만 규제완화론은 국세와 지방세의 세원 배분과 같은 자주재원의 확충 문제에 대해서는 논의하지 않고 있다고 비판한다. 즉 규제완화론은 집권적 분산체제[1)]를 분권적 분산체제로 전환하려는 것이 아니라 오히려 지방재정을 축소시켜 분산체제를 해소하고자 하는 데에 의도가 있다는 것이다. 국세로 인해 지방세의 세원 이용 가능성이 배제되고 있는 현실을 그대로 둔 채 지방세에 대한 규제만을 완화하는 것은 별 의미가 없다는 지적이다. 세수의 규모나 신장성이 낮은 기존 지방세 세목에 대해 세율 설정의 규제를 완화하다라도 실질적인 세수 증대 효과는 제한적이기 때문이다.

그리고 규제완화론은 중앙정부가 지방정부에 대해 필요 최소 행정 수준을 보장해야 한다는 중앙정부의 '중앙 책임(central responsibility)'에 대한 인식이 결여되어 있다고 비판한다. 진노 교수는 중앙정부의 중앙 책임은

---

1) 진노 교수는 일본의 중앙지방 간 재정 관계를 공공 서비스의 공급과 부담에 관한 결정권은 중앙정부가 대부분 장악하고 있으면서 공공 서비스의 실행·공급은 지방정부가 상대적으로 많이 하고 있다는 관점에서 '집권적 분산 시스템'으로 규정하고 있다.

필요 최소 행정 수준(national minimum)을 확보하기 위해 지방정부가 서로 돕고 격려하는 지방정부 간의 협력 원리에 기초하고 있다고 본다. 그런데 규제완화론은 이러한 지방정부 간의 협력 원리를 부정하고 공공의 영역에 시장의 경쟁 원리를 적용하려 한다고 비판하면서 사회 통합을 위해서는 필요 최소 행정 수준을 보장하는 중앙정부의 중앙 책임은 유보될 필요가 있다고 주장한다.

이러한 관점에서 일정한 범위 내에서의 조세통제와 기채통제는 용인될 수밖에 없다는 견해이다. 거시적 경제 조정의 필요상 기채의 총량적 규제는 불가피하며 재정력이 빈약한 지방정부의 기채를 지원해 주는 장치도 필요하다는 것이다. 그리고 중앙정부의 재원 보장 책임을 위한 일반재원의 이전에 의한 재정조정제도가 기능하기 위해서는 표준세율이라는 조세통제도 불가피한 측면이 있다는 입장이다.

결국 진노 교수는 집권적 분산체제를 분권적 분산체제로 전환하려면 일반재원주의가 아니라 지방정부가 자신의 지역사회로부터 재원을 조달하는 자주재원, 즉 지방세를 확충하는 자주재원주의를 기본 전략으로 삼아야 한다고 주장한다. 다만 필요 최소 행정 수준을 보장하는 중앙 책임에 의해 보완될 필요가 있다고 한다. 즉 재정분권 개혁의 목표로 삼아야 할 것은 중앙정부의 재원 보장 책임에 의해 보완된 자주재원주의라는 것이다. 이를 위해서는 중앙정부와 지방정부 간에 세원을 재배분하는 근본적인 세제 개편이 요구된다고 주장한다.

3 중앙지방 간 세원배분 전략

진노 교수는 재정분권의 기본 방향으로 자주재원주의에 입각한 지방세 확충을 주장하면서 이를 실현하기 위해 전통적인 세원배분론에 대한 비판적 검토를 통해 새로운 세원배분론을 제시하고 있다.

1) 전통적 세원배분론

진노 교수는 세원이동성과 정부 기능을 기준으로 한 전통적인 세원배분론은 지방정부가 경계를 관리할 능력이 없는 개방 체제임을 전제로 한 세원배분론으로서 지방정부의 기능이 확대되고 재정분권이 요구되는 오늘날에는 한계를 갖고 있다고 지적한다.

우선 세원이동성에 기초한 세원배분론은 지방정부는 개방 체제의 정부이기 때문에 세원의 이동성이 높은 조세는 지방세로 부적절하다고 간주해 왔다. 따라서 부동산세와 같은 이동성이 낮은 세원에 과세하는 생산요소시장세인 물세(物稅)는 지방세로, 생산물시장세인 간접세처럼 이동성이 높은 세원에 대한 과세는 국세로, 소득세처럼 이동성이 중간적인 가계세인 인세(人稅)는 중간 수준의 지방정부에 배분하는 것이 바람직하다는 것이다.

이러한 세원이동성에 기초한 세원배분론은 정부 기능을 기준으로 한 세원배분론으로 흡수되어 왔다고 한다. 정부 기능 기준의 세원배분론은 소득재분배 기능이나 경제안정화 기능에 적합한 조세는 중앙정부에, 자원배분 기능에 적합한 조세는 지방정부에 배분하는 것이 바람직하다는 원칙이다. 이도 이미 언급한 바와 지방정부가 개방 체제의 정부라는 전제에 기초한 것이다.

프로이센에서 19세기 말에 실시된 미쿠엘(J. V. Miquel)의 개혁을 통해 일반화된 '인세는 국세로, 물세는 지방세로'라는 원칙이나 '국세는 응능 원칙으로, 지방세는 응익 원칙으로'라는 과세 원칙 등은 정부 기능 기준에 기초한 세원 배분 원칙이라고 할 수 있다. 이와같이 전통적인 세원배분론에서는 종합소득세, 순자산세, 상속세 등의 인세는 국세로, 수익세, 개별재산세, 분류소득세, 토지증가세 등의 물세는 지방세로 배분해야 한다고 주장한다. 그리고 인세는 응능 원칙, 물세는 응익 원칙에 근거하여 과세의 공평성이 정당화되기 때문에 응능 원칙에 부합되는 조세는 국세로, 응익 원칙에 부합되는 조세는 지방세로 배분되어야 한다는 주장으로 이어진다.

그런데 물세와 인세의 분류는 직접세에 관한 분류로서 물세란 소득을 창출하는 '물건', 즉 생산요소를 대상으로 한 생산요소시장세이며 소득 순환 과정에서 보면 소득의 생산 단계에서 과세되는 것이다. 반면에 인세란 소득이 분배되는 단계에서 과세되는 것으로서 소득을 취득한 사람을 대상으로 한 가계세라고 할 수 있다. 따라서 인세와 물세라는 개념에 따른 세원배분론에서는 소득의 지출 단계에서의 과세, 즉 소비과세나 간접세와 같은 생산물시장세는 논의되지 않고 있다. 그러나 오늘날 소비과세의 비중이 커지고 있는 현실을 감안하면 간접세에 대해서도 세원 배분 논의가 이루어질 필요가 있다.

그런데 일반적으로 전통적인 세원배분론에서는 간접세의 경우 제조 단계에 가까운 과세는 국세로, 소비 단계에 가까운 과세는 지방세로 배분해야 한다는 원칙이 주장되어 왔다. 이러한 간접세에 대한 전통적인 세원배분론은 소비에 대해 직접 과세하는 입장세, 유흥세, 음식세, 전기가스세 등과 같은 직접소비세가 지방세로 적합하다는 것이다. 그리고 소매 단계에서 과세되는 간접소비세는 직접소비세를 미리 걷는 차원에서 지방세에 적합한 반면에 소비에서 먼 제조 단계에서 과세되는 간접세는 국세로 배분하는 것이 적합한 것으로 간주되어 왔다. 다만 제조에서 소매까지 다단계로 과세되는 경우에는 일반적으로 판매세는 국세로, 부가가치세는 부가가치 창출의 단계 및 상황에 따라 적절히 배분하는 것이 타당한 것으로 주장되어 왔다.

결국 전통적인 세원배분론은 국경관리 능력을 전제로 해서 소득재분배 기능이나 경제안정화 기능에 적합한 소득탄력성이 높은 누진적 소득세나 법인세, 간접소비세를 국세로 배분하고 세원이동성이나 편재성이 낮은 부동산세 등을 지방세로 배분해야 된다는 주장이다. 이러한 주장에 근거하면 과세 기반이 넓고 낮은 세율로도 대규모의 세수가 조달 가능한 이른바 기간세(key tax)는 국세로 배분되기 때문에 중앙정부에 세수가 집중되는 현상이 발생하게 된다. 이러한 현상은 제2차 세계대전 이후의 많은 선진 국가들의 공통된 현상으로서 중앙정부가 자원배분 기능을 제외한 소득재분배 기능과 경제안정화 기능을 독점하고 있다는 판단에서 정당화되어 왔던 것이다.

2) 협력 원리에 기초한 세원배분론

전통적인 세원배분론에 대해 진노 교수는 앞에서 언급한 중앙정부와 지방정부 간의 기능 변화에 따라 그 정당성이 약화되고 있다고 주장한다. 전통적인 세원배분론은 지방정부는 경계를 관리할 능력이 없는 정부로서 경찰·소방·공공사업 등 자산 보호나 자산 가치를 높이는 지방공공재의 공급에 중점을 두고 있다는 사실에 근거하고 있지만 지방정부의 기능 변화로

이 전제가 현실 적합성을 상실해 가고 있다는 것이다. 20세기 후반기에 접어들면서 지방정부는 기존의 지방공공재의 공급뿐만 아니라 복지 · 의료 · 교육 등 준사적 서비스라는 대인 사회 서비스의 공급을 통한 소득재분배 기능을 부분적으로 분담하는 방향으로 그 기능을 확대시켜 가고 있다는 것은 앞에서 언급한 대로이다. 이에 따라 전통적 세원배분론에서 주장하는 부동산세 중심의 지방세로는 세수 확보도 곤란할 뿐만 아니라 과세의 근거도 약해지고 있다는 주장이다.

준사적 서비스라고 불리는 대인 사회 서비스는 원래 가족이나 지역사회 내부의 공동작업이나 상호 부조에 의해 공급되어 왔던 것이다. 그런데 전술한 바와 같이 사회경제적 변화에 따라 양로나 육아와 같은 가족 기능이나 지역공동체 기능이 크게 축소되어 왔기 때문에 지방정부가 이러한 기능을 인수하지 않을 수 없게 되었다. 준사적 서비스는 그 성격상 필요에 따라 배분되어야 하는 사회 서비스로서 시장에다 맡기게 되면 구매력에 따라 배분되는 문제가 발생하기 때문이다.

준사적 서비스라는 대인 사회 서비스가 가족이나 지역사회의 공동작업이나 상호 부조로 실행될 때에는 그 구성원의 부담은 노동의 제공이다. 따라서 진노 교수는 지역사회 대신에 지방정부가 지방세를 재원으로 준사적 서비스를 공급한다면 지역 주민은 일정 기간의 노동을 제공하는 대신에 협력의 원리에 입각하여 그 기간에 획득한 소득을 지방세로 부담하게 하는 것이 타당하다고 주장한다. 지역 주민이 일정 기간 지역사회를 위해 노동을 제공하면 그 지역 주민은 일정 기간의 노동에 의해 획득할 수 있는 소득을 줄여야만 하기 때문이다.

이처럼 지역공동체의 공동작업이나 상호 부조에 의해 공급되어 왔던 서비스를 지방정부가 대신 공급하게 된다면 그 재원이 되는 지방세는 지역 주민이 공동작업이나 상호 부조를 통해 협력하는 대신에 납부하는 비례소득세로 하는 것이 적절하다고 주장한다. 특히 일본에서는 이미 개인 주민세와 같은 누진세율로 과세되는 지방소득세가 존재하고 있기 때문에 국세의 소득세와 개인 주민세의 세율 조정을 통해 국민 전체의 조세부담률을 변화시키지 않을 뿐만 아니라 지역 간 세수 불균형을 시정하는 가운데 비례소득세를 지방세의 기간세로 설정하는 것은 어렵지 않다는 것이다.[2)]

이렇게 준사적 서비스와 같은 대인 사회 서비스를 중심으로 지방정부의 기능이 확대되면서 수익세나 개별 재산세 중심의 전통적 지방세 논리는 그 근거가 약화되는 한편 비례적 소득세를 지방세의 근간으로 설정하고자 하는 새로운 세원배분론이 정당성을 얻고 있다는 것이 진노 교수의 주장이다. 그런데 비례소득세는 소득 순환의 분배 국면에서 과세되는 가계세이다. 그러나 협력의 원리에 바탕을 둔 지방세로서는 이러한 가계세인 비례적 소득세만으로는 불충분하다는 입장이다. 분배 국면에서 과세되는 가계세란 그 지방정부의 유권자인 주민, 곧 회원 자격(membership)이 있는 주민에게만 과세되기 때문이다.

그러나 지역사회를 구성하는 참가자가 회원 자격이 있는 주민에 한정되는 것만은 아니다. 다른 지역에 거주하더라도 그 지역사회에서 사업을 경영하고 있는 사람들, 또는 사업소에 종사하는 사람들도 지역사회의 참가자로 생각할 수 있다. 그런 사람들도 사업 활동에 필요한 공동시설의 건설에 참가할 것이고 또한 지방정부의 공공 서비스를 이용할 것이기 때문이다.

따라서 소득의 분배지에서 분배된 소득에 비례적으로 과세할 뿐만 아니라 소득의 발생지에서 발생한 소득에 대해서도 비례적으로 과세할 필요가 있다고 주장한다. 즉 분배된 임금, 지대, 이자, 배당을 분배지에서 비례적으로 과세할 뿐만 아니라 임금, 지대, 이자, 배당 등으로 지불된 소득에 대해서도 지불지에서 비례적으로 과세할 필요가 있다는 것이다. 이는 요소시장세로서의 소득세를 생산 국면에서 소득형 부가가치세로 과세하는 것을 의미한다.

그러나 이러한 소득의 생산 국면에서 과세되는 지방세를 추가하는 것만으로는 불충분하다는 것이 진노 교수의 견해이다. 왜냐하면 소득의 생산 국면에서의 과세는 그 지역사회에서 생산활동을 하고 있는 사람들밖에 과

2) 일본에서는 이른바 삼위일체개혁의 일환으로 2007년도부터 기존 개인 주민세 소득할의 5%, 10%, 13%의 누진 세율제를 10%의 비례세율제로 변경하여 개인 주민세 세수를 증대시키는 한편 증대된 개인 주민세 세수만큼 소득세를 줄이는 방식으로 국세인 소득세 세수의 일부를 지방세인 개인 주민세로 이양하는 세원이양 조치가 이루어졌다. 이를 통해 국세가 지방세로 이양되었을 뿐만 아니라 고소득 계층에 대한 세수를 국세로 이양하고 저소득 계층에 대한 세수를 지방세로 이양함으로써 결국 고소득 계층이 상대적으로 많은 부유한 지역과 저소득 계층이 많은 후진 지역간의 세수 불균형도 다소 완화되었다.

세할 수 없기 때문이다. 그러나 그 지역사회에는 생산 활동이 아니라 소비 활동을 하러 오는 사람들도 있다. 이러한 다른 지역의 주민이면서 소비활동을 하기 위해 오는 사람들도 그 지역사회의 공공 서비스를 이용한다. 이러한 사람들에 대해서는 소비에 비례하여 비용을 부담시킬 필요가 있다는 것이다.

이와같이 진노 교수는 지방정부의 기능 변화에 대응하여 지방세에서도 소득 순환의 생산, 분배, 지출이라는 세 가지 국면에서 균형을 맞춰 과세할 필요가 있다고 주장한다.

3) 세원배분 조정 방식

세원 이양을 통한 지방세의 확충에 대해서는 지방정부가 개방 체제라는 점에서 재정의 외부성이 발생한다는 비판이 제기된다. 즉 지방세의 조세 부담을 다른 지역의 주민에게 부담시키려는 조세 수출(tax export)이 생길 수 있다는 것이다. 물론 다른 지역의 주민도 그 지역의 공공 서비스로부터 이익을 누리고 있다면 공공 서비스의 수익을 반영하는 조세 수출은 정당화된다. 그러나 조세 수출은 각각의 지방정부가 다른 지역의 주민에게 부담을 억지로 전가하는 조세전쟁(tax war)을 초래할 위험이 있다.

그런데 재정적 외부성은 이러한 조세 수출과 같이 다른 지역사회의 주민에게 직접적으로 영향을 미치는 것만이 아니라 간접적으로 영향을 미치는 경우도 있다. 지방정부가 기업 유치 등을 목적으로 지방세를 감면하려는 조세 경쟁의 경우에는 특정 지방정부의 세수 감소라는 경로를 통해 다른

[그림 5-2] 지방세 과세 형태

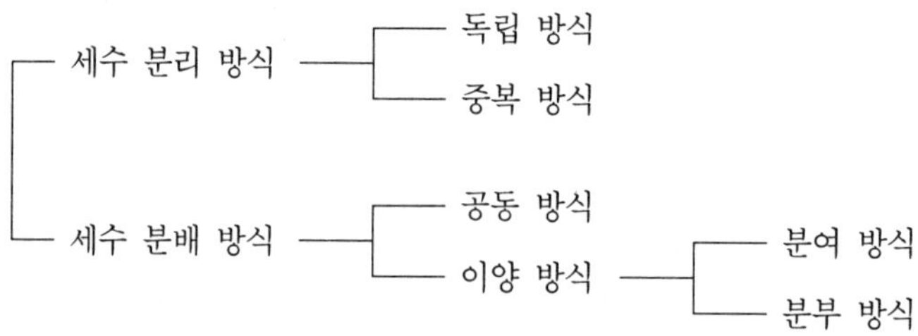

지역 주민에게도 간접적으로 영향을 미치게 된다.

이러한 조세 수출이나 조세 경쟁이라는 지방세의 재정적 외부성 문제에 대해 진노 교수는 지방세를 독립세로만 고집하지 않고 다양한 과세 형태를 선택하면 극복할 수 있다고 한다. 이제까지의 세원배분론에서는 일반적으로 지방세란 독립세만을 주장하는 경우가 많았다. 그러나 지방정부의 다기능화에 대응하여 지방세를 확충하는 것이라면 지방세의 과세 형태를 독립세에 국한시킬 필요가 없다는 입장이다.

지방세의 과세 형태는 과세권과 세수가 국세와 분리되어 있는 세수 분리 방식과 분리되어 있지 않은 세수 분배 방식으로 크게 나눌 수 있다([그림 5-2] 참조). 세수 분리 방식은 다시 독립세처럼 국세와 지방세를 분리시켜 과세하는 독립 방식과 부가세처럼 국세와 중복하여 과세하는 중복 방식으로 구분할 수 있다. 중복 방식의 경우 국세와 동일한 과세표준을 사용하거나 국세의 세액을 과세표준으로 한다.

한편 과세 분배 방식에는 중앙정부와 지방정부가 공동으로 과세권을 설정하고 그 세수를 양자에게 배분하는 공동세 방식과 중앙정부와 지방정부의 어느 한쪽이 과세권을 갖고 세수를 배분하는 이양 방식이 있다. 그리고 이양 방식에는 다시 중앙정부가 과세권을 갖고 세수의 일부 또는 전부를 지방정부에 이양하는 분여 방식과 지방정부가 과세권을 갖고 세수의 일부 또는 전부를 중앙정부에 이양하는 분부 방식이 있다.

이제까지 지방세라고 하면 독립 방식, 즉 독립세를 이상적으로 여겨 왔다. 독립세라면 지방정부에 자기결정권이 있다고 생각했기 때문이다. 그러나 중앙정부는 일반적으로 지방세에 대해 과세 부인(tax denial)과 과세 제한(tax restrict)이라는 조세통제를 실시하고 있다. 과세 부인이란 과세표준을 지방정부가 설정하는 것을 부인하는 것이고, 과세 제한은 지방정부의 세율 설정 권한을 제한하는 것이다. 독립세라고 하더라도 과세표준이나 세율을 중앙정부가 결정하는 조세통제가 가해진다면 지방정부에 자기결정권이 있다고 할 수 없게 된다.

물론 중복 방식인 부가세도 과세표준을 중앙정부가 결정한다. 그러나 만일 세율에 제한을 가하지 않는다면 과세표준과 세율을 모두 중앙정부가 결정하는 독립세의 경우보다 지방정부의 자기결정권의 범위가 더 커질 수도 있다. 공동 방식의 경우에도 과세권을 지방정부와 중앙정부가 공동으로 가진다면 과세표준과 세율의 양쪽을 통제받는 독립세의 경우보다는 지방정부의 자기결정권의 범위가 더 크다고 할 수 있다. 분부 방식에 대해서도 과세표준과 세율, 그리고 중앙정부와 지방정부 간의 세수 배분 방식에 대해 지방정부가 일정한 결정권한을 갖는다면 과세통제를 받는 독립세보다 지방정부의 입장에서 더 바람직하다고 할 수 있다.

이렇게 생각하면 국세와 지방세의 세원 배분을 설계할 때 독립세라는 과세 형태를 고집할 필요가 없다는 것이 진노 교수의 주장이다. 전술한 지방세의 과세 형태를 국세와 지방세의 세원 배분 조정에 적극적으로 활용한다면 재정의 외부성 문제를 해소하면서 지방세 세원을 비약적으로 확대할 수 있다. 즉 세수 분리 방식에서도 중복 방식, 나아가 세수 분배 방식을 적극적으로 검토하면 국세에서 지방세로의 이양 가능성이 확대되고 논의의 범위도 넓어질 수 있다. 이러한 세원 배분 조정 방식은 소비과세에 국한하지 않고 소득과세나 자산과세에 대해서도 동일하게 적용할 수 있다.

진노 교수는 기본적으로 지방세의 근간을 종래의 자산과세에 한정하지 않고 소득의 창출 국면에서의 지방소득세와 소득의 지출 국면에서의 지방소비세와 같은 기간세로 구성함으로써 지방세를 확충해야 한다는 입장이다. 다만 그 구체적인 세원 이양의 방법에서는 재정의 외부성이나 지역 간 세원의 불균형 등을 고려하여 독립세라는 과세 형태를 고집하지 말고 소득세와 일반소비세에 대해 공동세 방식이나 이양 방식 등을 적극 활용한 탄력적인 세원 조정 방식을 대안으로 제시하고 있다.

제 3 절 평가적 의견

이상과 같은 진노 교수의 재정분권론은 전통적인 재정분권이론과는 다른 관점에서 새로운 재정분권의 논거와 그 방향성 및 개혁전략을 제시하고 있다는 점에서 주목할 만하다. 특히 전통적인 재정연방주의의 한계를 준사적 서비스라는 보편적 대인 사회 서비스 수요의 증가와 함께 재정연방주의에서 기본 전제로 삼고 있었던 중앙정부의 국경관리 능력의 쇠퇴에 따른 정부 간 기능 분담의 변화에서 도출하고 있는 분석적 안목이 돋보인다. 이러한 분석적 접근이 그의 논의가 단순히 재정분권을 위한 규범적 주장으로 그치는 것이 아니라 20세기 후반기의 범세계적 정부 운영 구조의 변화에 대한 깊은 통찰에 근거한 새로운 재정분권이론의 재구성을 시도한 학문적 노력으로 평가할 만한 측면이라고 할 수 있다.

사실 전통적인 재정연방주의의 한계와 이론 수정의 필요성에 대해서는 이미 부분적으로는 많은 논자에 의해 제기되어 왔다고도 할 수 있다. 그러나 진노 교수의 논의와 같이 전통적인 재정연방주의 이론 구성의 논리적 근간을 정면에서 비판하면서 전통적인 정부 간 기능분담론과 세원배분론을 대체할 만한 새로운 논리와 방향성을 체계화시킨 이론적 논의는 쉽게 찾아보기 어렵다고 할 수 있다.

그리고 진노 교수의 논의는 이론적 측면에서뿐만 아니라 재정분권 개혁의 전략 제시라는 실천적 측면에서도 의의가 크다고 할 수 있다. 재정분권 개혁의 기본 방향으로 제시한 자주재원주의 원칙과 중앙정부의 재원 보장 책임은 지방정부의 재정적 자율성과 책임성, 그리고 사회통합을 위한 지방정부 간 협력의 원리를 조화시킨 것으로서 새겨볼 만하다. 특히 세입의 자치 없이는 세출의 자치는 물론이고 재정 운영의 자기책임성도 확보되기 어렵다는 지적은 우리의 재정분권 개혁의 방향성 설정에도 시사하는 바가 크다. 그리고 지방정부의 기능 변화에 대응하여 지방소득세와 지방소비세 중심의 조세구조로 전환하는 세원 이양 과정에서 독립세만을 고집할 것이 아니라 다양한 세원 조정 방식을 고려할 필요가 있다는 주장도 현실적인 세원 이양 전략으로 평가할 수 있다.

다만 진노 교수의 논의에서 지적된 중앙정부의 국경관리 능력의 약화는 인정되지만 재정연방주의의 또 다른 기본 전제의 하나인 지방정부 간 주민의 이동성(mobility) 문제는 여전히 남는 것으로서 재정분권에 따른 지역 간 재정 누출 효과에 대한 문제 제기가 가능할 것으로 보인다. 그리고 자기결정과 자기 부담이 자기책임성의 전제가 된다는 점은 납득할 수 있지만 재정의 자율성이 자동적으로 재정의 책임성을 보장하는 것은 아니라는 점에서 재정분권에 수반되는 재정 책임의 문제에 대한 논의가 충분치 못하다는 한계가 지적될 수도 있다. 특히 우리와 같이 아직 지방정부의 재정적 책임성을 담보할 수 있는 지역사회 내부의 여건이나 제도적 장치가 미흡한 경우는 더 그럴 것이라고 생각한다.

참고 문헌

神野直彦.(1998).「システム改革の政治経濟學」. 岩波書店. 110-125, 207-235.

———.(2002).「財政學」. 有斐閣. 281-311.

6 프루동의 분권화의 위험성[1)]

권오성
(한국행정연구원 수석연구위원)

제 1 절 머리말

분권화(decentralization)는 많은 국가에서 공공 부문 개혁 특히 중앙정부와 지방정부 사이의 정부간 관계를 개혁하는 데 중요한 도구로서 활용되고 있다. 특히, 재정분권화는 크게 두 가지 측면에서 논의되어 왔다. 첫째는 재정분권화를 유발시키는 주요 동력과 원인을 조사・분석하고 분권화를 통한 혜택이 어떻게 극대화될 수 있는지를 연구하는 것이다(Oates, 1972; Manor, 1999; Fukasaku & Mello, 1999; Dethier, 2000; Shah & Thompson, 2004). 둘째는 재정분권화가 다양한 변수들에 대해 어떤 영향을 미쳤는지를 평가하는 것이다.[1)]

1) *The World Bank Research Observer*, Vol.10, No.2(August 1995), pp. 201-20.

1) 이러한 변수는 부패(Fisman & Gatti, 2002), 지역 니즈에 대한 정부대응(Faguet, 2002), 공공 서비스 공급(Litvack & Seddon, 1999; Lieberman, 2002), 정부예산 규모(Oates, 1985; Marlow, 1988; Grossman, 1989; Kwon, 2003), 경제 성장(Kim, 1995), 지역 간 균형(Shah & Thompson, 2004) 그리고 정치적 안정성(World Bank, 2000) 등을 포함한다. 또한 발(Bahl, 1999)은 지방정부의 역량이 분권화의 긍정적 효과에 매우 중요한 변수라고 주장하고, 게스(Guess, 2005)는 주요 변수로 문화적 요인, 제도적 요인, 그리고 기술적 요인을 제시하며, 저팅(Jutting, 2004)은 중앙 또는 지방 정책결정권자의 의

이러한 틀 속에서 분권화의 효과에 대해 많은 연구와 논쟁이 계속되고 있다. 분권화의 긍정적 효과를 주장하는 자들은 분권화가 인기 있는 정책 수단으로서 전 세계적으로 널리 채택되고 있는 이유는 분권화가 공공 부문의 효율성과 거버넌스를 증진할 수 있다고 주장한다. 반면 분권화의 부정적 효과를 강조하는 자들은 국가 간 분권화의 효과는 차별적이라고 주장한다. 그 이유는 일차적으로 분권화의 배경이 국가별로 비동질적이었다는데서 출발한다. 서구에서의 분권화는 공공 서비스를 좀더 효과적으로 공급하기 위한 정책 수단이었다(Bennett, 1990; Wildasin, 1997). 이른바 재정연방주의에 입각하여 자원 배분의 효율성, 거시경제의 안정성, 지속적인 경제성장의 수단으로 활용되었지만 대부분의 개발도상국은 정치적 분권화 동기에서 출발함에 따라 행정적 분권화와 재정적 분권화의 부조화를 경험했고 그 결과 자원 배분의 비효율성뿐만 아니라 거시경제의 불안정과 침체에 직면하는 상황이 발생했다. 예를 들어 아르헨티나와 브라질의 경우 재정분권화가 민주화 과정에서 제기된 정치적 압력에서 추진되었지만 충분한 준비나 적절한 통제 장치가 없는 상황에서 지방정부의 지나친 차입으로 인해 재정 위기를 초래하는 결과를 낳았다. 이러한 결과로 인해 이미 취해진 분권화정책을 회귀시켜야 한다는 주장이 제기되기에 이르렀다(Prud'homme, 1994; Bird, 1995; Tanzi, 1996).

물론 일부 개발도상국에서 나타난 재정분권화의 역효과만을 가지고 그 정책 자체를 부정적으로 평가할 필요는 없다. 이들이 제기한 논지는 분권화의 설계 방식과 방향이 중요하다는 문제 의식을 강조한 것이기 때문이다. 이들이 강조하는 바는 분권화 자체가 좋고 나쁨의 이분법적 선택의 문제가 아니라 지속적으로 추구해야 할 목표이며, 단지 국가의 역사적·사회적·경제적 배경에 입각한 제도적 설계가 중요하다는 것이다(Litvack et al, 2000; 조기현·서정섭, 2003: 104).

본고에서는 재정연방주의이론에 반해 문제 제기를 시도했던 프루동(Rémy Prud'homme)[2] 교수의 「분권화의 위험성(The Dangers of De-

---

지와 능력, 정책일관성 등 정책과정 자체가 중요한 변수라고 주장한다.

2) 프루동은 파리 XII대학교 경제학과 교수이다. 이 논문은 저자가 세계은행의 인프라 부서에서 초빙 연구원으로 있을 당시 작성했다.

centralization)」이란 논문의 내용을 소개하고자 한다. 프루동은 머스그레이브(Musgrave, 1959)가 제시한 예산 기능의 틀을 사용하여 특정 조건 하에서는 분권화가 소득 분배, 경제 안정, 그리고 자원 배분에 부정적 영향을 미칠 수 있다고 주장한다. 그는 분권화정책을 추진할 때 고려되어야 할 중요한 변수로 지방재정조정제도, 지리적 특성, 서비스 분야, 서비스 기능, 정부 계층 간의 협력 등을 제시한다.

제 2 절 분권화와 불균형

분권화 정책 수단이 형평적인 분배에 부정적 영향을 끼칠 수 있기 때문에 많은 재정학 문헌은 소득재분배 책임은 중앙정부가 지녀야 한다고 주장하며 다음의 두 가지 이유를 제시하고 있다.

첫째, 소득불균형 문제를 다루고자 하는 지방정부의 시도 자체가 불공평해 보인다. 부유 지역에 거주하는 빈곤층은 소외 지역에 거주하는 빈곤층보다 생활 수준이 더 높다. 재분배 이전에 동일 소득을 갖는 가구는 재분배 이후 다른 소득을 갖게 될 것이다. 이것은 지역 간 소득 차이(유사한 재분배 정책이 있음에도 불구), 지역 간 재분배 정책 차이(최초 소득 분배가 유사함에도 불구) 혹은 지역 간 소득 및 재분배 정책 차이 때문일 수 있다.

둘째, 분권화된 재분배는 의도한대로 되지 않는다. 어떤 지방정부가 소득재분배를 위한 정책을 도입할 경우－부유층에 대해 높은 세금을 부과하고 빈곤층에 더욱 많은 혜택을 제공－부유층은 낮은 세금을 부과하는 다른 지역으로 이동하고 빈곤층은 높은 혜택을 제공하는 그 지역으로 이동하게 된다. 이 경우 그 지방정부는 더 이상 소득재분배 정책을 유지할 수 없게 된다.

이렇듯 중앙정부가 재분배 프로그램과 세금 및 공공 지출의 상당 부분을 관리해야 한다. 비록 집권화가 재분배를 위한 충분 조건이 되지 못하지만 재분배가 활성화되지 않은 중앙집권 국가들에게는 필요 조건이다. 또한 재분배정책을 지방정부 단위에서 추진하는 국가는 많지 않기 때문에 분권화는 재분배정책을 추진하는 데 걸림돌이 될 것으로 보인다.

소득은 개인들 사이뿐만 아니라 지방정부 사이에도 재분배될 수 있다. 이 점이 재정연방주의 관련 문헌에서 종종 간과된 사항이다. 재정연방주의 문헌은 지역불균형을 우발적 충격에 의한 비정상적인 현상으로 여기며, 상품, 자본 및 노동 이동을 통해 지역불균형은 자동적으로 감소하거나 해소될 수 있다고 설명한다. 그러나 지역 간 불균형이 존재한다는 가정 하에서 개인 간 불균형(disparties) 문제가 해소되어야 한다는 주장이 제기되고 있다. 가난한 사람들은 어느 곳에서도 가난하며 거주지를 불문하고 지원을 제공해야 한다. 단, 저소득 지역으로의 이동이 빈곤층에게 이득이 될지 보장하기 어렵다. 또한 소득불균형 해소가 자동적으로 지역 간 불균형을 해소할 수 있다고 하나 이는 다음과 같은 이유들로 설득력이 없다.

첫째, 대부분의 국가 내에서(특히 개발도상국) 지역 간 불균형이 존재하며 일반적인 경제이론과는 달리 경제 발전과 함께 사라지지 않는다. 한때 지역 간 불균형이 일시적인 현상이며 경제개발 후기 단계에서 해소될 것으로 주장되어 왔다(Williamson, 1965). 이와 같은 관점은 여러 경제학자들(Krugman, 1987; Mydral, 1957 참조)에 의해 이의가 제기되었으며, 1980년대 후반에 선진국의 지역 간 불균형이 커져가는 경향을 통해 반박되고 있다.

둘째, 소득불균형 감소는 지역 간 소득 차이 감소와 반드시 연관되지 않는다. 빈곤 지역의 소득 수준이 고소득 지역보다 더욱 균등하게 분배될 경우, 빈곤층으로의 이전은 부유층에 우선적으로 혜택이 가며 실질적으로 지역 간 불균형을 부추기게 된다.

셋째, 저소득 지역의 빈곤층이 존재하는 데 대한 합당한 근거가 있다: 경제적 기회 및 인프라가 적고 집적경제 및 기타 특정 외부효과가 부족한 지역에 거주하기 때문이다. 개별 소득 증가는 해당 지역의 개발 잠재성을 향상하는 것과 동일하지 않다. 즉, 질병보다는 증상을 치유하게 되는 셈이다.

나아가 각 지역은 주민들을 넘어 하나의 사회적·정치적 개체이다. 주민들의 행복 상태를 평가하는 데 그들 자신의 개인 소득뿐만 아니라 이웃주민들의 소득을 고려한다. 지역 간 불균형은 통계적 속성만이 아닌 사회이론적 현실이기도 하다. 이처럼 지방정부 간 불균형 해소를 위한 정치적 대응 방침이 요구되고 있다.

지방정부 간 불균형 해소를 위해 집권화 체제보다 분권화 체제가 더욱 효과적인가? 대답은 아니다. 분권화 체제에서 지방정부는 주민들을 위해 모든 세금을 징수하고 지출을 관리한다. 반면 집권화 체제는 부유 지역에서 빈곤 지역으로 소득을 재분배하는데 이러한 소득재분배는 1인당 소득이 증가함에 따라 1인당 지출과 혜택이 증가하는 역진적 조세제도와 지출제도 하에서도 소득이 재분배된다(프랑스 자료: Davezies, 1989; 브라질: Oliveira, 1991; Davezies, Nicot, & Prud'homme, 1984, 1987; 코트디부아르, 태국 및 모로코: Nicot & Letrung, 1989 참조). 이러한 연구를 해석하는 데 개념적·통계학적 어려움에도 불구하고 그 결과는 명확하다. 부유 지역의 관할정부는 적어도 정부 예산을 통해 보조금을 빈곤 지역에 지원한다. <표 6-1>은 5개 연구 사례와 관련 대도시와 기타 지역 간의 자금 이전 정도를 설명하고 있다.

〈표 6-1〉 대도시에서 빈곤 지역으로의 예산 이동

항 목	아비장 (1984)	방콕 (1987)	카사블랑카 (1982)	상 파울로 (1985)	파리 (1984)
국가 인구 비중	18	14	12	12	18
정부 예산 비중(%)					
예산 기여도	54	41	34	20	26
예산 이익(혜택)	25	28	18	14	19
예산 이익(흐름)	34	35	21	9	21
이전(혜택)	25	13	16	6	7
이전(흐름)	18	7	13	12	5
이전(USD)					
1인당 이전(혜택)	200	160	400	90	870
1인당 이전(흐름)	160	80	330	160	630
이전(GDP %)					
이전(혜택)	5.3	2.5	6.5	7.4	1.7
이전(흐름)	4.2	1.3	5.5	13.9	1.3

Source: Davezies, 1989; Oliveira, 1991; Davezies, Nicot, & Prud'homme, 1984, 1987; Nicot & Letrung, 1989.

실증적 조사 결과에 따르면 중앙정부 예산은 지역 간 불균형을 해소한다. 그리하여 지방정부 예산에 대비하여 중앙정부 예산의 중요성(분권화의 정의)이 감소한 경우는 지방정부 간 불균형을 증가시키는데 이것은 지역 간 불균형 해소를 위해 마련된 국가정책의 효과를 감소시키기 때문이다.

이와 같은 메커니즘은 정적이면서도 동적이고 악순환을 초래할 수 있다. 예를 들면, 부유 지역의 지방정부는 덜 부유한 지방정부와 비교하여 좀더 큰 세원을 갖기 때문에 부유 지역의 지방정부는 동일하거나 낮은 세율을 갖는다. 전자의 경우, 더 많은 세금을 징수하여 더 많은 공공 서비스를 제공할 수 있고, 후자의 경우 낮은 세율로 동일한 서비스를 제공할 수 있다. 양자의 경우 모두, 기업과 가계에 의해 선호되며 이로 인해 지역 간 소득 차이가 확대된다. 따라서 분권화는 차별의 어머니라고 할 수 있다. 미국의 지방정부는 불균형 확대 메커니즘 모델의 대표적 예이다.

기타 모든 것이 균등하다는 가정 하에서 추론을 하자면 세금 및 지출의 분권화는 분권화 움직임에 반하며 몇몇 도심 지역 내 성장 집중화를 초래하게 된다. 냉소주의자들은 이와 같은 집중화 현상을 분권화된 정부의 장점 중 하나로 간주할지도 모른다. 집중화된 행동이 성장에 기여할 수 있다는 주장이 제기될 경우 재정 분권화는 성장을 유발시킬 수도 있다. 냉소주의자들은 해당 이론에 대한 바탕을 전(前)사회주의 국가들의 경험에서 찾게 된다. 이처럼 고도로 중앙집권화된 국가에서 계획 입안자들은 선호하는 지역에 산업을 육성하여(특정 활동이 비교 우위가 없는 지역 포함) 균형된 국토 개발과 함께 저성장을 초래했다.

마지막으로 투자 유치를 위한 지방정부 간 파괴적 경쟁 문제이다. 지방정부들은 세율을 낮추거나 보조금을 늘려 기업 유치를 위해 서로 경쟁을 한다. 효율성 도모를 위한 경쟁은 바람직하나 과잉 경쟁은 파괴적이다. 지방정부가 기업한테 동일한 혜택(납세자의 부담 가중으로)을 제시할 경우, 공간적 패턴은 변경되지 않지만 공공·민간 부문 간 균형은 최적의 평형 상태로부터 멀어지게 된다. 분권화의 정도가 깊을수록 분배 오류 가능성이 높아진다. 그렇다고 해결책이 없는 것은 아니다. 지방정부들 사이에 즉흥적으로나 중앙정부 인센티브에 따라 협력할 수 있다. 또한 중앙정부는 지역 경쟁 제한 및 규제를 위해 개입할 수 있다.

제 3 절 분권화와 안정성

1 이 론

거시경제 정책의 핵심은 통화정책과 재정정책이다. 재정정책, 즉 세금 및 지출의 금액과 구조에 대한 통제와 예산적자(흑자)의 관리는 경제 안정화를 위한 강력한 수단이다. 지방정부는 경기안정화 정책을 추진하기 위한 인센티브가 부족하기 때문에 중앙정부만이 이를 조정할 수 있다. 특정 지방정부가 국내외 수요와 가격에 미치는 영향은 크지 않다. 영향력을 지닌 지방정부라고 할지라도 그 영향의 대부분은 대개 관할 지방 밖에서 나타난다. 지방경제가 국민경제보다 더 '개방적'이며 과대・과소 소비로 인한 다른 지역으로의 파급 효과가 더 오래 지속될 수 있기 때문이다. 또한 지방정부는 일부 혜택만 가져다 주는 경기안정화 정책에 대한 정치적 비용을 모두 부담해야 한다. 이처럼 지방정부는 만족스러운 경기안정화를 보장할 수 없기 때문에 중앙정부가 이를 추진해야 한다.

그러나 전반적 수요 증가를 위해 중앙정부가 재정정책을 활용할 경우, GDP에 대해서뿐만 아니라 국가 전체의 총세입과 세출에 대비한 중앙정부의 세입 및 세출의 비중이 상대적으로 높아야 한다. 총세입 및 세출의 상당 부분은 이미 확정되어 쉽게 변경될 수 없다. 경기안정화 정책은 제한적으로 추진될 수 있다. 단, 그 한계는 전체와 관계가 있으며 전체가 작다면 그 한계 수준 또한 매우 작을 것이다.

정부 총지출이 GDP의 30%를 차지하고 경기안정화 목적을 위해 중앙정부가 지출을 10% 증가 또는 감소할 있는 국가의 예를 보도록 하자. 지방정부 지출이 총 금액의 60%를 차지하는 분권국가에서 중앙정부는 총수요를 GDP의 약 1.2%까지 증가 또는 감소할 수 있다. 지방정부 지출이 총액의 10%를 차지하는 중앙집권 국가에서 중앙정부는 GDP의 2.7%까지 증가 또는 감소할 수 있다. 1.2%와 2.7% 간의 차이는 효율적/비효율적인 거시경제

정책 간 차이를 의미할 수 있다.

또한 지방정부의 재정정책이 중앙정부의 정책과 반대일 수 있다. 여러 국가들의 정치적 주기는 지방정책에 영향을 미친다. 즉, 지방선거 직전에 지출이 늘어나고 세금은 선거 직후 오르게 된다. 그러나 이 정치적 주기가 비즈니스 주기와 일치한다는 근거는 없다. 실질적으로 지방정부는 지출을 늘리고 세금을 올리는 반면 중앙정부는 지출을 줄이거나 세금을 낮출 수 있다.

이와 같은 현상은 1980년대 초 영국에서 나타났다. 지방정부는 중앙정부가 공공 지출(구조적 및 경기 조정의 목적)을 감소하기 위한 노력을 저해했으며 중앙정부는 이러한 방해를 막기 위해 비효율적인 인두세를 도입했다. 인두세란 지출 증가를 위한 지방정부의 능력을 제한하기 위해 도입된 제도였던 것이다. 펄로프(Perloff, 1985)에 따르면, 미국은 대공황 때 정반대의 경험을 했다. 지방정부는 중앙정부의 예산적자를 상쇄하는 높은 예산흑자를 기록했다.

2 '재정상의 부적절' 사례

펄로프(Perloff, 1985)가 언급한 지방정부의 '재정상으로 부적절함(fiscal perversity)'을 가장 잘 대표하는 국가는 아르헨티나이다(세계은행, 1990a). 아르헨티나는 분권국가로서 지방정부의 지출은 1986년 GDP의 11.2% 이상 급상승했지만 지방정부 수입의 GDP 비율은 1980년 5.6%에서 1986년 5%로 감소했다. 6.2% 적자는 중앙정부의 이전이나 차입을 통해 재정 지원되었다. 두 경우 모두 인플레이션 현상을 초래했다. 적어도 1988년까지의 재정이전은 대부분 재무부로부터의 사후적이고 임의적인 보조금으로 이루어졌는데, 이는 지방정부의 행정실패를 야기했다. 더욱이 보조금이 중앙정부 수입에 의해 지원되지 않았기 때문에 대규모 정부적자를 초래했다. 중앙은행 혹은 지방은행(지방정부 통제)으로부터 차입하는 지방정부 또한 다를 바 없다. 세계은행(1990a: ii)에 따르면 "중앙과 지방정부의 재무정책은 공공 부문 재정 및 준재정 적자의 불안정으로 이어졌으며, 이와 같은 지속된 현상은 가격 안정과 지속 가능한 경제 개발 추진을 위한 정부의 노력을 저해하게 됐다.”

1988년 브라질의 헌법 개혁은 중앙정부의 거시경제 정책 추진 기능을 크게 저하시켰다. 프루동(Prud'homme, 1989: 32)은 개혁 전후 중앙정부의 세입 및 총지출 이전 비율을 다음과 같이 비교했다.

자 료	기존 헌법	신규 헌법
총 세금 수입((%)	100	100
중앙정부의 세율 인상(%)	57	52
중앙정부에서 지방정부로의 이전(%)	-27	-30
중앙정부에게 주어진 국세 비율(%)	30	22

1988년 이전일지라도 중앙정부는 상대적으로 작은 비중의 세입과 세출을 담당했다. 이와 같은 주장은 중앙정부가 주정부의 세율을 정하고 재정부담에 대한 통제권이 어느 정도 있다는 사실이 뒷받침되어야 한다(브라질의 세금 징수 및 세율은 지방세 권한의 기능일지라도). 새로운 헌법은 거시경제 정책을 추진하는 중앙정부의 기능을 세 가지 면에서 저하시킨다. 중앙정부의 세금 인상 비율을 낮추고 주정부에 세율 권한을 부여하며 중앙에서 지방정부로의 자동적 이전을 활성화했다. 이러한 변화는 최근 브라질의 부진한 경기 실적에 기여했다.

보고브(Bogoev, 1991)는 대표적인 분권국가였던 구 유고슬라비아를 예로 들었다. 1986년 중앙(연방)정부 지출은 총 공공수입의 22%를 차지했고 경기안정화 정책과는 맞지 않는 판매 세금과 관세로부터 수입이 창출되었다. 중앙정부가 책임을 수행하기 위해 필요한 총수입이 부족하여 지방정부로부터 매년 합의되는 ‘기여금’에 의존해야 했다. 그리하여 연방정부는 경기안정화 정책을 실행하지 못해 인플레이션 상승과 거시경제 행정실패를 야기했다.

제 4 절 분권화와 효율성

중앙집권화에 대한 주장은 효율성을 기반으로 하고 있다. 재정연방주의 이론에 따르면 각기 다른 지역의 주민들은 서로 다른 기호를 지니고 있다. 예를 들면, A 지방정부에서 사람들은 레크리에이션을 선호하고 B 지방정부에서 사람들은 교육을 선호한다. A와 B에 똑같은 교육과 레크리에이션 서비스를 제공하게 되면 둘 다 만족시킬 수 없다. 반면 분권화 체제를 통해 A와 B 정부는 주민들이 원하는 것을 제공하고 수요를 충족시킨다면 주민의 행복을 향상시킬 수 있다. 그러나 이 모형은 두 가지 측면에서 문제가 있다. 첫째, 개발도상국에서 실현되기 어려운 가정을 기반으로 하고 있다. 둘째, 공급 효율성이 아닌 수요 효율성에 치중하고 있다.

1 분권화와 배분적 효율성

개발도상국들은 재정연방주의 모형의 명시적이거나 또는 묵시적인 가정들을 충족하지 못하는 것이 문제이다.

첫째, 재정연방주의 모형은 지방정부 사이의 핵심적 차이점을 그들의 기호 또는 선호도에 있다고 가정한다. 현실적으로 중요한 차이점은 소득에 있다. 대부분의 개발도상국의 경우 문제는 지역 간 미세한 선호도 차이를 밝히는 것이 아니라 기본적인 필요를 충족시키는 것이다.

둘째, 재정연방주의 모형은 각 지역의 납세자 및 선거인들은 투표를 통해 자신들의 요구 사항을 표명한다고 가정한다. 이는 개발도상국의 지방선거 행태와는 연관성이 적다. 개발도상국에서는 지방선거가 존재하지 않는 경우도 많으며 지방선거가 존재하는 경우라도 이들의 선거는 개인적, 민족적 또는 정당에 대한 충성심에 따라 결정된다. 이와 같은 행태는 모든 국가에 해당될 것이다. 즉, 지방선거는 중앙선거를 위한 예행일 뿐이며 지역 선호도에 대해 시사하는 점이 거의 없다. 더군다나 지방선거에서 논쟁되는 토론의 내용은 모호하고 비현실적이다. 주어진 선택 사항들은 유권자의 선호도를 나타내지 못한다.

셋째, 지방선거에 의해 선출된 시장은 이미 밝혀진 선호도를 충족시킬 것이라고 가정한다. 그러나 선거공약은 모호하거나 일관적이지 못할 때가 많다. 선출직 공무원들은 사용 가능 자원과 확정된 지출 간의 불균형 때문에 공약을 실현하고 싶더라도 할 수 없으며 공무원들은 약속을 지키기 위한 인센티브가 불충분하다. 일부는 재선거 출마를 하지 않을 것으로 예상되며 대부분 재선거가 지방 활동 실적과 무관함을 인지하고 있다. 유권자의 선호도를 파악하여 이를 충족하기 위해 노력하는 시장은 국가정책에 크게 호응받지 못하는 당원이기 때문에 퇴출될 수도 있다.

마지막으로, 비록 시장이 유권자의 선호도를 충족시키길 원하고 그렇게 할 충분한 재원을 가지고 있다고 할지라도, 지방 관료들을 이 임무에 동참하도록 설득할 수 있을지는 미지수이다. 선출직 공무원은 자신의 대리인(agent)인 지방 관료에게 지시를 하는 주인(principal)일 뿐이다. 이와 같은 주인-대리인 관계의 복잡성은 무시할 수 없다. 지방 관료들은 대개 미온적인 반응을 보이거나 사기가 저하되었거나 자격 미달인 경우가 많다. 또한 주인의 관심 사항보다 자신만의 관심 사항을 추구하려는 합당한 근거를 지닐 수도 있다.

이처럼 분권화 모형이 기반을 두고 있는 가설은 특히 개발도상국의 경우 근거가 약하다고 할 수 있다. 물론 분권화 체제에서 불완전하게 작동되는 메커니즘이 중앙집권 체제에서는 전혀 작동되지 않는다고 주장할 수 있으나 이러한 견해는 일부만이 사실이다. 지방 공공 서비스의 중앙집권적 공급 또한 지역적 요구에 더 적합하도록 조정될 수 있다. 중앙정부에 의해 공급되는 서비스는 항상 일괄적이라는 가정을 믿을 만한 이유가 없다. 국내외적으로 영업하는 민간기업들처럼 상위 정부도 차별화된 서비스 제공이 가능하다. 지역의 필요에 대응하기 위한 형식적인 선거 메커니즘이 존재하지 않지만 다른 메커니즘이 존재한다. 예를 들면, 봉사의 의무, 비집중화(혹은 의사결정 권한의 재분배), 가격 책정, 설문조사 등의 메커니즘은 선거 메커니즘만큼 효율적(또는 비효율적)일 수도 있다. 분권화를 통해 야기된 배분적 효율성의 잠재적 이득은 크지 않다. 이는 분권화가 생산 효율성에 끼치는 영향에 관한 측면에서 특히 중요하다.

2 분권화와 생산효율성

분권화 모형은 생산효율성에 대한 언급이 전혀 없다. 이 모형에 따르면, 후생 증가는 공급이 수요를 충족시킬 경우 취득할 수 있다. 민간 부문에서 유래된 이 가설은 공공 부문에 적용되지 않는다(Kranton, 1990; Heggie, 1991에 따르면 한계비용 책정 행위를 비판하고 있다). 여기서 중앙정부보다 지방정부로부터의 공급이 비용효과적인지가 문제인데 둘 다 그렇다고는 가정할 수 없다. 불행히도 관련 주제에 대한 연구가 많지 않지만 생산효율성에 대한 분권화의 결과를 우려할 만한 선험적 이유가 몇 가지 있을 수 있다.

그 중 하나는 특정 지방 공공 서비스를 공급하는 경우 규모의 경제가 발생할 수 있는데 이 점은 관련 문헌에서 널리 알려진 바다. 지방 공공 서비스 부문에서 규모의 경제에 관한 실질적인 연구는 많지 않다. 그러나 규모의 경제가 전국적인 공급을 내포하는 지방 공공 서비스는 거의 없다는 것에 대부분이 동의한다. 대부분의 지방 공공 서비스의 경우 특정 도시에서의 공급은 다른 도시에서의 공급과 무관하다. 분권화로부터 파생되는 규모의 경제에서의 후생 손실은 최소한이 된다.

또 다른 이유는 범위의 경제가 존재할 수 있고 중앙정부의 관료는 지방정부의 관료보다 효율적인 서비스 제공자일 수 있다는 점이다. 분권화는 권력을 중앙에서 지방정부로부터 이전할 뿐만 아니라 중앙에서 지방관료들에게 이전한다. 비록 중앙과 지방 관료들은 생산에서 최첨단 기술 영역으로부터 떨어져 있을지라도 (지방정부보다) 중앙정부가 최첨단 기술 영역에 더욱 근접해 있다는 의견이 있다. 그 이유는 무엇일까? 첫째, 중앙정부는 유능한 사람들을 확보할 가능성이 많다. 이는 중앙정부가 높은 급여를 제공하기 때문이라기보다는 다양한 업무 기회와 승진 기회를 제공하고 정치적 개입이 적고 장기적인 관점을 키울 수 있기 때문이다. 또한 중앙정부의 관료들은 기술, R&D, 프로모션과 혁신에 더욱 많은 투자를 한다. 민간부문과 마찬가지로 공공 부문에서도 대규모 기관만이 그러한 투자를 할 수 있다. 많은 개발도상국의 중앙정부는 거의 이와 같은 투자를 하지 못하지만 지방정부는 전혀 투자를 못하는 실정이다.

이러한 문제는 민영화에 대한 높은 요구와 복합적으로 작용되고 있다. 대부분의 국가에서 공공·민간 부문 서비스 제공 간 차이가 변하고 있으며 공공 서비스 제공 범위도 축소되고 있다. 분권화 또한 중앙정부와 지방정부 간의 서비스 제공 수준을 변화하여 중앙정부의 비율을 축소시킨다. 이러한 축소 현상은 높은 대가가 따르게 된다. 인재는 떠나고 사기는 저하되며, 공공 서비스에 대한 인식이 저하되고 네트워크가 무너지며 R&D 투자가 줄어든다. 프랑스와 브라질을 보면 이와 같은 부정적 관점을 이해할 수 있다. 프랑스의 경우, 대부분의 국가 인프라 제공의 주축이었던 권위 있고 효율적인 공공사업부(Ingénieurs des Ponts et Chaussées)의 힘이 분권화로 인해 쇠퇴하고 있다. 브라질의 경우, 같은 이유 때문에 능력 있는 도로 및 위생관리공단도 일부 무너지고 있다. 기술력·전문성 약화로 인한 비용 손실은 민간 부문 혹은 지방정부의 잠재적 발전을 통해 보상되기 어렵다.

이러한 비용이 공공 부문의 규모 또는 분권화·민영화가 진행되는 속도와 연관되는지 여부는 추측에 지나지 않는다. 그러나 정책 처방을 위해서는 매우 중요하다. 만약 이러한 비용이 분권화 추진 속도와 관련이 있다면 분권화 추진을 더디게 함으로써 비용을 감소하거나 제거할 수 있을 것이다.

몇몇 분권화 정책 사례에 대해 연구한 저자들은 분권화가 효율성을 저하시킬 수 있다는 우려를 표명했다. 예를 들면, 페루의 상·하수도에 대한 최근의 세계은행(1990b: xi-xii) 보고서는 다음과 같이 언급하고 있다.

> 진행 중인 지방화 과정과 상응하는 구조적 변화에 따라 모든 운영 책임은 지방정부에 전가되었다. 일반적으로 이러한 현상은 사용자들에 대한 책임성을 더 부각시킬 수 있어 바람직한 현상이라 할 수 있다. 그러나 지역 필요에 효과적으로 대응할 수 있는 제도를 마련하는 것이 정부의 과제이다. 인구 10만 명 이하인 지역에서 400개 이상의 도심센터에 의해 서비스가 관리되고 있다는 점이 우려된다. 이들 지역은 운영상 규모의 경제로부터 혜택을 받지 않으며, 적합한 근무환경과 급여를 제공하지 못하고 상·하수도에 대한 계획 및 운영이 제대로 이

루어지지 않고 있다…… 향후 2~3년 내에 이러한 신규 부문의 역량 개발에 시간과 도움을 제공하지 않는다면 이들의 역량은 현재보다 더 악화될 것으로 예측된다.

3 분권화와 부패

배분 및 생산 효율성과 관련된 또 다른 우려 사항은 분권화가 부패를 더욱 부추길 수 있다는 점이다. 중앙정부보다 지방정부에서 부패가 널리 퍼져 있을 경우, 분권화는 자동적으로 부패의 정도를 높이게 된다. 그러나 이러한 결과는 재분배란 측면에서 나쁘지 않을 수도 있다. 왜냐하면 분권화된 부패의 '혜택'은 중앙집권화된 부패보다 더 잘 나뉠 수 있기 때문이다. 하지만 배분적 효율성 측면에서 보면 이것은 비용을 증가시킨다. 왜냐하면 이것은 상납의 수준이 더 높은 서비스의 공급을 초래하기 때문이다. 이것은 또한 생산효율성 측변에서도 비용이 많이 드는데 이는 비용을 증가시키고 비효과적인 기술을 선호하며 시간을 낭비시키는 부패 회피 전략을 초래하기 때문이다.

부패를 평가하고 측정하기는 어려우나 중앙정부보다 지방정부 내에서 부패가 널리 퍼져 있는 점에 대한 다양한 이유가 있다. 그 중 하나는 지방정부 차원에서 부패의 기회가 더욱 많다는 것이다. 지방 공무원 및 관료들은 세금, 인·허가 등에 대해 지역 이익단체로부터 요구가 강하기 때문이다. 또한 지방 공무원들은 중앙정부의 의사결정권자들보다 더 많은 재량권을 갖는다. 적어도 몇몇 국가들의 중앙정부 관료들은 인사 이동이 빈번하여 같은 곳에서 장기 근무하는 지방 공무원들과는 달리 지역 이익단체와 비윤리적 관계를 형성할 수 있는 기회는 많지 않다.

나아가 지방정부 차원에서는 부패를 방해하는 걸림돌이 적다. 부패가 발생하려면 정치인과 관료 모두의 협조가 필요하며, 이 둘 사이의 차이는 지방정부 차원에서 덜 불분명하다. 지방정부 관료들은 중앙정부 관료보다 정치인들로부터 덜 독립적이다. 최소한 몇몇 국가의 중앙정부 관료들은 지방정부에는 없는 정직의 전통을 가지고 있다. 감독 및 감사 기능은 중앙정부가 더욱 발달되었다. 언론의 압박 또한 중앙정부 차원에서보다 덜하다.

부패를 주제로 한 실증적 연구는 거의 없다. 프루동(Prud'homme, 1992)의 자이르 지방정부 차원의 비공식적인 조세제도(공공재 및 서비스 재정지원을 위해 사용되는 비공식적 수단)에 대한 연구에 따르면, 공식적인 조세제도보다 그 중요도가 8배 가량 높다는 사실을 발견했다. 비공식적 조세는 뇌물, 기증, 선물과 기부금 등을 포함한다. 이 연구는 중앙정부 차원에서 비공식적 조세제도에 대해 조사를 하지 않았지만 그 규모가 동일하다고는 믿기 힘들다. 부패 문제는 분권화가 항상 효율성 측면에서 유익한 것은 아니며 위험할 수 있다는 것을 강조한다. 이와 같은 선험적 고찰은 실증 연구에 의해 뒷받침되어야 한다. 대표적 예로는 켈라프(Khellaf, 1992)가 실시한 튀니지의 용수 확보 및 처리에 관한 연구이다.

4 튀니지의 중앙집권화에 대한 사례 연구

1974년까지 튀니지 지방정부는 하수를 수거하고 처리하는 업무를 담당했으나 관련 기술의 전문성 수준은 매우 낮았다. 관련 분야 종사자들을 상대로 한 설문조사에 따르면, 약 4%만이 하수 관련 기술을 보유하고 있었고 실질적으로 이들 모두는 튀니지 지자체에 소속되어 있었다. 해당 서비스는 비용 관련 정보와 비용 복구 관련 계획 없이 직접 제공되었다. 또한 서비스의 양적·질적 수준은 허술하기 그지없었다. 1970년에 150개 지자체 중 20군데만이 하수처리시설을 가지고 있었지만 제대로 작동되지 않았으며, 8개 지자체만이 처리공장을 운영하고 있었으나 과부하 혹은 오작동 상태였다. 많은 시설들이 어설프게 설계되었고 제대로 관리되지 않았다. 맨홀, 하수구 등 하수처리 장치들은 불량제품이었다. 1974년 세계은행 대표단이 방문한 27개 소류지 중 5개만 작동했었다. 심각한 상황이 아닐 수 없었다. 거의 처리되지 않거나 처리되지 않은 하수가 배출되어 튀니지 호수는 급격히 부영양화되고 있었으며, 전염성 세균과 기생충이 득실거렸고 콜레라 발병 사례도 보고된 바 있었다. 따라서 무슨 조치든지 절실히 필요했다.

정부는 상수 및 하수 공급 서비스를 준(準)국영기관인 ONAS(Office

National de l'Assainissement)에 이관하기로 결정했다. ONAS는 튀니지시를 중점으로 시작하여 다른 지역으로 서비스 공급을 확대해 나갔다. 튀니지의 다른 도시권 지역에서는 지자체가 계속해서 자체 시스템을 운영하고 있지만 결국 일부는 ONAS 소관 시스템으로 통합될 것이다. 처음부터 자율적 관리, 적절한 인사정책과 효율적 재정 절차에 초점이 맞추어졌다.

이와 같은 접근법은 성공적이었다. 1978년에 시작된 연수 프로그램은 특히 중요했다. 1987년까지 직원의 23%가 기술전문가였다. 계속해서 중앙정부가 보조금을 지원하고 있음에도 불구하고, 물 소비에 대한 부과세가 운영비를 거의 감당하고 있으며 시설설비에 대한 투자금은 재산세에 의해 일부 감당되고 있고 개인의 상수도 연결 비용은 사용자들로부터 모두 거두어들이고 있다. ONAS는 세계은행과 다른 후원자들로부터 큰 혜택을 얻었다. 이로 인해 튀니지는 서비스 수준을 상당히 향상시킬 수 있었다. 1988년으로 접어들면서 ONAS는 30개 도시에 하수도 서비스를 공급했다.

이전의 실패 사례와 하수도 성공 사례를 비교하여 중앙집권화가 성공 요인이었다고 주장하는 것은 불공평할지도 모른다. 국내외적으로 유치된 자원이 핵심 역할을 한 셈이다. 그러나 이러한 자원이 분권화 체제 하에서는 동원될 수 없으며, 동원된다고 하더라도 효율적으로 사용되지 못했을 것으로 보인다. 예를 들어 연수 프로그램은 30개 지자체에서 실시하기는 어려우며 전문가의 필요가 더욱 요구되었을 것이다. ONAS 입장에서 결코 수월하지 않았던 회계·금융개혁은 30개 지자체 내에서는 불가능했을 것이다. 이와 같은 이유로 분권화 체제 하에서는 자원이 동원되지 못했을 것으로 보인다. 생산(공급) 효율성 측면에서 튀니지의 하수도 서비스의 중앙집권화는 성공적이었다.

배분적(수요) 효율성 측면에서 비용은 얼마인가? ONAS는 아직까지 전국적으로 하수 공급 서비스를 제공하지 않고 있는데, 일부 소규모 도시는 해당 시스템의 혜택을 받지 못하고 있다며 불평하고 있다. ONAS는 이에 대해 필요가 시급한 대도시에 중점을 두었다고 답했다. 이에 동의하지 않을 수 없었다. 전국적으로 같은 자원이 균등하게 배분되었다면(동등한 공급 효율성), 위생 위험을 피한다는 측면에서 측정된 하수설비로 인해 얻는 혜택은 아마 줄어들었을 것이다. 이전의 시스템이 지배적이었을지라도 소규모 도시가 개선되었으리란 보장은 없다.

이러한 실험의 실질 비용은 다른 곳에서 발생한다. ONAS 설립은 이미 취약해진 지방정부를 더욱 약하게 만들어서 지방정부가 변화하며 배우고 개선할 수 있는 가능성이 더욱 어려워졌다. 그리하여 지방정부는 쓰레기 수거, 도시계획 등과 같은 다른 서비스를 제공하는 데도 비효율적으로 보인다.

제 5 절 평가적 의견: 집권화-분권화의 이분법을 넘어서

분권화는 다양한 측면을 가지고 있으며 여러 형태의 정부정책에 적용될 수 있다. 그 중 일부는 적절하거나 바람직하고 덜 위험할 수 있으나 그렇지 않은 경우도 있다. 여기에서 중앙집권화-분권화 이분법의 단순성을 버리고 다양한 측면을 탐색하고자 한다.

1 세입과 세출에 대한 차별화된 고려

정부간 세입·세출의 배분에 관한 문헌에 따르면, 세출을 분권화하는 이유는 세입을 분권화하는 이유와 완전히 독립적이다. 두 과정이 유사한 결과를 초래할 수 있다는 근거는 없다. 공공 지출 기능은 대부분 분권화되며 최적의 지출-분권화 비율은 높은 편이다. 반대로 세입 기능이 분권화되는 경우는 드물며 최적의 세입-분권화 비율은 낮은 편이다. 그리하여 지방정부는 그들의 지출을 충당할 충분한 자금을 조달할 세금을 걷을 수 없기 때문에 중앙정부로부터의 재정이전이 필수적이다. 따라서 재정의 이전을 피할 수 없는 악재로 간주하지 말아야 한다. 오히려 분권화의 위험성, 특히 분배 및 안정화 목적을 위해 활용될 수 있으며 분권화 프로그램의 중요한 요인으로 여겨져야 할 것이다.

그러나 '좋은' 지방재정조정제도를 구축하는 것은 미묘한 일이다. 특정 목적을 달성하기에 바람직한 특성이 똑같이 중요한 다른 목적을 달성하기에는 바람직하지 않기 때문이다. 득실을 파악하여 절충안이 마련되어야 한다. 많은 개발도상국의 재정이전 시스템이 취약하기 때문에 재정이전 분야는 정책 개선에 대해 전도가 유망하다. 이러한 시스템은 행정적 편의성 또는 정치적 압력의 산물로서 진화했으며 많은 경우 낮은 기술 및 정치적 비용으로 쉽게 변경될 수 있다.

2 지리학적 영역에 대한 차별화된 고려

대부분의 분권화에 대한 논의는 지리(geography)를 배제한다. 인도의 분권화는 튀니지의 분권화와 동일한 개념 및 용어들을 통해 논의되며, 도시의 분권화는 농촌마을의 분권화와 동일하게 간주된다. 이는 물론 터무니없다.

인구 규모는 중요하다. 분권화는 작은 국가보다 인구가 더욱 밀집된 지방 단위 지역에서 가능하다. 지리학적 규모 또한 같은 맥락이다. 브라질, 자이르 등 큰 나라들의 경우, 커뮤니케이션이 어려우며 자메이카와 같은 작은 나라들보다 분권화(기타 모든 사항은 동등)가 훨씬 수월하다. 개발의 단계 또한 같은 맥락이 적용된다. 통계적 분석에 따르면 전통적 방법으로 측정된 분권화 수준은 소득 수준에 따라 상승한다. 이러한 연관성은 근본 문제를 반영하지 않지만 분권화는 고소득 국가에서 더욱 성공적이거나 덜 위험할 수 있다고 제시한다. 이러한 관점은 발과 린(Bahl & Linn, 1992: 393)에 의해 제기되었다: "저소득 국가들의 경우 분권화는 수사적 기교에 불과하다." 저자들 또한 대도시는 분권화로부터 얻을 수 있는 혜택이 많기 때문에 동일한 법적 지위에 있을지라도 소도시와 차별적으로 되어야 한다고 주장한다.

특정 기능이 분권화될 수 있도록 특별 준정치 정부기관이 설립될 수 있다. 프랑스의 경우 수자원 관리를 6개 하천 유역에 상응하여 6개 지역으로 나누어 지역 기관이 주도하도록 했다. 이 기관들은 준정치기관으로 지방선출직 대표로 구성된 위원회 구조를 가진다. 수질 및 수량 관리 책임을 맡고 있으며 사용자에게 적용될 요율과 오염자에게 부과되는 요금 및 세금을 설정할 수 있는 권한을 갖고 있다. 요금 수입은 상수도 생산계획이나 오염처리 보조금을 위해 사용되고 있다. 이들 기관은 수자원 관리와 연관된 외부효과를 내부화할 수 있는 적합한 지리학적 범위를 가지고 있다.

지리학적으로 차별화된 분권화에서 핵심적 개념은 비판적 대중이다. 분권화된 정부 단위가 효율적으로 운영되고 분권화의 잠재적 혜택을 얻기 위해 인구, 활동 및 소득면에서 그 규모가 커야 한다. 이 효율성은 직원훈련과 제도 구축을 통해 향상될 수 있지만 작고 취약한 지방정부에 세입·세출 기능을 분권화하는 것은 실패할 가능성이 높다.

또한 비판적 대중의 개념은 중앙정부에도 적용할 수 있다. 분권화가 일정한 양·질적 수준 이하로 중앙정부를 축소하지 말아야 한다. 중앙정부가 수행해야 하는 기능이 다르기 때문에 해당 수준은 효율적인 지방정부를 위해 요구되는 수준과 다르다. 이는 두 가지 제한이 있다: 중앙에서 지방정부로 이전된 권한은 중앙정부의 효율성을 위태롭게 해서는 안 되며, 해당 권한을 효과적으로 사용할 수 있는 비판적 대중을 갖춘 지방정부로 이전되어야 한다.

3 서비스 분야에 대한 차별화된 고려

공공 서비스는 차별화된 특성들을 지니고 있다. 케사이즈(Kessides, 1993)는 서비스의 특성, 시장의 특성과 수요의 특성에 따라 민영화에 적합한 서비스를 파악하기 위해 조사를 실시했다. 분권화에 잘 적응할 만한 서비스 혹은 부문을 파악하기 위해 비슷한 조사를 실시할 수 있다. 이러한 맥락에서 세 개의 주요 특성을 발견할 수 있다: 서비스의 '외부성' '요금 부과성' 및 '기술성'이다.

서비스의 외부성은 서비스와 관련된 외부효과의 양과 유형 및 지리적 외부효과를 의미한다. 고속도로, 전력 생산, 그리고 교통 등과 같은 인프라 서비스는 해당 인프라가 위치하고 있거나 해당 서비스가 제공되고 있는 지역 밖에서 문제가 발생한다. 이것은 국부적 인프라와 반대되는 개념으로 대부분의 네트워크 인프라 투자에서 마찬가지이다. 서비스의 외부성이 작을수록 분권화는 더욱 수월하며 중요한 네트워크 효과나 부작용이 있는 서비스는 분권화를 추진하기 어렵다.

서비스의 요금 부과성은 세금이 아닌 요금으로 서비스가 지원되는 용이성을 의미한다. 일부 서비스는 무료로 제공(세금에 의한 지원)되기보다 유료로 제공(요금에 의한 지원)되어야 한다. 수도나 전력 서비스는 소비자에게 쉽게 부과될 수 있으며 도심 교통은 요금만으로 지원하기는 힘들고 쓰레기 수급이나 특정 도로 사용을 위한 요금을 부과하기 어렵다. 그러나 기술적 진보를 통해 요금 부과성의 범위를 확대하고 있다. 40년 전만 해도 주차요금을 부과하기 어려웠으나 오늘날에는 다양한 주차 미터기의 등장으로 가능해졌다. 도로 사용에 대한 요금 부과는 현재로서 어려워 보이지만 전자가격 장치가 이를 가능하게 만들 것으로 보인다. 사용자에게 요금을 부과할 수 있는 능력 또한 사회적 차원을 반영하고 있다. 교육과 같은 특정 서비스의 경우 법적으로 사용자 요금에 의해 지원될 수 있지만 주로 세금에 의해 지원되고 있다. 그 이유는 교육이 공공재로 간주되거나 또는 교육서비스와 관련되어 사회적 · 개인적 혜택이 있기 때문이다. 서비스에 대한 요금 부과 가능성이 높을수록 분권화 추진이 더욱 수월하다.

서비스의 기술성은 서비스 제공을 위해 필요한 기술적 및 관리적 전문성의 정도를 뜻한다. 쓰레기 수집 서비스는 대량의 깨끗한 물을 제공하는 것보다 수월하다. 서비스의 전문성이 낮을수록 분권화는 더욱 쉽다. 왜냐하면 해당 서비스의 제공과 관련된 규모 및 범위의 경제가 덜 중요해지기 때문이며 따라서 잠재적인 생산 효율성 손실은 최소화된다.

<표 6-2>는 전술한 개념에 살을 붙인 것이다. 다양한 공공 서비스의 외부성, 요금 부과성과 기술성은 5점 만점을 기준으로 산출되었고, 5점이 분권화에 가장 적합하다는 것을 뜻한다. 그리고 세 가지 특성의 가치는 합산되어 서비스의 분권화 가능성에 대한 총 지표를 산출했다.

개념 · 등급 · 측정 공식은 개선될 수 있으나 이처럼 간단한 실습을 통해 일부 서비스는 지방정부를 통해 더욱 발달될 수 있다는 사실과 그 이유를 설명해 준다. 도로 청소, 상수 공급, 도심 교통(제공/규제) 및 전력 공급은 가장 분권화에 적당한 서비스 유형이다. 그 반대의 경우 고속도로, 위생, 철도, 전력 생산과 초등교육은 분권화에 대해 매우 주의를 기울이고 신중해야 한다.

〈표 6-2〉 분권화가 가능한 공공 서비스

서비스	외부성[a]	요금 부과성[a]	기술성[a]	분권화 가능성[b]
고속도로	1	1	2	4
위생	2	2	2	6
철도	1	4	2	7
전력 생산 및 전송	1	5	1	7
초등교육	3	2	2	7
농촌 도로	2	1	5	8
전화	1	5	2	8
공항	3	4	2	9
상수 생산 및 보관	2	5	2	9
항만	4	4	3	11
쓰레기 수거	5	1	5	11
전력 공급	4	5	3	12
도심 교통	4	4	4	12
상수 공급	4	5	4	13
도로 청소	5	4	5	14

a. 범위: 1~5
b. 범위: 5~15
자료: 저자의 산출

4 서비스 기능에 대한 차별화된 고려

지방 공공 서비스를 제공하는 것은 복잡한 업무로서 다양한 활동을 포함하고 있다. 즉, 적절한 투자 선택에서부터 건설 감독, 운영, 규제, 시스템 유지 및 실적 관리와 감시까지 해당된다. 이러한 기능이 모두 각각의 서비스 유형을 요구하는 것은 아니고 대부분 상호의존적으로 실행되고 있다. 특정 지역의 특정 서비스에 대해 바람직한 분권화의 정도는 기능에 따라 달라진다.

투자 선택은 기술적 차원(어떠한 디자인을 선택할 것인가?), 지리학적 차원(투자의 위치 어디인가?), 제도적 차원(어떠한 기관이 책임을 맡게 되는가?) 그리고 사회적 차원(누가 혜택을 받게 되는가?)에서 생각해 볼 수 있다. 이 마지막 기능을 통해 지방정부의 의사결정이 배분적 효율성을 제고할 수 있다. 바로 이 시점에서 세부적인 지방정부의 현실적 환경에 대한 지식이 적용 가능하다. 또한 선거 관리 기능도 한 역할을 할 수 있다.

인프라 투자 구축은 매우 기술적이며 급격한 기술 발전 시대에 더욱 그러할 것이다. 지방정부는 이 기능을 효율적으로 수행할 수 없다. 민간 기업에 외주하거나 중앙정부의 책임으로 남아야 한다.

인프라 건설은 중앙·지방정부가 직접 행해야 하는 업무는 아닐 것 같다. 대부분의 경우 해당 기능은 민간 부문에 외주되어야 한다. 그럼에도 불구하고 정부는 사업 담당자가 없을 경우 시설 건축 혹은 건설 외주 및 감독 등 역할을 수행하고 있다. 어떠한 경우에서든 중앙정부가 역할을 더욱 잘 수행한다. 그러나 시설 건축을 투자 선택에서 분리하기란 쉽지 않지만 이론적으로 시설 건축의 분권화가 투자 선택 기능의 분권화보다 훨씬 위험하다.

시설 운영과 규제는 서비스를 제공하는 데 가장 중요한 기능이다. 가격·요금 설정은 분권화에 적합한 기능이다. 필요한 정보나 인센티브가 없는 중앙정부가 수행할 수 없다.

유지관리 기능은 분권화되어야 하며 되도록이면 민영화되어야 한다. 감독기관은 재정 지원을 제공하는 중앙정부가 될 수 있지만 정보와 인센티브 면에서 비교 우위를 갖추고 있는 지방정부가 될 수 있다.

마지막으로 감독·감시 기능은 중앙정부가 가장 적합하다. 효율적 기능을 수행하기 위해 관련 전문성, 독립성 그리고 성과 목표를 가지고 있기 때문이다.

5 서비스의 공동 제공

서로 다른 계층의 정부에 서로 다른 기능을 할당하는 데 가장 바람직한 방법은 무엇인가? 문제는 어떤 공공 서비스를 어떤 계층의 정부가 맡게 되는지에 관한 것은 아니다. 해답 또한 서비스의 유형과 정부 계층을 사용하여 매트릭스를 그리는 것은 아니다. 많은 유형의 인프라의 경우 2~3 계층의 정부가 다른 이해 관계를 가지고 관여한다.

초등교육을 예로 들어보자. 지방 학생들의 필요가 지역사회마다 다를 수 있어 초등교육은 지방정부로 분권화되어야 한다고 주장하는 사람들이 있다. 그러나 규모의 경제(교육과정 마련 또는 교사 채용)와 지방정부의 재정 지원이 학교를 운영할 때 불평등을 야기할 수 있다는 이유로 초등교육은 지방정부보다 상위계층인 지역의 책임이라고 주장할 수 있다. 또한 중앙정부가 모든 학생들이 평등한 교육을 받을 수 있는 권리가 있고 지방으로부터 도시로의 이동은 외부효과를 초래하기 때문에 더 높은 차원의 정부 개입이 필요하다고 주장할 수 있다. 세 가지 주장 모두 설득력이 있으며 서비스 제공을 위해 중앙 및 지방 단위 정부들의 동시적 참여가 필요함을 제시하고 있다.

그리하여 다양한 계층의 정부가 어떻게 협력할 수 있는지 여부를 정하는 것이 중요하다. 이를 실현하기 위해 다양한 유형의 보조금, 임무, 제한, 가이드라인, 한계, 협조 메커니즘, 정부들 간 협약 등 여러 방법들이 있다. 성과가 있는 경우도 있지만 그렇지 못한 경우도 있다. 미국의 경우 교량 유지관리는 주정부가 책임지고 있으나 교량 상태가 특정 수준 이하로 떨어지면 연방정부의 지원을 받을 수 있지만 이러한 중앙-지방정부 관계는 원래 취지에 벗어나며 부실 관리를 초래할 수 있다.

이처럼 분권화는 항상 만병통치약이 될 수 없다. 분권화의 비용은 분권화의 혜택보다 더욱 명확히 드러난다. 분권화는 상태와 과정을 모두 뜻한다. 분권화의 장점과 위험은 동시에 자주 논의된다. 이와 같은 혼동은 위험한데 그 이유는 한 국가에서 특정 시점에서 바람직하다고 간주되는 것은 분권화에 대한 현재 상태와 거기에 도달한 속도에 대한 것이기 때문이다.

참고 문헌

Bahl, Roy W. & Linn, Johannes F.(1992). *Urban Public Finance in Developing Countries*. New York: Oxford University Press.

Bennett, Robert J.(1990). *Decentralization, local governments and markets: Towards a post-welfare agenda*. Clarendon Oxford.

Bird, Richard Miller, et al.(1995). Decentralization of the socialist state:

Intergovernmental finance in transition economies. *World Bank Discussion Paper*, No. 271. The World Bank.

Bogoev, Ksente.(1991). The Dangers of Decentralization: The Experience of Yugoslavia. In Rémy Prud'homme(ed.). *Public Finance with Several Levels of Government: Proceedings of the 46th Congress of the International Institute of Public Finance*. Brussels: Foundation Journal of Public Finance.

Davezies, Laurent.(1989). *La redistribution interdépartementale des revenus induite par le budget de l'Etat en 1984*. L'OEIL, IUP, Université of ParisXII, Créteil. Processed.

Davezies, Laurent., Nicot, Bernard-Henri, & Prud'homme, Rémy.(1984). *La place de Casablanca dans le budget de l'Etat marocain*. L'OEIL, IUP, Université of ParisXII,Créteil. Processed.

———.(1987). *La contribution des grandes villes au développement: Abidjan subventionnetelle le reste de la Côte d'lvoire*? L'OEIL, IUP, Université of ParisXII, Créteil. Processed.

Dethier, Jean-Jacques.(ed.).(2000). *Governance, Decentralization and Reform in China, India and Russia*. Dordrecht/London/Boston: Kluwer Academic Press.

Fukasaku, Kiichiro & de Mello, Luiz R. Jr.(eds.).(1999). *Fiscal Decentralization in Emerging Economies: Governance Issue*. Paris. OECD.

Grossman, Philip J.(1989). Fiscal Decentralization and Government Size: An Extension. *Public Choice* 62(1): 63-70.

Heggie, Ian G.(1991). "Improving Management and Charging Policies for Roads: An Agenda for Reform." INU Report 92. World Bank, Africa Technical Department, AFTES, Washington D.C. Processed.

Herzer, Hilda Maria.(1992). "Local Governments in Argentina." INURD Working Paper 94. World Bank, Transport, Water, and Urban Development Department, Urban Development Division, Washington D.C. Processed.

Kessides, Christine.(1993). "Institutional Options for the Provision of Infrastructure." World Bank Discussion Paper 212. Washington D.C.

Khellaf, Assia.(1992). *Decentralization and Centralization of Local Public Services in Tunisia*. Ph.D. diss. Massachusetts Institute of Technology, Department of Urban Studies and Planning, Cambridge, Mass. Processed.

Kim, Sang Loh.(1995). *Fiscal Decentralization, Fiscal Structure, and Economic Performance: Three Empirical Studies.* Unpublished PH.D. Dissertation, The University of Maryland.

Kranton, Rachel E.(1990). "Pricing, Cost Recovery, and Production Efficiency in Transport: A Critique." WPS 445. World Bank, Infrastructure and Urban Development Department, Washington D.C.

Krugman, Paul R.(1987). *Strategic Trade Policy and the New International Economics.* Cambridge, Mass.: MIT Press.

Kwon, Osung.(2003). The Effects of Fiscal Decentralization on Public Spending: The Korean Case. *Public Budgeting & Finance.* 23(4): 1-20.

Litvack, J. & Ravallion, M.(2000). "Decentralisation, Equity and Service Provision." Seminar Series on Decentralisation. Working Paper.

Manor, James.(1999). *The Political Economy of Democratic Decentralisation.* Directions in Development Series. Washington DC: World Bank.

Marlow, Michael L.(1988). Fiscal Decentralization and Government Size. *Public Choice.* 56(3): 259-269.

Musgrave, R.(1959). *The theory of public finance.* New York. McGraw-Hill.

Myrdal, Gunnar.(1957). *Rich Lands and Poor.* NewYork: Harper and Row.

Nicot, Bernard-Henri & Letrung, N.(1989). *The Share of Bangkok in the National Budget of Thailand.* L'OEIL, IUP, University of Paris XII, Créteil. Processed.

Oates, Wallace E.(1972). *Fiscal Federalism.* New York. Harcourt Brace Jovanovich.

Oliveira, Yara.(1991). *Les redistributions spatiales induites par le budget: le cas du Brésil.* Ph.D. diss. University of Paris XII, Institut d'Urbanisme de Paris. Processed.

Perloff, Harvey.(1985). Fiscal Policy at the State and Local Level. In Burns, Leland S. & Friedmann, John(ed.), *The Art of Planning: Selected Essays of Harvey S. Perloff.* New York: Plenum Press.

Prud'homme, Rémy.(1989). *State and Local Finance and Public Policy in Brazil.* L'OEIL, IUP, University of Paris XII, Créteil. Processed.

———.(1992). Informal Local Taxation in Developing Countries. *Government and Policy* 10: 1-17.

———.(1994) "On the Dangers of Decentralization." Washington D.C. World Bank Policy Research Working Paper No. 1252. The World Bank.

Shah, Anwar & Thompson, Theresa.(2004). *Implementing Decentralized Local Governance: A Treacherous Road with Potholes, Detours and Road Closures.*

Tanzi, Vito.(1996). "Globalization, Tax Competition and the Future of Tax Systems." IMF Working Papers No. 96/141. International Monetary Fund.

Wildasin, D.(1997). "Externalities and Bailouts: Hard and Soft Budget Constraints in Intergovernmental Fiscal Relations." Policy Research Working Paper Series No. 1843. The World Bank.

Williamson, Jeffrey G.(1965). Regional Inequality and the Process of National Development: A Description of the Patterns. *Economic Development and Cultural Change* 13: 3-45.

World Bank.(1990a). "Argentina: Provincial Government Finance Study." Report 8176-AR. Washington D.C. Processed.

———.(1990b). *Peru: Sector Reform and Investment Review.* Technical Department, Latin America and the Caribbean, Washington D.C. Processed.

7 탄지의 재정분권화 과정상의 함정

전상경
(동아대학교 교수)

제 1 절 머리말

세계의 여러 국가들은 연방국가와 단일국가의 두 그룹으로 구분된다. 연방국가에서는 하위정부(subnational governments)가 공공 지출과 조세에 대한 독자적인 책임을 갖고 있으며, 대체로 이러한 책임들은 하위정부의 존재와 권한을 명시적으로 규정하고 있는 헌법에 규정되어 있다. 한편 단일국가에서는 공공지출과 과세에 관한 결정이 거의 대부분 중앙정부 수준에서 이루어지지만, 일정 부분의 공공지출은 중앙정부를 대신하는 분권화된 기관에서 이루어진다. 이러한 형태의 행정적 분권화(administrative decentralization)나 분산(deconcentralization)은 중요한 정치적 의사결정의 분권화가 헌법에 보장되어 있는 연방주의의 그것과는 구분된다.

최근에는 과거와는 달리 전문가들뿐만 아니라 일반인들도 재정분권화에 대한 관심이 고조되고 있다. 재정분권화가 의도하는 바는 공공지출과 조세에 관한 하위정부의 책임을 증가시키는 것이다. 따라서 재정분권화 과정은 이미 존재하는 하위 지방정부의 재정적 권한의 강화는 물론이고 경우에 따라서는 새로운 주(state)나 도(province) 및 지역(region)과 같은 하위정부의 창설을 포함된다. 재정연방주의나 재정분권화에 관한 문헌이 최근 폭발적으로 증대했다. 그와 같은 문헌은 대부분 연방주의적 성격을 띠거나 또는 여러 형태의 재정분권화를 실험적으로 추진하고 있는 특정 국가들의 경험을 기술하고 분석한다.

탄지(Vito Tanzi)는 그의 논문 「재정분권화상의 함정(Pitfalls on the Road to Fiscal Decentralization)」에서 특정 국가나 분권화의 특정 측면을 다루는 대신, 마땅히 주목되어야 하지만 지금까지 별다른 관심을 끌지 못했던 쟁점들과 관련 문헌에서 여전히 논쟁의 대상이 되고 있는 쟁점들을 개괄적으로 고찰한다. 탄지의 논문이 전하는 암묵적 메시지는 분권화가 언제나 바람직스러운 결과를 초래하는 것이 아니며, 분권화 과정이 시작되기 전에 몇 가지 전제 조건들이 충족되어야만 분권화가 긍정적 결과를 초래할 수 있다는 것이다.

제 2 절 재정분권화의 추세와 잠재적 문제점 및 그 대안

1 재정분권화의 추세와 그 주요 동력

1980년대 초 이전에는 재정책임을 중앙정부로부터 지방정부로 이관시키려는 국가가 그렇게 많지 않았다. 그러나 1980년대에 접어들면서 세계 각국에서 재정분권화에 대한 요구가 증가하기 시작했다. 캐나다, 중국, 콜롬비아, 인도네시아, 이태리, 스페인 등과 같은 많은 국가들은 그러한 재정분권화에로의 압력을 경험했으며, 상당수의 국가들이 하위정부들의 역할과 독립성을 증가시키기 위한 구체적 정책을 수립했다. 이와 같은 재정분권화를 시대적 과제로 부각시킨 주요 동력은 다음과 같은 네 가지 측면에서 고찰될 수 있다.

첫째, 민주화 과정의 심화이다. 민주화 과정은 특정 집단이나 지역의 선호에 더 많은 관심과 비중을 갖게 했다. 지방 수준에서 이루어진 재정 결정은 멀리 떨어진 중앙정부의 수도에서 이루어진 결정에 비해 시민들의 선호를 훨씬 잘 반영할 것이라는 것이 재정분권화를 추진하는 사람들이 갖는 통상적 전제이다. 분권화 하에서는 지방의 선호를 잘 파악하지 못하는 사람들의 힘은 줄어들지만 그것을 잘 파악하고 있는 사람들의 힘은 상대적으로 증가한다.

둘째, 세계화(globalization) 과정의 진행이다. 세계화 과정은 국가의 영토 개념과는 더 이상 일치하지 않는 시장 영역(market areas)을 창출한다. 세계화가 진행됨에 따라 한 국가 내의 특정 지역은 그 국가 내의 시장보다도 다른 국가의 시장들과 경제적으로 더 밀접하게 연관되었다. 바로 이러한 이유 때문에 특정 지역은 경제적으로 중앙정부에 덜 의존하려는 생각을 갖게 되었다.

셋째, 경제학의 전문 용어를 빌려 말하자면 분권화는 일종의 우등재(superior goods)이다. 즉 소득이 증가함에 따라 사람들의 분권화에 대한 수요는 더욱 커진다. 따라서 세계 여러 국가들이 부유해지면 질수록 그들의 분권화에 대한 요구는 증가할 것이다. 만약 이러한 전제가 정확하다면, 앞으로 분권화는 더욱 각광받을 것이다.

넷째, 소득이 증가하고 정보의 소통이 원활해질수록 그리고 한 국가 내의 지역 간 소득 격차가 벌어질수록, 부유한 지역 사람들은 조세 제도나 정부의 지출정책을 통해 부유한 지역에서 가난한 지역으로 소득재분배가 발생한다는 사실을 잘 인식한다. 이와 같은 인식은 부유한 지역 사람들로 하여금 중앙정부의 역할 축소와 하위정부의 역할 증대를 요구하게끔 한다. 이태리의 북부 지역에서 재정분권화에 대한 강력한 요구가 대두되었던 것은 바로 이러한 이유 때문이다.

2 재정분권화의 잠재적 문제점

여기서 우리는 재정분권화 과정이 실행될 때 발생될 수 있는 문제점들을 고찰하기로 한다. 비록 이러한 문제점들이 피할 수 없는 것은 아니라고 할지라도, 분권화된 재정구조를 갖는 국가들에서 흔히 나타났었다. 그렇기 때문에 그것이 심각한 문제를 야기하지 않도록 하기 위해 특별한 주의가 요구된다. 이러한 잠재적 문제점들은 경제 개발 수준이 다른 모든 국가들에게 적실성이 있지만, 그 중에서도 발전도상국에서 특별한 의미를 갖는다.

1) 규 제

연방국가나 재정분권화가 이루어진 국가에서는 하위정부들의 권한이 상대적으로 크다. 그러한 국가들은 단일국가에서보다 정부 계층의 수가 많고, 하위정부들은 일정한 조세권과 지출권을 가지며 또한 규제권도 갖는다. 일반적으로 새로운 규제의 도입이 정치적으로나 행정적으로 조세의 부과보다도 용이하다. 이와 같은 준재정적인 규제(quasi-fiscal regulation)의 보기로는 토지이용제한법(zoning law), 상점의 개업과 폐업에 관한 규칙, 기업의 창업이나 상점의 개업에 관한 통제, 상점들이 행하는 특별 판매행위에 대한 통제 등을 들 수 있다. 비록 모든 규제가 해로운 것은 아니지만, 상당수는 상당한 부작용을 초래한다.

미국이나 호주 등과 같은 몇몇 예외적인 국가를 제외하면 분권화된 국가들은 하위정부들에게 충분하고 효율적인 세원을 배정할 수 없다. 그렇기 때문에 하위정부들은 지출에 충당할 수 있는 재원 부족 때문에 허덕인다. 이럴 경우, 특히 재원 확보가 안 된 요구(unfunded mandate)에 직면할 때, 하위정부들은 자연스럽게 자신이 쉽게 조정할 수 있는 수단인 규제에 의존하게 된다. 따라서 한 국가가 분권화될수록, 특히 추가적인 정부 계층이 신설될 때, 병폐를 초래하는 규제의 수가 지나치게 될 가능성이 커진다는 가설이 제기될 수 있다.

2) 국내시장의 분할

일반적으로 노동, 자본, 각종 재화가 국가 간 국경을 넘을 때는 관련 정부들이 부과하는 여러 장벽들이 있지만, 한 국가 내에서는 그러한 장벽이 없는 단일 시장이 존재하는 것으로 간주된다. 그렇지만 상당수의 분권화된 국가, 특히 자유시장을 존중하는 전통이 부족한 중국이나 러시아 같은 국가에서는 종종 하위정부들이 노동, 자본, 재화의 이동에 각종 장벽을 부과한다. 이러한 장벽들은 사실상 국내시장(national market)의 분할(fragmentation)을 초래하게 된다.

하위정부들이 부과하는 장벽들은 다양한 형태를 띤다. 어떤 지역에서 직업을 가지려면 거주 조건(residency requirement)을 충족시켜야만 하는 국가도 있으며, 눈에 드러나지 않는 장벽 요인들 때문에 한 지방정부에서 다른 지방정부로의 인적·물적 이동이 제약된다. 어떤 곳에서는 다른 지역에서 새로 이사 온 사람들이 공립학교나 유치원뿐만 아니라 정부 서비스를 얻는 것도 곤란한 경우가 있다. 어떤 국가에서는 특정 재화의 이동을 방지하거나 또는 그들의 이동에 조세를 부과할 목적으로 하위정부들 간에 사실상의 관세(de facto customs)가 설정되기도 한다. 인도에서의 물품입시세(入市稅, octroi taxes)가 대표적 사례이다. 조세 차이도 자본의 이동을 제약하며, 하위정부 간의 조세경쟁은 자원 배분의 왜곡을 초래한다. 특히 이러한 문제는 미국에서도 존재하긴 하지만 아르헨티나의 경우는 매우 심각하다.

조세 경쟁으로 인한 자원 배분의 왜곡에 대한 문헌은 어느 정도 있지만, 전술한 시장 장벽 때문에 제기되는 시장 분할(market fragmentation)로 인한 사회적 비용을 체계적으로 추정한 연구는 거의 없다. 아르헨티나, 브라질, 중국, 인도, 러시아 등과 같은 국가에서는 자원 배분의 왜곡과 낮은 성장률이라는 관점에서 볼 때 이와 같은 비용은 현저하다. 아무튼 시장 분할을 야기하는 하위정부 간의 장벽은 경제활동 비용을 증가시키고, 궁극적으로는 좀더 큰 시장으로부터 얻을 수 있는 잠재적 편익을 감소시킨다.

3) 부정부패

프루동(Prud'homme, 1995)과 탄지(Tanzi, 1995)는 분권화는 부정부패를 더 유발시킬 것이라는 가설을 제기했다. 이 가설이 제기된 후 많은 문헌들이 부정부패 문제에 관한 논쟁을 다루었고 가설 자체의 검증을 시도했다. 하지만 아직까지 이 문제에 대한 연구자들의 일치된 결론은 없는 상황이다.

재정분권화와 부정부패 간의 긍정적 상관 관계에 대한 가설의 근거는 다음과 같다. 즉 많은 국가에서 지방정부 기관들은 중앙정부의 그것에 비해 여러 가지 면에서 수준이 뒤지며, 그 결과 공직자의 권력 남용·오용을 통제할 수 있는 능력도 그만큼 제약된다. 중앙정부와 지방정부 간의 수준 차이는 여러 가지로 설명될 수 있다. 우선 유능한 인재들은 직업적 전망과 급료가 높은 중앙정부에서 일하려고 할 것이며 특히 이러한 경향은 선진국보다 발전도상국에서 뚜렷하다. 그 결과 중앙정부는 좀더 투명하고 책임 있는 행정을 할 수 있는 능력을 갖게 된다. 그뿐만 아니라 발전도상국의 경우 국제기관이나 선진 국가로부터의 각종 기술적 원조도 지방정부보다 중앙정부에 쏠린다.

통상적인 관찰을 통해서도 부정부패는 하위정부에서 더 만연해 있다는 사실을 알 수 있다. 미국의 경우 지난 몇 년에 걸쳐 지방정부 수준에서는 명백한 부정부패의 사례가 보고된 적이 있지만 중앙정부 수준에서는 거의 보고되지 않았다. 발전도상국의 공공 지출 체제에 관한 국제통화기금(IMF)의 미발간된 비공개의 기술보고서에 의하면 그들 국가에서의 중앙정부 지출 체제는 하위정부의 그것에 비해 월등히 우수한 것으로 밝혀졌다.

4) 조세 및 지출의 할당

지출의 할당(expenditure assignment)이란 중앙정부와 하위정부 간 지출책임의 결정이고, 조세의 할당(tax assignment)은 하위정부에 그들 자신의 자원으로 일정 경비를 부담케 하는 선택의 부여이다. 변화하는 사회경제적 여건과 기술 때문에 이와 같은 조세 및 지출의 할당은 수시로 검토되어야 하지만 시간이 흐름에 따라 고정되는 경향이 있다. 조세 및 지출의 할당과 분권화 간의 관계는 재정분권화의 핵심적 내용이다.

미국의 경우 교육은 하위정부의 책임으로 간주되지만, 연방정부 또한 교육과정의 수립, 연구비의 지원, 장학금의 할당 등과 같은 여러 영역에서 개입하고 있다. 이와 같은 중앙정부의 개입은 미국에만 고유한 것이 아니고, 모든 분권화된 국가들에서 공통적 현상이다. 그러한 개입은 종종 중앙정부와 하위정부 간의 갈등을 야기하고, 양자간의 업무 구분을 혼란스럽게 한다. 양자간의 명백한 업무 구분이 어렵기 때문에 책임의 중복 현상이 발생한다. 두 개 이상의 정부가 동일한 목적의 추구에 개입하면 혼란이 야기될 수 있다.

하위정부의 지출 책임에 부응하는 조세의 할당은 행정적 고려, 조세행정상의 규모의 경제, 정보의 접근과 공유, 조세 경쟁 등과 같은 여러 가지 요인들 때문에 용이하지 않다. 일반적으로 전문가들은 재산세가 하위정부, 특히 지방정부에 할당하기 가장 용이한 조세라고 생각한다. 부동산 과세는 과세 대상물건에 대한 신뢰할 수 있고 최신 자료로 갱신된 대장가치 혹은 시장가치가 필요하기 때문에 그만큼 어렵다. 미국은 부동산 거래가 상대적으로 빈번하고 투명하기 때문에 대장가치 대신에 시장가격을 활용하기가 용이하지만, 그렇지 못한 국가에서는 시장가치를 이용하기가 곤란하다. 이태리의 경우 재산거래시에 재산세를 줄이기 위해 거래가격을 실제보다 낮추어 보고하는 경우가 많다. 재산세나 소득세 이외에도 자동차보유세, 소매판매세, 부가세 등이 하위정부에 할당되고 있지만 그렇게 성공적이지만은 않다.

지역 간 소득 격차가 클수록 또한 중앙정부가 하위정부에 의해 공급되는 공공 서비스 수준이 전국적으로 통일적이기를 바랄수록, 중앙정부로부터 하위정부에로의 이전 재원 규모가 커야만 한다. 그렇지만 이전 재원이 정확한 공식에 따라 결정되지 않을 경우 도덕적 위해(moral hazard)가 발생하고, 경우에 따라서는 연성예산(soft budget) 문제가 제기된다. 왜냐하면 상대적으로 빈곤한 하위정부들은 재정적 곤란을 겪을 경우 중앙정부로부터의 긴급재정 지원(bailout)을 기대할 수 있을 것으로 기대하기 때문이다.

5) 조세 개혁

분권화된 재정구조는 상호 독립적인 관할 영역 간 조정의 어려움 때문에 기본적이고 필요한 조세 개혁을 수행하는 데 장애 요인이 된다. 예를 들면 브라질의 경우 수년에 걸쳐 부가세(value-added tax)의 개혁을 시도했으나, 주가 부과세의 부과 주체이기 때문에 그러한 개혁 노력은 엄청난 정치적 시련에 직면했다. 브라질의 조세 체계를 좀더 효율적으로 바꿀 수 있는 개혁을 위해 각 주 관계자들이 합의에 도달하는 것이 불가능했다. 현행의 부가세는 각 주들 간 조세 경쟁 또는 심지어 조세전쟁을 유발했고, 국내 시장의 사실상의 분할(*de facto* fragmentation)을 초래했다. 인도의 경우도 주마다 서로 다른 물품세(excise tax)를 부과하는 번잡한 체제보다 전국적 부가세를 도입하면 훨씬 효율적이라는 것이 알려지고 있다. 하지만 중앙정부는 인도의 분권화 때문에, 즉 몇몇 주의 강력한 반대 때문에 그러한 개혁을 수행하는데 곤란을 겪었다.

서로 다른 정부 계층 간에 주요 세원을 공유하는 국가에서는 특정 재원의 다양한 비율이 중앙정부와 하위정부의 몫으로 돌아가도록 되어 있는데,

이러한 장치는 조세행정과 조세정책에 상당한 영향을 준다. 예를 들면, 아르헨티나의 경우 1980년대에 중앙정부가 대규모의 재정적자를 줄이기 위한 세입 증대를 절실히 필요로 했을 때, 지방정부에 돌아가는 몫이 상대적으로 작은 조세에만 많은 관심을 기울였다. 대표적인 보기가 수출입에 부과되는 나쁜 조세였다. 하지만 중앙정부는 재원이 절실히 필요한 시기에 그러한 조세 수입 거의 전부를 차지할 수 있었기 때문에 나쁜 조세라고 하더라도 그런 조세들을 선호했던 것이다. 이러한 과정은 불가피하게 조세체제의 구조에 왜곡을 초래하고 상대적으로 나쁜 조세를 보호하게 된다.

6) 거시경제적 조정

분권화와 거시경제정책 간의 잠재적 갈등은 연구자들의 단골 관심거리이다. 머스그레이브는 이미 1959년에 이미 그의 유명한 저서 『재정학(*The Theory of Public Finance*)』에서 이러한 갈등을 인식했다. 분권화된 재정구조에서는 경기대응정책(counter-cyclical policy)의 거시경제적 목표 달성을 위해 중앙정부와 하위정부들 간의 재정 행위를 조정하는 것이 한층 더 어렵다. 중앙정부가 긴축재정 정책을 펴고 있을 때에 하위정부들은 경기 확장적인 재정 정책을 펼치는 경우도 있다. 이것은 하위 지방정부들이 연성예산(soft budgets)에 직면하고 있거나 손쉽게 차입할 수 있을 경우 특히 두드러진다. 이러한 문제들은 아르헨티나나 브라질과 같은 국가에서 특히 현저하며, 인도네시아에서도 논란의 대상이 되고 있다. 이와 같은 문제들은 각 계층의 정부 책임이 명확하게 잘 규정되어 있고 또한 하위정부들이 경성예산 제약(hard budget constraint)에 직면해 있다면, 분권화된 국가에서조차도 큰 문제로 대두되지 않을 수 있다.

7) 재정투명성

재정투명성(fiscal transparency)이란 공공 영역의 재정 활동이 가시적이고 측정 가능해야 한다는 것을 의미한다. 시민들은 모든 계층의 정부가 무슨 일을 하고 있고 또 하려고 계획하는가에 대해 충분히 이해할 뿐만 아니라 그것들을 측정할 수 있어야 한다. 또한 관련 통계 자료도 이용 가능해야만 한다.

재정투명성은 경제학 문헌과 경제정책에서 관심이 점증되는 분야이다. 국제재정 체제의 구조는, 시장과 정부가 양질의 명백한 정보를 충분히 가질수록 더 효율적으로 작동될 수 있다고 믿기 때문에, 재정투명성의 문제에 상당한 관심을 기울이고 있다. 재정투명성은 정부만이 공급할 수 있는 공공재(public good)로 간주된다. 그렇지만 하위정부들은 필요한 재정 자료들을 적시에 만들어 발간하는 경우가 드물다. 각국의 재정정책을 비교 연구하려고 시도해 본 적이 있는 사람이라면 이러한 사정을 잘 알 것이다.

8) 지역불균형

분권화된 상황 하에서, 특히 한 국가 내에서 지역 간에 인종이나 언어 및 문화적 차이가 심각할 경우, 각 하위정부들은 자신들이 국가 내의 다른 하위정부들과 분리된 것으로 간주하여 국가라는 울타리에서 벗어나려는 원심력이 작동될 수도 있다. 중요한 자연자원이 특정 지역에 부존되어 있는 국가에서는 이와 같은 문제가 더 한층 심각한 함의를 갖는다. 예를 들면, 만약 프랑스와 같이 집권화된 국가에서는 대규모 유전이 발견된다 하더라도 그것이 어디에 위치하고 있는지는 크게 문제되지 않는다. 왜냐하면 중앙정부가 그것을 개발하여 조세를 부과하고 그 수입으로 국가적 활동에 필요한 재원을 조달할 수 있기 때문이다. 즉 모든 프랑스인들이 그와 같은 유전을 통해 혜택을 누리게 된다.

이것과 대조적으로 고도로 분권화된 국가에서 천연자원이 특정 지역에서 발견되면, 그 지역은 그러한 천연자원으로부터 나오는 세원을 자신들을 위해 사용하려고 주장할 것이기 때문에 문제가 발생한다. 이것은 정치적 문제를 야기하며, 경우에 따라서는 지역 간의 분쟁으로 귀결된다. 이러한 사실은 인도네시아나 나이지리아의 사례에서 알 수 있다. 그뿐만 아니라 그것은 정부의 소득재분배 역할에 대한 문제도 제기한다. 중앙정부의 주요한 기능 중의 하나는 부유한 지역으로부터 가난한 지역에로의 소득재분배이다. 그러나 만약 소득 격차가 천연자원이 특정 지역에 집중되었기 때문에 발생한다면, 분권화된 환경에서 그와 같은 소득재분배 정책을 추진하는 것이 매우 어려워진다. 특히 그러한 지역이 스스로를 국가 내의 다른 지역과 문화적으로나 인종적으로 분명히 구분된다고 생각하면 더욱 어렵게 된다.

3 재정분권화의 가능한 대안

1) 정책의 개선

중앙정부가 추진하는 정책들이 부적절하고, 비효율적이며, 불공평한 것으로 인식되기 때문에 분권화에 대한 요구가 일어나는 경우가 많다. 예를 들면, 공공 지출이 지나치게 수도에 집중되면 다른 지역은 그러한 정책에 반기를 들게 된다. 부유한 지역으로부터 가난한 지역에로의 지나친 소득이나 부의 이전을 추구하는 정책은 부유한 지역의 반발에 직면한다. 그뿐만 아니라 특정 지역에 대한 무관심도 그러한 지역으로부터의 반감을 사게 된다.

위와 같은 경우 가장 좋은 대안은 중앙정부를 좀더 효율적으로 작동하게끔 할 뿐만 아니라 그 정책을 좀더 공평하게끔 할 수 있도록 중앙정부의 정책을 개선하는 것이다. 전술한 사례의 경우 분권화에 대한 압력은 좀더 효율적이고 공평한 중앙정부의 실현에 대한 압력이라고 생각할 수 있다. 중앙정부가 잘 작동된다면 분권화에 대한 압력은 감소될 것이고, 그렇지 않을 경우 분권화에 대한 요구는 더욱 거세질 것이다.

2) 국가 역할의 축소

재정분권화를 지향하는 정책의 추진 여부를 결정할 때, 통상적으로 중앙정부의 현재의 기능에서 출발하여 그러한 기능들 중 하위정부에 이양될 수 있는 것이 어떤 것인지를 확인한다. 지출할당(expenditure assignment)에 관한 이와 같은 접근은 정부 기능의 상당수가 재정분권화를 통해 하위정부에 이전될 수 있지만 대안적으로 민간 영역에도 이전될 수 있다는 사실을 간과한다. 사실 적어도 어떤 정부 활동의 경우는 분권화에 대한 가능한 대안으로서 민영화가 고려되어야 한다.

정부 활동 중에서 어떤 활동들이 민영화 혹은 분권화로 귀결되는가? 이러한 질문은 아직까지 관련 문헌에서 명백하게 다루어지진 않았지만 매우 중요한 이슈이다. 최근의 경험에 의하면 지금까지 줄곧 정부가 해왔던 일들 중 상당 부분이 민간 영역에서도 할 수 있으며 경우에 따라서는 정부보다 더 효율적으로 수행될 수 있음이 밝혀지고 있다. 쓰레기 수거, 전력 공급, 교통, 통신, 수도, 보건, 교육 등과 같은 영역이 대표적 보기이며, 심지어 교도소도 민영화의 대상이 되고 있다. 사실 이러한 서비스 중 상당수는 분권화 논의의 핵심이기도 하다. 따라서 여러 가지 공공 서비스에 대해 민영화는 분권화의 대안으로서 고려되어야만 한다.

민영화 과정이 광범위할수록 분권화에 대한 정당성은 감소된다. 그래서 민영화될 수 있거나 분권화될 수 있는 활동들의 목록을 만들어서 그러한 대안들 간의 잠재적인 비용과 편익을 비교하는 것은 유익할 것이다. 민영화가 이루어지면 서비스의 사용자들이 민영화된 활동에 대한 비용 전부를 부담해야 하기 때문에 그러한 활동에 대한 보조금의 필요성이 사라진다. 따라서 민영화를 추진할 것이냐 아니면 분권화를 추진할 것이냐의 결정은 부분적으로는 정부가 특정 활동에 보조금을 지급해야 할 것인가에 좌우된다. 어떤 국가의 시민들은 특정 활동의 민영화가 가능하더라도 정부로부터의 보조금을 원할 경우 그러한 활동을 계속하여 공공 영역에 두려고 한다. 이것에 대한 대표적인 보기로는 문화활동과 초·중등 교육에서 찾을 수 있다.

3) 국가의 분할

재정분권화에 대한 가장 강력한 이론적 근거 중의 하나는 납세자인 시민들의 공공 서비스에 대한 요구와 선호가 중앙정부의 공무원보다 지방정부의 공무원들에게 더 잘 알려질 수 있다는 것이다. 왜냐하면 근접성(vicinity)과 접촉성(contiguity)은 유용한 정보를 제공하고, 조세와 지출 결정을 하는 사람들과 시민들 간의 연계를 더욱더 긴밀하게 만들기 때문이다. 따라서 다른 모든 조건이 동일하다면 작은 국가들은 큰 국가들에 비해 국민들의 사회적 요구를 더 잘 충족시킬 수 있을 것이다.

분권화에 대한 주장이 타당한 것으로 전제되면, 그러한 주장은 종종 큰 국가들을 작은 국가들로 분할시켜야만 하는 강력한 이유를 제기한다. 실제로 재정분권화를 추구하기보다 이와 같은 국가의 분할을 선택한 국가들의 사례도 있다. 국가의 분할은 유고슬라비아나 동티모르의 인도네시아와 같이 내전(civil war)을 야기하거나 내전의 결과로 나타나기도 하지만, 체코슬로바키아나 소련과 같이 비교적 평화적으로 이루어지기도 한다.

무력에 의존한 다른 국가의 합병이 더 이상 곤란하기 때문에 외적의 침입으로부터 국가를 방위하는 데 규모가 더 이상 중요하지 않게 되고, 개방성과 세계화의 영향 때문에 경제적 측면에서 국가의 규모가 갖는 중요성이 감소하게 되면, 문화적 친밀감과 공통적인 역사가 국가를 지탱시켜 주는 원동력이 된다. 만약 그러한 연계가 희박해지면, 작은 국가에로의 분할이라는 대안이 고려되어야 한다. 세계의 국가 수가 꾸준히 증가해 왔고, 그러한 경향은 지속될 것이라는 전망도 있다.

제 3 절 평가적 의견

재정분권화는 세계 각국에서 중요한 이슈로 제기되어 왔다. 이 글은 국제통화기금(IMF) 주최로 2000년 11월 미국 워싱턴에서 세계 각국의 학계와 실무계에 종사하는 사람들이 함께 모여 개최한 재정분권화에 관한 학술대회에서 발표된 논문 중의 하나이다. 저자인 탄지는 IMF에서 근무한 적이 있었으며 이 논문을 작성할 당시에는 이태리의 재무부 장관직을 맡고 있었다. 탄지는 특정 국가에 한정하여 재정분권화를 고찰하는 대신 세계 여러 나라들의 경험을 통해 재정분권화 과정에 관한 일반적인 논의를 하고 있다.

재정분권화에 대한 탄지의 견해는 주류적인 것은 아니었다. 이 논문의 암묵적인 메시지는 분권화를 추진하기 전에 그 선결 조건이 충족되어 있는가를 살펴야 하며, 그러한 선결 조건이 충족되지 않을 경우 분권화의 추진보다도 다른 대안들을 모색하는 것이 바람직하다는 것이다. 이것은 분권화에 대한 매우 보수적인 입장이라고 할 수 있다. 이 논문에서 탄지가 제시하는 분권화의 대안들인 정책 개선, 국가 역할의 축소, 그리고 국가의 분할 등은 국가에 따라서는 그 적실성이 결여된 것일 수도 있다. 특히 국가의 분할과 같은 대안은 매우 예외적인 경우를 제외하고는 오히려 문제를 더 심각하게 만들 수도 있을 것이다.

우리나라도 1991년 지방의회가 구성되고 1995년 민선자치단체장 선거가 실시된 이후 지방자치에 대한 제도적 기틀은 상당히 갖추어졌다. 특히 2003년도에 출범한 노무현 정부는 지방분권을 국정지표로 삼고 지방분권 추진에 상당한 관심을 기울였다. 국세와 지방세의 비율이 80 : 20이기 때문에 지방분권의 성공적 추진을 위해 재정분권이 필요하다는 인식 하에, 국세의 지방 이양 및 지방교부세 비율의 상향 조정과 같은 주장이 제기되어 왔다. 이러한 숫자상의 비율뿐만 아니라 진정한 재정분권화를 위해서는 지방정부의 재정자율성의 증진도 요구된다.

재정분권화는 1980년대 이래 세계 곳곳에서 추진되고 있고, 거역할 수 없는 시대적 조류라고 할 수 있다. 하지만 아르헨티나, 브라질 등과 같은 국가의 경험을 보면 지나친 재정분권화로 인해 국가적 재정위기까지 초래된 경우도 있었다. 따라서 재정분권화가 시대적 조류이긴 하지만 만병통치약이라고는 할 수 없다. 특히 지나친 재정분권화가 초래하는 지방정부의 기회주의적 행태를 통제할 수 있는 적절한 지방재정 규율과 같은 제도적 장치가 없다면 국가 전체의 사회적 후생은 감소될 수 있다는 것이 이론적으로 밝혀지고 있다. 이런 관점에서 본다면 탄지가 제시하는 분권화가 초래할 수 있는 문제점은 한번쯤 음미해 볼 필요가 있는 것이라고 생각된다.

참고 문헌

Prud'homme, Remey.(1995). The Dangers of Decentralization, *World Bank Research Observer*, 10(2): 201-220.

Tanzi, Vito. Pitfalls on the Road to Fiscal Decentralization. In E. Ahmad and V. Tanzi(eds), *Managing Fiscal Decentralization*, 17-30, London and New York: Routledge.

———.(1995). "Fiscal Federalism and Decentralization: A Review of Some Efficiency and Macroeconomic Aspects," *Annual World Bank Conference on Development Economics*, 295-316.

제 2 편 지방예산과 생산성

1 그리즐의 예산 형식과 예산 결정

신무섭
(전북대학교 교수)

제 1 절 머리말

재무행정을 공부해 본 학도라면 모든 재무행정 교과서에서 예산 분류에 대해 소개하고 있는 것을 알 것이다. 예산의 분류 또는 형식은 예산 결정에 참여하는 행위자에게 예산의 각 단계에서 유용한 정보를 제공하려는 데 그 의의가 있다.

예산은 과거, 현재, 그리고 미래에 관한 정보를 담고 있고 이 정보가 어떤 형태로 제시되느냐에 따라서 그것을 사용할 사람에게 유용하기도 하고 그렇지 않을 수도 있다. 이러한 이유에서 예산 개혁이 논의될 때, 예산 형식 혹은 예산 분류 방식이 논의되기 마련이다. 일반적으로 예산개혁은 예산 운영에 참여하는 행위자들의 가치와 규범, 행위자들의 상호작용을 제도화한 예산 과정, 분석되고 토론된 정보를 담는 예산 형식 등을 개선하는 동적인 과정이다. 그리고 예산 과정에 참여하는 행위자들이 바뀌면 예산 결과가 바뀌고, 예산 과정이 바뀌면 예산 결과가 바뀌고, 그리고 예산 형식이나 분류가 바뀌면 예산 결과가 바뀔 것으로 기대한다.

그리즐(Gloria Q. Grizzle)은 예산 형식이 바뀌면 예산 결정이 바뀔 것이라는 가설을 검증하려고 했다.[1] 기본적인 생각은 쉬크(Allen Schick)의 주장을 따른다. 쉬크는 미국 예산제도의 발전을 품목별 예산, 성과주의예산, 계획예산(PPBS)으로 정리하면서 동시에 품목별 예산은 통제 정향(orientation), 성과주의예산은 관리 정향, 그리고 계획예산은 기획 정향을 반영한다고 했다. 그리즐은 품목별 예산은 통제 정향, 조직 단위 예산은 관리 정향, 사업예산은 기획 정향을 보인다고 보았다. 또한 그리즐은 예산 형식이 입법부의 세출 결정의 성질에 영향을 미치는데 그것은 입법부가 예산을 심의하는 논의의 성질을 통해 영향을 미친다고 보았다. 즉 "예산 형식 → 예산 심의의 성질 → 세출 결정의 성질"의 관계가 있으며 그녀는 "예산 형식 → 예산 심의의 성질"의 관계를 검토했다.

예산 개혁이 소기의 목적을 달성하는지, 예산 형식의 개선이 소기의 목적을 달성하는지에 대한 연구는 드물다. 플로리다 주립대학교(Florida State University) 교수였던 그리즐은 이 주제를 경험적으로 분석했다. 그녀는 성과주의예산에 대해 『미국행정학회보』에 논문을 게재한 바 있고, 예산과 재무관리 분야에 공헌한 학자에게 수여하는 아론 윌다브스키상(Aaron Wildavsky Award)을 1999년에 수상한 바 있다. 그녀는 현재 은퇴했지만 여기서 소개하는 예산 형식에 관한 몇 쪽 안 되는 이 논문은 매우 유명하여 많은 세월이 지났음에도 불구하고 미국 행정학회 고전 시리즈(ASPA Classics Volume)의 하나로 2008년에 발간된 *Public Budgeting*에 게재되어 있다.

---

1) 여기서 예산 형식은 budget format을 번역한 것이다. 그리즐은 66쪽에서 자신이 연구한 예산 형식을 비교 설명하고 있다. 여기를 보면 예산 형식은 정보의 구조, 정보의 초점, 목적, 제시된 통계정보, 비교를 위한 재정자료, 예산 분류 등을 포함한다. 예산 형식의 정보의 구조 성질을 비교하면, 사업예산 형식은 사업(program), 품모별 예산 형식은 자금 혹은 목적(fund,; purpose), 조직 성질은 조직 단위(organizational unit)이다.

제 2 절 예산 형식과 주 입법부 의원의 논의 정향

그리즐은 먼저 기존의 연구를 비판적으로 고찰하고 자신의 연구 방법과 결과를 소개했다. 그리고 연구의 방향과 한계를 설명했다. 이에 대해 설명하면 다음과 같다.

1 기존 연구에 대한 비판

뉴욕 도시조사연구소(Bureau of Municipal Research)가 1917년 시 예산에 대한 형식을 권고할 때 기본 가정은 예산 형식이 심사 과정과 결과에 영향을 준다는 것이었다. 또 1950년대 버크헤드(Jesse Burhead)와 모셔(Frederick C. Mosher)가 성과주의예산과 계획예산을 연구하면서 정보가 분류되는 방식은 예산을 다루는 방식과 결정에 영향을 준다고 했다. 예산을 분류할 때 이미 일정한 시각, 이해, 그리고 틀을 가정하는 것이므로 그것들이 결정을 조건짓는다고 본 것이다. 그러므로 예산 형식이 예산 결정에 영향을 준다는 것을 2단계로 생각할 수 있다. 1단계는 예산 형식이 예산을 심사하는 동안 예산결정자들의 논의 내용에 영향을 주는 기간이다. 일리노이즈 주 예산 과정을 연구한 앤턴(Thomas J. Anton)이 주장했듯이 품목별 예산을 사용하면 그것이 지출처와 지출 규모를 제시하고 있기 때문에 심의가 지연되고 그런 예산 형식을 사용하기 힘들다고 한 바 있다. 2단계는 예산 심의 내용이 얼마나 많은 돈이 어떤 목적으로 배분되어야 하는가를 결정하는 예산 결정에 영향을 주는 단계이다. 페노(Richard F. Fenno), 쉬크, 윌다브스키 등이 예산 형식이 예산 결정에 영향을 준다고 했다. 이러한 논의를 요약하면, [그림 1-1]과 같이, 예산 형식은 예산 심의의 성질에 영향을 주고, 그것은 다시 세출 결정의 성질에 영향을 준다고 볼 수 있다.

예산 형식이 심의 과정에 영향을 미치는 것을 연구하지 않은 채 곧바로

[그림 1-1] 예산 형식과 세출 결정의 성질

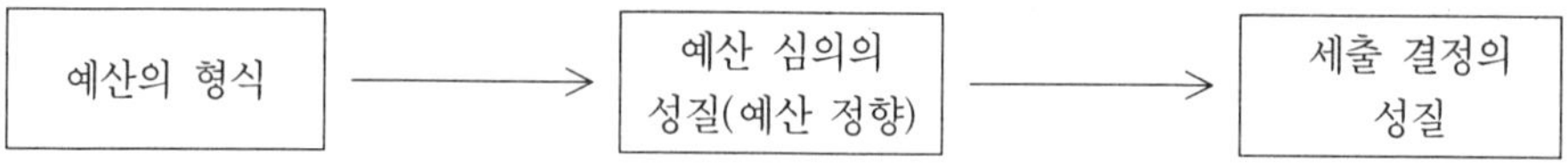

예산 형식이 세출에 영향을 미치는 것으로 생각하고 연구한 것이 최근 3개 있다. 카(T. R. Carr)는 아칸소 주에 영기준예산을 적용한 결과를 연구했다. 그는 예산결정은 점증적이고 예산 형식은 예산결정에 영향을 미치지 못했다고 결론지었다. 힉만(Richard E. Hickman)은 버지니아 주의 예산 개혁을 연구했다. 버지니아 주가 사업 예산을 도입했는데 그는 예산 형식의 변화가 예산 결정에 영향을 준 주요인이라고 결론지었다. 스터츠만(Mary P. Stutzman)은 미시간 주 의회의 세출결정과 주지사의 예산안과의 일치 정도를 연구했다. 그는 예산 형식의 변화가 입법부의 행태에 영향을 미치는 것을 발견했다. 예산 형식이 변하면 입법부는 주지사의 예산안과 상당히 다른 세출예산을 결정한다는 것이다. 그러나 이런 연구는 예산개혁 혹은 예산 형식이 세출에 미치는 영향을 계량적으로 검토한 점에서는 기여했으나 다음과 같은 문제가 있다. (i) 총액으로 검토해서 사업 단위의 변화를 알 수 없다. (ii) 예산 개혁이 있기 전과 후의 예산 결정 자료를 모두 이용하여 시계열분석을 해서는 예산 형식의 변화가 세출 결정에 영향을 주었는지 아닌지를 알 수 없고, 예산 형식 외의 다른 변수가 영향을 주었다는 논쟁을 피할 수 없다. (iii) 예산 형식이 입법부이 세출결정에 영향을 주는 것만 연구했고 그 중간의 예산 심의 과정을 검토하지 않았다. 결론적으로 우리는 위의 연구로부터 어떻게, 어느 정도, 예산 형식이 입법부 예산 심의의 성질에 영향을 미치는지에 대해 일반화할 수 없다.

2 연구 대상과 방법

그리즐이 연구 대상을 무엇으로 정했고 그것을 어떻게 다루었는지 그리고 입법부의 심의 성질의 분류 그리고 예산 형식을 어떻게 했는지 살펴본다.

그리즐은 연구 대상으로 플로리다와 노스캐롤라이나 주를 선정했고, 1979년과 1981년 회기 양원의 세출위원회를 분석 대상으로 했다. 플로리다 주는 조직 단위 형식을 사용했다. 노스캐롤라이나 주는 1970년대에 주지사는 사업예산을 그리고 일부 입법부 세출위원회에는 사업예산을 또 일부 세출위원회에서는 품목별 예산을 사용했고 1981년에는 모든 입법부 세출위원회가 품목별 예산을 사용했다. 그리즐은 입법부 세출위원회에서 사업예산, 품목별 예산, 조직 단위 예산 등의 예산 형식에 대해 어떤 논의를 하는가를 10개 세출위원회 회의를 분석했다. 그녀는 의원들의 질문과 논평이 통제, 관리, 기획 등의 정향을 보이는지 분석하고자 했다. 즉, 예산이 사업 형식이면 세출위원회 논의는 기획 정향을 보이고, 예산이 품목별 형식이면 세출위원회 논의는 통제 정향을 보이고 그리고 조직 단위 형식이면 세출위원회 논의는 관리 정향을 보일 것이라고 기대했다. 그러나 그는 유감스럽게도 그가 연구에 사용한 예산 형식이 순수 형태가 아니라고 지적했다. 사업 형식이 예산 심의에서 기획 정향을, 품목별 예산 형식이 통제 정향을 그리고 성과주의예산(PB)은 아니지만 조직 단위 분류에서 관리 정향을 발견하기를 기대했다. 조직 단위 형식이 성과주의예산에 대응이 되지 않으며 따라서 관리 지향을 기대하기 어려운 면이 있다는 것을 사전에 밝힌 것이다. 예산 정향의 분류도 마찬가지이다. 입법부의 예산 심의 정향을 통제, 관리, 기획 등으로 분류했는데, 이것은 품목별 예산 형식은 통제에 일치하고, 활동 중심이면 관리, 그리고 사업 중심이면 기획에 일치한다는 것을 염두에 둔 것이다. 그러나 쉬크, 프리드먼(Lewis C. Friedman), 하워드(S. K. Howard) 등이 지적했듯이 예산은 이 세 가지 정향을 모두 가지고 있어서 예산 정향을 배타적으로 정의하기 힘들다는 것이다. 그리즐은 그래서 각 예산 형식과 세 가지 정향을 일치시켜 보고 지배적인 정향을 다른 예산 형식과 비교해 보고자 했다. 그는 예산 배분에 관심을 두는 예산 배분(funding) 정향도 예산 정향에 포함시켰다.

요약하면, 그리즐은 플로리다 주와 노스캐롤라이나 주 양원의 1979년과

1981년 회기 세출위원회를 분석했는데, 예산 형식에 따라서 각각 10개 회의 총 30개 회의를 분석했다. 예산 형식을 사업, 품목, 조직 단위 등으로 그리고 예산 정향을 기획, 관리, 통제, 예산 배정 등으로 분류했다. 사업 형식은 기획 정향, 품목 형식은 통제 정향, 그리고 조직 단위 형식은 관리 정향과 일치할 것을 기대했다. 그녀가 실험적 방법을 사용한 바버(James D. Barber)와 달리, 일종의 사후적 연구(*ex facto* research)를 택한 것은 자연적인 조건에서 연구할 수 있고, 그리고 무엇보다 세출위원회 회의 내용이 녹음되어 있어서 그것을 이용할 수 있었기 때문인 것으로 보인다.

3 분석 결과

그리즐은 사업, 품목, 조직 단위 등 세 가지 예산 형식 각각에 대해 10개 세출위원회 회의를 분석했다. 그는 회의에 참여한 의원들의 질문과 논평을 통제, 관리, 기획 등 세 가지 예산 정향 외에 예산 배분을 예산 정향에 추가하여 분석했다. 분석 결과는 <표 1-1>과 같다.

우선 가로로 보면, 즉, 기획 정향을 보면, 사업 예산 형식이 제일 높고, 관리 정향은 사업예산과 조직단위 형식이 높고, 그리고 통제 정향은 품목별 예산 형식이 제일 높은 것으로 나타났다. 다음으로 세로로 보면, 사업예산 형식의 경우, 관리 정향이 제일 높고 기획 정향은 높게 나오지 않았다. 품

〈표 1-1〉 예산 형식에 따른 각 정향과 일치하는 의원들의 논평 비율

(단위: %)

예산 정향\예산 형식	사 업	품 목	조직 단위
기 획	9	1	3
관 리	69	40	70
통 제	4	51	13
예산 배분	18	8	13

출처: Grizzle(1986: 67).

〈표 1-2〉 예산 형식이 설명하는 30개 회의 논의 정향 변이의 비율

정 향	비율(Eta squared)	유의 수준(F value)
기 획	0.2	3.46*
관 리	0.32	6.24*
통 제	0.64	23.59*
예산 배분	0.10	1.49

출처: Grizzle(1986: 68). * $p<0.05$

목별 예산 형식의 경우에는 통제 정향이 제일 높게 나왔다. 그리고 조직 단위 예산 형식의 경우에는 관리 정향이 제일 높게 나타났다. 즉 사업예산 형식을 제외하고, 예상했던대로, 품목별 형식은 통제 정향, 그리고 조직 단위 형식은 관리 지향과 일치하는 것으로 보인다.

<표 1-2>는 예산 형식이 30개 회의에서 논의한 예산 정향의 변이를 통계적으로 어느 정도 설명하는지를 나타낸다. 이 표에 의하면, 예산 형식은 세 가지 예산 정향에 대한 변이의 유의미한 비율을 설명하는 것을 알 수 있다. 예산 형식은 위원회 회의의 논의가 기획 정향에 어느 정도 강조점을 두는지에 대해 그 변이의 20%를 설명하는 것으로 나타났다. 예산 형식은 관리 정향 강조에 대한 변이의 32%를, 그리고 통제 정향 강조에 대한 변이의 64%를 설명하는 것으로 나타났다. 그러나 예산 형식은 세 개의 상이한 위원회 회의 논의가 예산 배분 정향을 강조하는 정도를 설명하는 유의미한 요소가 되지 못함을 알 수 있다.

<표 1-1>과 <표 1-2>에 의해, 예산 형식이 예산 정향과 관계가 있으며, 예산 형식이 사업이면 기획 정향, 품목이면 통제 정향, 그리고 조직 단위이면 관리 정향과 일치할 가능성이 높은 것을 알 수 있다. 즉 예산 형식은 입법부가 예산 심의 과정에서 논의하는 내용에, 즉 예산 정향에 영향을 미치는 것을 확인했다. 다시 말해서, 예산 형식은 예산 심의의 성질에 영향을 미치는 중요한 요소이다.

제3절 평가적 의견

이 논문이 훌륭한 평가를 받는 이유는 크게 세 가지이다.

첫째, 예산 형식이 예산 정향에 그리고 예산 정향이 예산 결정에 영향을 준다고 본 것이다. 예산의 목적, 예산의 분류, 예산 설명 방식 등을 포함하고 있는 예산 형식이 예산에 대한 시각이나 생각을 조건지어서 예산에 대한 논의를 규정하고 이 논의의 성질, 즉 예산의 정향이 예산 결정에 영향을 준다고 가정한 것이다.

둘째, 예산 운영이 예산 형식에 의해 영향을 받는다는 것을 경험적으로 확인했다는 사실이다. 구체적으로 예산 형식은 입법부의 예산 심의에 영향을 주는 중요한 요소라는 것이다.

셋째, 연구 방법이 경험적이고 정교하다는 점이다.

이전에도 실험적 방법이나 총액을 분석 단위로 한 이와 유사한 연구가 몇 개 있었으나, 그리즐은 이러한 방법을 개선하여 주 입법부를 연구 대상으로 해서 비교적 일반화가 가능할 정도의 경험적 연구를 했다는 데 연구의 의의가 크다고 하겠다. 넓게 보면, 그리즐은 예산 개혁을 경험적으로 연구한 것이다. 그러나 이 연구의 가장 큰 한계는 예산 형식이 예산 정향에 대한 영향을 확인하는 데 그쳤다는 점이다. 예산 정향의 성질이 예산 결정의 성질과 관계가 있는지 여부는 연구하지 않았다. 또한 예산 형식 이외에 예산 정향에 영향을 미칠 수 있는 변수들을 통제하지 않았다. 그녀는 이것들을 다음의 연구 과제로 남겨놓았다.

이 연구가 우리에게 시사하는 점은 다음과 같다.

첫째, 예산 개혁에 대한 경험적 연구의 필요성을 환기시킨다는 것이다. 최근 우리 지방자치단체들은 성과주의예산을 운영하기 시작했다. 이런 개혁이 소기의 성과를 얻었는지 경험적 연구를 할 수 있는 방법을 그리즐의 연구는 제시한다. 우리 지방자치단체는 과거에는 품목별 예산을 운영했는

데 이제 미국의 성과주의예산을 벤치마킹하여 운영하기 시작했다. 이런 개혁이 소기의 성과를 가져왔는지 집행부와 입법부를 대상으로 연구하는 데 길잡이가 될 수 있다.

둘째, 현재 우리는 지방의회의 풍부한 회의록을 연구에 활용하지 못하고 있다. 그리즐은 입법부의 회의록을 통해 논의의 성격을 분석했다. 연구설계를 구체화해서 지방의회의 회의록을 분석하면 가치 있는 많은 가설을 검증할 수 있다.

셋째, 그리즐이 연구 과제로 제시했듯이, 예산 개혁에 예산 형식 외에 어떠한 변수가 영향을 미치는지, 그리고 예산의 증대 기간 혹은 감소 기간에는 어떻게 나타나는지, 예산 개혁에 대한 분석틀을 구성하는 데 많은 시사점을 준다.

참고 문헌

Grizzle, Gloria A.(1986). Does Budget Format Really Govern the Actions of Budgetmakers?. *Public Budgeting and Finance*, 6(1): 60-70.

Rubin, Irene S.(ed.).(2008). *Public Budgeting: Policy, Process, and Politics*. New York: M. E. Sharpe.

2 조던의 예산결정의 단절균형이론

유금록
(군산대학교 교수)

제 1 절 머리말

예산결정(budgeting)은 공공부문에서 어느 분야의 활동에 더 많은 자원을 배분해야 하는지를 결정하는 과정이다. 환언하면 공공부문의 예산 결정은 우선순위(priorities)와 제약조건(constraints), 즉 무엇이 의제(agenda)에 포함되고 무엇이 포함되지 않는지를 반영하는 것이다.

단절균형이론(punctuated equilibrium theory)은 의제에서 다루어지는 우선순위를 통제하고 변화시키려는 노력을 반영하는 예산결정의 의제기반 이론(agenda-based theory)으로서 최근에 발전되고 있는 새로운 이론이며, 예산이론 중 조직과정모형에 속한다.

주로 윌다브스키(Wildavsky, 1964)와 데이비스 외(Davis et al., 1966, 1974)의 연구를 토대로 가장 많이 알려진 예산이론인 점증주의(incrementalism)는 대폭적 예산변화(large budget changes)의 간헐적 발생(occasional occurrence)을 인정하기는 하지만, 점증주의에서의 예산결정은 대부분의 예산변화가 소폭적(small)으로 이루어진다는 특징이 있다. 하지만 빈번한(frequent) 소폭적 변화와 드문(infrequent) 대폭적 변화를 동시에 설명하기 위해서는 또 다른 이론이 필요하다. 여기에서는 이들 두 가지 변화를 모두 포함하는 단절균형이론을 설명하기로 한다.

봄가트너와 존즈(Baumgartner & Jones, 1993)는 점증적이고 대폭적 예산변화를 모두 다루는 단절균형(punctuated equilibria)의 개념을 체계화했다. 이 개념은 단절적 변화가 발생한 다음 균형이 다시 수반되는 균형상태가 존재한다고 가정한다. 균형상태는 점증적 변화(incremental change)가 일어나는 안정기에 존재한다. 단절(punctuations)은 균형규범(equilibrium norm)의 중단(breaks)이다. 공식의제(official agenda)에서의 불안정이 발생하는 동안 대폭적 변화를 야기하는 기회의 창(window of opportunity)이 존재한다.

요컨대 단절균형이론은 정책변화가 대부분의 경우 점증적 변화를 보이는 한편 간헐적으로 비점증적 변화(non-incremental change)를 나타내는데, 이러한 비점증적 변화는 의제설정과정에서의 우선순위의 변화에 기인한다고 설명한다.

이하에서는 예산결정의 단절균형이론을 점증주의에 대한 좀더 포괄적인 대안으로 소개하고, 의제기반이론으로서의 단절균형의 토대를 논의한 다음, 공공부문 예산결정에 대한 단절균형이론의 적용 사례들을 고찰하고, 평가적 의견을 제시하기로 한다.

제 2 절 예산결정에서 점증주의와 단절

단절균형은 의제에 관한 안정성의 중요성을 인식하는데, 안정성은 변화의 결여보다는 현상(現狀, the status quo)으로부터의 소폭적인 조정을 나타낸다. 이러한 소폭적 조정이나 점증은 의제에 대한 가장 일반적인 변화를 기술하며, 이러한 소폭적 변화 경향 때문에 점증주의는 정책결정을 기술하는 데 많이 활용되어 왔다.

점증주의는 문제를 합리적이고 종합적으로 해결할 수 있는 인간의 지적 능력의 한계에 근거한 것이다. 문제, 목적, 목표와 우선순위를 식별하기 위한 엄격한 합의요건이나 확립된 기준이 존재하지 않는다. 이들 개념들은 의사결정자들의 환경과 경험 가치에 의존하는 경우가 많다.

문제를 해결하기 위한 합의과정에서 야기될 수 있는 갈등 경향은 점증주의의 중요한 측면이다. 정책결정자들은 이전 상태와 약간 상이한 대안들로 선택의 범위를 제한함으로써 갈등을 약화시킬 수 있다.

정치에서는 승자와 패자가 존재하므로 갈등이 발생한다. 점증적 정책변화는 정치적으로 실현 가능하기 때문에 협상에서 필수적인 수단이다. 점증적으로 정책을 결정하면 지출의 타당성을 입증할 필요가 없으며, 그 대신 이전의 지출보다 소폭적으로 변화시키면 된다.

예산점증주의는 예산의 표준(base)으로부터의 소폭적 변화를 나타내기 때문에 예산은 보통 역사적 자료에 의해 작성된다. 예산요구를 종합적으로 검토하지 않는 경향은 점증적 예산결정에 내재되어 있다. 한 기관의 지출 표준의 정당성을 검토하는 것은 수많은 복잡한 쟁점들(issues)과 과거에 협상으로 이루어진 합의들을 재개하는 것이므로 점증주의는 협상의 방법일 뿐 아니라 회피의 방법이다.

점증주의에 관한 다수의 경험적 연구가 연방정부나 주정부 수준을 중심으로 수행되어 왔지만, 점증주의는 지방정부 수준에서도 기술적(記述的) 이론(descriptive theory)으로 많이 활용되어 왔다. 시정부의 재정에서도 지출이 경제적 요인이나 이념의 변화와 정치체제보다는 전년도 지출에 의해 크게 좌우되는 경우가 많은데, 이는 예산결정에서 점증주의가 강한 영향을 미친다는 것을 시사한다.

지방정부의 지출에서 점증주의가 개별적 기능보다는 총예산에 대해 더 설명력이 높은 경향이 있다. 더욱이 조던(Jordan, 1999)은 신시내티(Cincinnati) 시의 1966년부터 1993년까지 27년간에 걸친 총지출과 고속도로 지출의 백분율 변화를 검토하고 총지출에서는 거의 절반이 5% 이내인데 비해 고속도로 지출에서는 절반 이상이 10%를 초과한다는 것을 발견했다. 이는 신시내티 시의 총예산 내에서 지출 우선순위에서 변화가 존재한다는 것을 시사한다.

예산정책결정이 점증적인 것으로 널리 인정되고 있지만, 점증주의가 예산활동을 적절하게 설명하지 못하는 사례들이 존재한다. 케이든(Caiden, 1989)은 시한폭탄을 억지하는 데 막대한 자금을 필요로 하는 현재의 또는 잠재적 재해로 규정하고, 시한폭탄은 점증주의가 제도화되기 때문에 발생한다고 주장했다.

예산개혁 입법은 의료보험과 사회보장과 같은 수권(entitlement) 프로그램들을 포함하지 않는 경우가 종종 있기 때문에 문제가 지속적으로 악화된다. 점증주의는 수권 프로그램들이 증가함에 따라 그 중요성과 현실성이 떨어지게 된다.

점증적 예산이론에 입각하여 예산결정이 이루어지게 되면 조직들이 잠재적으로 막대한 자금을 필요로 하는 결정에 적절히 대비할 수 없는 사태가 발생할 수도 있다. 하지만 의사결정자들로 하여금 점증적 예산결정의 관점을 과감히 벗어나도록 납득시키는 데는 비용뿐만 아니라 정책의 문제가 수반된다. 정책결정은 우선순위를 반영하는 것이고 예산결정과 밀접히 연계되어 있다. 그러므로 잠재적·비점증적 지출을 다루기 위해서는 점증주의에서 벗어나야 하는데, 이는 바로 우선순위를 결정하는 문제이다.

봄가트너와 존즈(Baumgartner & Jones, 1993)도 점증적 변화가 지배적이지만, 중단(breaks)은 의제에 대한 중요한 변화를 반영하므로 예산결정의 점증적 흐름 속에 설명되고 논의되어야 할 중단이 존재한다는 것을 발견했다. 따라서 단절균형은 점증적 변화와 단절적 변화를 모두 포함한다.

제 3 절 단절균형이론

1 의제기반이론

단절균형은 의제기반이론(agenda-based theory)이다. 공식의제가 되면 정책결정이 이루어지고 집행을 위한 정책이 선택된다. 어떠한 쟁점들이 의제로 설정되는지를 결정하는 과정은 경쟁적이다. 이러한 경쟁은 의사결정자들의 인지적 한계에 기인한다. 점증주의와 같이 단절균형은 개인의 제한된 정보처리능력을 인정한다. 의사결정자는 모든 문제들을 동시에 처리할 수 없다. 정치적이고 혼잡한 환경 속에서 쟁점들은 선택적으로 의제의 고려 대상이 된다. 따라서 쟁점이 부각되도록 주의(attention)를 끄는 것이 중요하다.

킹던(Kingdon, 1984; 1995)은 문제들(problems)에 대한 의사결정자들의 주의를 유발하는 데 사용되는 세 가지 기제(mechanisms)를 제시했다. 첫 번째 기제는 지표(indicators)이다. 지표는 문제의 크기를 평가하고 문제의 변화를 인식하는 데 사용된다. 지표의 변화는 체제의 상태나 조건의 변화를 의미할 수도 있다. 두 번째 기제는 집중기제(focusing mechanism)로서 사건, 위기, 상징을 포함한다. 집중기제는 주의를 끌기 위해 기존의 인식을 강화하거나 조기 경고로서의 기능을 수행하든지 아니면 다른 사건들과 결합된다. 세 번째 기제는 환류기제(feedback mechanism)이다. 이 기제는 상태에 반응함으로써 정보를 제공한다. 공식적 환류는 체계적 점검과 평가연구 등에 의해 이루어지며, 비공식적 환류는 시민 불평 등을 통해 진행된다. 환류는 긍정적이거나 부정적일 수 있기 때문에 관료들은 정책결정자들에 대한 환류의 흐름을 부각시키거나 제한하려고 할 수도 있다.

쟁점에 대해 주의를 유발하는 중대한 부분은 문제정의(problem definition)이다. 문제의 정의는 의사결정자들이 문제를 어떻게 보는지에 영향을 미치고 나아가 문제를 다루는 방법이나 다룰지 여부에 영향을 준다. 문제정의 단계에서는 어떤 맥락이나 준거틀 내에 문제를 설정하려고 하며, 문제의 이미지가 더 명확해지게 된다. 이미지는 쟁점이 부정적 맥락에서 인식되는지 아니면 긍정적 맥락에서 인식되는지를 결정한다.

모든 문제정의들이 동일하게 이루어지지는 않는다. 강력한 옹호자를 갖는 문제정의가 의제의 최우선적인 지위를 차지할 개연성이 높다. 킹던(Kingdon, 1984; 1995)은 이들 옹호자들을 정책기업가(policy entrepreneurs)라고 부른다. 기업가와 마찬가지로 정책기업가는 이념적 신념을 고무하고 정책을 공식의제에 놓이도록 추진하는 데 시간, 힘, 돈과 평판을 기꺼이 투자한다. 그들이 이러한 행위를 하는 이유는 자신의 기관이나 지위를 확대하거나 지키는 것과 같은 개인적 이익을 위한 것일 수도 있지만, 기업가의 참여는 쟁점을 의제로 발전시키는 데 매우 중요하다.

기업가들은 그들의 쟁점들이 의제에 회부되도록 할 뿐 아니라 의제에 대한 자신들의 입장을 견지하기 위해 일한다. 의사결정자들이 모든 쟁점들을 동시에 다룰 수 없기 때문에 일부 쟁점들은 의제에서 제거되거나 사라진다. 킹던(Kingdon, 1984; 1995)은 쟁점의 소실에 대해 여러 가지 이유를 제시했다. 하나의 설명은 법안이 일단 통과되거나 행정결정이 이루어지면 관료들은 의제의 다음 항목으로 이동한다는 것이다. 두 번째 이유는 부(負, negative)의 환류가 존재할 때까지 문제에 대한 주의가 지속적으로 증대한다는 것이다. 옹호자들이 의제에 대한 입장을 견지하기 위해 일하고 있을 뿐 아니라 쟁점의 의제상정을 반대하는 참여자들도 존재한다. 이러한 반대는, 특히 잘 조직화될 때, 쟁점의 상정에 이의를 제기하는 부의 환류를 야기할 수 있다. 세 번째로는 쟁점의 참신성이 저하되어 문제가 더 이상 위기의식을 제기할 수 없거나 관심을 유발하지 못하기 때문이라는 것이다. 네 번째로는 문제를 효과적으로 다루거나 해결할 수 없게 되면 의제로 부각되지 못하는 결과가 야기될 수 있다는 것이다. 해결책의 적시성(timeliness)이 중요하며, 해결책의 재정적·사회적 비용이 매우 크다는 인식이 존재하게 되면 문제에 대한 관심이 사라지게 된다. 그뿐만 아니라 실행 가능한 해결책을 갖는 것이 매우 중요하며, 해결책이 의사결정자의 범위를 벗어나게 되면 문제는 처리될 수 없다.

2 정책단절

쟁점을 의제에 포함하는 과정이 단절균형의 근거다. 미국 정치체제의 구조가 현재의 의제를 유지하는 데 기여한다. 다수의 정당들 그리고 정부 부문들의 견제와 균형은 점증주의를 조성한다. 정당은 종종 다른 정당의 행위를 제약하려고 하거나 정당들은 모든 정책변화가 가능한 한 집행되도록 덜 논쟁적인 정책변화를 협상한다. 이는 대개 소폭적이고 필요한 경우 비교적 원상회복이 용이한 변화를 가져온다. 또한 헌법에 의해 정부의 한 부문은 정부의 다른 부문의 행위들을 제한할 수도 있다. 더욱이 이익집단들은 로비, 소송, 투표, 그리고 신속하고 확장적인 정책변화를 제한하기도 하지만 그들의 입장을 표명하는 다른 방법들을 통해 압력을 행사할 수 있다.

정책하위체제들(policy subsystems)이 이러한 타성 유발적인 환경을 교묘히 조성하는 데 필요하다. 하위체제는 입장이나 쟁점을 옹호하는 시민, 정치인과 관료를 포함하는 실체다. 분명한 것은 하위체제가 주의와 자원을 획득하기 위해 경쟁해야 한다는 것이다. 현재 의제상에 정책쟁점을 갖고 있는 하위체제를 무력화하거나 분열시키면 결과적으로 의제가 변하게 될 것이다(Baumgartner & Jones, 1991; 1993).

하지만 정책의 이미지와 관할기관(venue)은 정책하위체제의 성공을 결정할 수 있다. 봄가트너와 존즈(Baumgartner & Jones, 1991)는 환경주의자들이 다양한 이미지와 관할기관을 이용하여 1970년대에 핵발전소 하위체제의 붕괴를 초래했다고 설명한다. 그들은 정책이미지를 쟁점이 어떻게 이해되고 논의되는지로 규정한다(Baumgartner & Jones, 1993). 쟁점에 가장 많이 투자하는 개인들은 그들의 쟁점을 유리한 조건(terms)으로 제기하려고 할 것이다. 문제는 특정한 공공정책 접근법을 정당화하는 수단으로서 단순화되고 상징적인 용어로 설명될 수 있다. 물론 상이한 집단들이 동일한 정책에 관해 상이한 이미지를 가질 수 있다. 쟁점의 제안자는 이미지의 한 측면에 집중하는 반면 쟁점의 반대자는 이미지의 다른 측면에 중점을 둘 것이다. 이미지는 쟁점을 의제에 배열하는 강력한 방법이다.

관할기관은 주어진 쟁점에 대해 권위적 결정을 하도록 할당된 위치나 기관이다. 종종 쟁점이 특정한 관할지에 확고하게 할당되기도 한다. 하지만 이는 시간에 따라 변할 수 있다. 정부부문들 사이에 관할권의 변화가 있을 수도 있다. 한 관할지가 다른 관할지와 상이하게 쟁점을 담당할 수 있기 때문에 관할기관은 의제상의 쟁점의 배열에 영향을 미칠 것이다.

이미지가 변하면 관할기관이 바뀔 수도 있으며, 관할기관이 바뀌면 쟁점의 이미지에 집중하게 된다. 쟁점이 이미지에 연계되는 정도는 그 쟁점을 둘러싼 정책결정과정에 대한 관할지의 독점적 통제와 관련된다. 만약 쟁점이 논쟁적이거나 가변적이지 않은 하나의 명확한 이미지를 갖고 있다면 그 쟁점에 관한 정책은 현재의 관할지 내에 더 안전하게 자리 잡게 된다. 마찬가지로 관할기관이 변할 때 논쟁의 조건이 변하고 어떻게든지 쟁점의 이미지를 구성하는 데 사용된 상징이 변화된다(Baumgartner & Jones, 1991; 1993). 정책의 이미지나 관할기관이 바뀌게 되면 불안정이 발생하고 대폭적인 단절적 변화를 위한 기회를 초래하게 된다. 그러므로 미국 민주 체제의 점증적 경향성에도 불구하고 정책은 아직도 크거나 연속적(serial) 변화에 취약하다.

연속적 변화는 의사결정에서 첫 번째 선호로부터 두 번째 선호로의 일시적 변화를 나타내는 데 사용되는 용어이다. 존즈(Jones, 1994)는 개별적 의사결정자들이 연속적 변화를 받아들이기 쉽다고 주장했다. 개인들은 연속적이거나 순차적(sequential) 방식으로 정보를 처리한다. 선호는 쉽게 변하지 않지만, 선호에 대한 주의력(attentiveness)은 환경에 대한 맥락적 인식에 의해 빠르게 바뀔 수 있다. 그러므로 개인들은 합리적이고 선호를 극대화하는 의사결정자들일 뿐 아니라 쟁점에 대한 인식이 맥락적으로 결정되는 문제해결자들이다. 선호는 인식된 환경에 따라 상반된 선호를 지배할 수도 있다. 이러한 인간의 맥락적 감수성에 의해 선택이 일시적으로 변할 수 있다. 맥락적 감수성에 기인한 선호에 대한 주의력의 변화는 대안적 선택이나 반전된 선택을 가져올 수 있다.

존즈(Jones, 1994)는 연속적 변화의 개념을 정책결정과 하위체제에 적용했다. 의사결정체(즉, 의회)가 고려하는 항목들의 수에서 제한을 받기 때문에 정책결정과정은 개별적 의사결정자들과 비슷하게 제한을 받기 쉽다. 쟁점들은 의제에 상정되기 위해 시간을 다투고 주의를 끌기 위해 경쟁하므로 상충관계에 놓여 있다. 또한 하위체제는 맥락적이기도 한 이미지와 관할기관 지정에 민감하다. 그러므로 존즈(Jones, 1994)에 의하면 의사결정체에 의한 대폭적 변화 역시 가능하다.

분명한 것은 선호의 속성에 대한 주의력이 선택을 변경할 수 있다는 것이다. 속성은 선택을 규정하고 선택하는 데 사용되는 조건이나 특징이다. 선택은 대안적 해결책들을 열거하도록 구조화되어야 한다. 구조나 결정설계(decision design)는 속성들 간의 어렵고 복잡한 상충관계(trade-offs)를 맺을 때 의사결정자를 돕는 데 필요하다(Jones et al., 1998). 의사결정자가 속성들을 재평가하지 않으면 안 될 때까지 대안들을 구조화하고 조직화하여 지속적으로 검토하게 되는데, 재평가할 때 새로운 속성들이 중요한 변화를 일으킨다. 중요한 변화만이 정태적 성격을 붕괴시킬 수 있으므로 결정설계를 새로운 결정설계로 변경하는 것은 중요한 의미를 지니고 있다.

이러한 결정들은 정치제도 틀 안에서 이루어진다. 미국 정치체제의 정태적 성격은 동원(mobilization)을 필요로 한다. 정책하위체제를 포함하는 이러한 정치적 동원은 쟁점이 어떻게 규정되는지를 변경하려는 기도이며 궁극적으로 쟁점이 의제로 제기될 것인지 여부에 영향을 미칠 것이다. 중요한 정책변화인 단절은 성공적인 동원 노력의 결과이다. 하지만 동원은 현재의 의제를 유지하는 데 작용하기도 하므로 단절된 변화를 야기하기 위해서는 대규모의 체계화된 동원 노력이 필요하다.

제 4 절 단절균형이론의 예산 적용[1)]

트루(True, 1995)는 단절균형이론을 예산결정에 적용하고, 국내정책의 쟁점들이 지출을 초래하고 예산은 정책에 의해 촉발되며, 대폭적인 비점증적 예산변화가 정책변화 때문에 발생한다는 것을 발견했다. 그리고 그의 연구에 의하면 위대한 사회(The Great Society)와 냉전시대의 군비증강과 같은 정책변화가 대폭적 예산변화의 원인으로 작용하며, 시기에 따라 정책의 우선순위가 재조정되고 예산지출에 반영되는 것으로 나타났다.

1) 단절균형이론을 중앙정부와 지방정부의 예산에 적용한 선행연구들에 대한 좀더 자세한 내용에 관해서는 유금록(2007)을 참고할 것.

존즈 외(Jones et al., 1996)는 1947년부터 1994년까지 미국의 예산(budget authority)을 검토하고, 예산의 변화가 정규분포와 반대가 되는 세첨분포(leptokurtic distribution)를 따른다는 것을 발견했다. 점증주의는 연속적·동적 조정을 가정하기 때문에 정규분포로 나타나는 데 비해 세첨분포는 일시적인 의사결정의 존재를 의미한다.

정규분포와 비교할 때 세첨분포는 영(zero)을 중심으로 중앙 부분에 뾰족한 정점(strong peak)을 포함한다. 정점은 높은 빈도(high frequency)의 한계적 변화를 나타낸다. 약한 어깨(weak shoulders)는 훨씬 더 낮은 빈도의 중간 수준의(moderate) 의사결정을 가리킨다. 하지만 정규분포와 비교할 때 더 높은 빈도의 대폭적 예산변화가 존재한다.

존즈 외(Jones et al., 1996)는 예산변화가 특수한 유형의 세첨분포, 즉 파레토(Paretian) 확률분포로부터 도출된다는 것을 발견했는데, 그들의 연구 결과의 의의는 연방예산이 정규적으로 분포되었을 경우보다 연방예산이 분포의 꼬리 부분에서 더 많은 예산 변화를 보인다는 것이다. 더욱이 대부분의 변화는 중앙의 정점(영을 중심으로)에 놓여 있다. 그들은 개인들이나 기관들이 모든 정책문제들에 동시적으로 주의를 기울일 수 없기 때문에 이러한 세첨분포가 존재하며, 주의의 변화는 단절을 일으킨다고 주장했다.

존즈 외(Jones et al., 1998)는 연방예산을 사용하여 단절가설에 대한 대안적 요인으로 정당통제, 자본가 잉여(경제의 건전성), 대중영합주의자(populist) 대표 또는 여론 등 세 개의 경쟁가설들을 검증하고, 예산 변화가 전통적인 경제적·정치적 요인들에 의해 설명되기보다는 정책단절이 존재한다는 것을 발견했다.

트루(True, 1999)는 1940년부터 1998년까지 미국의 사회보장예산 및 지급액과 징수액을 사용하여 단절균형이론을 검증하고, 정책주도의(policy-driven) 예산단절이 사회보장에서 발생한다는 것을 발견했다. 그는 사회보장지출의 역사를 초기의 안정기, 그 뒤의 숨겨진 단절, 그 다음의 완만한 확장기, 그리고 그 이후의 정책주도의 단절을 가진 것으로 보았다. 1950년의 프로그램법 개정과 1983년의 사회보장의 긴급구제(bailout)가 대표적인 정책주도의 단절로 작용한 것으로 나타났다.

단절균형에 관한 대부분의 연구가 정책결정과 연방예산에 집중되었지만, 조던(Jordan, 1999)은 지방정부의 예산결정도 의제의 변화를 반영한다고 보고, 1965년부터 1992년까지 미국의 38개 대도시에서의 경찰, 소방, 위생, 공원 · 휴양(recreation), 공공건설, 도로 등 여섯 개 예산기능들에 대한 지출변화를 검토했다. 그의 연구결과에 의하면 존즈 외(Jones et al., 1996)의 연구결과와 일치되게 각 예산기능은 세첨분포를 따르고 예산변화가 정규분포를 따를 경우보다 더 큰 변화를 보이며, 단절된 의제변화가 지방정부 예산결정에 존재하는 것으로 나타났다.

단절된 예산활동은 의제설정에서 일어나는 불안정성의 결과이다. 드물지만 중요한 불안정적 계기들(moments)이 비점증적 변화가 발생할 기회의 창을 생성한다. 이 이론을 예산결정에 적용함으로써 예산변화에 관한 논의가 예산결정을 기술할 때 점증적 예산변화와 비점증적 변화를 모두 포함하도록 확장되었다. 따라서 정책의 우선순위에서의 상충을 반영하여 예산변화가 혼합적으로 일어난다고 볼 수 있다.

제 5 절 평가적 의견

예산결정은 희소한 자원을 배분하므로 잠재적 지출 대상 간의 상충적인 선택을 수반한다. 재원의 상호배타성으로 인해 예산변화가 소폭적일 때 상충은 거의 찾아볼 수 없지만, 예산배분이 대폭적으로 변화할 경우에는 상충이 크게 발생하지 않을 수 없다.

점증주의는 의사결정자들의 제한된 인식능력을 인정한다. 완전한 지식과 합의는 불가능하다. 의사결정자들은 모든 쟁점과 해결책을 동시에 처리할 능력이 없다. 그러므로 모든 쟁점이 해결되기 위해 공식의제로 부상할 수는 없다. 점증주의는 현상(現狀, the status quo)으로부터 한계적 변화를 야기함으로써 갈등(conflict)을 해결하거나 회피하는 수단이다. 하지만 대폭적 변화는 정당성을 더 많이 요구하는 반대를 유발함으로써 더 많은 갈등을 일으킨다. 이러한 특성은 점증주의를 협상에서 더 유용하게 만들며, 이로 말미암아 가장 일반적인 예산활동이 되도록 한다.

점증주의와 마찬가지로 단절균형이론은 대부분의 예산변화 활동이 한계적으로 일어난다는 것을 인정하지만, 단절균형이론은 의제기반 관점을 제시함으로써 좀더 발전적으로 예산단절을 설명한다.

단절균형이론은 예산지출이 안정된 기간에서도 현상을 유지하기 위한 동원 노력이 여전히 존재한다고 주장한다. 정책기업가들은 상충적인 투쟁에서 패하지 않으려고 저항하므로 실제적인 단절의 발생 여부는 이전의 현상으로부터 우선순위 변화의 지표가 된다.

단절균형이론을 예산에 적용할 때 얻는 이점은 의제에 집중하도록 한다는 것이다. 예산활동은 공식의제의 맥락에서 수행된다. 의제설정과정은 개인과 집단, 의사결정자의 주의를 끌기 위해 경쟁하는 사건들로 구성된다. 예산결정에 관한 이러한 관점은 예산결정을 우선순위의 반영으로 보는 것이다. 따라서 특정 정책분야의 단절된 예산을 검토하면 공식의제상의 정책의 위치가 명확해지게 된다.

예산의 세첨적(leptokurtic) 특성은 단절균형이론과 일치하기 때문에 단절에 관한 경험적 연구는 정규성(normality)을 가정하는 전통적 분석에 의존할 수 없다. 예를 들면, 회귀분석은 정규분포의 꼬리 부분에 위치하는 값들이 이상치(outliers)이기 때문에 그 값들에 대해서는 편의(偏倚, bias)를 갖게 된다. 이상치가 존재하면 이는 회귀추정치에 강한 영향을 미쳐서 잘못된 결론을 초래하거나 중요한 정보를 은폐시킬 수도 있다.

하지만 세첨분포와 같이 비정규분포의 경우, 이상치의 크기와 빈도는 증가한다. 전통적인 정규성 기반의 예측전략은 적절하지 않기 때문에 단절의 역사적 연구와 같은 다른 기법들이 사용되어야 할 것이다. 행정학 연구도 정규분포를 가정하지 않는 다른 분석기법들을 모색해야 할 것이다.

단절균형이론에 의하면 표본의 극단적 또는 단절된 부분은 매우 중요한 의미를 가질 수 있다. 예산결정에서 이는 지출에서의 우선순위의 변화를 나타낸다. 단절의 위치를 정확히 찾아내고 단절의 발생을 둘러싼 의제설정 과정을 검토하면 변화를 설명할 수 있을 것이다. 이는 정책하위체제들이나 단절적 변화를 일으키는 집중기제들에 대한 통찰력을 제공할 것이다.

단절균형이론을 예산에 적용한 선행연구들은 이론적 보편성과 방법론적인 면에서 상당한 한계를 지니고 있다(유금록, 2007: 100-101).

첫째, 선행연구들은 주로 미국을 대상으로 단절균형이론을 검증한 반면 미국 이외의 국가들에 대한 연구는 영국의 중앙정부예산과 덴마크의 지방정부예산을 대상으로 한 연구에 불과하여 각국의 예산결정을 통시적으로 설명할 수 있는 보편적 이론으로 보기가 어렵다. 따라서 정치문화와 정책환경이 상이한 국가들에서 단절균형이 존재하는지를 검증할 필요가 있다.

둘째, 정책단절의 존재 여부를 예산의 연도별 변화의 분포가 단순히 세첨분포인지만을 검증함으로써 정책단절이 발생하는 시점을 정확히 분석하지 못하고 있다. 주로 미국을 대상으로 한 소수의 연구들이 안정과 단절의 패턴에서의 체계적이고 근원적인 차이를 설명했을 뿐, 정책단절의 발생시점을 경험적으로 입증하지 못하고 있다. 봄가트너와 존즈(Baumgartner & Jones, 1993)가 이론적으로 이러한 근원적 차이를 야기하는 여러 제도적 요인들을 강조했지만, 좀더 본격적인 연구는 비교적 최근에 이루어졌다(Jordan, 2003; John & Margetts, 2003; Jones et al., 2003; Mortensen, 2005). 그럼에도 불구하고 이러한 차이들에 대한 좀더 면밀한 연구가 중요하다. 왜냐하면 이것은 예산의 배분과 관련된 일반적 원인과 기제들(mechanisms)을 더 잘 이해할 수 있도록 해줄 수 있을 뿐 아니라 정책단절이 발생할 가능성이 높은 시점과 이유를 더 잘 이해할 수 있도록 해 주기 때문이다(Mortensen, 2005: 936).

존즈 외(Jones et al., 1998)와 존과 마게츠(John & Margetts, 2003) 등 일부 선행연구들에서는 예산분포가 세첨분포를 보일 경우에만 통계기법을 사용하여 정책단절을 규명할 수 있지만 이 경우 자료의 정규분포를 가정하는 통계적 기법들은 정책단절의 존재 여부를 분석하는 데 사용될 수 없다고 주장한다. 하지만 개입분석(intervention analysis) 또는 영향분석(impact analysis)과 같은 시계열 분석기법은 자료가 정규분포를 이루는 경우에도 단절의 존재 여부를 분석할 수 있다. 따라서 정책단절의 발생 시기를 분석하기 위해서는 선행연구들이 사용한 방법론과는 다른 시각에서 정책단절을 분석해야 할 것이다.

셋째, 예산자료가 시계열 자료이기 때문에 자기회귀(autoregression)가 발생하는 경향이 있는데, 회귀분석을 사용한 선행연구들은 이러한 문제를 극복할 수 있는 통계적 방법을 사용하지 않았다. 자기회귀 문제를 해결하기 위해서는 회귀분석에서 자기상관(autocorrelation)을 해결하는 방법들을 사용하거나 자기회귀이동평균법(autoregressive moving average: ARMA)을 사용해야 한다.

넷째, 일부 선행연구에 사용된 예산자료가 명목가치(nominal value)로 되어 있기 때문에 물가상승이 심한 연도에 정책단절이 발생할 가능성이 높다. 이러한 문제를 해결하기 위해서는 예산자료를 실질가치(real value)로 전환해야 할 것이다.

정책단절변수와 통제변수를 포함한 자기회귀 이동평균 및 개입모형(ARMA-intervention model)을 사용하여 한국의 중앙정부예산에서 정책단절의 발생시점을 분석한 유금록(2007a)의 연구 결과에 의하면 1974년에는 제1차 석유파동에 대처하기 위해 대폭적으로 예산이 감소한 정책단절이 존재했고, 1975년부터 1977년까지 중화학공업정책을 추진하기 위해 대폭적으로 예산을 증가시킨 정책단절이 존재했으며, 1978년부터 과도한 인플레이션을 억제하기 위해 재정정책의 기조를 안정정책으로 근본적으로 전환한 정책단절이 존재한 것으로 나타났다.

미국과 영국의 중앙정부와 지방정부예산에서 단절균형이 존재하는 것으로 나타났지만, 단절균형이론이 모든 국가에 적용되는 것은 아니고 국가별 특성과 정책부문에 따라 설명력이 상이한 것으로 볼 수 있다.

참고 문헌

유금록.(2007). 한국의 중앙정부예산에 있어서 정책단절의 시계열분석. 「한국행정학보」, 41(2): 95-116.

Baumgartner, F. R. & Jones, B. D.(1991). Agenda Dynamics and Policy Subsystems. *Journal of Politics*, 53: 1044-1071.

———.(1993). *Agendas and Instability in American Politics*. Chicago, IL:

University of Chicago Press.

Caiden, N.(1989). Budgeting for Time-Bombs: Recent General Accounting Office Reports on the Crises of the Nuclear Weapons Complex and the Savings and Loan Industry. *Public Budgeting and Finance*, 9: 83-93.

Davis, O. A., Dempster, M. A. H., & Wildavsky, A.(1966). A Theory of the Budgetary Process. *American Political Science Review*, 60(3): 529-547.

———.(1974). Towards a Predictive Theory of Government Expenditure: US Domestic Appropriations. *British Journal of Political Science*, 4(4): 419-452.

John, P. & Margetts, H.(2003). Policy Punctuations in the UK: Fluctuations and Equilibria in Central Government Expenditure since 1951. *Public Administration*, 81(3): 411-432.

Jones, B.(1994). *Reconceiving Decision-Making Democratic Politics*. Chicago, IL: University of Chicago Press.

Jones, B. D., Baumgartner, F. R., & True, J. L.(1996). The Shape of Change: Punctuations and Stability in U.S. Budgeting, 1947-1994. Presented at the Annual Meeting of the Midwest Political Science Association. Chicago.

———.(1998). Policy Punctuations: U.S. Budget Authority, 1947-1995. *Journal of Politics*, 60(1): 1-33.

Jones, B. D., True, J. L., & Baumgartner, F. R.(1997). Does Incrementalism Stem From Political Consensus or From Institutional Gridlock? *American Journal of Political Science*, 41(4): 1319-1339.

Jordan, M. M.(1999). Punctuated Equilibrium as a Comprehensive Theory of Local Government Budgeting: The Proof is in the Tails. Ph.D. Dissertation, University of Kentucky.

———.(2002). Punctuated Equilibrium: An Agenda-Based Theory of Budgeting. In A. Khan & W. B. Hildreth(eds.), *Budget Theory in the Public Sector*, 202-215. London: Quorum Books.

———.(2003). Punctuations and Agendas: A New Look at Local Government Budget Expenditures. *Journal of Policy Analysis and Management*, 22(3): 345-360.

Kingdon, J. W.(1984). *Agenda, Alternatives, and Public Policies*. Boston, MA: Little, Brown and Company.

———.(1995). *Agenda, Alternatives, and Public Policies*. 2nd edition. Boston,

MA: Little, Brown and Company.

Mortensen, P. B.(2005). Policy Punctuations in Danish Local Budgeting. *Public Administration*, 83(4): 931-950.

Sharkansky, I.(1969). *The Politics of Taxing and Spending*. Indianapolis: The Bobbs-Merrill Co.

True, J.(1995). Is the National Budget Controllable? *Public Budgeting and Finance*, 15(2): 18-32.

———.(1999). Attention, Inertia and Equity in the Social Security Program. *Journal of Public Administration Research and Theory*, 9(4): 571-596.

True, J., Jones, B. D., & Baumgartner, F. R.(1999). Punctuated-Equilibrium Theory: Explaining Stability and Change in American Policymaking. In P. A. Sabatier(ed.), *Theories of the Policy Process*, 97-115. Boulder, Co: Westview Press.

Wildavsky, A.(1964). *The Politics of the Budgetary Process*. Boston, MA: Little, Brown and Company.

3 엡던과 프랭클린의 주민참여 예산이론[1)]

윤성채
(고려대학교 교수)

제 1 절 머리말

지방정부는 최근의 경제성장 둔화로 인한 세수의 부족과 주민의 정부 서비스에 대한 요구 증가로 재정적인 어려움에 직면하고 있다. 이런 어려운 재정 상황을 타개하기 위한 지방세수의 증가는 주민의 조세저항으로 한계에 직면하고 있고, 주민직선제 도입 이후 서비스에 대한 주민 욕구는 자치단체장의 선심성 공약의 남발로 해가 갈수록 증가되고 있어 지방정부의 재정적 어려움은 가속화되고 있다. 한편 이러한 어려운 재정 상황에서 주민의 의사보다는 자기 이익을 예산과정에 우선적으로 고려하는 지방 관료와 지방의회에 대한 주민들의 불신은 커지고 있어, 주민들은 그들의 의사를 예산과정에 직접 반영할 수 있는 주민참여 예산제도의 도입을 주장하게 되었다. 이러한 주민참여 예산제도의 도입은 예산 과정을 통해 이루어지는 지방정부의 세출을 결정할 때 서비스의 수요 측면에서 주민의 선호를 공급 결정에 직접 적용하기 위한 제도라고 볼 수 있다.

1) Ebdon, Carol & Aimee L. Franklin(2006). Citizen Participation in Budgeting Theory, *Public Adminstration Review*, May/Jun, 66(3): 437-447.

그런데 기본적으로 주민은 자기들이 부담하는 세금에 대한 대가로 서비스에 대한 편익을 기대하면서 가능한 한 적은 비용을 부담하고자 한다. 세금의 결정과 서비스 수준에 대한 결정은 예산과정을 통해 주민의 대표기관인 의회에서 결정하는 것이 현대 민주주의 국가의 일반적인 현상이다. 그러나 주민의 대표기관인 의회는 주민을 대표하기에 앞서 자신의 정치적 목적을 달성하는 것이 우선적이기 때문에 예산과정에서 비용 부담과 서비스 수준의 결정을 주민의 입장에서 잘 반영하지 못하고 있는 것이 현실이며, 관료들은 니스카넨(Niskanen, 1994)이 주장한 바와 같이 그들의 이익을 위해 예산을 필요 이상으로 많이 요구함으로서 예산 낭비를 초래하고 있다는 비판을 받고 있다. 이에 주민들이 직접 예산과정에 참여함으로써 그들의 선호에 의한 서비스 수준을 결정코자 하는 것이 최근 주장되고 있는 주민참여 예산제도이다.

이런 관점에서 엡던과 프랭클린(Ebdon & Franklin, 2006)은 주민참여 예산제도의 이론적 틀을 형성하기 위해 필요한 기본 요소를 제시하면서, 이들 기본 요소를 다시 독립변수와 의존변수로 분류하여 이들 간의 관계를 통해 주민이 예산과정에 참여하는 현상을 설명할 수 있는 이론적 모형을 제시하고 있다. 그동안 주민참여 예산제도에 대한 많은 연구가 있었지만 이론 형성뿐만 아니라 이론에 바탕을 둔 주민참여 예산제도의 성과에 대한 실증적 연구가 부족했다. 이를테면 그동안의 연구는 주민참여 현상에 포함되어 있는 주민의 개념으로부터 시작하여 참여 범위, 기존 예산과정과의 관계, 참여 시기, 적용할 정부 수준 등에 대해 다양한 관점에서 비체계적으로 연구가 진행되었다. 이런 측면에서 이 논문은 주민참여 예산제도에 관한 연구를 이론적 바탕에서 체계적으로 수행할 수 있는 토대를 제공하고 있다.

제 2 절 주민참여 예산제도의 구성 요소

지금까지 주민참여 예산제도에 대한 연구는 다양한 시각에서 비체계적으로 진행되었다. 1970년대에는 주민의 정책적 선호를 결정하기 위한 방법으로 여론조사가 소개되었지만(McIver & Ostrom, 1976; Webb & Hatry, 1973), 이 방법을 규모가 적은 시정부 수준에 적용하여 해석하는 데 많은 어려움이 있었다(Hatry & Blair, 1976). 1980년대에 와서는 정부정책 관련자로서 주민을 정책결정에 포함시킬 필요성을 가지게 되었고(Mark & Shotland, 1985), 1990년 이후에는 정부에 대해 냉소적이고 신뢰하지 못하는 주민들은 그들이 직접 예산과정에 참여할 것을 정부에 요구했다. 그러나 주민참여 예산제도에 대한 개념이나 참여 방법, 적용 대상의 범위 등에 대한 체계적인 이론이나 방법이 없이 시정부와 같은 비교적 작은 규모의 정부 수준에 대해 다양한 개념과 다양한 예산 수준에 주민참여를 적용한 연구가 진행되었다.

엡던과 프랭클린(Ebdon & Franklin, 2006)은 지금까지 많은 학자들과 실무자들이 주민참여예산제도에 대해 연구한 내용을 모두 포괄할 수 있는 이론적 틀을 제시하고 있다. 이를 위해 정부를 둘러싸고 있는 정치와 법적 환경, 주민 참여를 위한 설계 과정, 참여 방법 등 세 개의 독립변수를 제시했고, 의존변수로는 주민 참여의 목적과 결과 변수를 제시함으로써 모두 네 가지 기본 요소를 제안하고 있다. 이들 독립변수와 의존변수를 구성하는 세부적인 내용을 살펴보면 다음과 같다.

첫째, 정치 및 법적인 환경 요소를 구성하고 있는 변수로는 정부 구조와 형태, 정치적 다양성과 문화, 법적인 요구, 인구 규모와 밀도로 요약된다. 정부 구조와 형태는 지방정부가 어떤 형태로 운영되느냐에 따라 주민 참여의 정도와 그에 따른 주민참여의 목적과 결과에 미치는 정도가 다르다는 것이다. 자문위원이나 시 지배인과 같이 전문인을 채용해서 지방정부를 운영하는 경우는 선출직으로 운영하는 지방정부보다 여론조사나 전략계획과 같이 예산과 직접적인 관련이 없는 방법까지 동원하여 주민의 의사를 공식적 예산과정에 반영하려는 현상을 볼 수 있다(Edbon, 2002). 정치적 다양성과 문화적 배경은 주민참여를 적극적 또는 소극적으로 참여시킬 것인가를 결정하는 중요한 변수로서 예산과정에 주민참여를 받아들일 수 있는 정치·문화적 여건을 의미하고 있다(Miller & Evers, 2002). 법적인 요구는 청문회와 같은 주민참여 제도를 필수적인 절차로 강화하느냐 아니면 이를 제한하느냐를 결정하는 내용으로 주민참여 예산제도에 영향을 미칠 수 있는 변수로 보고 있다. 인구 규모와 밀도는 주민 참여를 결정하는 또 하나의 환경적 요소로 고려되고 있다. 대체로 규모와 인구밀도가 큰 지방정부일수록 다양한 구성원들에 의해 야기되는 정치적 갈등을 해소하기 위해 주민참여가 더 많이 실행되고 있음이 입증되고 있다(Wang, 2001; O'Toole, Marshall, & Grewe, 1996).

둘째, 주민 참여를 위한 설계 과정의 요소로는 주민참여의 시기, 적용할 예산형태, 참여자의 선정 방법 등의 변수로 구성되고 있다. 참여 시기는 주민참여를 예산과정의 초기에 할 것인지 아니면 나중에 할 것인지에 대한 참여시기에 관한 것으로서 주민참여 예산제도의 목적과 성과에 영향을 미칠 수 있는 변수이다. 일반적으로 예산과정 초기에 주민을 참여시키는 것이 더 효과적이라는 연구가 있으나(Callahan, 2002; Franklin & Edbon, 2004), 예산 과정의 중간 단계나 회계검사 단계와 같이 후반에 적용하는 등 참여 시기가 예산 과정에 다양하게 적용될 수 있다. 주민참여를 적용할 수 있는 예산의 형태로는 일반적으로 운영예산에 적용하고 있지만 충당금, 자본예산 등에도 적용될 수 있다. 한편 주민에 대한 개념이 다양하기 때문에 예산에 참여할 수 있는 주민을 선정하는 방법도 설계 과정에서 고려되는 중요한 변수이다. 주민의 범위로는 개인 참여자, 정당인, 자문위원과 같은 자원봉사원, 감시단, 언론 등 다양한 형태로 참여가 가능하다고 볼 수 있다.

셋째, 구체적인 참여 방법 요소에는 대중집회, 포커스집단, 시뮬레이션, 위원회와 여론조사 방법 등이 있으며, 대중집회 방법의 대표적인 것으로는 청문회가 있다. 일반적으로 예산이 결정되기 전에 청문회가 열리지만 지출삭감과 조세 증가와 같이 주민의 관심을 끌 수 있는 이슈를 제외하고는 주민참여가 저조하여 예산에 대한 전문성이나 대표성에 문제가 있음이 지적된다(Thomas, 1995). 대중집회의 또 다른 방법으로는 많은 대중을 참여시켜 예산 삭감이나 예산 제안을 받아들이게 하는 경우도 있고, 포커스집단을 통해 주민 선호를 파악하는 방법도 있다. 그 외 여론조사와 시뮬레이션과 같은 간접적인 방법을 통해 서비스 지출과 비용 부담에 대한 선호를 파악하여 예산결정에 고려하는 방법도 있다. 이와같이 주민을 예산에 참여케 하는 방법들은 주민예산 제도의 목적과 성과에 영향을 미칠 수 있는 독립변수로서의 역할을 하게 된다.

넷째, 주민참여 예산제도의 목적과 결과는 의존변수로 지금까지 언급한 독립변수인 정치적 환경, 설계 과정과 참여 방법에 의해 영향을 받는 변수이다. 주민참여 예산제도를 통해 달성하려는 목표로는 예산결정에 필요한 정보 제공, 참여자에 대한 예산교육, 예산 제안에 대한 지지, 예산결정의 변화, 신뢰성 강화 등 다섯 개의 변수가 제시되고 있다. 예산에 필요한 정보 제공은 앞에서 언급한 청문회를 통한 간접적인 방법으로 예산에 관련한 정보가 주로 통계자료에 의해 제공되고 있기 때문에 예산에 대해 주민이 이해하고 해석할 수 있는 충분한 정보 제공을 위해 지방재정 정보 체계의 구축이 필요함을 알 수 있다. 다음으로 주민참여 예산제도의 목적은 주민을 예산에 참여시키기 위해 참여자에게 예산에 대한 교육을 시키는 일이다. 이해관계자 간 복잡하게 얽혀 있는 예산에 대한 이해가 없이는 주민이 예산에 참여하는 것이 의미가 없기 때문에 예산교육이 주민참여 예산제도의 중요한 목적 중 하나가 된다. 일반적으로 예산 규모가 큰 경우 이해관계자들 간 갈등을 조정하는 것이 매우 어렵기 때문에 그들을 직접 참여케 해서 갈등을 조정하는 것이 필요하다. 이 경우 참여하는 주민이 예산에 대한 이해가 있다면 갈등을 조정하는 데 많은 도움을 받을 수가 있을 것이다. 그렇게 되면 주민참여를 통해 제안된 예산이 지지를 받아 예산결정에 변화를 줌으로써 결국 예산에 대한 주민의 신뢰를 높일 수 있을 것이다. 따라서 주민참여 예산제도의 궁극적 목적은 예산에 대한 주민선호를 예산 결정에 고려케 함으로써 예산에 대한 주민의 신뢰를 강화시키는 데 있음을 알 수 있다.

주민참여 예산제도에 대한 지금까지의 연구에서 나타나고 있는 여러 가지 논의를 앞에서 제시한 네 개의 요소별로 살펴보면 다음과 같다. 정치적 환경과 관련해서는 재정과 예산 관련 전문 관료들은 그들이 직면한 문제를 해결하기 위해 주민 참여를 원하지만 선출직 단체장은 이를 탐탁하게 생각하지 않는다는 것이다. 선출직 단체장들은 주민을 예산에 참여시키는 것이

오히려 문제를 복잡하게 만든다고 믿고 있다(Bland & Rubin, 1997). 이러한 상이한 주장은 예산 이외의 광범위한 목적으로 실시하는 여론조사나 인과 관계에 관한 충분한 연구 결과가 부족함에 기인한 현상으로 앞으로 이에 대한 폭넓은 실증적 연구가 필요함을 알 수 있다.

주민을 예산 과정에 참여시키기 위한 설계 과정에서 나타나고 있는 주요 논의는 예산에 참여시키는 주민의 대표를 어떻게 선정하느냐이다. 지나친 주민참여는 오히려 예산 운영의 효과를 줄일 수 있기 때문에(Edbon, 2002) 현실적으로 주민 참여를 제한하고 있다. 주민을 참여시키는 방법은 예산에 대한 관료와 주민 간 대화를 촉진하는 방법이지만 기존의 청문회나 여론조사와 같은 참여 방법은 양 방향이 아닌 한쪽 방향으로 대화가 흐르는 단점을 가지고 있다. 그러나 이러한 주장을 뒷받침할 수 있는 실증적 연구 결과는 부족하다.

한편 주민참여를 통한 예산결정의 변화에 대해 예산실무자들은 실익보다는 비용이 크다고 보는 주장도 있다. 또한 의존변수인 주민참여 예산제도의 목적과 결과에서는 개념에 대한 모호성과 측정의 어려움으로 이에 대

〈표 3-1〉 주민참여 예산제도에 대한 인식의 차이

요소	학 자	예산실무자	근 거
정부 환경	• 정부 형태에 따라 상이함 • 정치문화가 개념에 영향 • 법에 의한 참여 강요 • 큰 정부가 참여를 독려	• 주민참여의 필요성과 예산 반영에 의문	• 예산 외의 광범위한 목적의 여론조사 • 인과관계 연구 부족
설계 과정	• 참여 시기와 대표성의 중요성 • 주민 선호와 지불의사 결정구조 필요	• 참여자의 대표성 불확실 • 예산교육에 시간과 노력 소요	• 다양한 정부 수준에 대한 연구의 필요성
참여 방법	• 다양한 방법 시도 • 소수의 방법만 제도화	• 일방적 대화 방식 • 참여 시기가 늦음	• 성과자료 부족
목적과 성과	• 성과에 대한 입증자료 부족	• 참여자의 기대치가 다름 • 재원 할당의 변화가 편익보다 비용이 큼 • 목적의 불명확성	• 개념의 불명확성과 모호성

한 연구가 부족한 상태이다. 특히 주민참여 예산제도의 목적으로 제시되고 있는 정보 제공, 예산교육, 예산 요구의 지지 및 예산 결정의 변화에 대한 개념의 정의와 측정은 비교적 객관적인 산출로 타내기가 용이하지만, 신뢰성 강화와 같이 주관적이며 장기적 현상인 결과(outcome)에 대해서는 개념 정의와 측정이 상대적으로 어렵다. 따라서 앞으로 주민참여 예산제도의 목적과 결과에 대한 개념 정의와 측정에 관한 많은 연구가 진행되어야 할 필요성이 있다.

지금까지 주민참여 예산제도에 관한 주요 논의에 대한 학자와 실무자 간 인식의 차이점에 대해 엡던과 프랭클린(Ebdon & Franklin, 2006)은 앞의 <표 3-1>과 같이 요약하고 있다.

제 3 절 주민참여 예산이론의 모형

지방정부의 예산과정에서 일어나고 있는 주민참여 예산제도의 복잡한 현상을 이론으로 발전시키기 위해서는 모형이 필요하다. 이를 위해 주민참여 예산제도의 현상을 지금까지 언급한 네 개의 구성 요소인 독립변수와 의존변수에 의한 함수 관계로 표현하면 아래와 같다.

$$Y = F(A,\ B,\ C,)$$

Y: 목적과 결과(y_1: 정보 제공, y_2:예산교육, y_3: 지지획득, y_4: 결정에 미치는 영향력, y_5: 신뢰성 강화)

A: 정부환경(a_1: 정부 구조와 형태, a_2: 정치문화, a_3: 법적 규정, a_4: 인구 규모와 밀도 등)

B: 설계 과정(b_1: 참여 시기, b_2: 예산 형태, b_3: 참여자 선정 방법, b_4: 주민 대표성 등)

C: 참여 방법(c_1: 대중집회, c_2: 포커스집단, c_3: 모의실험, c_4: 여론조사 방법 등)

위의 함수 관계에서 알 수 있듯이 주민참여 예산제도는 의존변수인 목적 및 결과와 이에 영향을 주는 다양한 독립변수와의 관계에 의해 설명된다. 주민참여 예산제도를 구성하고 있는 독립변수와 의존변수와의 복잡한 관계로 나타나는 영향력 분석을 위해 엡던과 프랭클린(Ebdon & Franklin, 2006)은 모(Mohr, 1988)의 프로그램 평가모형을 적용하고 있다. 그들이 제시하고 있는 영향력 분석은 다음과 같은 두 단계로 진행될 수 있음을 설명하고 있다.

첫 단계는 개별 독립변수가 의존변수인 목적과 결과에 미치는 영향력을 분석하는 단계다. 먼저 독립변수인 정부환경 요소를 구성하고 있는 정부구조와 형태의 변수가 의존변수인 목적과 결과에 주는 영향력을 분석하는 경우, 앞에서 언급한 정치적 환경으로 선출직 단체장이나 시정관리인과 같이 지방정부가 어떤 형태로 운영되느냐에 따라서 예산정보, 예산교육, 예산지지, 예산 변화 및 목적과 결과 등에 미치는 영향력의 정도를 개별 독립변수와 의존변수와의 관계 분석을 통해 파악할 수 있다. 또 다른 정부환경 요소로서 개인주의나 도덕적 문화로 구성될 수 있는 정치문화나 인구 규모의 크기나 밀도와 같은 변수에 의해 주민참여 예산제도의 목적과 결과에 미치는 영향력을 분석할 수 있다. 설계 과정에서도 참여 시기와 적용 예산의 형태, 참여자 선택 및 주민 대표성의 정도와 참여하는 방법에 따라 주민참여 예산제도의 목적과 결과인 예산정보, 예산교육, 예산 지지, 자원 할당의 변화 및 신뢰성 강화 등에 미치는 영향력을 두 변수 간의 관계로 분석할 수 있다.

두 번째 단계는 여러 개의 독립변수들의 조합에 따라 의존변수인 목적과 결과에 미치는 영향력을 분석하기 위한 단계로 세 개의 개별 독립변수의 조합이 의존변수인 목적과 성과를 구성하고 있는 예산정보, 예산교육, 지지 획득, 예산 변화, 신뢰 강화 등에 미치는 영향력을 분석해 내는 단계로 회귀분석 방법을 적용할 수 있다. 이 분석 단계에서 중요한 것은 목적과 결과 변수를 어떤 변수로 할 것인가가 중요하다. 앞에서 언급했듯이 예산정보는 예산의 수치적인 내용에 대한 정보를 주민에게 공개하는 것을 의미하고, 지지 획득은 예산 요구에 대한 지원을, 예산교육은 주민을 대상으로 하는

〈표 3-2〉 주민참여 예산제도의 영향력 분석 모형

독립변수: 약 ———> (주민 참여 지지) ———> 강								
<환경변수> 정부형태: 위임, 선출직, 단체장, 위원회/지배인 정치문화: 개인주의, 전통주의, 도덕주의 법적 요구: 청문회 예산 내역 공개, 다양한 방법 인구규모: 소규모, 중규모, 대규모 인구밀도: 동질성, 이질성								
<설계 과정>								
참여 시기: 소개 예산: 프로그램/품목 참여: 자발 참여 선호: 수렴하지 않음	→	제한설정 운영예산 선택 순위 없음	→	고려 운영/자본 공개적 순위 결정	→	진전 포괄예산 대표성 측정	→	전략계획 계획예산 다양한 형태 전면적 여론조사
<참여 방법> 기록 공개/대중회의		포커스 집단		모의실험 (시뮬레이 션)		자문위원 회		다양한 형태
↓		↓		↓		↓		↓
의존변수: 단기적 산출 ———> 장기적 결과								
<목적과 결과> 예산정보	→	예산교육	→	예산요구 지원	→	자원 할당의 변화	→	신뢰 강화/지역 사회 의미 구성

예산교육을 의미한다. 예산 변화는 주민 참여에 의한 예산 할당의 변화를 의미하고, 신뢰의 구축은 주민참여 예산제도의 장기적인 결과(outcome)를 의미한다. 여기서 중요한 것은 주민참여 예산제도의 목적인 예산정보나 예산교육과 같은 단기적인 산출(output)을 거쳐서 장기적인 결과(outcome)인 신뢰 강화 수준으로 이어진다는 사실이다.

엡던과 프랭클린(Ebdon & Franklin, 2006)이 제시하고 있는 주민참여 예산제도의 영향력분석 모형은 <표 3-2>와 같다.

제 4 절 평가적 의견

지금까지 밝힌 바와 같이 엡던과 프랭클린(Ebdon & Franklin, 2006)의 논문은 주민참여 예산제도에 관한 연구 결과를 체계적으로 이론화하는 데 크게 기여할 것으로 본다. 특히 주민참여 예산제도에 대해 그동안 제기되어 왔던 기본적인 개념에 대한 정의, 참여방법, 적용 대상 범위 등에 대한 논의를 체계적으로 접근할 수 있도록 했으며, 이를 바탕으로 실증 연구의 방향을 제시함으로써 이 분야의 연구를 활성화시킬 수 있는 이론적 틀을 제공하고 있다. 그러나 다음과 같은 몇 가지 점에 대한 논의를 추가함으로써 실증 연구를 보완할 필요가 있다.

첫째, 주민참여 예산제도에 근본적으로 제기되고 있는 것은 주민의 대표성에 관한 문제이다. 주민의 대표인 집행부 관료와 의회에 대한 불신으로 주민참여 예산제도가 도입되었지만 그렇게 되면 기존의 예산 과정에서 주민이 집행부에 위임한 예산편성권과 의회에 위임한 예산심의 및 결정권에 대한 이중적인 참여 문제가 제기됨으로써 어느 것이 시민의 선호인지를 판단하기 어려운 경우가 발생할 수 있다. 또한 참여하는 주민과 집행부 및 의회의 선호가 대립되는 경우 예산 결정에서 주민 선호에 대한 갈등이 야기될 수 있다. 즉, 예산편성에 대해 기존의 집행부와 또 다른 주민대표기관이 참여한다면 어느 기관이 주민 선호를 나타내며, 예산편성에 대한 책임은 누가 질 것이며, 새로운 주민의 대표기관이 과연 기존의 집행부보다 더 전문성이 있느냐의 문제이다. 이러한 문제를 해결하기 위한 주민참여 예산제도의 타당성에 관한 이론적 근거와 이에 대한 검증이 필요하다.

둘째, 이 논문에서 주민참여 예산제도의 분석모형을 독립변수와 의존변수에 의한 관계로 설정하고 있지만, 실제 분석 과정에서 중요한 것은 변수에 대한 측정과 자료 수집의 실현성이 중요하다. 특히 의존변수인 목적과 성과를 지수화하여 객관적으로 측정하는 것은 매우 어려운 과제이다. 따라서 이 모형을 적용한 실증 연구를 수행하기 위해서는 독립변수와 의존변수에 대한 개념 정의와 측정을 위한 자료 수집의 문제를 해결하는 것이 중요하다. 이러한 문제는 최근 미국의 OMB가 프로그램 평가를 위해 PART를 사용하는 과정에서도 나타나고 있다.

셋째, 이 논문은 주민이 예산에 참여할 수 있는 범위로 예산행태를 제시하고 있다. 그러나 어떤 예산형태냐에 따라 주민참여의 영향이 다르게 나타날 수도 있지만, 같은 형태의 예산이라도 어떤 성질의 예산이냐에 따라 영향이 다르다. 한 예로 법에 의해 지출이 결정되는 비통제성 의무지출비의 결정에 주민이 직접 참여함으로써 어느 정도 비통제성을 완화할 수 있을 것이다. 또한 성과관리예산을 운영하는 과정에서 성과계획서를 수립하는 경우에도 주민 참여의 허용 범위를 정할 수 있으며, 소득재분배나 조세 및 지출정책 수립의 경우에도 주민 참여 범위를 언급할 필요가 있다. 이런 측면에서 밀러와 에버스(Miller & Evers, 2002)는 예산을 통제불능 예산(uncontrollable issue), 예산 매듭(budget knots), 계획예산(planning), 비협상 예산(non-egotiable)과 같은 예산 성질에 따라 주민의 예산 참여 범위에 대해 언급하고 있다.

넷째, 과연 주민참여 예산제도가 기존의 관료와 의회에 의해서 진행되고 있는 자원 배분보다 더 실효성이 있는 제도인지를 비교·평가할 필요가 있다. 주민 참여가 앞에서 지적한 바와 같이 오히려 자원을 효율적으로 배분하는 데 방해가 될 수도 있기 때문이다. 베네토클리스와 키안데르(Venetoklis & Kiander, 2006)의 연구에서 지적한 바와 같이 관료에 의한 지출 결정 수준이 주민선호에 의한 예산보다 높게 책정된다면 주민참여 예산제도의 실효성이 있다고 볼 수 있지만, 적용한 정부 수준, 예산 형태, 참여 방법 등에 따라 다른 결과가 나올 수 있기 때문에 이에 대한 면밀한 검토가 필요하다. 분석 방법으로는 위에서 제시한 두 단계의 분석 방법 외에 여론조사에 의한 지출선호도를 측정하는 경우 조사 대상자들의 특성에 따른 반응을 고려하기 위해 로짓(Logit) 모형이 사용되고 있다(Venetoklis & Kiander, 2006).

마지막으로 주민참여 예산제도는 지역 주민의 재정자치와 재정민주주의를 실현하기 위해 주민을 직접 예산 과정에 참여케 하는 제도로 기존의 예산담당자인 의회나 집행부와 투쟁이 아닌 협력적 파트너로서의 역할이 구축되어야 할 것이며, 지방재정 운영의 투명성과 책임성을 확보하기 위해 지방재정 정보의 활성화가 실현되는 것이 선결되어야 할 과제이다.

참고 문헌

Bland, Robert L., & Rubin, Irene S.(1997). *Budgeting: A Guide for Local Governments*. Washington. DC: International City/County Management Association.

Callahan, Kathe.(2002). The Utilization and Effectiveness of Citizen Advisory Committees in the Budget Process of Local Governments. *Journal of Public Budgeting, Accounting and Financial Management*, 14(2): 295-319.

Edbon, Carol.(2002). Beyond the Public Hearing: Citizen Participation in the Local Government Budget Process. *Journal of Public Budgeting, Accounting and Financial Management*, 14(2): 273-94.

Ebdon, Carol & Franklin, Aimee L.(2006). Citizen Participation in Budgeting Theory, *Public Adminstration Review*, May/Jun, 66(3): 437-447.

Franklin, Aimee, & Edbon, Carol.(2004). Aligning Priorities in Local Budgeting Processes. *Journal of Public Budgeting, Accounting and Financial Management*, 16(2): 210-27.

Hatry, Harry P. & Blair, Louis H.(1976). Citizen Surveys for Local Governments: A Copout, Manipulative Tool, or a Policy Guidance and Analysis Aid? In *Citizen Preferences and Urban Public Policy*, edited by Nichols Clark, 129-40. Beverly Hills, CA: Sage Publications

Mark, Melvin M., & Shotland, R. Lance.(1985). Stakeholder-Based Evaluation and Value Judgements. *Evaluation Review*, 9(5): 605-26.

McIver, John P. & Ostrom, Elinor.(1976). Using Budget Pies to Reveal Preferences: Validation of a Survey Instrument. In Citizen *Preferences and Urban Public Policy*, edited by Terry Nichols Clark, 87-110. Beverly Hills, CA: Sage Publications.

Miller, Gerald J. & Evers, Lyn.(2002). Budgeting Structures and Citizen Participation. *Journal of Public Budgeting, Accounting and Financial*

Management, 14(2): 233-72.

Mohr, Lawrence.(1988). *Impact Analysis for Program Evaluation*. Chicago: Dorsey Press.

Niskanen, William.(1994). Bureaucracy and Representative Government. In William Niskanen's *Bureaucracy and Public Economics*, 3-320. Aldershot, UK: Edward Elgar.

O'Toole, Daniel E., Marshall, James, & Grewe Timothy.(1996). Current Local Government Budgeting Practices. *Government Financial Review*, 12(6): 25-29.

Thomas, John C.(1995). *Public Participation in Public Decisions*. San Francisco: Jossey-Bass.

Venetoklis, Takis, & Jaakko, Kiander.(2006). Spending Preferences of Public Sector Officials: Survey Evidence from Finland. *Public Budgeting & Finance, summer*: 20-44.

Wang, Xiaohu.(2001). Assessing Public Participation in U.S. Cities. *Public Performance Management Review*, 24(4): 322-36.

Webb, Kenneth W. & Hatry, Harry P.(1973). *Obtaining Citizen Feedback: The Application of Citizen Surveys to Local Governments*: Washington, DC: Urban Institute.

4 던코움, 마이너 및 러기로의 관료제의 비효율성모형의 경험적 평가

유금록
(군산대학교 교수)

제 1 절 머리말

최근 공공부문에서 비효율성(inefficiency)에 관한 관심이 증대하고 있으며, 중앙정부나 지방정부에서는 예산을 성과에 연계시키려는 노력이 강화되고 있다. 교육에서는 학생 1인당 실질교육비의 증가에도 불구하고 학업성과가 저하된다는 증거들이 나타나고 있으며, 이로 인해 공립학교의 효율성에 관한 근본적인 의문들이 제기되고 있다. 공립학교가 경직적이어서 학생들의 이익보다는 교직원들의 이익을 대변한다는 인식이 팽배함에 따라 학교 바우처(voucher)와 사립학교 선택사업에 관심이 커지게 되었다(Chubb & Moe, 1990).

정부관료제의 비효율성을 측정하고 관료제의 행태를 모형화하는 연구가 증대되고 있지만 관료제에서 발생하는 비효율성의 비용과 원인을 규명하려는 경험적 분석은 별로 관심을 받지 못했다. 던코움(W. Duncombe), 마이너(J. Miner)와 러기로(J. Ruggiero)의 논문은 비용효율성(cost efficiency)을 추정하기 위한 개선된 방법을 제시하고, 이를 뉴욕주 공립학교에 존재하는 비효율성의 원인을 규명하는 데 적용했다.

1970년대 후반에 개발된 자료포락분석(data envelopment analysis: DEA)은 효율성 측정에 커다란 관심을 야기했다. 자료포락분석은 찬즈 외(Charnes, Cooper, & Rhodes, 1978)와 패레와 러벨(Färe & Lovell, 1978), 뱅커 외(Banker, Charnes, & Cooper, 1984)에 의해 선구적으로 개발된 변경추정(frontier estimation)에 대한 수리계획 접근법이다. 자료포락분석은 다수의 산출요소를 용이하게 처리하고 학교의 효율성 분석과 같이 공공부문에 적용하는 데 특히 유용하다(Färe, Grosskopf, & Weber, 1989).[1] 하지만 교육에 자료포락분석을 적용할 경우 학업성취도에 영향을 미치는 빈곤과 같은 외생적인 사회경제적 특성이 포함되지 아니한다(Ruggiero, 1996). 이 논문에서는 비용효율성을 추정하기 위해 고정투입요소(fixed inputs)를 통제하기 위한 다수의 비용변경(cost frontiers)을 사용한다.

비효율성의 원인과 관련하여 투표자와 정치인, 관료 간의 주인-대리인 관계(principal-agent relationship)를 모형화하는 중요한 이론적 연구가 이루어졌다. 공공선택모형에 영향을 미치는 간접적 증거가 일부 존재하지만 비효율성의 원인을 직접적으로 규명하려는 경험적 연구는 상대적으로 희소한 편이다. 보거 외(Borger et al., 1994)는 자료포락분석을 사용하여 덴마크 도시정부의 기술적 효율성(technical efficiency)을 추정하고 효율성 측정결과와 사회경제적 변수들 간의 상관관계를 분석했다. 던코움 외의 논문은 비용효율성 측정지표를 사용하고 지방정부의 관리운영상 효율성과 관련된 포괄적인 요인들을 고려함으로써 보거 외의 연구를 확장했다. 뉴욕주 학군에 관한 분석 결과는 관료제모형의 시사점과 여러 면에서 일치한다.

이하에서는 공공선택모형과 비효율성을 살펴보고, 공적 생산과 비효율성에 관한 모형 수립을 설명하며, 뉴욕주 학군의 비효율성에 관한 경험적 분석 결과를 고찰하고, 평가적 의견을 제시하기로 한다.

1) 비용효율성 측정을 하기 위한 또 다른 방법론은 확률비용접근법(stochastic cost frontier approach)이다(Aigner, Lovell, & Schmidt, 1977). 이 방법은 측정오차를 고려하지만 함수 형태를 사전에 설정해야 한다.

제 2 절 공공선택모형과 비효율성

공공부문과 민간부문에서의 생산분석의 주요 차이점은 공적 자원의 배분결정을 지배하는 정치과정에 있다. 경쟁이 시장경제에서 민간재의 생산적 효율성(productive efficiency)과 배분적 효율성(allocative efficiency)을 야기하는 것으로 가정하고 있다. 하지만 공공부문에서의 예산과정은 효율성이 유일한 목적이 될 수도 있는 행정관리자들과 정치인들 간의 순차적 협상과정을 따른다. 공공부문의 예산결정과정은 투표자와 정치인, 관료 간의 일련의 주인-대리인 관계로 나타낼 수 있다. 이 논문은 비효율성과 관련된 외생적 요인들을 식별하는 데 중점을 두고 정부 비효율성에 관한 공공선택 문헌을 간략히 검토했다.

지방공공부문에 관한 가장 일반적인 공공선택모형은 중위투표자모형(median voter model)이다(Bergstrom & Goodman, 1973; Inman, 1979). 이 모형은 정치인이 중위투표자의 이익을 대변하기 위해 행동하는 경쟁적 정치환경을 전제로 한다. 투표자 선호(voter preferences)가 단봉의(single-peaked) 대칭적 분포로 표시될 수 있다고 가정하면 중위투표자해(median voter solution)는 배분적 비효율성을 최소화한다. 중위투표자는 부분적으로 공공서비스 제공의 한계비용의 함수인 조세가격(tax price)에 직면하는 것으로 가정한다. 이러한 모형을 적용한 대부분의 연구들은 지방정부 관료가 생산비용을 최소화함으로써 효율적으로 행동한다고 암묵적으로 가정한다. 중위투표자모형에서 배분적 효율성과 비용효율성에 관한 암묵적 가정은 비현실적인 것으로 간주되어 왔다.

다수의 대안적 공공선택모형들은 공공선택과정에 좀더 현실성(realism)을 반영하려고 노력했다. 니스카넨(Niskanen, 1971)의 선도적 연구를 필두로 해서 다수의 연구들이 행정관리자의 목표를 모형화하려고 했다. 니스카넨은 행정부서와 정치인 간의 관계를 연구하기 위해 주인-대리인 틀

(framework)을 사용했다. 공공부문의 정책결정자들은 예산을 극대화하려는 유인을 갖고 있으며 비대칭정보(asymmetric information)와 예산과정의 제도적 특징에서 기인하는 독점력(monopoly power)을 갖고 있다. 이러한 독점력에 의해 관료는 모든 소비자 잉여(consumer surplus)를 탈취하고(extract) 사회적 최적수준(social optimum)을 초과하는 공공서비스 및 총예산 수준을 초래한다고 니스카넨은 예측한다. 대부분의 경우 예산극대화는 산출극대화와 동일한데, 이 경우 배분적 비효율성이 존재하는 데 비해 비용비효율성은 존재하지 않는다.

니스카넨모형에서는 예산극대화 관료가 공공서비스를 생산하기 위한 투입요소를 배합하는 데 재량권을 거의 갖고 있지 않는 것으로 본다. 미구에와 벨랑저(Migué & Bélanger, 1974)와 니스카넨(Niskanen, 1975)은 관료가 수령한 총수입과 최소 생산비용 간의 차이를 극대화하려고 한다는 대안적 모형을 제안했다. 이러한 초과지출(exess expenditure) 또는 잉여(slack)는 관료들의 효용을 제고할 수 있는 비생산적 활동에 사용된다. 잉여극대화(slack maximization)가 관료들의 유일한 목표이고 관료들이 모든 잉여를 탈취할 권한을 갖고 있다면 그들은 비용비효율적인 공공서비스를 제공하는 완전가격차별적 독점자(perfect price discriminating monopolists)로 행동할 것이다. 잉여극대화모형이 최소비용을 초과하는 지출이 무엇에 사용되는지를 예측하지 못하지만 일부 모형들은 특정 투입요소의 사용에 편의(bias)를 가정했다. 윌리엄슨(Williamson, 1964)과 오제코우스키(Orzechowski, 1977)는 관료들이 그들의 봉급과 안전을 높이기 위해 직원(staff)을 과다하게 투입한다고 가정했다. 한편, 드알레시(DeAlessi, 1969)는 관료들이 단기간에 걸쳐 운영예산보다 더 많은 자본예산을 지출할 수 있기 때문에 자본편의(capital bias)를 초래한다고 주장했다.

와이코프(Wyckoff, 1990)는 예산과 잉여극대화모형 간의 차이를 연구하기 위해 [그림 4-1]와 같은 분석틀을 제시했다(Duncombe, Miner, & Ruggiero, 1997: 4). 중위투표자가 결정적(decisive)이라고 가정하면 점 A는 예산제약조건 하에서 공공재와 민간재에 대한 중위투표자의 최적배합(optimal mix)을 나타낸다. 와이코프는 결정적 투표자(decisive voter)가

[그림 4-1] 잉여극대화모형 및 예산극대화모형

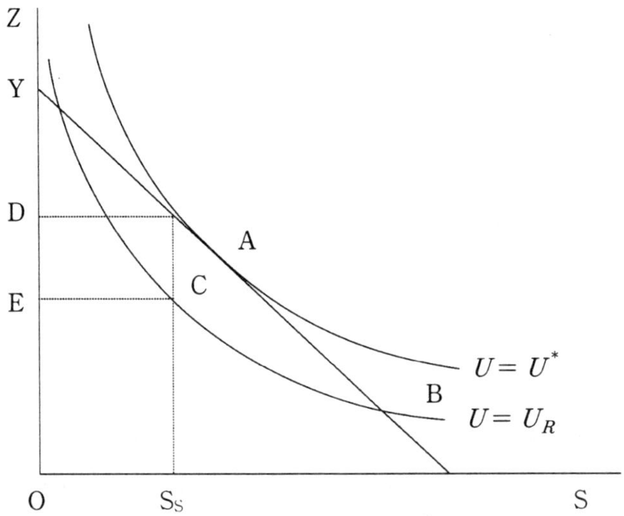

회귀효용수준(reversion utility level)을 갖고 있으며 회귀효용수준 아래에서는 결정적 투표자가 정치인에 대해 반대투표를 하든지 아니면 공동체를 떠난다고 가정한다. 따라서 예산극대화 관료(budget maximizing bureaucrat)는 점 B의 산출량을 요구하는 반면 잉여극대화 관료(slack maximizing bureaucrat)는 공공서비스의 과소공급을 선호하고 외생적 회귀효용수준과 당초 예산제약선 간의 차이를 최대화하는, 즉 점 C의 공공재 산출량을 선택한다. 잉여극대화모형과 예산극대화모형은 매우 상이한 결과를 가져온다. 즉 예산극대화모형에서는 공공서비스의 과다공급(over provision)에 따라 배분적 비효율성이 발생하고 점 B가 당초 예산제약선 위에 있으므로 비용효율성이 존재하는 데 비해 잉여극대화모형에서는 공공서비스의 과소공급(under provision)에 따른 배분적 비효율성과 잉여(초과지출 또는 재량예산)에 따른 비용비효율성이 발생한다.

지방공공서비스에 대한 관료제모형 또는 의제설정모형은 비효율성과 관련될 가능성이 높은 요인들을 제시한다. 공공기관의 감독비용(monitoring costs)을 줄이거나 감독에 투입되는 자원을 늘리는 요인들은 비용비효율성과 배분적 비효율성을 감소시킨다. 조직 내 개인의 경제행태에 관한 모형에서 라이벤시타인(Leibenstein, 1966)은 감독비용에 영향을 미치는 고려사항을 제시했다. 라이벤슈타인은 다수의 조직들에서 불완전한 근로계약 및 소유자(주식보유자 또는 투표자)와 피고용자 간 목표의 차이에 따라 주인-대리인 문제가 존재한다고 가정한다.

감독비용은 공공기관의 규모와 기술적 복잡성에 따라 증가한다. 그러므로 관료들은 학군 통합을 통해 성과감독비용을 증가시키는 행정단위를 더 크게 확장할 수 있으며, 이로 인해 관료들의 사적 편익과 비용비효율성이 증가할 수도 있다. 다른 한편으로는 일정한 범위의 교육서비스에 대해 규모수익체증(increasing returns to scale)이 존재할 경우 규모가 커짐에 따라 투입요소 단위당 산출요소가 더 증가할 수도 있다.

다른 공공조직과 민간조직에 의한 경쟁(competition)이 의원들에게 진정한 비용에 관한 정보를 제공함으로써 외부적 압력을 증가시키고 효율성을 향상시킬 수 있다. 효율성에 대한 외부적 압력은 학교예산에 대한 직접 주민투표(direct referendum)의 형태로 나타날 수도 있다. 마지막으로 지역사회의 부(wealth), 즉 소득과 재산이 증가하면 학교관리자들이 느끼는 외부적 압력이 감소할 수 있다. 왜냐하면 부가 증가하면 학군이 직면한 예산제약이 완화되고 이로 인해 효율적으로 행동할 유인이 감소될 수 있기 때문이다.

제 3 절 공적 생산과 비효율성의 모형화

이 논문에서는 공공선택 문헌을 통해 도출된 비효율성의 근원에 관한 가설들을 평가하기 위한 비용효율성 추정방법론을 제시했다. 생산적 효율성을 측정할 때 중요한 발전에도 불구하고 표준적 자료포락분석모형은 재량적(discretionary) 투입요소와 고정투입요소를 구분하지 못한다는 한계를 지니고 있다. 외생적인 사회경제적 요인들이 일반적으로 정부활동을 시민들이 관심을 갖고 있는 서비스 결과로 전환하는 데 중요한 영향을 미친다. 던코움 외(Duncombe, Miner, & Ruggiero, 1997: 5-7)는 비용효율성을 추정하는 데 사용될 수 있는 공적 생산과 비용에 관한 모형을 다음과 같이 제시했다.

지방정부는 직접산출(Q)을 제공하기 위해 자본과 노동, 기타 투입요소를 사용한다. 지방정부에 의해 제공되는 직접산출(direct outputs)은 시민들에 의해 평가되지만 보통 측정하기가 어렵고 투표자인 시민들에게는 부차적인 관심의 대상이다. 지출 수준에 관해 투표가 이루어질 때 투표자는 주로 서비스결과(S)에 관심을 갖는다. 직접산출을 서비스결과(service outcomes)로 전환하는 것을 식 (1)과 같은 함수로 표시할 수 있다.

$$S = s(Q, Z) \qquad (1)$$

여기서 Z는 직접산출을 서비스 결과로 전환하는 데 영향을 주는 환경 요인의 벡터이다. 교육에서 학업성취도에 영향을 미치는 핵심적인 외생적 요인으로 가정환경과 학생 고유욕구(student special needs)를 들 수 있다(Hanushek, 1986).

공공부문 생산함수 (1)과 관련된 것은 다음과 같은 지출집합(expenditure set)이다.

$$\hat{E}(W, Z) = \{(S, E) | E \geq C(S | W, Z)\} \qquad (2)$$

여기서 E는 총지출, C는 최소비용(minimum costs), W는 요소가격(factor prices)을 나타낸다. 지출집합은 서비스 제공 수준과 서비스 제공 지출 간의 공식적 관계를 나타낸다. 첫째, 일정한 수준의 서비스를 제공하는 총비용이 주요 자원가격(resource prices)에 의존할 뿐만 아니라 서비스가 제공되는 환경에 의존한다. 둘째, 실제지출(observed expenditure)이 지방정부가 제공하는 서비스비용이 비효율적인 경우 서비스 제공의 기본적인 최소비용을 반영하지 않을 수도 있다.

[그림 4-2] 공공부문의 다중비용변경

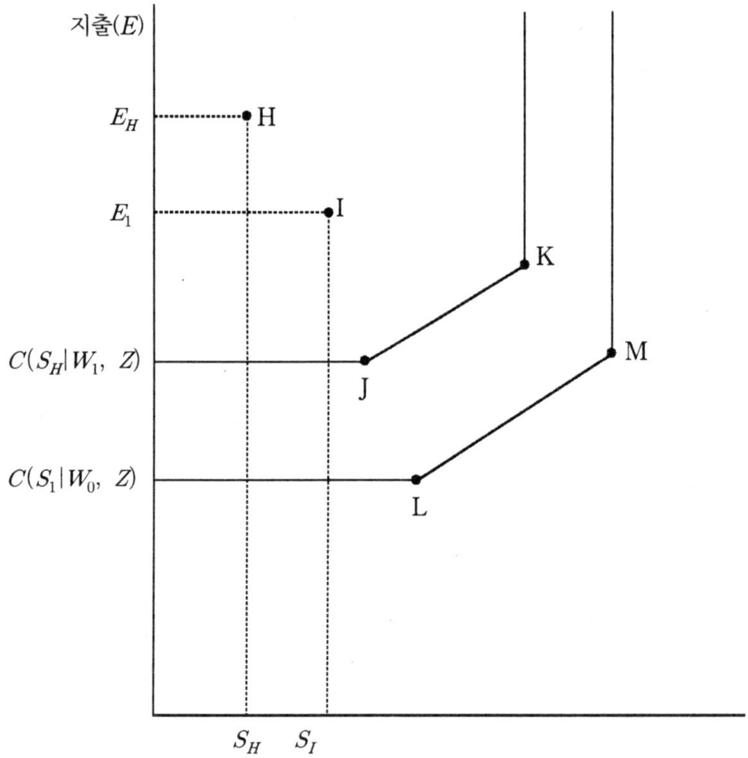

총비용곡선과 지출집합의 관계는 [그림 4-2]에 나타나 있다(Duncombe, Miner, & Ruggiero, 1997: 7). 설명의 편의상 공공기관이 환경요인벡터 Z와 자원가격 W가 주어진 상황 하에서 하나의 서비스결과(S)를 제공한다고 가정하자. 생산단위 L과 M, I는 환경요인 Z과 더불어 자원가격 W_0에 직면해 있다. W와 Z를 일정하게 유지하면서 일정한 수준의 서비스를 제공하는 데 필요한 최소지출(minimum expenditures)을 연결하는 최소비용변경(best-practice cost frontier)을 그릴 수 있다. 단위 L과 M은 변경에 존재하는 데 비해 단위 I는 분명히 비용이 비효율적이다. 생산단위 J와 K, H는 유사한 환경 Z와 더 높은 자원가격($W_1 > W_0$)에 처해 있는데, 이것은 일정한 수준의 서비스 제공에 대해 비용이 더 많이 들고 비용 변경이 상이하다는 것을 시사한다. 효율성을 계산할 때 어느 한 생산단위는 피평가 단위와 유사한 자원가격과 생산환경을 갖는 단위들과 비교되어야 한다.

이상의 논의를 토대로 실제 지출을 효율적인 비용변경, 즉 외생적 비용변수에 의해 규정된 지출집합의 하한(lower bound)과 비교함으로써 최소비용을 초과하는 지출을 측정할 수 있다. 지방정부의 비용효율성은 서비스 제공에 사용된 실제지출에 대한 일정한 수준의 서비스를 제공하는 데 필요한 최소비용 수준의 비율로 측정된다. 따라서 생산단위 H에 대한 비용효율성은 $C(S_H | W_1, Z)/E_H$ 그리고 생산단위 I에 대한 비용효율성은 $C(S_I | W_0, Z)/E_I$로 측정할 수 있다.

제 4 절 뉴욕주 학군의 비효율성에 관한 경험적 분석 결과

1 측정지표

던코움 외는 비용효율성을 추정하기 위한 일반적인 방법을 뉴욕주 지방공립학교에 적용했다. 그들은 1990/1991학년도의 585개 학군에 대한 비용분석을 수행하고 학군 수준의 비용효율성 측정지표를 개발했다. 그들은 뉴욕주 교육부에 의해 제공되는 학생 1인당 학군 수준 승인운영비(approved operating expenses: AOE)를 실제 지출로 사용했다. 승인운영비는 교원봉급과 기타 학습지출, 모든 기타 운영유지비를 포함한다. 학생 1인당 평균지출 수준은 약 5,828달러이다.

이 논문에서는 표준시험점수를 주민과 투표자가 관심을 갖고 있는 최종결과의 측정지표로 사용했다. 특히 서비스 결과는 모든 6학년 학생들을 대상으로 시행한 학생평가사업(Pupil Evaluation Program: PEP) 시험에서의 독해와 수학, 사회연구의 학군별 평균시험점수(0과 100 사이로 척도화)로 측정되었다. 그리고 중퇴율(drop-out rate)이 2차적 결과지표로 포함되었다. 그리고 학군 간 노동가격 차이를 통제하기 위해 교원봉급지수가 추정되었다. 이 지수는 질이 동등한 교원의 비용의 차이를 반영하기 위해 교원 경력과 학력, 자격증의 차이를 조정했다. 이 지수의 잠재적 문제점은 교원봉급과 예산잉여 간의 잠재적 관계에서 발생하는 내생성(endogeneity)이다. 일부 또는 모든 예산잉여는 학군의 교원봉급을 인상하는 데 지출될 수도 있기 때문이다. 이러한 문제점을 극복하기 위해 교원봉급지수가 5년 경력 미만의 경력을 가진 교원들의 봉급을 토대로 작성되었다. 비록 초과지출이 주로 교원의 봉급을 인상하는 데 사용되더라도 이러한 편익이 가장 최근에 채용된 교원들에게 돌아가지 않을 것이기 때문이다. 교원봉급지수 외에도 가정환경과 학생 특성과 같은 학업성취도와 관련된 사회경제적 요인들을 통제하는 것이 중요하다. 이 논문에서는 총 등록자 수와 빈곤아동 수, 학령아동 가구 수, 전문대 졸 성인 수, 편부모 여성가구 수, 위험아동 수, 영어 미숙아동 수와 같은 환경변수들을 분석에 포함했다. 이러한 외생변수들(exogenous variables)은 학교 산출을 학교 결과로 전환시키는 과정에서 발생할 수도 있는 비용의 차이와 관련되어 있다.

자료포락분석의 수리계획모형의 특성에 따라 외생변수의 수가 표본크기에 비해 크면 대부분의 학군들이 비용효율성이 존재하는 것으로 식별된다. 이러한 문제점을 처리하기 위해 교원봉급지수를 포함한 외생적 요인들을 각 학군에 대한 단일의 환경지수로 축약하는 데 회귀분석이 사용되었다.

2 비용효율성 분석 결과

비용비효율성을 계산하기 위해 표본의 585개 각 학군에 대한 수리계획모형을 추정했다. 학군의 약 12%(68개)가 비용효율적이고, 평균적으로 학생 1인당 6,266달러를 지출하는 것으로 나타났다. 흥미로운 것은 학생 1인당 지출의 평균수준이 효율적인 학군에서 가장 높다는 것이다. 효율적인 학군은 환경변수지수로 측정할 때 20% 이상 더 열악한 외생적인 비용환경에 처해 있다. 더욱이 효율적인 학군들이 비효율적인 학군들보다 시험점수가 약 8% 높고 중퇴율이 약 50% 낮은 것으로 나타났다. 그리고 표본의 586개 학군 중에서 517개(88%) 학군이 상대적으로 비용비효율적이고 평균효율성지수가 75.6%인 것으로 나타났다. 비효율적인 학군이 효율적인 학군보다 학생 1인당 더 적게 지출하지만, 최소비용 수준보다 학생 1인당 평균 1,467달러를 더 지출하는 것으로 나타났다.

3 비용비효율성 관련 요인분석 결과

많은 연구들이 공공조직의 기술적 효율성(technical efficiency)을 추정하지만 비효율성의 설명요인을 규명한 연구는 거의 없다. 효율성 측정 결과는 일반적으로 개별적인 관측치나 집단화된 관측치로 보고되며 가끔 상이한 투입지표나 산출지표에 대한 민감도분석이 수행된다(Byrnes, Grosskopf, & Hayes, 1986). 이 논문에서는 공공선택 문헌에서 가설화된 효율성의 영향요인과 비용효율성의 추정치 간의 관계를 토빗회귀분석(Tobit regression)을 사용하여 경험적으로 분석했는데, 1991년의 뉴욕주 570개 학군들의 비용효율성에 영향을 미치는 요인들을 분석한 결과는 <표 4-5>와 같다(Duncombe, Miner, & Ruggiero, 1997: 11).

라이벤시타인과 니스카넨, 와이코프 등의 연구에 의하면 비효율성과 상관관계를 가질 수도 있는 영향요인은 네 개의 포괄적인 범주, 즉 경쟁(competition)과 정부규모(government size), 주민 및 재정환경의 특성, 조직의 내부특성으로 구분된다(Duncombe, Miner, & Ruggiero, 1997: 12-13).

이들 네 개 영향요인의 범주와 비용효율성 간의 관계를 규명하기 위해 토빗회귀분석이 사용되었다. 이론적 문헌에 제시된 비효율성의 상관요인의 추상적 특징으로 인해 경험적 분석에 포함할 구체적인 조작적 변수를 식별하기가 어렵다. 따라서 이 논문에서 제시된 결과는 본질적으로 탐색적이고 공립학교의 비용효율성에 관련될 수도 있는 영향요인을 자료포락분석이 어떻게 규명할 수 있는지를 설명하려는 의도를 갖고 있다.

〈표 4-1〉 비용효율성 영향요인 분석 결과

비효율성 요인		토빗추정치	
		계수	t통계량
상수		1.1409	11.751*
경쟁	사립학교 학생등록자 수 비율(%)	-0.2162	-2.823*
	주민투표가 없는 사립학군 수	-0.0654	-2.522*
학군 규모	총학교 수	-0.0022	-1.535
	학교 밀도	0.0006	0.051
	초등학교 규모	0.0526	1.442
외부 요인	부(富) 비율	-0.0286	-2.379*
	상업 및 산업재산 비율(%)	-0.1046	-1.502
	학령아동가구 비율(%)	-0.4002	-2.639*
	자가소유가구 비율(%)	-0.1469	-1.714**
	전문대 졸업 이상 성인 비율(%)	0.5847	7.590*
내부 특성	정년보장교원 비율(%)	-0.0537	-1.805**
	근로계약 강도(%)	-0.1342	-1.954*

주: * $p<0.05$, ** $p<0.10$.

1) 경 쟁

경쟁이 효율성을 높이는 것으로 보편적으로 간주되지만 교육에서 이러한 효과에 관한 직접적 분석은 희소하다. 불행하게도 학군이 처한 사립학교 경쟁이나 예산승인과정의 경쟁에 관한 적절한 측정지표를 개발하기가 어렵다. 사립학교에 관한 한 일반적으로 이용할 수 있는 유일한 자료는 사립학교 수 또는 공립학군 내 사립학교 등록학생 수인데, 이들 변수들은 학군 밖의 사립학교와의 경쟁의 정도를 포함하지 않을 뿐만 아니라 사립학교의 질이나 비용도 포함하지 아니한다. 예산승인에 관해 뉴욕주에서는 예산이 시의 정치인에 의해 전적으로 결정되는 학군을 제외한 모든 학군이 예산주민투표(budget referenda)를 거치도록 되어 있다. 하지만 주민투표를 거치는 학군의 경우 비교원 봉급 지출로 구성된 소규모의 예산만이 투표에 회부된다.

주민투표를 거치지 않는 학군이 많을수록 효율성점수가 낮아진다고 예상할 수 있지만, 사립학교 학생 수 비율과 효율성점수 간의 음의 관계가 발생한다. 이러한 직관에 반한 결과는 주로 대도시와 교외학군에 발생하는 많은 사립학교 등록자 수와 높은 비효율성점수의 다른 요인 간의 공분산을 적절히 통제하지 못한 데 기인할 수도 있다. 여기서 발견된 음의 관계에 대해 설명할 수 있는 것으로는 공립학교 효율성과 사립학교 이용의 잠재적 공동결정성(joint determination)을 들 수 있다. 사립학교를 더 많이 이용한다는 것은 자녀의 교육에 특별한 관심을 갖고 있는 부모들의 공립학교에 대한 불만족을 시사한다. 이러한 부모들이 사립학교에 그들의 자녀를 일단 등록시키게 되면 그들은 더 이상 지방공립학군의 효율성에 대한 압력을 촉진하는 감시와 관여를 하지 않게 된다(Hirschman, 1970). 따라서 공립학교 성과에 대한 경쟁의 영향은 누가 이탈하는지와 공무원이 이러한 이동(exodus)에 어떻게 대응하는지에 의존할 수도 있다.

2) 정부규모

규모의 차원을 포함하기 위해 이 연구에서는 학군 내 학교 수와 학군 내 학교밀도(평방 마일당 학교), 초등학교의 평균규모에 대한 변수들을 포함했다. 감독비용이 학교의 수와 학군의 지리적 희소성, 학교의 평균규모와 함께 증가할 것으로 예상된다. 규모변수의 어느 것도 통계적으로 유의미하지 않은 것으로 나타났다. 학군 내 학교 수는 예상대로 음(−)의 부호로 나타났는데, 이것은 규모가 효율성을 감소시킨다는 것을 시사한다. 초등학교 규모는 양(+)의 부호로 나타났는데, 이것은 더 큰 학교가 더 비용효율적, 즉 더 큰 학교에 규모의 경제(economies of scale)가 존재할 수도 있다는 것을 시사한다. 이러한 결과는 시사적인 것에 불과하지만 규모가 비용효율성에 관련될 수도 있다는 것과 규모의 경제와 관료제 비효율성 간에 상충관계가 존재한다는 것을 시사한다.

3) 외부요인

효율성은 감독비용을 반영하는 요인뿐만 아니라 학교성과를 감독하기 위해 학교 이사회에 대한 압력을 행사하는 시민 또는 투표자의 능력과 이해관계에 의해 영향을 받을 수도 있다. 이와 유사한 요인들이 지출 차이에 나타나게 될 시민들 간의 공공서비스에 대한 수요의 차이를 반영할 수도 있다. 수요에 관한 효과와 비효율성에 영향을 미치는 효과를 구분하는 것이 어렵기는 하지만 비효율성과 관련될 가능성이 있는 여러 중요한 사회경제적 요인들의 효과를 탐색하면 다음과 같다. 더 부유한 학군이나 과세재산의 구성이 조세수출(tax exporting)을 더 많이 허용하는 학군에서 효율성에 대한 유인이 더 낮게 작용할 수도 있다. 왜냐하면 재정적 제약이 완화되면 효율성에 대한 정치적 압력을 감소시키기 때문이다(Duncombe, Miner, & Ruggiero, 1997: 13). 뉴욕주에서는 소득과 재산부(property wealth)의 가중평균인 결합부비율(combined wealth ratio: CWR)로 학군의 재정력을 측정한다. 재산세 수출에 대한 잠재력은 재산가치 중 상업 및 산업재산의 비율로 측정된다. 분석결과에 의하면 결합부비율과 상업 및 산업재산의 비율이 높을수록 비용비효율성이 더 커지는 것으로 나타났다.

위에서 논의한 바와 같이 학령아동가구는 교육서비스를 제공하는 데 효율성의 강력한 수요자이다. 자가소유가구와 대졸가구는 지방정부의 생산적 효율성을 감독할 평균 이상의 열의와 능력을 갖고 있는 것으로 볼 수 있다. 예상대로 대졸 성인의 백분율이 비용효율성과 양의 강한 상관관계를 갖고 있는 것으로 나타났다. 대졸 성인이 1% 증가하면 비용효율성지수가 0.6% 증가하는 것으로 나타났다. 한편, 자가가구 비율과 학령아동가구 비율은 비용효율성과 음의 관계를 갖고 있는 것으로 나타났다. 이러한 결과를 해석하기 위해서는 사회경제적 요인이 비용과 수요, 비효율성에 어떻게 영향을 미치는지에 관해 잘 이해할 필요가 있다.

4) 내부특성

투입요소와 근로계약의 제공에 관한 행정적 선호도 비용효율성에 영향을 미칠 수 있다. 윌리엄슨(Williamson, 1964)에 의하면 행정관리자들, 즉 학교감독관과 교장에 의한 예산확대는 그들이 가장 직접적으로 통제하는 자원인 직원 확대의 형태를 취한다. 또한 추가적으로 고위감독직을 신설함으로써 직원 확대는 하부로부터 집행부에 대한 압력에 대응한다. 마지막으로 라이벤시타인의 모형은 효율성이 직원성과에 대한 내부압력에 의해 촉진된다는 것을 시사한다. 정년보장(tenure)이 학군의 교원퇴출 능력을 크게 제약하기 때문에 정년보장교원의 비율이 높아지면 학군 내에서 성과에 대한 내부압력이 감소하게 된다. 예상대로 비용효율성은 정년보장교원의 백분율과 음의 관계를 갖고 있는 것으로 나타났다. 근로계약강도(labor intensity) 변수(직원봉급 및 수당에 대한 지출의 백분율)에 대한 음의 계수는 근로계약 강도가 강할수록 비용비효율성이 더 커진다는 직원확대모형(staff augmenting model)의 예측을 지지한다는 것을 시사한다.

제 5 절 평가적 의견

많은 지방정부가 직면한 취약한 재정환경에서 비효율성을 측정하고 효율성을 개선하기 위한 정책을 개발하고 시행해야 할 필요성이 매우 중요하게 대두하고 있다. 지난 20여 년에 걸쳐 특히 자료포락분석과 같은 비모수적 방법을 사용하여 기술적 효율성과 비용효율성을 추정하기 위한 연구들이 크게 증가했다. 하지만 효율성 측정에서 괄목할 만한 발전에도 불구하고 표준적 자료포락분석모형은 비재량적인 환경적 비용요인을 적절히 처리하지 못했다. 이 논문은 러기로(Ruggiero, 1994)에 의해 개발된 다수의 비용 변경을 추정하는 접근법을 사용하여 뉴욕주 공립학군에 대한 비용효율성의 추정치를 측정했다. 표본학군의 88%가 비효율적으로 나타났으며 평균효율성점수가 76%였다. 덜 열악한 환경을 가진 학군이 일반적으로 더 열악한 환경에 처한 학군보다 더 비효율적인 것으로 나타났다.

비효율성을 측정하는 연구와 함께 입법부와 관료제의 행태에 관한 모형들도 확산되었다. 니스카넨(Niskanen, 1971)의 독창적 연구를 필두로 하여 지방예산과정과 공공기관조직의 특성을 설명하는 다수의 공공선택모형들이 출현했다. 그러나 이들 모형의 예측과 효율성 추정치를 연계하는 노력이 상대적으로 미약하다. 이들 모형을 통해 추론할 수 있는 것은 효율성이 높아지려면 생산단위의 성과에 대한 내부적 압력과 외부적 압력이 강해야 되고 특히 성과와 비용, 생산기술에 대해 사용되는 감독정보의 상대적 비용이 이러한 정보를 이용하는 데 드는 비용보다 적어야 한다는 것이다.

이 두 가지 가설은 비효율성 추정치와 상관관계를 갖는 경쟁(외부압력)과 학군 규모, 학군의 사회경제적 특성 및 내부운영에 관해 관측 가능한 측정지표를 식별하기 위한 기반을 형성한다. 비효율성과 관련된 요인들에 관한 탐색적 분석 결과에 의하면 가장 잘 알려진 비효율성에 관한 이론들 중 여러 이론의 예측력이 비교적 강력한 지지를 받는 것으로 나타났다. 예상대로 효율성이 학군 규모와 정년보장교원 비율, 학군의 부(wealth), 비주거재산가치, 근로계약 강도(labor intensity)와 음의 상관관계를 갖고 있으며, 대졸 성인 비율과는 양의 상관관계를 갖고 있는 것으로 나타났다. 예상과는 반대로 효율성이 사립학교 학생 비율과 학령아동가구 비율과는 음의 관계를 갖고 있는 것으로 나타났다. 측정오차뿐만 아니라 관측 가능한 측정지표의 부적정성이 이러한 분석 결과의 일부를 설명할 수도 있다. 향후의 연구에서는 수요 및 생산환경에 대한 사회경제적 변수들의 효과와 비용비효율성에 대한 효과를 구분하는 방법을 개발할 필요가 있다.

이 논문의 중요한 기여도는 다음과 같다.

첫째, 관료제의 공공선택모형들이 이론적으로 예측하는 효율성을 추정하기 위한 방법론으로 자료포락분석을 제시함으로써 공공부문의 비용비효율성을 연구하는 연구자들로 하여금 비효율성이 어디에서 어떻게 발생하는지를 분석하고 좀더 정확한 시사점을 도출할 수 있는 능력을 제고하는 데 기여했다.

둘째, 관료제의 효율성 측정에서 간과되어 온 환경변수들을 고려하여 뉴욕주 학군의 비용효율성을 측정했다.

셋째, 관료제의 비효율성에 영향을 미치는 요인을 분석하기 위해 기존의 일부 선행연구들에서 사용한 통상최소자승법(ordinary least squares: OLS)의 한계를 극복할 수 있는 토빗회귀모형(Tobit regression model)을 사용하여 효율성을 분석했다.2)

한편, 이 논문의 한계는 다음과 같다.

첫째, *W*와 *Z*를 일정하게 유지하면서 일정한 수준의 서비스를 제공하는 데 필요한 최소지출을 연결하는 최소비용변경(best-practice cost frontier)의 하위부분과 상위부분이 현실적 적합성이 떨어진다는 것이다. L점까지 공공서비스를 확대하는 데 필요한 최소비용이 일정하고 M점 이후의 공공서비스를 제공하는 데 소요되는 최소비용이 무한대로 증가한다는 것은 현실과 상당한 괴리되는 가정이다. L점까지는 공공서비스를 제공하는 데 고정비용(fixed cost)이 발생하므로 한계비용(marginal cost)이 일정하다가 체감하고, M점부터는 한계비용이 비례적으로 증가하고, M점 이후에는 한계비용이 체증하다가 대폭적으로 증가한다고 가정하는 것이 좀더 현실적이다.

둘째, 비용효율성이 기술적 효율성과 배분적 효율성으로 구분됨에도 불구하고 이 논문에서는 비용효율성을 기술적 효율성과 동일한 개념으로 사용했다. 관료제의 공공선택에 관한 이론적 모형을 평가할 때 기술적 효율성과 배분적 효율성으로 구분하여 설명할 필요가 있다.

셋째, 뉴욕주 585개 학군의 비용효율성을 측정하기 위한 자료포락분석의 선형계획모형을 제시하지 않았다. 비용효율성을 측정하기 위해 규모수익불변모형(CRS)을 사용한 것인지 아니면 규모수익가변모형(variable returns to scale: VRS)을 사용한 것인지 분명하지 않다.

넷째, 환경변수들이 비용효율성에 미치는 영향을 조정하지 않았다. 비용효율성 측정에서 환경변수들이 효율성에 미치는 영향을 처리하는 방법으로는 다양한 방법이 있으며, 환경변수가 효율성에 통계적으로 유의미한 영향을 미치는 것으로 나타난 경우에는 환경변수의 효과를 제거하고 효율성점수를 제시하는 것이 바람직하다.[3]

---

2) 조직의 효율성에 영향을 미치는 결정요인을 토빗회귀모형을 사용하여 분석하고 환경변수가 효율성점수에 미치는 영향을 조정한 최근의 연구로는 유금록(2008a)이 있다. 토빗회귀모형에 관한 자세한 설명에 대해서는 Dougherty(2007)와 Maddala(1986; 1991), McDonald & Moffitt(1980) 등을 참고할 것.

3) 환경변수가 투입요소와 산출요소에 미치는 영향을 조정하여 조직의 효율성을 측정하기 위한 환경변수의 조정방법과 적용에 관해서는 유금록(2008b)을 참고할 것.

다섯째, 비용효율성의 측정에 사용된 자료포락분석모형이 투입지향적(input-oriented) 자료포락분석모형인지 산출지향적(output-oriented) 자료포락분석모형인지를 제시하지 않았다. 투입지향적 모형을 사용한 경우와 산출지향적 모형을 사용한 경우의 비용효율성이 상이하기 때문에 연구 목적에 따라 모형의 지향성(orientation)을 분명히 표시할 필요가 있다.

여섯째, 자료포락분석모형에 의한 효율성점수의 계산하면서 투입요소와 산출요소의 잔여(slacks)를 고려하지 않았다. 자료포락분석을 사용하여 효율성을 측정한 거의 대부분의 국내외 선행연구들은 투입요소와 산출요소의 잔여를 효율성점수의 계산에 반영하지 않는 방사적(radial) 자료포락분석모형을 사용했으나, 효율성점수를 좀더 정확히 측정하기 위해서는 비방사적(nonradial) 자료포락분석모형을 사용할 필요가 있다.[4]

일곱째, 68개 효율적 학군들에 대한 효율성 차이를 분석하지 않았다. 효율적 학군들의 효율성의 차이를 분석하기 위해서는 초효율성(super-efficiency) 분석을 수행할 필요가 있다.[5] 초효율성 분석은 효율적인 조직들이 다수인 경우에 효율성의 차이를 구분함으로써 다수의 효율적인 조직들 간의 변별력(discriminating power)을 제고한다.

참고 문헌

유금록.(2006). 공공부문의 효율성 평가를 위한 자료포락분석(DEA)에 있어서 효율적 의사결정단위들의 순위분석. 「행정논총」, 44(1): 155-185.

———.(2008a). 부트스트랩 자료포락분석에 의한 공공부문의 효율성과 결정요인의 경험적 평가: 서울시 보건소를 중심으로. 「한국정책학회보」, 17(2): 291-321.

———.(2008b). 공공서비스의 효율성 측정에 있어서 환경변수의 조정. 「한국행정학보」, 42(4): 117-149.

Aigner, D. J., Lovell, C. A. K., & Schmidt, P.(1977). Formulation and

4) 비방사적 자료포락분석모형을 사용하여 효율성점수를 측정하는 이론과 적용사례에 대해서는 유금록(2006)을 참고할 것.

5) 자료포락분석모형을 통한 초효율성 분석에 대해서는 유금록(2006)을 참고하기 바란다.

Estimation of Stochastic Frontier Production Function Models. *Journal of Econometrics*, 6: 21-37.

Athanassopoulos, A. D. & Triantis, K. P.(1998). Assessing Aggregate Cost Efficiency and their Related Policy Implications for Greek Local Municipalities. *INFOR*, 36(3): 66-83.

Banker, R. D. & Morey, R. C.(1986). Efficiency Analysis for Exogenously Fixed Inputs and Outputs. *Operations Research*, 34: 513-521.

Banker, R. D., Charnes, A., & Cooper, W. W.(1984). Models for Estimating Technical and Scale Efficiencies. *Management Science*, 30: 1078-1092.

Bergstrom, T. & Goodman, R.(1973). Private Demands for Public Goods. *American Economic Review*, 63: 280-296.

Borger, B., Kerstens, K., Moesen, W., & Vanneste, J.(1994). Explaining Differences in Productive Efficiency: An Application to Belgian Municipalities. *Public Choice*, 80: 339-358.

Byrnes, P., Grosskopf, S., & Hayes, K.(1986). Efficiency and Ownership: Further Evidence. *Review of Economics and Statistics*, 68: 337-341.

Charnes, A., Cooper, W. W., & Rhodes, E.(1978). Measuring Efficiency of Decision Making Units. *European Journal of Operational Research*, 1: 429-444.

Coelli, T. J., Rao, D. S. P., O'Donnell, C. J., & Battese, G. E.(2005). *An Introduction to Efficiency and Productivity Analysis*. Second Edition. New York: Springer.

Cooper, W. W., Seiford, L. M., & Tone, K.(2005). *Introduction to Data Envelopment Analysis and its Uses with DEA-Solver Software and References*. New York: Springer.

———.(2007). *Data Envelopment Analysis: A Comprehensive Text with Models, Applications, References and DEA-Solver Software*. Second edition. New York: Springer.

Chubb, J. & Moe, T.(1990). *Politics, Markets and America's School*. Washington, DC: The Brookings Institution.

DeAlessi, L.(1969). Some Implications of Property Rights for Government Investment Choices. *American Economic Review*, 59: 645-653.

Dougherty, C.(2007). *Introduction to Econometrics*. Third edition. Oxford: Oxford University Press.

Duncombe, W., Miner, J., & Ruggiero, J.(1997). Empirical Evaluation of

Bureaucratic Models of Inefficiency. *Public Choice*, 93: 1-18.

Färe, R. & Lovell, C. A. K.(1978). Measuring the Technical Efficiency of Production. *Journal of Economic Theory*, 20: 150-162.

Färe, R., Grosskopf, S., & Weber, W.(1989). Measuring School District Performance. *Public Finance Quarterly*, 17: 409-428.

Farrell, M. J.(1957). The Measurement of Productive Efficiency. *Journal of the Royal Statistical Society, Series A*, 120(3): 253-290.

Hanushek, E.(1986). The Economics of Schooling: Production and Efficiency in Public Schools. *Journal of Economic Literature*, 24: 1141-1177.

Hirschman, A.(1970). *Exit, Voice and Loyalty*. Cambridge, MA: Harvard University Press.

Inman, R.(1979). The Fiscal Performance of Local Governments: An Interpretative Review. In P. Mieszkowski & M. Straszheim(eds.), *Current Issues in Urban Economics*, 270-321. Baltimore: Johns Hopkins University Press.

Leibenstein, H.(1966). Allocative Efficiency vs. X-Efficiency. *American Economic Review*, 56: 392-415.

Lovell, C. A. K.(1993). Production Frontiers and Productive Efficiency. In H. O. Fried, C. A. K. Lovell & S. S. Schmidt(eds.), *The Measurement of Productive Efficiency: Techniques and Applications*, 3-67. Oxford: Oxford University Press.

Maddala, G. S.(1986). *Limited-Dependent and Qualitative Variables in Econometrics*. Cambridge: Cambridge University Press.

———.(1991). A Perspective on the Limited-Dependent and Qualitative Variables Models in Accounting Research. *The Accounting Review*, 66(4): 788-807.

McCarthy, T. & Yaisawarng, S.(1993). Technical Efficiency in New Jersey School Districts. In H. O. Fried, C. A. K. Lovell & S. S. Schmidt(eds.), *The Measurement of Productive Efficiency: Techniques and Applications*, 3-67. Oxford: Oxford University Press.

McDonald, J. & Moffitt, R.(1980). The Uses of Tobit Analysis. *Review of Economics and Statistics*, 62: 318-321.

Migué, J. L. & Bélanger, G.(1974). Toward a General Theory of Managerial Discretion. *Public Choice*, 17: 27-43.

Niskanen, W. A.(1971). *Bureaucracy and Representative Government*.

Chicago: Aldine-Atherton.

———.(1975). Bureaucrats and Politicians. *Journal of Law and Economics*, 18: 617-643.

Orzechowski, W.(1977). Economic Models of Bureaucracy: Survey, Extensions, and Evidence. In T. Borcherding(ed.), *Budgets and Bureaucrats: The Sources of Government Growth*. Durham, NC: Duke University Press.

Ray, S. C.(2004). *Data Envelopment Analysis: Theory and Techniques in Economics and Operations Research*. Cambridge: Cambridge University Press.

Ruggiero, J.(1996). Nonparametric Estimation of Cost Efficiency in the Public Sector: With an Application to New York State School Districts. Center for Policy Research Occasional Paper No. 165, The Maxwell School. Syracuse, NY: Syracuse University.

———.(2004). Performance Evaluation in Education: Modeling Educational Production. In W. W. Cooper, L. M. Seiford & J. Zhu(eds.), Handbook on Data Envelopment Analysis, 299-325. Dordrecht: Kluwer Academic Publishers.

Williamson, O.(1964). *The Economics of Discretionary Behavior: Managerial Objectives in a Theory of the Firm*. Englewood Cliffs, NJ: Prentice-Hall.

Wyckoff, G. P.(1990). The Simple Analytics of Slack-Maximizing Bureaucracy. *Public Choice*, 67: 35-47.

5 브래드퍼드, 멀트, 오츠의 지방 공공 서비스 생산비 상승 현상 실증 분석

인태환
(국가안보전략연구소 책임연구위원)

제 1 절 머리말

이 글은 1969년 6월 『내셔널 택스 저널(*National Tax Journal*)』에 게재된 브래드퍼드(D. F. Bradford), 멀트(R. A. Malt), 오츠(W. E. Oates) 3인 공저 「The Rising Cost of Local Public Services: Some Evidence and Reflections」라는 논문의 핵심 주장을 요약·소개하고 평가적 의견을 제시하고자 한다. 이 논문 기고 당시 브래드퍼드와 오츠는 프린스턴대학교 조교수였고 멀트는 이스라엘 텔아비브대학 시간강사였는바, 이들은 포드재단(Ford Foundation)의 학술 재정 지원을 받아 이 논문을 완성했다.

이 논문 발표 당시 미국은 지방정부 지출이 급격히 증가하는 현상을 경험하고 있으며, 그 원인에 대해 연구자들에 따라 다양한 의견들이 제시되고 있었다. 인구 증가·도시화 진전에 따른 공공 서비스에 대한 양적 수요 증가, 소득 증가 및 기술 진보에 따른 질적 개선 노력, 지방행정의 비능률과 부패, 공공 부문의 경쟁 부재, 기계화가 본질적으로 곤란한 공공 서비스 생산함수의 기술적 특성 등이 그 예이다.

그러나 본고는 선행 연구와 달리 공공 서비스 생산을 위해 투입되는 생산 요소 가격 상승, 즉 지속적인 생산비 증가세가 그 원인이라는 주장을 자료 실증 분석을 통해 제시하고 있다. 이로 인해 이 논문은 지방공공재 비용함수 및 생산함수 연구의 새로운 지평을 연 대표적 논문으로 간주되고 있다.

제 2 절 지방정부가 제공하는 서비스 생산 비용 상승 현상 실증 분석

1 개 관

미국은 지난 20여년 간 지방정부 지출의 급격한 증가세를 경험하고 있다. 1948년부터 1966년 사이에 연평균 거의 9%에 달하는 지속적인 지출 증가율로 인해, 1948년도에 134억 달러에 불과했던 지방정부 지출은 1966년에는 607억 달러로 급증하기에 이른다. 이러한 지출 증가분의 일부는 인구 증가, 실질 소득 증가, 지방정부가 제공하는 공공 서비스의 양적 증가, 그리고 질적인 수준 제고 등에 기인한다고 생각할 수 있다. 그러나 지방정부 지출 규모의 증가 정도가 국민소득의 전반적인 증가세를 훨씬 초과하고 있기 때문에 전술한 요인들만으로는 지출 증가분에 대한 설명이 곤란하여 그 원인에 대한 심층 연구가 필요한 실정이다.

일부 학자들은 대도시 등 지방정부의 빠른 지출 증가세가 지방행정의 비능률 혹은 지방정부의 부정부패 결과라고 지적하고 있다. 일례로 웰렌(Richard Whalen)은 최근 뉴욕 시 예산은 효율적이지 못한 시정 운영의 극치를 보여 주는 사례라고 꼬집고 있다.[1)]

1) "명백한 사실은 지방정부 지출이 통제 불능 상태에 있고 세계에서 가장 부유한 뉴욕 시가 만성적인 재정적자에 신음하고 있다는 것이다. 뉴욕 시장이 다소 불분명하고 알아듣기 힘든 단어를 구사했음에도 불구하고, 그의 예산안 교서는 극작가가 창작해 낼 수 있는 그 어떤 비극보다도 더 통렬하게 현 뉴욕 시의 재정위기 상황을 잘 표현하고 있다. 일부 지출 항목들은 지출 통제가 불가능한 상태이고 이를 대체할 다른 대안 개발도 불

그러나 거의 모든 주 및 지방정부에서 보편적으로 나타나고 있는 지출 급증세라는 일반적 현상을 지방행정의 비능률만으로 설명하는 데는 한계가 있다. 자료 실증 분석 결과에 따르면, 지방정부가 생산·공급해야 하는 다양한 공공 서비스의 공급량 증가 필요성에 더하여, 공공 서비스 공급에 필요한 각종 생산 요소의 가격 인상, 즉 지속적인 생산비 상승세(rising costs)가 지방정부, 특히 대도시에서 발생하고 있는 현 재정 압박의 근본적 원인이다.[2]

그러면 지방정부 지출 급증세를 설명할 때 공공 부문의 생산비 상승 현상은 얼마나 중요한 변수인가?[3] 수집 가능한 데이터 분석을 통해 밝혀진 공공 서비스 단위당 생산비 상승 추세를 어떻게 해석해야 하는지가 본고의 연구 목적이다.[4]

가능한 실정이라 앞으로도 뉴욕 시 지출은 터무니없이 크게 증가할 것이라고 단언할 수 있다."

2) 반면 보몰(William Baumol)은 시정부가 제공하고 있는 대부분의 공공 서비스는 생산성을 향상시키기가 본질적으로 매우 어렵다는 점을 최근 주장하고 있다. 일례로 교육 서비스를 제공하는 선생님을 쉽게 기계로 대체할 수 없는 바, 지방 공공 서비스 생산함수의 이러한 기술적 특성이 결국 인건비 상승 압력을 상쇄시킬 수 있는 비용 절감 기법 도입을 저해하고, 그 결과 이들 공공 서비스의 단위당 생산비(unit costs)는 결국 빠르게 상승할 수밖에 없게 된다는 것이다. 이러한 보몰의 주장과 달리 다른 학자들은 공공 부문 생산비 상승 원인으로 경쟁 체제 부재를 지적하고, 만약 공공 부문에 경쟁이 도입되면 자연히 좀더 효율적인 생산 방식 도입이 유발되어 생산비 절감이 가능하다고 역설하고 있다.

3) 공공 서비스를 1단위 생산·공급하는 데 소요되는 단위당 생산비를 측정하는 것은 공공 부문 생산 및 비용 함수를 연구하는 학자들이 넘어야 할 최대의 난제이다. 먼저 공공 서비스의 단위당 생산 원가를 측정하기 위해서는 공공 서비스 생산에 필요한 투입물과 그 산출물을 조작적으로 정의할 수 있는 단위(unit)로 식별할 수 있어야만 한다.

4) 비록 이 연구가 자료 분석을 통해 정밀한 추론 도출에는 큰 성과를 거두지 못했지만, 본고는 다음 두 가지 연구 목적 달성에 기여할 수 있을 것이라고 본다. 첫째로 다양한 지방 공공 서비스 생산비 상승률에 관한 자료를 제시할 것이다. 생산비를 어떠한 방식이든 합리적으로만 개념 규정할 수 있다면, 이들 자료는 급격한 단위당 생산비 상승이 지방정부 재정 압박의 주요 원인이라는 점을 강력하게 지적할 수 있다. 둘째, 본고는 공공 산출물 측정 단위 설정 문제의 본질을 좀더 상세하게 조명하고, 나아가 공공 산출물의 생산성 추이를 측정하는 데 필요한 자료의 유형을 제시하는 데에도 기여할 것으로 기대한다.

2 공공 산출물의 단위

공공이든 민간이든 산출물(재화와 서비스)을 측정할 경우에는 공통적으로 미묘한 문제들이 다수 야기되나, 특히 공공 산출물을 측정할 경우에는 이러한 문제들이 더욱 심각하게 발생한다.5) 여기에서는 이 문제들 중 하나를 면밀하게 분석해 보고자 하는바, 이를 위해 본고는 생산 요소 투입을 통해 바로 생산되는 D 산출물(D-output)과 소비자인 주민들이 관심을 갖는 C 산출물(C-output)을 구분하고, 이들 양자 간의 차이점을 상세하게 기술하고자 한다.

먼저 공공재 생산에서 필요한 투입 요소들의 벡터(vector)를 I라고 가정하자. 노동·자본·장비 등 벡터 I로 표시되는 다양한 조합의 투입 요소들은 생산함수를 통해 D 산출물인 벡터 D로 전환된다. 일례로 경찰 서비스의 경우, I 벡터는 아마도 경찰관·경찰차·통신 시스템 등의 요소들로 구성되고, 이를 투입해 생산되는 벡터 D는 경찰차나 도보를 이용해 특정 수준의 순찰 서비스를 제공하는 구역(blocks)의 개수, 사고·범죄 발생시 신속하게 경찰관 출동 서비스를 제공할 수 있는 구역의 개수, 교통 신호 서비스가 제공되는 교차로 개수 등으로 구성된다.6)

5) 본고가 연구 초반에 공공 서비스 산출물을 개념적으로 정의하는 것은 매우 중요한 일이다. 기존 연구에서 공공 산출물을 측정하기 위해 다양한 시도가 있었지만, 선행 연구자들은 별개의 산출물들을 동일한 산출물로 혼동하는 개념적 우를 범했다는 것이 분명해지고 있기 때문이다. 이와같이 무엇이 공공 산출물(생산물, output)을 의미하는지 그 정의 자체에 대한 실제적 모호성이 존재하고 있기 때문에, 본고가 측정하려고 하는 산출출물이 무엇인지를 명확하게 하는 것이 중요하다.

6) 일반적으로 벡터 I는 자동적으로 특정 벡터 D로 전환되지 않는다. 벡터 D가 특정 수준의 경찰 순찰 서비스와 교차로 교통 신호 서비스 등 단지 두 개의 요소로만 구성되어 있는 아주 단순한 예를 들어 보자. 이 경우 일정량의 벡터 I를 투입하면 50개 구역에 대한 경찰 순찰 서비스, 100개 교차로에서의 교통 신호 서비스, 혹은 일정 구역에 대한 경찰 순찰 서비스와 일정 개수의 교차로 교통 신호 서비스 조합 등 다양한 생산이 가능하게 된다. 따라서 주어진 양의 벡터 I 하에서, 소비자의 입장에서 전술한 두 가지 경찰 서비스의 가장 바람직한 조합을 제공할 수 있는 D 벡터를 선정해야 하는 추가적인 문제

그러나 경찰 예산안에 대해 주민들에게 투표를 실시할 경우 주민들의 주요 관심 대상은 D 벡터가 아니라, 낮은 범죄율 · 원활한 교통 소통 등 C 벡터라는 사실이다. 또한 주민들이 직접 소비할 수 있는 C 산출물의 생산량은 D 산출물의 생산량에 단지 부분적으로만 의존한다는 점이다. 복잡한 D · C 벡터 간의 관계에 한정해 집중 연구하기 위해, 민간재 · 공공재 소비량에 따라 움직이는 주민 효용함수 전체를 포괄하는 벡터를 통해, 소비자인 주민들의 관심사가 모두 기술될 수 있다고 가정하자. 그리고 이 벡터를 C 벡터라고 가정하면, 이 C 벡터는 벡터 D와 특정 환경변수(environmental variables)들에 의해 비로소 완전하게 100%로 결정되게 된다. 경찰 서비스의 경우 C 벡터는 주민이 1년 동안 경찰이 지정한 특정 사고나 범죄 행위의 피해자가 되지 않을 확률로 구성된다. 이러한 상기 가정 하에, 여기서는 주민들의 선호(U)를 식 (1)과 같이 표현할 수 있다.

$$U = U(C,\ Z) \tag{1}$$

식 (1)에서 C는 C 산출물 벡터를, Z는 개개 주민들이 소비하는 다양한 민간재들의 양은 물론 경찰 서비스 이외에 모든 다른 공공재들의 공급량을 나타내는 벡터를 지칭한다. 그리고 여기서 벡터 C는 다시 식 (2)과 같이 표현될 수 있다.

$$C_k = f_k(D,\ E) \tag{2}$$

식 (2)에서 D는 D 산출물 벡터를, E는 특정 지역 k에서의 범죄 발생 성

에 봉착하게 된다. 또한 이러한 시각에서 볼 때, 동일 서비스라도 이를 질적 수준을 다르게 해 공급할 경우, 질적 수준이 다른 서비스들은 각각 별개의 서비스로 구분 · 취급되어야 한다. 예를 들어 어떤 D 벡터는 낮은 단계의 경찰 순찰 서비스를 제공하는 구역으로 구성되고, 또 다른 D 벡터는 높은 단계의 순찰 서비스를 제공하는 구역으로 구성될 수 있다. 이 경우 동일 기능(경찰 순찰)의 서비스를 질적 수준만 다르게 공급하는 경우에도, 기능이 전혀 다른 경찰 서비스 간(경찰 순찰 서비스 vs. 교차로 교통 신호 서비스)에 존재하는 교환 관계와 마찬가지의, 교환 관계(tradeoff)가 존재하게 된다.

향·지역 주민들의 운전 습관 등을 반영하는 환경 변수 벡터를, fk는 D 산출물 서비스를 제공받으면서 E라는 환경 변수 하에서 k지역 주민들이 느끼는 사고나 범죄를 피할 수 있다는 안전 수준을 나타내는 함수 관계를 표현한다.[7)]

이러한 제반 개념 정의들로 인해, 이제는 벡터 D를 실제 수자(scalar)로 배수화하는 것이 가능하게 된다. 예를 들어 D 산출물을 2배(2D) 공급하는 데 필요한 요소 투입량 증가분을 논리적으로 계산할 수 있게 된다. 만약 생산 요소 투입량을 2배 이하로 증가시켜 D를 2배나 공급할 수 있다면 이는 D 산출물 생산에 규모의 경제가 존재한다고 말할 수 있다. 반대로 C 벡터는 사고나 범죄를 피할 수 있는 확률 등과 같은 무형의 요소들로 구성되어 있기 때문에 C 산출물의 실수(實數) 배수화는 불가능하다.[8)]

D 산출물과 C 산출물의 생산 비용 증가세가 전혀 다른 양상을 보이므로 D·C 산출물을 개념적으로 구분하는 것은 이 연구에서 중요하다. 도시 지역의 환경 요인(E) 악화로, 최근 수년간 C 벡터를 주민들에게 공급하는 데 소요되는 주민 1인당 생산비가, 순찰차를 이용해 경찰 순찰 서비스 횟수를 일정 수준으로 유지하는 D 벡터 생산비보다 훨씬 빠르게 상승하고 있기 때문이다.[9)]

---

7) 식 (1)과 (2)는 현실을 너무 단순화했다. 주어진 벡터 D 하에서 주민들이 느끼는 안전 수준(degree of safety)을 나타내는 벡터 C는 개개 주민마다 다를 것이다. 일례로 야간 경비원이 폭행을 당할 확률은 주간에 근무하는 사무직원이 폭행을 당할 확률보다 클 것이다. 이러한 경우를 반영해 개개 주민 i가 느끼는 개별 효용함수는 $U^i = U^i(C^i, Z^i)$로 표시할 수 있고, 벡터 C는 $C^i_k = f^i_k(D,E)$와 같이 표현할 수 있다. 따라서 식 (1)과 (2)만 가지고는 이러한 특정 주민이 느끼는 개별 벡터 C에 관해 논의할 수가 없다. 그럼에도 불구하고 C와 D 산출물을 개념적으로 구분하는 것 자체는 여전히 가능하고, 이러한 구분은 본고의 연구 목적을 달성하는 데 중요하다.

8) 단지 할 수 있는 것은 C 산출물을 추가로 주민들에게 공급하는 데 소요되는 생산비를 계산할 수 있을 뿐이다. 일례로, 만약 요소 투입량을 2배 증가시키지 않고서도 2배나 많은 주민들에게 C 산출물을 공급할 수 있다면, 규모의 경제가 존재한다고 말할 수 있다.

9) 나아가, 특정 벡터 산출물을 측정하는 데 유용한 자료가 이와 다른 벡터 산출물을 측정하는 데는 거의 도움이 안 되는 경우도 발생하고 있다. 일례로 어떤 지역의 도난 보험료 시계열 자료는 C 산출물인 특정 지역의 안전 수준 변화 추이를 측정하는 데는 유용한 척도가 될 수 있으나, D 산출물인 경찰 순찰 서비스를 일정 지역에서 일정 횟수 유지하는 데 필요한 비용을 산출하는 데는 거의 쓸모가 없게 된다.

이러한 D 산출물과 C 산출물을 개념적으로 구분하는 것은 중간 산출물(D 산출물)이 존재하는 교육 분야에도 그 적용이 가능하다. 일례로 인적 자본 생산 사례에서 I는 선생의 근무 일수·책 등 투입 요소들의 벡터이고, D는 수학·지리·연극 과목 등 각종 강의, 즉 직접 산출물을 측정한다고 가정하자. 이 경우 인적 자원 개발 접근법에 따르면 교육의 본래 목적은 학생들의 특정 자질을 개발하는 것인바, 이러한 준거틀에서 보면 최종 산출물인 C 벡터는 이러한 목적의 달성 정도 즉 학업 성취도로 해석될 수 있고, 학생들의 다양한 교과목 습득 정도를 측정하는 시험 성적 등이 그 예가 된다.[10)]

---

10) 문제는 학생들이 특정 자질을 습득하는 것을 유일한 평가 항목으로 설정해도 특정 C 산출물의 값이 기존 기술이나 생산 함수상의 여타 여러 요인들에 의해 영향을 받는다는 점이다. C 벡터 중 하나로, 지정된 기술을 일정량 보유한 근로자 1인이 생산할 수 있는 산출물을 Q라고 하자.

$$Q = Q(C, Z) \tag{3}$$

이 경우, 식 (3)에서 Z는 생산에 필요한 근로자 1인당 요구되는 다른 투입 요인들의 가용량을 나타낸다. 이전의 식 (1)과 (2)에서 구체화한 바와 같이 D·C 간의 관계는 식 (4)와 같이 환경 변수 E에도 의존하게 된다.

$$C_k = g_k(D, E) \tag{4}$$

식 (4)에서 E는 어떤 특정 지역(k) 학생들의 기본 지능·가정환경·지역 교육 여건 등을 나타내는 환경 변수들의 벡터이다. 여기서 다시 한 번 강조하는 것은 각종 과목들의 강의 시간 등 D 산출물과, 시험 성적·쓰기 읽기 능력 등 C 산출물의 측정을 혼동하기가 쉽다는 점이다. 즉 학생들의 재학 기간이 길어진다고 자동적으로 C 산출물 즉 학생들의 인적 역량이 자동적으로 개발되지는 않는다는 것이다. 이러한 D 산출물과 C 산출물 간의 연관성 측면에서 볼 때, 교육·보건 지출의 내부수익률 혹은 교육·보건 관련 미래 산출물의 현재가치를 측정하는 교육·보건 경제학 분야 최신 연구에서 D·C 산출물을 구분하지 않고 있다는 점이 그저 신기할 따름이다.

따라서 앞에서 언급한 논의의 관점에서 보면, 공공 산출물의 단위 원가(unit costs) 개념과 관련해 상당한 모호성이 존재한다는 것이 놀라운 사실이 아니다. 심지어는 D 산출물과 C 산출물을 개념적으로 주의 깊게 구분하고 이러한 논의를 조심스레 지속한다고 해도, 산출물의 질적 변화라는 영원한 숙제는 말할 것도 없고, 구성 요소의 상대적 크기가 시공에 따라 변화하는 다층적 성격의 공공 산출물 벡터가 여전히 숙제로 남는다. 유사하게 만들기 위해 각 연도 지방정부 지출 수치를 할인하고 조정해도, 생산비(비용, cost)라고 알려진 단위(unit)는 자동차와 같아서, 1930년 지출 수치와 1968년 지출 수치 간에는 1930년산 자동차와 1968년산 자동차 간에 존재하는 차이와 같은 정도의 커다란 차이가 존재한다.

이하에서는 D 산출물과 C 산출물의 단위 원가 추이를 추정하는 이 연구의 기반 구축을 위해 지방정부의 다양한 기능별 비용과 지출 자료를 조합하고자 한다. 입수 가능한 데이터에 부합하는 만족할 만한 공공 서비스 산출물 측정 지표가 아직까지 존재하지 않기 때문에, 본고는 직관적인 판단을 마다하지 않았다.[11)]

비록 공공 서비스의 단위 원가(unit costs) 추세 분석에서 해결하지 못한 문제점이 존재함에도 불구하고 자료 분석 결과는 다음과 같은 하나의 결론을 명확하게 제시하고 있다. 그 결론은 비용을 획기적으로 절감할 수 있는 기술 도입을 통해 가격 상승폭이 큰 생산 요소의 투입량을 줄이는 데 실패해, 미국 지방정부들은 특히 노동 등 투입 요소들의 가격 상승분을 결국 상쇄할 수가 없었다는 것이다. 공공 산출물의 질적 개선은 분명히 이루어지고 있으나 문제는 이러한 질적 수준 향상이, 지방정부 지출 수준을 감소시키는 데 기여하기보다는, 오히려 지출 수준 상승을 유발하고 있는 것처럼 보인다.

이하 논문은 초·중등학교 등 공교육, 보건·의료, 경찰·소방, 그리고 복지 등 지방정부가 생산·제공하는 각종 서비스의 생산 비용(생산비)에 관한 연구로 구성된다. <표 5-1>이 제시하고 있는 바와 같이, 이들 서비스 생산에 소요되는 비용은 1962년도 미국 주요 대도시 소재 지방정부 일반 지출의 63%나 차지하고 있다. 이 중 특히 지방정부 예산에서 가장 큰 비중

〈표 5-1〉 1962년도 미국 통계적 표준 대도시 지역 소재 지방정부의 일반 지출 내역

교육	42%	지방채 이자	4%
고속도로	8%	일반 행정	4%
복지	7%	임대주택 및 재개발	4%
하수도	6%	소방	3%
보건·의료	6%	공원 및 휴게 시설	3%
경찰	5%	기타	9%

자료: 조지 브레이크, 미 연방·주·지방정부 간 재정 관계, 1967, p. 170.

11) 그러나 본고가 모든 자료를 전부 표로 작성해 공개하고 있기 때문에 이 글은 읽는 독자들도 쉽게 독자적 추론을 할 수 있을 것으로 사료된다.

을 차지하고 있는 교육 서비스 생산비부터 논의를 시작하고자 한다.

3 공교육 분야

교육 분야 생산비 논의의 관심사는 공교육 분야의 D 산출물로, 주어진 수의 학생들에게 특정 과목(예: 표준 지리 과목의 일정 횟수 수업)을 제공하는 데 소요되는 생산비 추세 분석이다. 이를 위해 D 산출물의 공급량을 고정시켜, 모든 비용 증가분은 전부 투입 요소 가격의 상승분이라고 추정할 수 있도록 자료를 배열·정리했다. D 산출물을 측정할 수 있는 만족할 만한 지표는 개발하지 못했으나 취합한 학생 1인당 요소 투입량 및 공립 초·중등 교육 서비스 생산비 자료에 따르면 산출량 증가세보다는 생산비 상승세가 훨씬 가파르다는 점을 시사하고 있다.12)

〈표 5-2〉 시 정부 소재 공립학교 교원 연평균 급여 지표

(1957~1959년도를 100으로 가정)

1925	37	**1947**	55	연평균 복리 증가율 1925~1965년: 3.2% 1947~1965년: 4.8%
1927	38	**1949**	67	
1929	40	**1951**	71	
1931	41	**1953**	81	
1933	38	**1955**	87	
1935	37	**1957**	96	
1937	39	**1959**	104	
1939	41	**1961**	113	
1941	42	**1963**	121	
1943	44	**1965**	128	
1945	48			

자료: 시 소재 공립학교 교원 현황, 1925-65년 각 연도 호; 노동부 노동통계국 고시 1504호, 1966년 5월, pp. 24, 35.

12) 이들 자료는 빠르게 증가하는 학생 1인당 교육비 지출이 교육 예산 증가의 대부분을 차지하고 있음을 명확하게 보여 준다.

<표 5-2>를 보면, 예상했던 대로 교원 급여 증가세는 특히 최근 20여년 동안 그 속도가 매우 빨라지고 있는바, 제2차 세계대전 이후에는 연평균 거의 5%씩 증가하고 있음을 알 수 있다.[13)]

또한 <표 5-3>은 20세기 들어 공립 초중등학교 학생 1인당 1일 교육 서비스(수업) 생산비가 지속적으로 급격하고 증가하고 있음을 보여 준다.[14)]

〈표 5-3〉 불변가격으로 환산한 미 공립학교 학생 1인당 1일 교육 서비스 생산비[15)]

1900	$ .12	**1955**	$ 1.51	
1910	.18	**1956**	1.67	
1920	.33	**1957**	1.69	
1930	.50	**1958**	1.85	
1940	.50	**1959**	1.94	
1946	.77	**1960**	2.13	
1947	.86	**1961**	2.20	연평균 복리 증가율
1948	1.02	**1962**	2.37	1900~1967년: 5.0%
1949	1.11	**1963**	2.42	1947~1967년: 6.7%
1950	1.18	**1964**	2.57	
1951	1.26	**1965**	2.70	
1952	1.39	**1966**	2.93	
1953	1.35	**1967**	3.15	
1954	1.48			

자료: 국가교육협회 연구국 보고서 R13호, 교육과 교육 재정 관련 주요 통계 현황과 추이, 1959년 8월, pp. 11, 22; 국가교육협회 연구국보고서 R20호, 학교 통계 전망치 1966-67, 1966년, pp. 10, 20; 미 보건교육후생부, 주정부 학교 체제 통계 1963-4, 1967년, p. 21.

---

13) 시 정부 소재 공립학교 교원 급여가 1인당 국민 소득 평균 증가율과 유사한 수준으로 증가하고 있다.

14) 생산비를 절감할 수 있는 교육 기법 도입으로 그간의 기술 진보는 부분적으로나마 교원 급여 증가세를 상쇄했을지도 모른다. 그러나 만약 그러한 기술 발전이 발생했다고 하더라도, 이들 기술 진보들은 결국 다른 요인들에 의해 압도되고 있다고 보인다.

15) 학생 1인당 1일 교육 서비스 생산비는 각 연도 공립 초·중등학교 운영에 소요된 교육비 지출 총액을 각 연도 일일 평균 출석 학생 숫자에 연평균 수업 일수를 곱한 숫자로 나눠서 산출했다. 단 어떤 연도에는 학기의 평균 수업 일수에 대한 기록이 부재해 활용 가능한 자료를 이용해 이들 연도 수업 일수를 추정했다.

특히 제2차 세계대전 이후(1947~1967년)에는 학생 1인당 1일 교육 서비스 생산비가 연평균 6.7%씩 증가해 그 증가 속도가 교원 급여 상승률보다도 훨씬 높음을 알 수 있다.[16]

물론 동 기간 동안 교육 프로그램의 질적 수준이 크게 개선되었음은 부인할 수 없다.[17] 그러나, 빠르게 상승하고 있는 교육 서비스 생산비가 최근 수십 년간 미국 공교육 산업의 가장 큰 특징임을 자료 분석 결과는 강력하게 입증하고 있는 것이다. 자료가 명확하게 제시하고 있는 점은 제2차 세계대전 이후 인적 자본 생산을 위한 교육 관련 투입 요소 가격이 빠른 속도로 상승하고 있다는 사실이다.[18] 따라서 동기간 동안 교원·직원 급여의 급격한 상승이 교육 예산 팽창 혹은 교육 서비스 생산비 상승의 주요인이라는 점이 자명해진다.[19]

공교육 생산비가 눈에 띄게 증가하고 있는 근본 원인에 대해 다른 각도로 숙고해 보는 것은 흥미로운 일이다. 미리 언급한 바와 같이 보몰은 그

---

16) 반면, 1947년에서 1966년까지의 약 20년 동안 농산품이나 공산품을 생산하는 데 소요되는 금융비용 측정 수단인 도매물가지수(WPI)는 그 증가율이 연평균 1.4%에 그쳤다. 따라서 공립 초·중등학교 학생 1인당 1일 교육 서비스 생산을 위해 도매물가지수를 구성하는 각종 농·공산품 생산을 포기해야 하는 수량이 1947~1967년 동안 매년 5.3%씩 증가했음을 <표 5-3>은 보여 주고 있다. 즉 학생 1인당 1일 교육 서비스 생산을 위해 희생해야 하는 상대적 비용(relative cost)이 최근 들어 매우 빠르게 상승하고 있다는 것이다.

17) 오늘날의 학생들은 20세기 초반 학생들에 비해 양질의 교육 서비스를 받고 있다. 또한 대규모의 도시화 진전은 학생 1인당 교육비 지출이 낮은 지역에서 높은 도시지역으로 학생들을 이전시키고 있으며, 그 결과 학생들이 받는 전체적인 학교 교육의 질 또한 향상되고 있다. 그러나 교육 프로그램의 질적 수준 향상 여부를 문서화하기가 어렵다는 점을 인정한다고 해도, 교원이 직접 강의하는 지리 수업과 동등한 수준의 지리 수업을 교원 없이 진행하는 강의 기법이 교원 급여 인상율과 같은 속도로 기술적으로 진보해 왔다거나, 교원 없이 진행되는 강의의 보급 속도가 학생 1인당 교육비 지출 증가율과 같을 속도로 진행되고 있지는 않아 보인다.

18) 교사 1인당 학생 비율은 1948년 27.8명에서 1966년 25.7명으로 동 기간 동안 약간 하락했는데, 이러한 교사당 학생 비율 하락은 학생 1인당 1일 교육 서비스 생산비를 기껏해야 동 기간 동안 연평균 0.5%도 증가시키지 못한 것으로 대략 추정된다.

19) 전후 베이비 붐이 교육 서비스 생산비 상승에 큰 영향을 미친 원인으로 간주되고 있으나, 실상은 베이비 붐 현상이 발생하지 않아 학령 인구가 증가하지 않았더라도 지방정부들은 아마 생산비 상승으로 인해 교육 예산 팽창 압력에 직면할 수밖에 없었을 것이다.

원인이 교육산업의 기술적 특성에 기인한다고 간주했다. 교육 프로그램들의 기본적인 부분은 학생과 교원 간의 개인적인 상호작용이라, 생산 과정에서 노동력이 절대적 생산 요소가 아닌 제조업에 비해 교육산업에서는 교육 서비스를 제공하고 있는 교원을 기계로 대체하기가 제조업보다 어렵다고 믿는 것은 설득력이 있다.[20]

그러나 이러한 공교육 생산비 상승 현상에 대해 다른 가설도 제시되고 있다. 상대적인 생산비 상승 현상은 교육 서비스가 생산가능함수의 경계선을 따라 움직이기 때문에 발생한다는 주장이 그 예이다.[21] 여타 경제 부문에 비해 교육 부문의 신장 속도가 빨라 경제에서 차지하는 교육 부문의 상대적 크기가 증가했음은 논의의 여지가 없는 사실이다.[22] 그러나 교육 부문 확장이 교육 서비스 생산에 필요한 투입 요소 가격 인상의 유일한 요인은 아닌 것 같다.

이에 관한 또 다른 주장은 교육산업과 동일한 투입 요소를 사용함으로써 교육산업과 요소 획득에 직접적 경쟁 관계에 있는 여타 노동집약적 산업의 상대적 확장에 그 원인이 있다고 본다. 생산을 위해 상대적으로 대규모의 고학력 인력 투입이 특히 요구되는 재화나 서비스에 대한 수요 증가가 고학력 인력의 인건비 상승을 유도하는 경향이 있기 때문이다.[23]

---

20) 1인당 국민소득이 증가함에 따라 국민경제에서 일급과 월급 등 인건비가 상승하는 상황하에서 교육 서비스의 생산성이 상대적으로 천천히 증가하고 있기 때문에 그 결과, 교육 서비스의 생산비는 상대적으로 상승하리라고 당연히 예상할 수 있다.

21) 경계선이 볼록하게 밖으로 활처럼 휘어져 있는 일반적 생산가능곡선 형태를 가정하면 한정된 자원을 보유하고 있는 국민경제에서 교육 서비스를 1단위 추가 생산·공급하기 위해서는 생산가능함수의 경계선을 따라 이동할 수밖에 없기 때문에, 자연 교육 서비스 1단위 추가 생산을 위한 기회비용은 더욱 빠르게 상승할 수밖에 없게 된다.

22) 1948~1967년 기간 동안 민간 부문의 노동력은 30% 증가한 데 반해, 교원의 숫자는 2배 이상 증가했다. 그 결과 노동집약적인 교육산업으로의 인적 자원 이동이 교육 서비스의 상대적 비용 상승에 일조했다고 볼 수 있다.

23) 우연하게도 훈련은 교육 과정에 있어 주요 투입 요소인 동시에 주요 산출물이라, 전술한 고학력 인력에 대한 수요 확대는 공교육 생산비 급증은 물론 이러한 인적 자원을 투입해 생산된 산출물의 가치 상승의 계기도 또한 되었다. 인적 자원에 대한 투자 수익률에 관한 연구가 눈에 띄는 특이 추세는 발견하지 못했지만, 교육비 증가 속도와 같은 수준으로 교육 산출물의 단위당 가치가 상승하고 있음은 보여 준다.

공교육 생산비 급증에 대한 또 다른 가설은 동 현상이 단순히 공공 부문의 비효율 때문이라는 주장이다.[24] 사립 교육기관을 자유 기업의 원형이라고 기술하기에는 다소 무리가 있지만, 만약 이 가설이 사실이라면 사학의 학생 1인당 교육 서비스 생산비 증가 속도는 공립학교의 생산비 증가 속도에 비해 훨씬 느려야 한다. 바텔(Fr. Ernest Bartell)은 가톨릭 재단 사학에 관한 최근 연구에서, 오하이오 주 영타운과 캘리포니아 주 샌프란시스코 교구 초등학교들의 학생 1인당 교육비가 1958~1963년 동안에 공립 초등학교 교육비 증가율보다도 약간 높은 연 평균 6% 이상씩 상승해 왔음을 발견했다.[25] 이러한 사실들을 감안할 때 사립학교 교원 인건비도 도매물가지수보다 빠르게 상승해 왔고, 대략 그 상승률은 공립학교 인건비 증가율과 비슷한 수준이 될 것으로 짐작된다.

지속적인 교육 생산비 인상 추이에 대한 또 다른 비판적 입장은 전문 교원 노조와 같은 강력한 이익단체들이 교육 부문에 존재하고 이들이 비용을 절감할 수 있는 혁신적인 교육 기술 도입을 반대하고 있기 때문에 교육 부문의 생산성 향상이 정체되고 있고 이로 인해 생산비가 급증하고 있다는 주장한다.[26]

교육서비스 생산비 증가 추이와 그 원인에 대한 논의를 요약해 보면, 과

---

24) 공공 부문의 경우 자원을 효율적으로 사용하거나 혁신을 추진할 인센티브가 민간 부문에 비해 약하기 때문에, 공교육이 생산성 향상을 통해 효율성 증진을 실현하지 못하는 원인은 경쟁 부재에 있다고 본다.

25) 또한 동부 소재 사립 중고등학교 3곳의 약 20년간 불변가격으로 환산한 학생 1인당 교육비 연 평균 증가율은 4.2%에 달하는바, 일견 이 수치는 공립학교 교육비 증가율에 비해 낮은 것이 사실이다. 그러나 이 3개 사학 교육비 자료에는 교원 인건비에 비해 증가 속도가 낮은 기숙사비가 포함되어 있어, 기숙사비를 제외하고 다시 계산해 보면 순수 교육비 상승률은 4.2%보다 높은 수치가 될 것으로 보인다.

26) 그러나 이러한 주장을 객관적으로 검증하기는 매우 어려운 바, 이러한 주장이 입증되기 위해서는 이들 단체가 교육 과정에 대한 혁신적 기술 도입을 반대해 그 도입을 완전 동결했던 사실이 과거 특정 시점에 존재해야 하고, 이러한 사태로 인해 학생 1인당 1일 교육 서비스 생산비 상승률이 투입 요소 가격 상승률과 동일하다는 점을 설명할 수 있어야 한다. 나아가 만약 이러한 가설이 사실이라고 하더라도, 이러한 시스템을 변경할 수 있는 가능성이 실제로 존재하지 않는 한, 이 가설은 교육 서비스 생산비 급증 문제 해결에는 아무런 도움이 될 수 없다.

거는 물론 당분간 앞으로도 교직원 급여의 지속적 인상이 학생 1인당 교육비 지출 증가로 이어질 공산이 커, 숙련된 교원 투입을 획기적으로 절감할 수 있는 새로운 학습 기법을 개발하지 않는 한 교육비 지출 급증 추세는 앞으로도 지속될 것으로 전망된다.[27]

4 공공 보건 · 의료 서비스 분야

공공 의료 서비스 생산비 추세를 평가하는 데 있어 직면하는 문제는 최소한 앞에서 논의한 교육 서비스 생산비 측정시 발생했던 문제만큼이나 심각하다.[28] 교육 서비스와 마찬가지로 각종 처방 · 치료 등 의료 행위의 구성 내역과 질적 수준이 지난 수세기 동안 급변해 특정 벡터 D의 장기간에 걸친 생산비 변화 추이를 직접 평가할 수는 없다. 각종 의료 기법에서 기술

27) 제2차 세계대전 이후 학생 1인당 교육비 지출이 지속적으로 매년 평균 7%대 수준으로 상승하고 있는데, 초 · 중등 교육산업 연구를 통해 얻을 수 있는 개략적인 이미지는 교육산업의 투입요소 가격(costs of inputs)은 빠르게 증가하고 있으나, 인건비 이외에 물리적 투입요소 가격은 상대적으로 그 인상률이 낮다.

또한 교육 프로그램의 질적 수준은 분명히 향상되어 왔으나, 여기에서는 1달러 투입당 교육 서비스 산출물의 질적 수준이 교육비 상승률과 같은 수준으로 향상되었는지에 대해 의문이 제기된다. 교육 프로그램의 질적 수준 향상이 실제로 학부모나 학생들의 만족 수준을 높였을 수는 있겠지만, 초중등 교육 예산이라는 재정적 관점에서 보면 큰 위안을 제공하지 못하고 있다고 지적하고 싶다.

28) 각종 질병을 치료하는 방법이나 질적 수준이 지난 수세기 동안 급격히 변화했는바 이로 인해 의료 서비스 산출물 측정 단위 및 소비 단위를 개념 규정하기가 극히 어렵다. 그럼에도 불구하고 앞장에서 기술한 준거틀에 따라 최소한 공공 의료 서비스 생산·공급을 개념화할 수는 있다. 여기서 I 벡터는 의사 등 의료 인력, 병상 베드, 처방 약, 수술 장비 등의 요소로 구성된다. 그리고 이러한 벡터 I는 각종 질병에 대한 처방·치료·수술 등 다양한 의료 행위를 구성하는 D 벡터로 전환된다. 그러나 소비자(환자)는 각종 처방·치료 서비스 그 자체보다는 이를 통한 질병 완치에 관심이 있다. 일례로 독감 주사라는 의료 행위는 독감을 예방 · 완치하는 것과는 차원이 다르다. 따라서 개인의 건강 상태와 직결되는 것은 C 벡터이고 이러한 벡터 C는 환자가 받을 수 있는 의료 서비스 D와, 환자의 나이·과거 병력·현재 질병 감염 여부 등 다양한 외생변수인 환경변수 벡터 E에 의해 공동 결정된다. 범죄로부터의 주민 안전 수준과 마찬가지로 지역 주민들의 건강 상태도 이용 가능한 공공 보건·의료 서비스 D의 양과 질은 물론 다양한 환경변수들에 달려 있다.

적 진보가 분명하게 있었기 때문이다.

그러나 지방재정이라는 측면에서 입수 가능한 자료를 분석해 보면 기술 진보 이외의 다른 요인들이 존재하며, 이러한 요인들이 기술 진보로 인한 비용 절감분 이상을 상쇄하고 있음을 알 수 있다. 공공 보건·의료 서비스 총 지출 규모는 1955년 44억 달러(1인당 26.5달러)에서 1964년에는 90억 달러(1인당 46.9달러)로 10여 년간(1955~1964년) 2배 이상 증가했다. 이는 주민 1인당 보건·의료 지출이 연 평균 6.5%씩 증가했음을 의미한다. 그러나 이러한 공공 의료 지출 증가분 중 얼마가 보건·의료 서비스 양적 공급 확대, 질적 수준 제고, 투입 요소 가격 상승에 기인했는지를 정확하게 확정하기는 어렵다.[29]

입원 치료 분야는 생산성 제고 지연으로 생산비가 증가하고 있음을 일부나마 보여 주는 명백한 사례로,[30] 이를 입증할 수 있는 자료를 입수했다. <표 5-4>는 1935년부터 1963년까지 일일 입원비 수가의 변동 추이를 보여 주는데,[31] 일반 도매물가지수 연평균 증가율은 1935년부터 1963년까지 3%에 불과한데 반해, 동 기간 1일 입원비 수가는 연평균 6.5%로 상승했다. 특히 제2차 세계대전 이후에는 일반 도매물가지수 증가율이 연평균 1.3%에 불과한 반면, 1일 입원 수가는 연평균 7.4%씩 상승해 그 증가세가 더욱 두

---

29) 그럼에도 불구하고 공공 의료 서비스의 주요 구성 요소인 종합병원 의료 서비스 생산비가 매우 괄목하게 증가하고 있음을 제시하는 관련 자료는 입수가 가능했다.

30) 입원 치료는 기본적으로 위생적 환경의 입원실, 식사, 전문 간호인력 서비스 및 숙련된 간호 보조 서비스 등을 제공하는 것이다. 숙련된 인력이 제공하고 있는 간호 보조 서비스를 숙련도가 다소 떨어지는 보조 인력을 채용해 대체·제공함으로써 일부 생산성 증가를 가져올 수는 있으나, 이러한 생산성 향상의 금전적 효과는 미미한 수준이다.

이러한 문제점은 여러 전문가들이 지적한 바 있는 바, 일례로 클라만(Herbert Klarman)은 다음과 같이 지적하고 있다. "대부분의 산업에서 투입 요소 가격 인상분의 일부는 생산성 증가를 통해 흡수되어 임금 인상분이 100% 모두 생산비 상승으로 이어지지는 않았다. 그러나 이와 대조적으로 병원 분야에서는 이와 같은 생산성 증가의 효과를 실현하기가 매우 어렵게 되어 있다. 다른 많은 경제학자들과 마찬가지로 뉴욕 주 자선위원회(현 사회복지회)가 이러한 사실을 인지한지는 이미 30년이 넘었다."

31) 입원실 비용·환자식·일상적인 간호 서비스·경미한 의료 용구 제공 비용 등을 포함하는 성인 환자 1인당 1일 입원비 지표는 가장 기본적인 입원 치료 주요 요소들을 명백하게 세분하고 있다.

〈표 5-4〉 1935~1963년 종합병원 일일 입원비 수가 지표 추이
(1957-59년도를 100으로 가정)

1935	23.8	**1951**	64.1	
1939	25.3	**1952**	70.4	
1940	25.4	**1953**	74.8	
1941	25.9	**1954**	79.2	
1942	28.0	**1955**	83.0	
1943	30.2	**1956**	87.5	연평균 복리 증가율
1944	31.5	**1957**	94.5	1935~1963년: 6.5%
1945	32.5	**1958**	99.9	1947~1963년: 7.4%
1946	37.0	**1959**	105.5	
1947	44.1	**1960**	112.7	
1948	51.5	**1961**	121.3	
1949	55.7	**1962**	129.8	
1950	57.8	**1963**	138.0	

자료: 미 보건교육후생성, 보건·교육·후생 추이, 1964년판, I 장, p. 22.

드러졌다. 결국 경제 전체의 일반적인 생산비 상승 속도보다, 환자들에게 부과되는 입원비 수가가 더 빠르게 증가해 왔음을 알 수 있다.[32]

주정부와 지방정부가 운영하는 종합 및 전문병원에 대한 통계자료를 분석한 <표 5-5>는 의료 서비스 생산비 상승에 관해 좀더 구체적인 추가 입증 자료를 제시하고 있다.[33] 일례로, 환자 1인당 1일 평균 총비용은 1946년

32) 더욱이 환자가 부담하는 1일 입원 수가 인상은 종합병원 의료 서비스 생산비 상승이나 공공 의료 서비스 지출 증가세를 반영한다는 사실을 입증하는 자료가 있다. 뉴욕 시 종합병원에 관한 최근 연구에서 클라만은 환자 1인당 1일 의료 서비스 생산비가 1934년도 5.26달러에서 1957년도에는 26.40 달러로 상승해, 동기간 연 평균 증가율을 계산해 보면 7.3%에 달한다는 점을 발견했다. 이러한 환자 1인당 일일 의료 서비스 생산 단가(단위원가, 단위당 생산비) 상승은 동기간 환자 입원 지출 증가분의 94%를 차지한다. 이러한 생산비 증가의 근본 원인을 조사한 후 클라만은 보조적인 의료 서비스 일부에만 적용하고 있는 기술 진보로는 기껏해야 1950년대 1일 입원비 인상분의 약 4분의 1도 설명하지 못한다고 결론내렸다. 이에 클라만은 비용 상승의 좀더 근본적 원인은 생산성 향상 효과 지연이 아닐까 지적하고 있다.

33) 이들 통계치들은 인건비를 포함한 병원이 지급하는 모든 지출은 물론, 입원실·급식 제

〈표 5-5〉 1946~1965년 주·지방정부 단기 입원 종합 및 전문병원의 고용, 지출, 평균 입원 일수

연 도	환자 100인당 인력	환자 1인당 1일 인건비	환자 1인당 1일 총지출	평균 입원 일수
1946	129	$ 4.58	$ 7.39	11.4
1948	136	6.20	10.27	11.0
1950	149	7.80	12.56	10.7
1952	153	9.63	15.37	10.7
1954	175	12.66	19.34	9.9
1956	195	14.46	22.08	9.4
1958	206	16.51	25.82	9.0
1960	215	19.47	29.43	8.8
1961	227	20.75	32.27	8.8
1962	232	22.69	34.45	8.5
1963	237	23.57	36.19	8.5
1964	236	25.05	38.57	8.5
1965	234	27.17	41.84	8.5

주) 1954년과 이후 인력 자료는 정규직과 정규직에 상응하는 시간제 근로 인력만을 포함하나, 1954년 이전 인력 자료는 정규직만을 포괄한다. 1952년 이후부터는 의대 학생, 인턴, 레지던트 등이 수치에서 제외된다.

자료: 병원, 가이드 이슈, 40권(1966년 8월 1일) 2장, p. 439.

7.39달러에서 1965년에는 41.84달러로 지속적으로 상승해, 동 기간 연평균 증가율은 9.6%에 달한다. 환자당 1인당 의료 인력 증가 및 이로 인한 총 지출 증가분이 모두 순순한 의료 서비스 질적 향상을 위한 것이라고 가정하면 불완전하나마 부분적인 조정이 필요한바, 이를 위해 1965년도 환자 1인당 1일 평균 총지출을 129/234로 나눠서 하향 조정할 경우,[34] 환자 1인당 1일 평균 총지출은 1946년 7.39달러에서 1965년 23.07달러로 조정 전보다는

공 등 입원관련 기본 서비스 외에 추가적으로 확대된 서비스 내역도 포함한 총지출에 기초해 작성되었다.

34) 또한 인건비 지출은 1946년 4.58달러에서 1965년에는 27.17달러로 증가해, 연평균 증가율이 9.8%에 이른다. 더욱이 환자 100인당 의료 인력 숫자는 1946년 129명에서 1965년에는 234명으로 거의 2배 이상 증가했음도 알 수 있다.

상승폭이 다소 감소하나, 이 경우에도 연평균 증가율은 6.2%로 여전히 상당히 높은 수준이다.[35)]

요약하면, 공교육과 같이 공공 의료 서비스 분야도 단위당 생산비 상승이 지방정부 지출 증가를 주도하고 있는 분야이며, 교육과 같이 의료 분야에도 기술 진보가 있었다는 점은 의심의 여지가 없는 사실이나, 종합적으로 볼 때 이러한 기술 진보가 의료 서비스의 질적 제고는 가져왔지만, 비용 측면에서 생산비 절감 효과를 가져오지는 못한 것 같다. 기술 진보가 바람직한 현상이나, 우리는 이러한 현상이 지방정부의 재정 부담을 완화하는 바람직한 효과보다 지방정부의 지출 증가를 가속화시키는 역효과를 발생시키고 있다는 점을 동시에 인식해야만 한다.

5 경찰 · 소방 서비스

입수 가능한 주민 1인당 경찰관 · 소방관 숫자, 주민 1인당 경찰 · 소방 지출 등 관련 자료에 따르면, 경찰 · 소방 분야에서도 투입 요소 가격 상승이 지출 증가의 주요 요인임을 알 수 있다.[36)] 또한 미국 사회에서 지속적으

35) 그러나 문제는 보건 · 의료 분야의 기술적 진보가 비용을 절감하는 특성을 가지고 있지는 않다는 점이다. 급성 맹장염 · 산부인과 치료(출산) · 소아 중이염 · 유방암 · 손발 골절 등 다섯 가지 유형의 질병 치료에 대한 십수 년간의 의료 기록을 체계적으로 조사한 후, 이들 질병의 평균 치료비가 1951~2년에서 1964~5년 사이에 68%에서 106%나 상승했으며, 이들 수치의 상승률은 입원비 상승률보다는 낮았지만 일반 도매 물가지수 상승률보다는 훨씬 높다는 사실을 발견한 시토프스키(Anne Scitovsky)는 만약 누가 자신에게 어림짐작으로 추측해 보라고 권유한다면, 최소한 지난 14년 동안 기술적 진보로 인한 치료 기술 변화의 순효과는 비용을 상승시켜 왔고, 이러한 치료 기술 변화가 반영되지 않았더라면 의료수가 지수는 더욱 상승했을 것이라고 말할 수 있다고 언급했다.

36) 경찰 · 소방 서비스 추가 공급을 위해 신형 통신시설이나 개량된 소방차 등 첨단 장비의 사용이 증가하고 있지만, 그래도 경찰 · 소방 예산의 큰 덩어리는 경찰관 · 소방관에 대한 인건비 지급분이다. 맨블(Allen Manvel)은 지방정부 경찰 예산에 약 8분의 7, 소방 예산의 약 5분의 4가 인건비로 지출되고 있음을 발견했다. 그러나 인건비 지출이 경찰 · 소방 예산의 큰 부분을 차지한다는 사실 자체가 이 분야에서 경찰관 · 소방관 등 요소 투입과 주민 안전이라는 산출 간에 고정된 상관 관계가 존재한다는 것을 의미하지는 않는다. 인건비를 제외한 나머지 경찰 · 소방 예산은 나날이 성능이 향상되고 있는 각종

〈표 5-6〉 미국 지방정부 주민 1인당 경찰 · 소방 관련 지출 추이

연도	경찰	소방	연도	경찰	소방
1902	$ .63	$ .51	1953	$ 5.81	$ 3.78
1913	.91	.78	1954	6.20	4.05
1922	1.69	1.44	1955	6.64	4.22
1927	2.21	1.71	1956	7.01	4.41
1932	2.43	1.68	1957	7.57	4.75
1934	2.18	1.50	1958	8.06	5.04
1936	2.30	1.60	1959	8.37	5.16
1938	2.53	1.78	1960	8.96	5.53
1940	2.51	1.78	1961	9.59	5.94
1942	2.64	1.76	1962	9.97	6.05
1944	2.81	1.89	1963	10.50	6.33
1946	3.10	2.10	1964	10.72	6.38
1948	3.96	2.78	1965	11.36	6.74
1950	4.57	3.23	1966	12.21	7.02
1952	5.35	3.76			

연평균 복리 증가율	경찰	소방
1902~1966년:	4.7%	4.2%
1946~1966년:	7.1%	6.2%
1950~1966년:	6.3%	5.0%

자료: 1902년부터 1966년까지 지방정부 경찰 · 소방 관련 지출 총계 및 인구 통계는 미 통계국이 발행한 식민지 시대부터 1957년까지 미국의 역사적 통계 및 1958년도부터 1962년까지 이 책의 수정판을, 1963 회계연도부터 1966 회계연도까지 지출 통계는 통계국이 매년 발행하는 지방정부 재정을, 그리고 같은 기간 인구 통계는 통계국 발행 인구 리포트를 참조했다.

로 진행되고 있는 도시화는 주민들에게 제공하던 기존 안전 수준을 그저 단순히 유지하기 위해서라도, 경찰 · 소방 서비스 공급을 위한 주민 1인당 생산요소 투입량을 증대시켜야 할 필요성을 유발하고 있는 것 같다.

<표 5-6>은 1902년부터 1966년까지 지방정부 주민 1인당 경찰 · 소방 관련 지출(예산) 추이를 보여 주고 있다. 전 기간 동안 주민 1인당 경찰 예

장비 구입에 사용되고 있고, 이에 따라 도입된 장비들이 경찰 · 소방 서비스의 생산비를 지속적으로 하락시킬 수도 있다.

산은 연평균 4.7%씩, 소방 예산은 연평균 4.2%씩 증가해 왔다. 반면에 도매물가지수는 동 기간 동안 연평균 1.9%씩 상승했다. 예상했던 대로 제2차 세계대전 이후(1946~1966년)에는 경찰·소방 지출이 더욱 빠른 속도로 증가하고 있는바, 연평균 증가율이 경찰은 7.1%, 소방은 6.2%에 달해, 2.4%에 불과한 도매물가지수와 대조를 이룬다.

이러한 주민 1인당 경찰·소방 지출 증가 현상이 이들 서비스의 생산 단가가 상승해서 발생한 것인지, 아니면 단순하게 주민 1인당 경찰·소방 서비스 생산·공급량이 증가해서 발생한 것인지는 의문이다.

첫째, 이러한 물음은 대답하기가 어려운 질문이나 실증 분석 결과에 따르면 지출 증가를 유발하는 전술한 두 가지 요인 중에서 생산·공급량 증가보다는 생산 단가 상승이 더 중요한 요인으로 보인다. 경찰·소방 서비스 생산을 위한 여러 투입 요소들 중에서 노동이 차지하는 압도적인 위치를 감안해 경찰·소방 부문 인력 통계를 면밀히 분석해 본 결과, 주민 1인당 경찰관·소방관 수가 증가해 온 것은 사실이나 생산 단가 상승률에 비해서는 최근 아주 완만하게 증가해 왔다는 사실을 발견했다.[37] 또한 <표 5-7>의 자료를 연도별 경찰관·소방관 숫자로 할인(deflate)한다 해도, 지방정부 주민 1인당 경찰 예산은 1952년부터 1963년까지 연평균 4.7%씩, 소방 예산은 연평균 4.0%씩 빠르게 증가해 왔음을 알 수 있다.[38] 따라서 경찰·소방 서비스 생산에도 기술 진보가 발생하고 이로 인해 자연 주민들에게 제공되는 경찰·소방 서비스의 질도 과거보다 개선된 것은 인정하나 그와 같은 서비스의 질적 개선이 주민 1인당 경찰·소방 지출 증가율과 비례할 정도로 구현됐는지는 의문이 제기된다. 따라서 투입 요소 단가의 급격한 상승이 지방정부 재정 지출의 대폭적 증가의 주 요인임을 믿을 수밖에 없게 된다.

둘째, 경찰·소방 서비스 생산을 위한 주민 1인당 요소 투입 증가는 아

37) 예를 들어 인구 5만 이상 도시에서 정규직 경찰관 수자는 인구 1만 명당 1952년 20.6명에서 1963년 23.9명으로 증가했고, 동 기간 동안 소방관 수자는 인구 1만 명당 14.8명에서 16.3명으로 아주 천천히 증가했다.

38) 할인을 하지 않을 경우 경찰·소방 지출은 더욱 빠르게 증가하는바, 주민 1인당 경찰 예산은 연평균 6.1%씩, 소방 예산은 연평균 4.8%씩 상승했다.

〈표 5-7〉 1954년도와 1963년도 도시 인구 크기에 따른 주민 1만 명당 경찰관·소방관 숫자

주민 1만 명당	1963년도 인구 크기별 구분					
	100만 명 이상	50만~ 99만9,999명	30만~ 49만9,999명	20만~ 29만9,999명	10만~ 19만9,999명	5만~ 9만9,999명
경찰관 수	33.2	25.9	19.6	19.5	18.7	17.5
소방관 수	15.1	17.4	15.4	18.3	17.5	16.1

주민 1만 명당	1954년도 인구 크기별 구분			
	100만 명 이상	25만~ 99만 9,999명	10만~ 24만 9,999명	2.5만~ 9만 9,999명
경찰관 수	26.3	21.9	18.4	16.6
소방관 수	13.1	16.4	17.1	15.5

자료: 미국 통계국, 1954년도 시 고용 현황, 1963년도 시 고용 현황.

마도 미국 사회 도시화(urbanization) 진행에 따른 필연적 결과물이라는 사실이 추가 분석을 통해 제시되고 있다.39) 경찰·소방 서비스의 이러한 측면을 조사하기 위해 도시 크기별로 분류된 입수 가능한 경찰관·소방 인력 자료를 분석해 본 결과, 대도시의 주민 1인당 경찰 인력 수치가 소도시의 수치보다 높다는 사실을 발견했다. 이러한 자료는 <표 5-8>에 잘 개괄되어 있다.40)

39) 경찰·소방 관련 C 산출물인 안전 수준(level of safety)이라는 관점에서 보면, 도시화율 증가로 규모의 경제 혹은 좀더 정확하게 표현하면 집적의 경제를 실현할 수 있다고 생각할 수 있다. 일례로 인구가 집중해 거주하면 화재 발생시 5분 이내에 소방관이 출동하는 서비스를 모든 주민들에게 제공하는 것이 가능하게 되고 또한 이러한 서비스를 주민 1인당 기준으로 볼 때 더 낮은 비용에 제공할 수 있게 한다. 반면에, 인구 집중은 자연 주민들이 상호 접촉할 수 있는 횟수를 증가시켜, 경찰·소방 서비스 추가 수요를 발생시킨다. 이와 같은 인구 집중으로 인한 다양한 형태의 외부 불경제 효과 총합은 한 지역 내 거주하는 인구 수의 자승으로 증가한다는 보몰의 주장은 이러한 도시화의 단점을 잘 지적하고 있다. 또한 보몰이 제기한 이러한 효과는 주민들이 향유하는 안전이라는 C 산출물을 일정 수준으로 유지·제공하는 데 드는 주민 1인당 비용을 상승시키는 경향이 있다.

40) 그러나 경찰 인력과 대조적으로 소방 인력은 도시 인구 규모에 비례하여 오히려 감소하는 경향이 있음을 <표 5-8>은 보여 준다.

〈표 5-8〉 1951 회계연도와 1966 회계연도 4개 대도시 주민 1인당 경찰·소방 지출

	1951년		1966년	
	경찰	소방	경찰	소방
뉴욕 시	$10.90	$6.42	$36.46	$16.95
세인트 루이스 시	10.54	4.85	32.08	13.04
샌프란시스코 시	10.88	9.98	28.22	24.41
필라델피아 시	10.07	6.56	23.26	9.74
평균	10.60	6.95	30.01	16.04

1951~1966회계연도 연평균 복리 증가율

	경찰	소방
뉴욕 시	8.4%	6.7%
세인트 루이스 시	7.7%	6.8%
샌프란시스코 시	6.6%	6.1%
필라델피아 시	5.7%	2.7%
평균	7.2%	5.7%

자료: 1951 회계연도 인구 및 지출 통계는 미 통계국이 발행한 시정부 재정개요를, 1966 회계연도 총합 지출 통계는 1965-66년도 시정부 재정을, 1965년도 인구 추정 통계는 통계국 발행 인구 리포트와 표준 대도시 지역 1965년도 인구 추계를 참조했다.

<표 5-7>에서 볼 수 있는 한 가지 흥미로운 점은 초대형 도시를 제외하고는 주민 1인당 경찰관·소방관 수자가 1950년대부터 1960년대까지 상대적으로 안정세를 유지하고 있다는 점이다. 이러한 현상은 소도시보다 치안·화재 안전 수준을 유지하는 데 필요한 D 벡터 투입량이 더 많이 요구되는 인구 밀도가 높은 초대형 대도시 지역으로 주민들이 이주한 데 기인한다고 해석될 수 있다.

끝으로 도시화가 지방정부 지출에 미치는 영향을 통제하기 위해, 미국 4개 대도시 주민 1인당 경찰·소방 관련 지출 자료를 1951년과 1966년 등 2개년에 걸쳐 각각 조합해 <표 5-8>을 작성했다.[41] 이 표에 따르면 뉴욕 시, 세인트 루이스 시, 샌프란시스코 시의 주민 1인당 경찰·소방 지출 연평균(1951년~1966년) 증가율은 물론, 필라델피아 시를 포함한 4개 도시

41) 뉴욕 시, 세인트 루이스 시, 샌프란시스코 시, 필라델피아 시 등 4개 대도시는 자료 입수 가능성 여부에 따라 주로 선정됐다.

평균 연평균 증가율도 미국 전체 지방정부 주민 1인당 경찰·소방 지출 연평균 증가율(표 5-6)보다 높다는 사실을 알 수 있다.[42]

6 복지 서비스 분야

가난한 사람을 지원하기 위한 복지 서비스 제공은 복지사를 통한 복지 서비스 제공, 현금 지급, 혹은 전술한 두 가지를 혼합한 방식 등 다양한 형태를 띠고 있다.[43] 복지 서비스를 고정된 숫자의 수혜자들에만 제공하고 제공하는 서비스 수준도 불변이라고 가정한 후 이를 공급하기 위한 비용을 계산해 보면, 그 비용은 국민경제의 일반적인 임금 인상폭과 비슷한 수준으로 상승하는 경향이 있다.

문제는, 복지 수혜자에 대해 직접 현금을 지급하는 공급 방식의 생산 단가(unit cost)를 이해하기는 더욱 어렵다는 점이다. 현금 지급에 1달러를 투입할 경우 복지 수혜자가 받는 혜택은 1달러이다. 이러한 관점에서 보면 직접 현금을 지급하는 복지 서비스 공급 방식의 단위원가는 변화가 없어 보인다. 그러나 좀더 깊이 생각해 보면 빈곤은 상대적인 특성을 가지고 있는데, 복지 수혜자에 대한 현금 지급액 수준을 불변가격으로 환산해 고정

42) 연평균 증가율 비교보다 더욱 흥미로운 것은 경찰·소방 지출 규모 자체를 그대로 비교하는 것이다. 1966년도 4개 대도시 주민 1인당 경찰 및 소방 지출 개개 평균치(30.01달러, 16.04달러)는 동년 미국 전체 지방정부 주민 1인당 경찰·소방 지출 평균치 각각(12.10달러, 7.02달러)의 약 2.5배에 달한다는 사실도, 이미 <표 5-8>에서 대도시 주민 1인당 경찰관 숫자가 소도시보다 많다는 사실을 알았기 때문에, 그리 놀라운 일은 아니다. 이와같이 미국 주요 대도시들은 소도시에 비해 주민 1인당 경찰·소방 지출도 많고, 또한 지출 증가율도 높은 것으로 나타났다.

43) 전문가들의 의견이나 복지사들의 불만을 감안하여 판단해 볼 때, 현재 명백하게 복지사의 시간을 많이 빼앗고 있는 복지 서비스 제공 기록 대장수를 축소하거나 기록 정리 절차를 간소화함으로써, 복지사를 통한 서비스 제공 방식에 효율성 제고가 아마도 가능할 수 있다. 그러나 이러한 간소화 조치들은, 복지사 1인이 산출할 수 있는 복지 서비스 생산(공급)량 증대를 유도하기는 하나 그 유발 효과가 지속적이지 못하고 일정 수준이 넘어서면 바로 둔화되는 한계에 봉착하기 때문에 서비스 수혜자 1인당 서비스 제공 비용 측면에서 볼 때는 중요하지만, 효율성 제고라는 측면에서 보면 1회성의 미봉책에 불과하다.

시키는 것이 과연 타당한 가에 대해 의문이 제기된다. 사회의 일반적인 생활 수준이 향상됨에 따라 최저 생계 수준도 자연 인상되기 마련이다. 만약 상대적 소득분포의 불변적 특성에 의거해 완벽하게 상대적 개념의 최저 생계 수준을 채택할 경우, 고정된 수혜자에 대한 복지 예산은 국민경제의 임금 상승률과 정확하게 동일한 비율로 증가할 것이다.[44] 따라서 복지 서비스의 생산 단가는 국민경제 전체 임금 상승률과 동일한 비율로 증가한다.[45]

미국 대도시의 복지 예산은 특히 빠르게 증가해 왔다. 주요 거점 대도시들은 시골 지역에서 상경하거나 해외에서 이민 오는 저소득층과 저학력 신규 이민자들에게 최소한 일시적인 중간 기착지를 제공해 왔다. 이러한 시골지역 출신자 및 해외 신규 이민자들의 대도시 유입 증가 현상은 대도시 안에서 거주하던 중산층이 근교 교외로 이사가는 주거 이전 현상과 맞물려 많은 대도시들에게 심각한 재정위기를 초래하고 있다. 일례로 뉴욕 시의 경우 시 인구의 10%에 해당하는 약 90만 명이 복지 수급 대상자라서, 시 예산의 대략 20%를 복지 프로그램에 투입하고 있다. 이러한 수치는 복지 지출 비중이 7%에 불과한 뉴욕 시 주변 지방정부들과 큰 대조를 이룬다. 대도시 도심 주변이나 외곽 주거 지역 소재 지방정부들은 복지 수급 대상자 증가, 복지 서비스 공급, 그리고 이로 인한 재정 부담 등 일련의 문제들을 모두 대도시 정부에 방치함으로써 이 문제에 대한 책임 부담을 대부분 회피하고 있다. 이러한 문제들을 해결하기 위해 주정부가 이러한 대도시에 일련의 재정·행정 지원을 제공하고 있는 사례가 여럿 있으나 대도시 복지 문제의 특성과 그 중대성을 감안할 때, 연방정부가 지방정부 복지 프로그램에 대한 행정·재정 지원 책임을 부담하는 것이 타당하다는 것이 관계자들의 중론이다.

---

44) 소득분포 하위 5%에 해당하는 극빈층이 가처분 소득에서 차지하는 파이가 같은 수준을 유지하기 위해서는, 복지 현금 지급액은 국민 총소득 수준 증가에 비례하여 인상돼야 한다.

45) 이 경우 복지 서비스 생산단가 상승분은 투입 요소 가격이 국민경제 전체 평균 증가율과 같은 수준으로 증가하고 기술 진보가 전혀 없으며 공공 서비스의 질적 수준이 불변인 경우와 같다.

7 요약과 결론

본고의 본래 연구 목적은 지방공공재 생산에서 보몰과 다른 학자들에 의해 제기된 가설을 검증하는 것이다. 이들은 상대적으로 정적인 기술함수를 적용해 지방정부가 제공하는 각종 서비스의 생산비가 누적적으로 상승하고 그로 인해 지방정부 특히 대도시에 재정적 고통을 야기할 것이라고 주장했다.46)

생산비와 지출(지방정부 예산) 관련 장기 자료를 조합·분석해 본 결과, 계속 상승하고 있는 투입 요소 단위 원가가 최근 지방정부 예산 증가의 아마도 가장 중요한 단일 요인이라고 생각을 굳히게 되었다. 공립 초중등학교 학생 1인당 1일 교육 서비스 생산비, 공공 의료시설에서 환자 1인당 1일 입원비, 주민 1인당 경찰·치안 예산 규모 등 제반 공공 서비스 생산비 지표들은 제2차 세계대전 이후 대략 연평균 5~7%씩 증가하고 있음을 발견했다. 교육·보건·의료·경찰·소방·복지 등 지방정부가 공급하는 모든 서비스 부문에서 실질적인 질적 개선이 이루어지고 있어, 상술한 생산비 지표들이 진정으로 이러한 질적 개선을 반영한 단위 원가 측정지표라고 말할 수는 없다. 그러나 지방정부가 제공하는 많은 서비스 사례에서, 서비스 개선을 유도했던 기술 진보가 비용을 절감하는 방식은 아니었던 것으로 보인다. 그 결과 기술 진보는 일반적으로 지방정부가 서비스 생산을 위해 투입해야 하는 생산 요소의 양을 절감하는 데 기여하지 못했고, 이로 인해 지속적인 생산 요소 가격 상승을 상쇄하지는 못하고 있다. 나아가 경찰·소방 등 일부 공공 서비스의 경우 소도시나 대도시 인접 지방정부보다도 이들의 중핵 도시인 대도시에서 생산비 상승 압력이 훨씬 심각하다는 사실을 자료분석 결과는 제시하고 있다.47)

46) 공공 부문 산출물에 대한 다른 연구자들과 마찬가지로, 본고도 공공 산출물을 분리 측정해야 하는 어려움으로 인해 지방정부 서비스 생산 단위원가의 장기 추이를 추정하는 데 여러 문제에 봉착했다. 특히, 첫 장에서 언급한 바와 같이 공공 산출물의 단가를 결정하면서 개념적 모호성에 심각하게 직면한 바 있다.

제 3 절 평가적 의견

공공재는 그 편익이 미치는 공간적 범위에 크기 따라 국가공공재와 지방공공재로 구분된다. 국가공공재(national public goods)는 전 국민이 다 같이 소비하는 중앙정부가 통일적 기준으로 생산하거나 공급하는 재화나 용역을 지칭한다. 반면에 지방공공재(local public goods)는 주로 특정 지역 주민들만이 소비가 가능한 개개 지방정부가 생산・공급하는 재화나 용역을 말한다.[48]

브래드퍼드, 멀트, 오츠가 작성한 이 논문은 광의로는 지방정부가 생산・공급하는 지방 공공 서비스 즉 지방공공재의 공급에 관한 것이며, 더 좁은 의미로는 지방공공재의 비용 함수에 관한 것이다. 구체적으로 이 논문은 지방공공재 생산・공급에 소요되는 투입 요소 가격(단위 원가) 상승이 20세기 초반부터 1960년대까지 진행되고 있는 미국 지방정부 지출 급증의 주요 원인이라고 결론을 내린다. 또한 교육・보건・의료・경찰・소방・복지 등 대표적 지방공공재에 관해 각 연도 지출액・해당 업무 종사 공무원 수・주민 수 등 수십 년 간의 시계열 자료를 수집하고, 이를 통해 주민 1인당 지출 규모 등 지방공공재 단위 원가 측정 지표들을 개발해 생산비 상승 추이를 실증적으로 입증했는바, 학문적으로 다음과 같은 의미가 있다.

첫째, 이 연구의 가장 큰 공헌은 지방공공재를 생산・공급 과정에 따라 1

47) 또한 공공 서비스 생산비에 대한 시계열적 자료 조합과 세부 분석 결과, 지방정부가 공급하는 서비스의 양과 질이 전과 동일하다고 가정하더라도 지방정부의 공공 서비스 생산비는 누적적으로 증가하고 그 증가율이 국민경제 평균 증가율보다 빠른 속도가 될 것임을 예시하고 있다. 주민 수 증가에 따른 공공 서비스의 자연적 수요 증가에 대응하기 위한 기존 서비스 공급량만을 증대시키는 프로그램이나, 아니면 기존 서비스의 질적 수준을 제고하기 위한 어떤 조치도 모두 필연적으로 산출량 1단위당 생산비 증가를 초래할 수 밖에 없기 때문에, 추가적 지출 초래는 자명한 현실이다.

48) 또한 지방 공공재의 경우 국가 공공재와 달리 비경합성(non-rival consumption)과 비배재성(non excludability)이라는 공공재의 본래적 성격이 완벽하지 않은 경우가 있다.

차 산출물과 2차 산출물로 구분해 양자를 별도 정의함으로써, 공공 산출물을 둘러싸고 그동안 존재했던 개념적 모호성을 명확하게 제거했다는 점이다. 기존의 많은 선행 연구들은 공공 산출물 생산함수와 생산 과정상 특성을 완전하게 이해하지 못해, 1차 산출물과 2차 산출물을 동일한 산출물로 혼동하는 잘못을 범하고 있었다. 그러나 이 연구는 이러한 선행 연구와 달리 1차 산출물인 D 산출물과, 1차 산출물을 이용해 생산되는 2차 산출물인 C 산출물을 구분해 별도로 개념화했다. 1차 산출물은 노동·기술·자본 등 생산 요소를 투입할 경우 공공재 생산함수에 따라 즉시 생산이 가능한 직접 산출물로서, 민간재와 같이 주로 우리의 눈으로 쉽게 인지할 수 있는 유형적인 형태의 산출물이나, 주민들이 바로 소비해 만족을 느낄 수 없는 중간재적 성격의 산출물이다. 이에 반해 2차 산출물은 1차 산출물에 각 지방정부 특정 지역의 환경적 변수들이 가미되어 2차적으로 생산되는 간접 산출물로서 대부분 그 형태가 존재하지 않는 무형적 산출물로서, 주민들이 즉시 소비해 만족을 느낄 수 있는 최종재적 성격의 산출물이다. 따라서 1차 산출물과 2차 산출물은 성격이 전혀 다른 별개의 산출물인 것이다.

둘째, 이 연구는 지방공공재 생산에서 환경적 요인의 역할을 공식적으로 인정했다는 점에 의의가 있다. 본고에서 제시된 공공재 생산함수를 보면, 주민들이 최종 소비하는 2차 산출물의 양과 질은 1차 산출물의 양과 질은 물론 특정 지역이 처한 환경적 변수에도 크게 영향을 받는다. 따라서 이 양대 요인을 모두 반영할 경우에만 2차 산출물 생산함수가 비로소 완성될 수 있다. 결국 이 논문은 지방공공재 생산함수에서 차지하는 환경적 요인의 중요성과 그 존재를 체계적으로 잘 지적했다고 평가할 수 있다.

셋째, 공공 산출물을 측정하기 위해서는 먼저 산출물 생산에 필요한 투입물과 그 산출물을 조작적으로 정의할 수 있는 단위로 식별할 수 있어야 한다. 본고는 1차 산출물과 2차 산출물을 개념적으로 명확하게 구분했는바, 이를 통해 1·2차 공공 산출물을 측정 가능한 단위로 조작적으로 정의할 수 있게 되어 자연 공공 산출물의 측정 단위 도출은 물론, 1·2차 산출물과 그 생산비도 각각 구분·측정할 수 있는 기반을 마련했다고 평가된다.

넷째, 1차 산출물과 2차 산출물을 개념적으로 구분하고 생산함수도 이에 따라 1차 산출물 생산함수와 2차 산출물 생산함수를 구분하며, 환경 변수의 역할을 인정한 이 연구의 공공재 산출물 측정 단위 조작화 작업은 지방정부가 생산·제공하는 다양한 영역의 서비스에 보편적으로 적용이 가능하며 나아가, 최종 재화나 서비스가 아닌 중간 산출물이 존재하는 민간재 생산 영역에도 이를 응용할 수 있어, 본고가 사용한 연구 준거틀 일반화 가능이 크다고 평가된다.

다섯째, 이 연구는 계량 분석의 가장 초보적 시작이라고 할 수 있는 평균값을 산정하고, 단순히 평균값 추이 분석 통해 지방정부가 제공하는 공공서비스의 생산비 상승 현상을 실증적으로 입증, 연구 목적을 달성했다는데 의미가 있다. 최근 행정학이나 정책 분석·평가 분야 연구들은 다양한 고급·최신 계량 기법 활용을 선호하는 경향이 있다. 이 중 일부 연구들은 단지 최신 계량기법 사용 자체에 치중해 연구 수단인 분석기법이 연구 목적이나 자료를 압도하는 본말이 전도된 무의미한 연구들도 양산되고 있는 것이 현실이다. 본고는 연구 목적에 우선순위를 두고 이를 달성하기 위해 이에 맞는 자료를 수집한 후 이를 최소한으로 가공하는 분석기법을 통해 연구 목적을 실증적으로 달성했다는 점에서, 최신 계량 기법 만능주의 풍조에 빠진 연구 풍토에 경종을 울릴 수 있는 논문이라고 평가할 수 있다.

끝으로, 미국에서는 교육·경찰·소방 서비스 등은 지방정부가 생산·공급하는 지방공공재이나, 우리나라 경우 아직도 중앙정부가 이들 서비스를 주도적으로 생산·공급하고 있다. 이러한 지방공공재는 중앙정부의 획일적 결정에 따라 집권적으로 생산·공급하기보다는, 지방 주민의 상이한 선호를 잘 아는 개개 지방정부가 자율적·분권적으로 생산·공급하는 것이 자원 배분 측면에서 더 효율적이라는 것이 경제학계의 정설이다.[49] 나아가 생산비용 측면에서 국가가 생산하거나 지방정부가 생산하거나 차이가 없다면 지방정부가 공공재를 공급하는 것이 사회적 후생을 증대시킬 수 있다는 오츠의 분권화 정리나 재정연방주의 주장 등은 공공재 생산에 있어 중앙·

49) 또한 지방공공재 생산·공급에서 지방정부가 중앙정부보다 효율성을 제고할 수 있다는 점은 경제적 측면에서의 지방정부의 존재 이유가 되고 있다.

지방정부 간 역할 배분의 기준으로 활용될 수 있다. 따라서 최근 논의되고 있는 지방 행정구역 개편 논의와 더불어 현재 중앙정부가 행사하고 있는 지방 공공 서비스 공급·생산 결정권을 지자체에 이양하는 문제도 다시 한 번 심도 있게 논의해야 할 시점이라 사료된다.

참고 문헌

Bradford, D. F., Malt, R. A., & Oates, W. E.(1969). The Rising Cost of Local Public Services: Some Evidence and Reflections. *National Tax Journal*, 22(2): 185-202.

Break, George F.(1967). *Intergovernmental Fiscal Relations in the United States*. Washington, D.C.: The Brookings Institution.

Hospitals.(1964). Guide Issue. August 1. Vol. 40.

National Education Association. Research Division.(1959). *Status and Trends: Vital Statistics, Education, and Public Finance*. Report R13. August.

———.(1966). *Estimates of School Statistics, 1966-67*. Report R20.

U.S. Bureau of the Census.(1951). *Compendium of City Government Finances*.

———.(1954). *City Employment*.

———.(1962). *Historial Statistics of the United States, Colonial Times to 1957* and *Continuation to 1962 and Revisions*.

———.(1963). *City Employment*.

———.(1963~1966). *Governmental Finances*.

———.(1963~1966). *The Current population Reports*.

———.(1965). *Current Population Reports*.

———.(1966). *City Government Finances 1965~1966*.

———.(1967). *Population Estimates, Estimates of the Population of Standard Metropolitan Statistical Areas*. Series P-25, no. 371.

U.S. Department of Health, Education and Welfare.(1964). *Health, Education, and Welfare Trends*.

———.(1967). *Statistics of state School Systems, 1963-4*, Washington, D.C.

———.(1925~1965). *City Public School Teachers*.

———.(1966). *Bulletin*, #1504. May.

6 라인베리와 파울러의 미국 도시의 개혁주의와 공공정책

김재영
(인천대학교 교수)

제 1 절 머리말

지방세 과세와 부문별 세출예산 결정은 지방자치단체의 주요 정책 결정 사항이다.

“어떻게 거둘 것인가?”와 “어느 곳에 쓸 것인가?”를 결정하는 일은 시청 뿐 아니라 시민들의 관심사이기도 하다. 캘리포니아 주 주민들이 1978년 13차 수정헌법을 통해 재산세율을 동결한 것은 이러한 중요성을 반영한다. 우리나라도 최근 들어 재산세 탄력세율 적용을 계기로 지방 재정에 대한 관심이 늘어나고는 있으나 아직 그 수준이 높지 않다.

자치의 역사가 오래된 미국의 경우 1965년을 전후해서 공공정책 결정 요인에 관한 연구가 활발히 진행되었다. 이들의 주된 질문은 재정 지출에 영향을 미치는 요인이 무엇인지 규명하는 데 있었다. 주(州) 또는 도시정부가 복지정책 혹은 경제개발 정책에 비중을 두는 까닭이 인구학적 요인인지, 정치적 요인인지, 아니면 다른 요인인지 밝혀내는 것이 첫 번째 관심사였다(Nagel, 1987).

라인베리(R. L. Lineberry)와 파울러(E. P. Fowler)의 논문은 이러한 연

구 흐름 가운데 대표적이라 할 수 있다. 그들은 폭넓은 자료 분석을 통해 사회경제적 요인과 재정지출 간 관계를 규명하고 이를 바탕으로 정치 제도와 재정지출 간 인과모형을 제시했다. 이들은 또한 그보다 앞서 밴필드와 윌슨(Banfield & Wilson, 1963)이 제기한 중산층 정신(middle-class ethos)도 새롭게 조명한다.

제 2 절 도시개혁주의

미국의 지방정치 개혁운동은 지방행정을 합리적이고 민주적으로 운용하려는 시도로서 멀리 19세기 말의 정치・행정 이원론과도 이념의 맥이 닿아 있다(김재영, 1995). 개혁주의자들이 판단한 기존 정치의 해악은 계급, 인종, 종교 등과 같은 사회 내 분할 요소들을 기존 정치인들이 정파에 유리하게 활용한다는 것이었다.[1] 개혁운동은 기존의 기계정치(machine politics)를 '좋은 정부'로 변화시킬 목적으로 20세기 초반에 특히 활발하게 진행되었다. 개혁운동이 지방행정 분야에 남긴 가장 큰 자취는 (i) 시정관리인제(city manager), (ii) 대선거구제(at-large election), 그리고, (iii) 정당공천 배제 등 정치 제도(political institutions)이다.

시정관리인제는 기존의 엽관주의 전통을 넘어서 능률적이고 경영 감각을 지닌 전문관리인에게 시정을 맡기는 데 목적이 있었다. 이 경우 시정관리인은 선거나 정파, 혹은 특정 이익집단의 영향력에서 벗어나 관리에 전념할 수 있다. 정당 공천을 배제하려는 의도는 중앙 정치의 입김을 벗어나려는 목적 외에 사회경제적 소수자 집단의 영향력이 선거에 바로 직결되는 것을 방지하려는 것이었다. 대선거구제의 도입 역시 특수 이익보다 지역사회 전체의 의사 반영을 염두에 둔 것이다. 일찍이 밴필드와 윌슨(Banfield

1) 개혁주의에 대응하는 기존 정치는 정치기계(political machine) 또는 기계정치(machine politics)로 불린다. 그래서 양자를 비교할 때 개혁 대 기계(reform v. machine)라는 용어를 사용한다.

& Wilson, 1963)이 제시한 중산층 정신은 이 같은 개혁의 핵심을 관통하고 있다. 즉, 이익집단들이 특수 이익을 추구하는 반면 중산층 시민들은 지역 사회 전체의 선을 추구하며 지역 사회 개선을 이루기 위해 세금 부담도 감수한다는 것이다.

개혁 도시들의 성과와 중산층 정신의 존재에 관해서는 논란이 없지 않았다. 일부 학자들은 중산층이 많은 지역일수록 시정관리인제를 도입하는 경향을 발견하기도 했고(Schnore & Alford, 1963), 이에 반해 개혁-비개혁을 가르는 주요 기준은 사회경제적 요인보다 미국의 광역 지역권(regions)이라는 주장도 있었다(Wolfinger & Field, 1966). 뉴욕, 로스앤젤레스, 시카고 등 대도시가 시장제를 유지하고 있다는 단순한 관찰을 통하더라도 대도시일수록 개혁적 정치 제도와 거리가 있다는 느낌을 갖게 된다. 반면 인구 10만 내외의 도시들이 거의 대부분 시정관리인제와 대선거구제 등 개혁적 정치 제도를 취하는 경향을 쉽게 발견할 수 있다. 그럼에도 불구하고 인구 규모, 교육, 사무직 종사자 수, 자가주택 소유 비율 등 사회경제적 변수들이 개혁도시와 비개혁 도시를 가르는 명료한 기준이 되지는 않는다. 기존 연구에서 제기된 지역권 문제에 관하여도 라인베리와 파울러는 지역권은 다소 모호한 변수이며 그 안에 인구 구성의 차이를 포함한다는 점을 들어 반박한다. 이상의 이유로 이들은 종속 변수로서 개혁-비개혁 여부에는 큰 의미를 부여하지 않는다.

대신 라인베리와 파울러는 개혁된 정치 제도를 취한 도시와 그렇지 않은 도시가, 설사 사회경제적 환경이 비슷하다 할지라도 지방세 과세나 정부 지출과 같은 산출 측면의 정책 결정에서 차이를 보일 것이라는 점에 관심을 갖는다. 그들은 "사회경제적 요인이 재정 지출에 영향을 미치는 데 개혁 도시의 경우 그 영향력이 작을 것이다"는 가설을 검증한다. 개혁 도시는 시민들의 요구를 직접 재정 지출에 반영하기보다 합리성을 바탕으로 공공의 이익을 도모한다고 보았기 때문이다.

제 3 절 개혁-비개혁 도시 비교

1 지방세 부담과 재정 지출 비중

라인베리와 파울러의 연구는 미국 내 인구 5만 이상 도시 309개 가운데 200개 표본을 대상으로 했다. 연구의 종속변수는 지역 총소득 대비 지방세와 지역 총소득 대비 정부 지출 두 가지이며, 독립변수는 인구, 인종 분포, 소득, 교육 수준 등 사회경제적 변수들이다. 먼저 정치 제도별로 지방세와 재정 지출 부담을 분석한 결과를 <표 6-1>에 제시했다. 표에서 보듯 두 가지 지표 모두 개혁 도시가 비개혁 도시보다 낮은 것으로 나타나고 있다. 그리고 그 차이는 시장제와 시정관리인제 비교에서 약 0.013 정도로 비교적 크고, 선거구의 경우에도 그 비율이 최소 .008 이상 벌어진다. 이는 개혁주의와 건전한 재정 운영 간 긍정적 상관 관계를 보여 주는 것이다.

<표 6-1>에서 유일하게 예상을 벗어난 결과는 선거 형태에 따른 재정 지출로서, 정당 공천을 하지 않는 도시가 공천제를 적용하는 도시에 비해 소득 대비 재정 지출이 약간 많게 나타난다. 라인베리와 파울러는 기존의 연구 결과를 인용하여 이 현상에 대해 설명한다. 즉, 투표 용지에서 정당이

〈표 6-1〉 정치 제도에 따른 지방세와 재정 지출 비율

	정치 제도	지방세/지역 총소득	재정 지출/지역 총소득
정당 공천 여부	정당 공천	.032	.050
	정당 공천 배제	.030	.053
정부 형태	시장제	.037	.058
	시정관리인	.024	.045
	위원회제	.031	.057
선거구 형태	소선거구(ward)	.036	.057
	대선거구(at-large)	.027	.049

사라질 경우 선거 과열 현상을 방지할 수 있는 장점이 있는 반면 인종, 종교 등 분할된 계층들의 요구가 정당이라는 여과 장치를 거치지 않고 그대로 정치권에 전달되어 재정 지출을 늘일 수 있다는 것이다.

2 매개변수로서 도시 개혁의 영향

다음으로 이들은 인구, 유색인종 비율, 소득, 교육 수준 등 12개 독립변수와 종속변수(지방세, 재정 지출) 간 상관 관계를 개혁도시와 비개혁도시 각각의 회귀분석을 통해 측정했다. 측정 방법은 독립변수들로써 종속변수를 얼마나 설명하는가 하는 결정 계수(R^2)의 값을 비교하는 것이다.

<표 6-2>에 제시한 바와 같이 전반적으로 개혁 도시에 비해 비개혁 도시의 결정 계수가 높게 나타났다. 시정관리인제와 시장제, 정당 공천 배제와 정당 공천, 대선거구와 소선거구 등 모든 항목에서 지방세와 재정 지출을 막론하고 비개혁적 제도의 결정 계수값이 개혁주의에 비해 10% 이상 높게 나타났다. 이 결과는 비개혁 도시일수록 사회경제적 요인 혹은 시민의 요구가 재정 지출에 더 강하게 반영되는 것을 뜻하며, 연구 가설을 강력하게 뒷받침하고 있다. 다만 개혁을 표방하는 위원회제의 경우 결정 계수

〈표 6-2〉 정치 제도별 회귀분석의 결정계수 비교

독립변수	정치 제도 변수		종속변수와 결정 계수(R^2)	
			지방세 /지역 총소득	재정 지출 /지역 총소득
인구, 인구 증가, 유색인종 비율, 국내 출생 비율, 소득중위수, 교육 수준 등 12개	개혁	위원회제	.62	.59
		시정관리인제	.42	.30
		정당 공천 배제	.49	.36
		대선거구제	.49	.41
	비개혁	시장제	.52	.42
		정당공천제	.71	.49
		소선거구제	.59	.59

값이 .62와 .59로 비개혁 도시보다도 사회경제적 요인이 높게 반영되는 것으로 나타나고 있다. 위원회제는 비록 개혁적 제도로서 도입되기는 했지만, 이 논문에서 시도한 여러 가지 분석 결과 일관되게 비개혁적 특성을 보이고 있다. 라인베리와 파울러는 이 점을 별도로 규명하지 않았으나, 위원회제를 채택하는 도시가 불과 몇 개 되지 않는 사실을 감안할 때 결과에 큰 의미를 두지 않아도 무방할 듯하다.2)

3 중산층 변수와 재정 지출

다음으로 소득, 사무직 비율, 교육 수준 등 중산층을 나타내는 변수들과 재정 지출 간 상관 관계를 조사했다. 조사 가설은 두 가지이다: 첫째, 중산층이 많을수록 지방세와 재정 지출 비중이 높을 것이다. 둘째, 중산층과 재정 지출 간 관계는 비개혁 도시에서 더 강하게 나타날 것이다.

조사 결과 중산층 비율과 재정 지출의 관계는 대체로 역(−)으로 나타났으며, 대부분 상관 계수의 절대값이 .15 이상으로서 통계적 유의성을 보여주었다. 이 결과는 중산층이 많은 도시일수록 재정 지출에 소극적인 경향을 보이는 것으로 해석할 수 있다. 이처럼 중간 계층 시민들이 정부 지출 수준을 낮추고자 하는 현상은 밴필드와 윌슨(Banfield & Wilson, 1963: 36)에서도 발견되었으며, 이후의 연구에서도 거의 일관되게 되풀이되고 있다(Liebert, 1974). 한 가지 눈여겨 보아야 할 것은 그와 같은 부정적 관계가 개혁 도시에서 비교적 높았다는 점이다. 따라서 첫 번째 가설뿐 아니라 두 번째 가설도 입증되지 못했다.

자가주택 소유자 비율은 중산층 변수와 별도로 분리하여 분석했는데, 이 경우도 지방세나 재정 지출 부담과 역(−)의 관계를 보였다. 이처럼 자가주택 소유자가 많을수록 재정 지출 수준이 낮은 것은 도시의 인구밀도와 관

2) 김재영(1995)은 인구 75,000 이상 미국 도시 243개를 전수 조사했는데 이 가운데 위원회제를 채택한 도시는 8개에 불과했다.

〈표 6-3〉 정치 제도별 자가주택 소유율과 재정 지출 간 상관 관계

	정치 제도	지방세/지역 총소득	재정 지출/지역 총소득
정당 공천 여부	정당 공천	-.64	-.62
	정당 공천 배제	-.45	-.40
정부 형태	시장제	-.57	-.51
	시정관리인	-.31	-.23
	위원회제	-.73	-.62
선거구 형태	소선거구(ward)	-.56	-.50
	대선거구(at-large)	-.48	-.40

계 있는 것으로 해석하고 있다. 즉, 자가주택 소유 비율은 인구밀도와 밀접한 관계를 보이며, 인구밀도가 높다는 것은 도시화 수준을 의미하기 때문에 재정 지출이 늘어날 수밖에 없다는 것이다. 그렇지만 흥미롭게도 시장제, 정당공천제, 소선거구제를 유지하는 비개혁 도시에서 그 상관 계수의 절대값이 높은 것으로 나타났다. 이것은 재산세의 주납세자인 주택 보유자들의 의사가 비개혁 도시에서 더 강하게 반영되는 것으로 해석할 수도 있지만, 비개혁 도시의 인구밀도가 상대적으로 높다는 해석도 가능하다.

끝으로 라인베리와 파울러는 인종 혹은 종교적 소수집단과 재정 지출의 상관 관계를 규명했다. 분석 결과 예상했던 대로 소수집단이 많을수록 재정 지출 수준이 높은 것으로 나타났으며, 그 상관 계수가 개혁 도시보다는 비개혁 도시에서 높았다. 이 결과는 최초의 연구 가설을 뒷받침한다.

4 가설적 인과모형

이제까지는 개혁주의 변수를 개별적으로 분석했다. 그런데 이들은 4단계로 구분되는 개혁지수를 만들어 각 단계별 사회경제적 변수와 재정 지출 변수의 상관 관계를 조사했다.[3] 이 조사에 동원한 사회경제적 변수는 인종,

3) 개혁지수의 구성은 다음과 같다. 앞서 논의한 시정관리인제, 정당 공천 배제, 대선거구

〈표 6-4〉 개혁지수별 재정 지출과 사회경제적 변수의 상관 관계

	사회경제적 변수	개혁지수			
		1	2	3	4
지방세/ 지역 총소득	인종	.62	.41	.50	.34
	사립학교	.40	.32	.28	.25
	자가주택 소유	-.70	-.39	-.54	-.44
	교육 수준	-.55	-.27	-.32	-.13
재정 지출/ 지역 총소득	인종	.51	.27	.41	.05
	사립학교	.46	.23	.16	.08
	자가주택 소유	-.67	-.30	-.54	-.38
	교육 수준	-.49	-.19	-.38	-.37

사립학교 등록률, 자가주택 소유 비율, 교육 수준 등 네 가지였다. 조사 결과 <표 6-4>에서 보는 바와 같이 개혁 도시일수록 비개혁 도시에 비해 사회경제적 변수와 재정 지출 변수 간 상관 관계의 절대값이 작은 것으로 나타났다. 이는 사회 요구에 대한 정부의 대응성이 대체로 낮은 것으로 해석할 수 있다. 물론 이 결과에서 특히 (2)단계와 (3)단계의 경우는 가정한 순서대로 나타나지 않고 있으나, 적어도 개혁 도시(4)와 비개혁 도시(1) 간 단순 상관 계수는 뚜렷한 차이를 보여 주고 있다. 앞의 분석에서도 나타난 바와 같이 인종이나 사립학교 등록률과 같이 소수집단의 존재를 나타내는 변수는 지방세나 재정 지출과 긍정적 상관 관계를 보이고 있는 반면, 자가주택 소유 비율이나 교육 수준과 같은 중산층 변수는 지방세와 재정 지출 모두와 역의 상관 관계를 보인다. 라인베리와 파울러는 이 결과를 크게 중시하지 않는다면서도 "사회적 분할 요소가 비개혁 도시에서 더 강하게 반영된다"는 가설을 지지하는 것으로 해석했다.

이상의 논의를 바탕으로 이들은 아래와 같은 가설적 인과모형을 구성했다. 사회경제적 요인들이 도시의 정치제도를 결정하는가 하는 문제는 여전히 논란의 여지가 있다. 이들의 논문에서는 그 문제를 일단 접어두고 정치

제 등 세 가지 요소 가운데 하나도 해당되지 않는 경우 1, 한 가지만 채택한 경우 2, 두 가지를 채택한 경우 3, 세 가지 모두를 채택한 완전 개혁 도시에 4 점을 부여했다.

[그림 6-1] 가설적 인과 모형

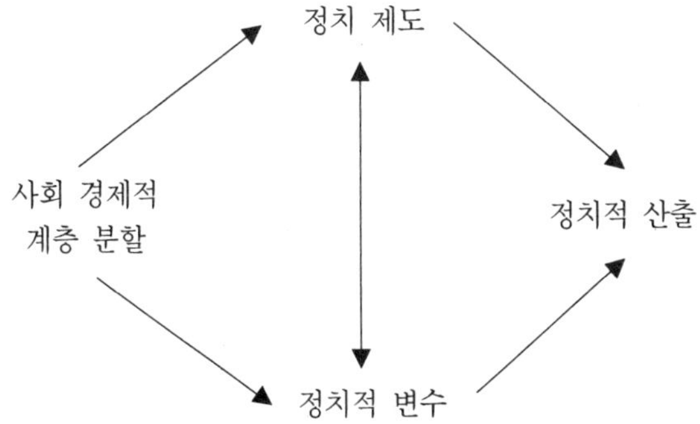

제도가 시민들의 요구를 정치적 산출로 변환하는 데 일정 역할을 한다는 점을 보여 주고 있다. [그림 6-1] 하단의 정치적 변수는 정당 활동, 이익집단의 역할, 투표율 등을 의미하며 이 논문에서는 다루지 않았다. 이들이 내린 결론을 요약하면 다음과 같다:

첫째, 시장제, 정당공천제, 소선거구제 등 이른바 기존 정치 제도들은 시민들의 요구 또는 도시에 내재하고 있는 계층 갈등을 더욱 강력하게 정치적 산출에 전달한다.

둘째, 반면 개혁 도시에서는 그와 같은 개별 이익보다는 지역사회 전체를 위한 합리적 정책 결정이 이루어지는 경향이 있다.

제 4 절 평가적 의견

'좋은 정부'를 표방하는 개혁주의는 마치 엽관주의를 타파하고자 등장한 실적주의에 비견될 정도로 행정의 합리성, 민주성, 효율성을 약속하는 듯하다. 그런 점에서 도시 개혁주의가 합리적 재정 지출 결정, 나아가 건전 재정을 도모하게 한다는 라인베리와 파울러의 분석 결과는 매우 고무적이다. 이 논문은 어쩌면 개혁주의의 장점을 가장 부각시킨 글로 평가받을 만하며,

그런 측면에서 자주 인용된다(Peterson, 1981). 그렇지만 이들의 분석은 여러 방면에서 비판을 받는다.

먼저 리버트(Ronald J. Liebert)는 이 논문이 이론적으로 또 방법론상으로 문제가 있음을 지적한다. 그는 라인베리와 파울러가 제시한 연구 가설을 다음 네 가지로 요약했다.

1-a) 중산층이 많을수록 지방세와 지출 수준이 높을 것이다.
   b) 위 관계는 비개혁 도시에서 더 강하게 나타날 것이다.
2-a) 소수집단이 많을수록 지방세와 지출 수준이 높을 것이다.
   b) 위 관계는 비개혁 도시에서 더 강하게 나타날 것이다(Liebert, 1974: 778).

리버트는 이 가운데 1-b)가 이론적으로 명쾌하지 않다고 비판한다. 실제 조사에서도 가설 1-a)가 기각되었고, 1-b)의 경우 당초 가정했던 바의 역(-)의 관계, 다시 말해 중산층이 두터울수록 지출 수준이 낮았으며 그 정도가 개혁 도시에서 더 심한 것으로 드러나 이론이 뒷받침될 만한 해석을 어렵게 하고 있다.

그러나 그가 더욱 심각하게 제기하는 문제는 자료와 방법론이다. 라인베리와 파울러 연구의 분석 단위는 인구 5만 이상의 미국 도시였는데, 각 도시마다 담당 기능에 큰 차이가 있으며 이것이 재정 지출 규모에 직결된다는 것이다(Liebert, 1974). 특히 특별구(special districts)가 도시와 중첩되어 설치된 교육 분야는 문제가 심각하며, 복지 기능의 경우도 주정부와 기능 또는 재정 분담이 각양각색이다. 이 밖에 주택 및 도시재개발, 보건, 도로 등 거의 모든 부문에 걸쳐 도시마다 담당 기능에 차이가 있다는 것이다. 이 같은 기능별 편차를 감안하여 모집단을 대상으로 재분석한 결과, 라인베리와 파울러의 분석 결과와 달리 소수집단과 재정 지출 간 긍정적 상관관계를 발견하지 못했다(가설 2-a 기각). 이 밖에 중산층이 많을수록 재정 지출이 작다는 결과의 유의성도 당초 분석만큼 현격하지 않은 것으로 나타났다(Liebert, 1974). 한편 1948년부터 1973년 사이 정치 제도를 변경한 11개 도시에 대한 시계열 분석에서도 정치 제도가 재정 지출에 미치는 영향이 미미한 것으로 드러났다(Morgan & Pelissero, 1980). 물론 이러한 비판이 라인베리와 파울러의 분석 결과나 인과모형을 완전히 부정하는 것은 아니다. 그들의 가장 중요한 가설인 개혁주의 정치 제도의 매개변수 역할은 대체로 유효하며, 지방 재정 지출 축소를 지향하는 중산층의 행태도 직관적으로나 경험적으로 뒷받침되고 있다.

이들이 제시한 정치 제도 모형은 지방선거의 정당 공천 문제나 선거구 획정 문제가 종종 논의되는 우리나라 지방자치제도에 주는 시사점도 적지 않다. 다만 우리나라 지방자치단체가 안고 있는 한계를 감안할 때 사회경제적 요인이 정책 결정에 영향을 미치는지 혹은 중산층 정신이 작동하는지 여부를 검증하는 것은 현재로서 큰 의미가 없다. 특히 세목과 세율 책정이 철저히 집권화되어 있는 지방세 분야는 더욱 그러하다. 상대적으로 지역간 다양성을 보일 수 있는 분야는 세출 측면일 것인데, 지방자치 실시 이후 자치단체의 정책에 변화가 있는지 여부를 검증한 유재원(1999)의 논문은 그러한 가능성을 보여 주고 있다. 그는 지방자치 실시 이후 시장경제적 요소보다는 정치적 자율주의에 의해 지방의 정책이 결정된다는 분석을 내놓았다. 앞으로 사회경제적 요인과 정치 제도 요인이 정치적 산출에 미치는 영향을 함께 규명할 수 있다면 지방의 정책 결정 분야에 새로운 조명을 비출 수 있을 것이다.

참고 문헌

김재영.(1995). 지방정치구조와 정책산출: 미국 도시의 공채정책분석. 「한국정책학회보」. 4(1): 138-145.

유재원.(1999). 단체장 민선 이후 자치단체의 정책 변화: Peterson의 도시한계론 검증. 「한국정책학회보」. 8(3): 79-98.

Banfiel, Edward C. & Wilson, James Q.(1963). *City Politics*. Cambridge, MA: Harvard University Press.

Liebert, Ronald J.(1974). Municipal Functions, Structure, and Expenditures: A Reanalysis of Recent Research. *Social Science Quarterly*. 54: 765-783.

Lineberry, Robert L. & Fowler, Edmund P.(1967). Reformism and Public Policies in American Cities. *American Political Science Review*. 61: 701-716.

Morgan, David R & Pelissero, John P.(1980). Urban Policy: Does Political Structure Matter? *American Political Science Review*. 74: 999-1007.

Nagel, Stuart.(1987). Evaluating Public Policy Evaluation. *Policy Studies Journal*. 16(2): 219-232.

Peterson, Paul E.(1981). *City Lim its*. Chicago: University of Chicago Press.

Schnore, Leo & Alford, Robert.(1963). Forms of Government and Socio-Economic Characteristics of Suburbs. *Administrative Science Quarterly*. 8: 1-17.

Wolfinger, Raymond & Field, John O.(1966). Political Ethos and the Structure of City Government. *American Political Science Review*. 60: 306-326.

제 3 편 지방세입과 지방재정조정

1 조지의 토지단일세

김정완
(대진대학교 교수)

제 1 절 머리말

조지(Henry George)는 19세기 후반에 사회 진보와 시장경제가 경제적 부(富)를 증대하는 과정에서 발생하는 사회적인 부산물을 경험하게 된다. 조지는 자신의 인생의 전반부(25년)에는 신분적 노예제를 경험하고 후반부에는 토지사유제에 의한 경제적 노예제를 목격하게 된다. 경제 성장의 과실(果實)은 지주가 독점하는 데 반해 대다수는 비참한 생활을 면치 못하고, 스미스(Adam Smith)가 제시한 '보이지 않는 손(invisible hand)'이 작용하는 시장에서는 독점이 성행하고, 민주적인 정부에서는 특권과 부패가 만연하고 있었다. 이에 덧붙여 정치경제이론은 이러한 부작용을 용인하고 고착화시키기 위한 이데올로기로 작용하고 있었다.

조지에 의하면, 출발점이 불평등한 상태에서의 자유경쟁은 사회구성원들간의 불균형을 심화시키고 경쟁에서 우위를 점한 계층은 자신의 입장을 견지하고 정당화하기 위한 이데올로기를 구축한다는 것이다. 맬서스(Robert Malthus)는 그의 『인구론』에서 빈곤의 원인을 노동자들의 무분별한 출산에 의한 인구 증가에서 찾고 있다. 맬서스는 빈곤의 원인을 노동자들의 탓으로 돌리면서 인간의 기본적인 욕구이고 사회를 지탱할 수 있는 생식의 욕구까지 억제하고 있다. 이는 프랑스혁명 후 정치적 영향력이 증대되는 노동자 계층의 성장에 두려움을 느낀 지주 계층을 비롯한 기득권층이 자신들의 특권을 보호하기 위한 이데올로기로 작용했다는 점은 주지의 사실이다.

조지는 이러한 구조적 불평등 관계를 해소하기 이데올로기와 사회개혁이라는 양 측면에서 문제를 제기했다. 그는 구성원들 간의 불평등의 원인을 신이나 자연의 탓으로 돌리는 데 반대한다. 자연은 인색하지 않고, 창조자는 전능하고 자애로워 모든 구성원들이 만족할 수 있는 여건을 이미 조성해 주었다고 본다. 다만 사회 제도가 이를 방해하거나 제약할 따름이다. 사회 제도는 관습이 제도화된 것(powers of habit)이기 때문에 구성원들은 이를 인식하지 못한다. 불합리하고 불평등한 상태를 자연 질서의 일부로 오해한다. 기득권층은 교육·종교·정책 등을 통해 왜곡된 상태를 지속시키고자 한다는 것이다.

따라서 조지는 당시 미국에서 전개되고 있던 고전파 경제이론과 제도적 불합리성에 눈을 뜨게 된다. 그는 사회개혁가 이전에 개신교 신도로서 종교적인 소명 의식으로 무장되어 있었다. 특히 신과 자연의 이름으로 불평등을 정당화하는 현실에 심한 저항감을 갖게 된다.

무엇보다도 조지는 눈부시게 진보하는 현대 사회 속에서 왜 빈곤의 문제가 심화되는가라는 '현대 문명의 수수께끼'에 관심을 갖게 된다. 현대 사회의 생산 과실은 토지·자본·노동이라는 투입 요소별로 지대·이자·임금의 형태로 분배된다. 자본과 노동은 인위적인 요소로서 증대될 수 있는데 반해 토지는 자연적인 요소로서 제한적이기 때문에 희소성이 높아지면서 생산에 따른 지대 분배율이 높아지고 상대적으로 이자와 임금은 축소된다고 본다. 따라서 지주 계층이 부유해지는데 반해 자본가 계층과 노동자 계층은 취약해진다. 그래도 자본가 계층은 기본적으로 경제력이 뒷받침되는 유산 계층에 속하기 때문에 가장 피해를 보는 계층은 노동자 계층이다. 실제로 노동은 자본에 선행하는 생산 요소이고 자본의 상당 부분은 생산 활동 과정에서 노동에 의해 증대된다. 따라서 노동자 계층은 지주 계층과 자본가 계층에 생산 과실이 집중되는 과정에서 이중으로 상대적 박탈감을 감내해야 하는 상황이 전개된다. 조지는 이러한 모순된 분배구조 속에서 노동자 계층의 빈곤 원인을 규명하고 이에 대한 정책 처방을 제시했다.

그는 생전에 『토지와 토지정책』(1870), 『진보와 빈곤(*Progress and Poverty*)』(1879), 『사회문제』(1883), 『보호무역과 자유무역』(1886)을 비롯한 많은 논문과 저서를 출판했다. 특히 『정치경제 과학』(1890)는 아들에 의해 최종적으로 완성되었고, 『진보와 빈곤』은 당대 최고의 베스트 셀러였다.

그는 대표적인 저서인 『진보와 빈곤』에서, 지속적인 경제적 진보에도 불구하고 계층 간의 극심한 소득 격차에 의한 사회적인 빈곤과 주기적인 경제불황은 토지사유제로 말미암아 지대가 지주에게 배타적으로 귀속되기 때문에 발생한다고 설파했다. 이를 해소하기 위해서는 지대를 정부가 조세로 징수하여 재분배정책을 펴야 한다고 주장하고 있다. 이와같이 물질적 진보가 빈곤을 수반하는 원인을 토지 독점에서 찾고 그 해결책으로 '토지단일세(single tax)'를 주장하는 조지의 견해는 많은 지지자를 확보하게 되었다.

이 논문은 『진보와 빈곤』에서 제기된 사회개혁의 일환인 토지단일세의 사상적 배경과 그 내용을 소개함으로써 산업화 과정에서 야기되는 현대 사회의 빈곤 문제를 해소하기 위한 단초를 얻고자 한다. 자본주의 사회의 가장 큰 병폐인 빈부 격차의 원인을 규명하고 이에 대한 정책대안을 위한 함의를 도출하고자 한다. 특히 우리나라는 국토가 협소한 관계로 가용 면적이 한정되어 있고 소수계층이 토지를 독점함으로써 부의 불평등이 야기될 수 있기 때문에 이에 대한 세법적 처방을 마련할 필요가 있다.

제 2 절 조지의 경제이론

1 분배이론

조지는 빈곤의 원인을 생산 측면의 한계에서 찾으려는 고전파 경제학의 시각을 비판하고 있다. 인구론은 생산의 증가가 인구의 증가를 따라가지 못하기 때문에, 임금기금설은 총자본 중 임금기금의 크기가 고용의 크기를 제약하므로, 지대이론은 수확 체감의 법칙과 한계지의 낮은 생산성으로 인해 각각 임금이 하락한다는 것을 주장한다.

그러나 조지는 빈곤의 원인을 고전파와 달리 분배 측면에서 찾아야 한다는 점을 강조한다. 조지는 인구 증가에 의한 사회자본의 증가로 규모의 경제와 협업의 경제가 발생하여 인구 증가에 의한 생산 체감 이상의 생산 체증이 발생한다는 주장을 하고 있다. 또한 기술혁신으로 인해 한계토지의 생산성도 향상된다고 주장하고 있다. 이와같이 여러 요인에 의해 생산물의 증대는 늘어나는 인구를 충족시키고도 여유가 있다는 것이다. 다만 토지·자본·노동의 생산 요소에 대한 과실의 분배면에서 자본이나 노동보다는 지대라는 형식으로 토지에 과도하게 분배되기 때문에 지주층은 부유해지는 데 반해 노동자들은 상대적으로 가난해진다는 분배상의 문제점을 지적한다.

1) 지대의 요인과 규모

조지는 토지를 일차적인 생산 요소로 간주한다. 따라서 생산의 과실도 일차적으로 지대에 분배하고 여타 부분을 임금과 이자로 분배한다. 여기서 조지는 지주에게 분배되는 지대를 "토지 혹은 다른 자연적 능력의 소유자에게 그 소유권에 의해 귀속되는 생산물의 일부"라고 정의한다. 따라서 토지개량물에 대한 대가는 지대가 아니라 이윤인 반면에 자기 소유 토지에 대해 발생하는 귀속지대는 지대에 포함된다.

조지의 지대의 규모를 리카도의 차액지대론의 관점과 한계 원리에 의해 규정하고 있다. 즉 지대는 동일한 투입으로 한계토지에서 얻을 수 있는 정도를 초과한 생산물의 크기로 결정한다. 조지는 식(1)에 의해 일단 지대 법칙이 확정되고 나면 임금법과 이자 법칙이 자동적으로 결정된다는 점을 제시한다.

$$\text{생산물} = \text{지대} + \text{임금} + \text{이자} \qquad (1)$$

$$\text{생산물} - \text{지대} = \text{임금} + \text{이자} \qquad (2)$$

두 식은 지주 계층과 비지주 계층(노동자와 자본가의 연합) 간에 대립 관계가 존재함을 보여 보여 준다. 생산의 과실 중에서 지주 계층이 차지하고 남은 부분을 비지주 계층이 차지하게 된다. 이때 지주 계층이 정당한 근거 없이 많은 부분을 차지하기 때문에 비지주 계층인 노동자가 가난해진다는 것이다. 또한 조지는 자본가 계층과 노동자 계층 간에는 상호 우호적인 관계가 성립하기 때문에 배분상의 문제는 지주 계층과 비지주 계층 간에만 존재한다는 점을 분명히 하고 있다.

식(1) (2)를 변형시켜 식(3)을 도출할 수 있다. 식(3)에 의하면 생산물에서 이자를 제외한 부문이 지대와 임금으로 분배된다. 그 결과 자본가 계층과 비자본가 계층(지주와 노동자) 간에 갈등이 발생할 수 있다. 그러나 조지는 자본과 노동의 상호 동일성과 호환성을 인정한다. 자본과 노동은 동일하게 인간의 노력에 의해 결정되고 자본은 노동의 결과로서 발생·증대된다는 점에서 노동의 하위 개념에 속하고, 이를 식(4)로 표현할 수 도 있다. 반면에 토지는 자연에 의해 주어진 것이기 때문에 토지에서 발생하는 지대를 개인의 소유권을 인정하는 것은 불합리하다. 조지는 로크(John Locke)의 재산권이론과 마찬가지로 노동과 노력이 투하된 경우에만 정당한 소유권을 인정하고 있다. 토지는 공유물이고 토지가 발생시키는 지대를 개인 소유로 전환할 수 없다. 또한 지대는 토지 소유자의 노동이 가미되지 않은 불로소득에 해당되기 때문에 지주의 귀속권을 인정할 수 없다는 것이다. 그럼에도 불구하고 현실에서는 토지의 개인 소유가 인정되어 지대가 부당하게 지주에게 귀착된다는 점을 지적하고 있다.

$$\text{생산물} - \text{이자} = \text{지대} + \text{임금} \qquad (3)$$

$$\text{생산물} - \text{지대} = \text{임금} \qquad (4)$$

2) 지대분배율의 변화

조지는 장기적으로 자본과 노동은 가변적이고 증대되는 것이 일반적인 현상인데 반해 토지는 고정되어 있다는 점을 전제로 한다. 토지는 인간의 노력으로 규모를 증대시키는 데는 한계가 있다. 따라서 토지의 이용 대가

인 지대는 증가하는 데 반해 임금과 이자는 고정되어 있거나 감소하게 된다. 그는 지대의 절대적인 규모가 증가할 뿐만 아니라 생산물의 분배면에서 지대가 차지하는 지대분배율이 높아지는 요인에 관심을 가졌다. 조지는 지속적으로 지대분배율이 증대되는 요인을 세 가지 관점에서 찾고 있다.

첫째, 인구 증가를 들 수 있다. 인구의 증가는 식량 수요를 확대시키고 지속적인 한계토지의 개발이 이루어진다. 한계토지에서는 지대가 발생하지 않을 것이다. 왜냐하면 지주가 지대를 요구하는 경우 한계토지를 이용하지 않기 때문이다. 반면에 한계 내 토지(intra-margin)에서 지주는 한계토지에서 생산되는 생산물 이상의 초과 생산물에 대해서는 지대를 요구하게 된다. 한계토지가 확대됨에 따라 한계토지와 한계내 토지 간의 생산성의 격차는 더 벌어지고 그만큼 지대의 규모가 커지고 지대분배율이 높아진다.

고전학파의 임금기금설에 의하면 인구 증가는 임금의 하락을 초래하게 되어 빈곤의 문제가 발생한다고 보았다. 그러나 조지는 인구 증가가 한계토지를 확대시킴에 따라 한계 내 토지의 지대가 상승하여 빈곤이 나타난다고 보고 있다.

또한 인구의 증가는 집적의 효과를 발생시키기도 한다. 인구가 특정 지역에 집중하는 경우 사회적 자본의 증가와 함께 분업과 협업의 증대로 사회적 효율성이 향상되어 토지의 가치가 상승하게 된다. 기술 진보 없이 인구만 증가해도 집적의 효과로 인해 해당 지역의 노동의 생산성이 향상되어 한계토지와 한계 내 토지 간의 생산성의 격차가 확대되어 그 만큼 지대분배율이 증가된다.

둘째, 기술 진보가 나타나면 지대분배율이 증가한다. 기술 진보는 노동의 필요성을 절감시킴에 따라 분배에서 임금분배율을 감소시키고, 새로운 인간의 욕구를 발생시키기 때문에 토지에 대한 수요가 증가된다. 따라서 기술 진보에 의해 생산성이 증가되어도 지대분배율이 증가하지만 상대적으로 임금분배율은 적어지게 된다.

기술 진보가 분배에 미치는 영향에 관해 조지와 리카도의 견해는 일치하지 않는다. 리카도는 기술 진보는 한계 내 토지에 경작으로도 충분한 곡물 수요를 충족시킬 수 있기 때문에 한계토지가 추가로 개발될 필요가 없어

한 개내 토지의 지대 상승이 이루어지지 않는다고 보고 있다. 리카도(David Ricardo)는 곡물 수요는 인구 증가에 의해서만 영향을 받을 뿐이고 기술 변화에 의해서는 중립적이라는 점을 제시한다.

그러나 조지는 기술 진보는 생산력을 증대시키지만 다른 한편에서는 새로운 수요를 발생시킨다는 점을 제시한다. 리카도는 인간의 식량에 대한 욕구는 제한되어 있다고 보지만, 조지는 기술 진보는 인간의 식습관과 소비 행태를 변화시켜 식량에 대한 새로운 욕구를 발생시킨다는 점을 주장한다. 조지는 "식량을 비롯한 일반적인 수요는 수요하는 것을 얻을 수 있는 능력에 비례하여 증가하고, 평민의 생존 물자인 빵과 채소를 공급하는 데에는 약간의 토지면 충분하지만 왕의 수요를 충족시키기 위해서는 많은 토지가 필요하다"는 점을 논거로 삼아 자신 주장을 뒷받침하고 있다. 이와같이 기술 진보는 식량에 대한 수요를 증대시켜 한계토지를 확대시킴에 따라 한계 내 토지의 지대가 높아져 지주의 지대분배율이 상승함에 따라 임금노동자들이 가난해진다는 것이다.

셋째, 투기적 토지 수요가 지배분배율을 높인다. 조지에 의하면 인구 증가와 기술 진보는 지대를 상승시킨다. 사회가 지속적으로 진보한다는 사실을 기초할 때에 인구 증가와 기술 진보는 시대의 대세로 받아들여지고 이는 미래의 지대 상승에 대한 기대를 강화시킨다. 이러한 기대 속에서 장래지가 상승과 지대 인상을 목적으로 하는 투기적 수요가 발생한다. 토지를 투기적 목적으로만 보유할 뿐이고 생산 활동에 활용하지 않게 됨에 따라 새로운 한계토지가 개발된다. 그 결과 한계내 토지의 지대가 상대적으로 확대되어 지대분배율이 증가되는 반면에 임금분배율이 하락하여 노동자들의 빈곤을 초래한다는 것이다.

2 조지의 경제사상의 함의

조지는 인구 증가・기술 진보・토지 투기 등에 의해 장기적으로 지대분배율은 증가하고 임금분배율과 이자분배율은 상대적으로 하락함에 따라 사회경제적 진보가 노동자를 중심으로 한 빈곤층을 양산한다는 점을 지적하고 있다.

인구 증가와 기술 진보가 이루어지고 있는 사회적 발전 과정에서 지대분배율은 지속적으로 상승하고, 상승한 지대를 지주라는 특정 계층이 독점할 수 있는 토지사유제가 존재하기 때문에 '진보 속에 빈곤'이라는 모순된 현상을 목도하게 된다.

토지사유제 하에서는 인구 증가와 기술 진보에도 불구하고 노동자는 자기 노동의 과실 중에서 과도한 비율을 지대 형태로 부담하기 때문에 생존에 필요한 최저 임금 수준에 얽매이게 된다. 노동자는 무기력한 노예 상태로 전락하고 만다. 노동자가 무기력한 이유는 자신의 노력에 대한 정당한 분배율을 확보할 수 있는 수단(토지)을 갖고 있지 못할 뿐만 아니라 지주에게 공동으로 대항할 수 있는 조직력도 갖추지 못하고 있기 때문이다. 노예제도는 두 가지 유형이 있다. 전쟁 포로와 토지사유제가 이에 해당된다. 역사적으로 볼 때 전쟁 포로는 극히 한정되어 있는데 반해 토지에 예속된 노예 제도는 광범위하게 발견할 수 있다. 이집트의 노예 제도는 파라오 왕이 토지를 독점하면서 발생했고, 폴란드의 농노나 러시아의 소작농도 토지사유권에 의해 비롯되었다. 이들 국가들은 개인의 토지 사유가 인정되면서 국가재정이 궁핍해지고 대중의 생활상이 취약해져서 국가 기반이 급속하게 무너져 내렸다. 조지는 로마제국의 붕괴 원인도 토지사유제에서 찾고 있다. 토지의 공동 소유 원칙이 로마법 원리에 의해 절대적 사유 제도로 전환함에 따라 부의 편중과 노동계층이 궁핍화로 쇠퇴의 길을 걷게 되었다는 것이다. 유럽의 여러 국가들은 로마법의 원리를 극복하면서 토지소유권을 국가 권력에 복속시키는 봉건 제도를 완성시킴으로써 안정적인 국가 체제를 유지했다.

그러나 근대에 이르러 자연법 사상과 함께 재산권의 신성불가침이 인정되면서 토지 사유 제도가 나타났다. 그 결과 노동자들은 봉건적 억압에서 정치적 자유를 얻었지만 경제적 자유를 상실하는 결과를 초래했다. 특정 계층에게 토지 사유를 인정함으로써 이들에 대한 봉건제 하의 도덕적 의무감과 책임이 해소된 반면에 노동자들의 생활은 더욱 궁핍해졌다. 지주 계층은 식솔을 부양해야 할 의무와 국가에 대한 재정 부담이 경감되고 노동자 계층으로부터 지대를 챙길 수 있게 되었다. 반면에 노동자 계층은 예전에 지주계층이 납부했던 국가재정 부담을 자유의 대가로서 조세라는 형식으로 감당해야 하고, 자기 생계를 스스로 책임져야 하고 이를 위해 지주 계층에게 막대한 토지 토지사용료(지대)를 지불해야만 했다. 그 결과 근대의 자유와 평등은 구호에 불과하고 노동자 계층은 노예화의 길을 걷게 되었다. 특히 토지는 점점 희소해지고, 공공 토지의 규모가 축소되면서 토지 소유의 집중 현상이 심화됨에 따라 생존에 필요한 조건을 갖추지 못한 노동자의 비율은 점점 증대되어 갔다.

토지 사유 제도를 근간으로 하는 근대 경제 체제 하의 노동자들은 예전에 노예와 농노들이 누렸던 기본 생존권마저도 보장받지 못하게 되었다. 근대 경제 체제는 예전보다 더 많은 부를 창조했지만 노동자 계층은 더욱 취약해졌다. 이를 '맷돌의 법칙'으로 설명할 수 있다. 토지사유제는 멧돌의 아랫돌이고 이를 바탕으로 지탱하는 물질적인 진보는 윗돌에 해당된다. 멧돌이 돌아가는 과정 중에 노동자는 그 틈새에서 알맹이(인격체)에서 분발(노예)로 변화해 간다. 이러한 관점에서 조지는 토지 사유 제도가 존재하는 한, 노예 해방은 의미가 없고 어떤 공화국이 인권의 불가침성을 천명한다 하더라도 공허한 것이라는 점을 주장한다.

따라서 조지는 노동자가 자신의 노동의 대가를 온전히 보장받을 수 있는 경제 정의가 실현되어 사회적 빈곤이 타파되기 위해서는 토지의 사적 소유를 공동 소유로 바꾸어야 한다고 주장한다. 그 밖의 어떤 방법도 사회 병폐를 개선하지 못할 뿐만 아니라 미래에 대한 희망을 주지 못한다. 현대 문명에서 명백히 나타나고 있는 부당하고 불평등한 부의 분배에 대한 유일한 해결책은 바로 토지의 공동 소유라는 점을 천명한다.

그렇다고 해서 조지는 토지의 국유화나 매수를 의미하지는 않는다. 조지는 사회주의와는 분명히 구별된 입장을 취하면서 개인의 사유재산 제도 보호라는 자본주의 기본틀 속에서 토지의 공동 소유의 원리를 주장한다. 기본적으로 지주 계층에게 토지 소유권을 인정하여 자신이 생산한 과실을 인정해 주면서, 노동자의 몫을 정당하게 보장해 주고 자연적인 여건과 구성원의 공동 노력에 의해 형성된 과실을 공동 소유로 하자는 것이다.

통상 한계토지에서 생산되는 생산량을 초과하는 생산물로 정의되는 지대는 지주 계층과 노동자 계층의 노력과 함께 자연적인 여건과 사회적인 요소에 생산된 부분으로 이루어진다. 실제로 지대는 지주 계층과 노동자의 노력 이외에, 많은 부분이 토지의 자연적인 비옥도와 입지를 비롯한 자연적인 여건(리카도)과 인구 집적·기술 진보를 비롯한 사회적인 요인(조지의 수정된 지대이론)에 의해 생산되는 부분이 많다. 따라서 지대를 각각의 기여도에 따라 배분하는 것이 진정한 자연권을 실현하는 것이다. 특히 자연적인 여건과 사회적인 요인에 의한 부분은 사회 공동의 목적에 사용될 수 있도록 조세로 징수할 필요가 있다.

이와같이 조지의 토지 공유 사상은 토지의 공동 활용에 의해 발생하는 지대를 조세로 환수하여 국가재정을 충당하고 공익에 활용하는 것을 내용으로 한다. 이와같이 조지의 토지 공유 사상은 지대 공유 사상으로 전환하여 토지가치세라는 이름으로 구체화되었다.

제 3 절 조지의 토지가치세

1 토지가치세의 이념

1) 자연권적 재산권 구현

조지는 토지가치세의 논거를 로크의 근대 재산권이론에 기초를 두고 있다. 로크는 인간은 자신의 노동이 투입된 대상물에 대해서는 자연권적 재산권을 주장할 수 있다고 언급하면서 이에 대한 단서를 제시한다. 대상물을 사유화해도 타인의 몫을 침해하지 않아야 한다는 것이다. 개인이 대상물을 사유화하는 경우 타인도 충분하고 동일하게 공유할 수 있는 양질의 대상물이 남아 있어야 한다는 것이다(at least where there is enough, and as good left in common).

이러한 '로크의 단서'는 지주 계층이 자기 노동의 산물에 대한 배타적인 소유권을 주장하기 위해서는 노동자와 사회 전체의 몫에 대한 배려가 있어야 한다는 점을 나타낸다. 그러나 토지사유제 하에서는 지주 계층의 배타적인 소유권만을 인정하고 다른 사람의 권익은 침해되기 때문에 진정한 자연권의 원리에 위배된다. 조지는 지대 중에서 지주 계층과 노동자 계층은 노동의 투입 정도에 따라 각자의 몫만 차지하고 나머지 부분은 사회 전체의 몫으로 토지가치세에 의해 징수되어야 한다는 것이다.

2) 토지 이용의 효율화

조지에 의하면 토지사유제는 토지의 효율적인 이용을 저해한다. 배타적인 토지소유권이 인정된다면 토지를 필요로 하는 사람은 적절히 사용할 수 없게 된다. 더욱이 투기적 토지 소유에 의해 생산성이 높은 토지가 방치되거나 비효율적으로 이용될 수 있다. 이러한 경우 진정으로 토지를 필요한 사람은 한계토지로 이동하지 않을 수 없게 된다. 이때에도 토지의 이용자는 적극적으로 토지를 개량하려 하지 않는다. 왜냐하면 토지사유제 하에서는 토지개량물은 지대로서 토지 소유자가 몫으로 돌아가기 때문이다. 그러나 토지공유제에 의한 토지가치세는 사회적 공동 기여분에 대해서만 조세를 징수하는 반면에 지주 계층과 토지 이용자의 몫은 노력에 비례하여 분명하게 보장되기 때문에 토지에 대한 생산성 증대 노력을 기대할 수 있다.

3) 사회적 후생 증대

토지공유제가 실시되면 지주 계층이 지대를 독점하는 현상을 방지할 수 있고, 지대의 축소는 임금이 상승으로 이어진다. 노동자 계층의 빈곤이 개선된다. 더 나아가 토지가치세로 환수된 지대가 사회 전반에 재분배됨으로써 국민들의 생활 수준을 향상시킨다. 또한 인구가 증가하고 사회가 진보할수록 지대가 증대되어 토지가치세의 수입이 확대됨에 따라 국가재정이 호전되어 생산과 소비 활동에 부과되었던 조세가 감면된다. 이는 지속적으로 경제 활성화라는 선순환을 야기시켜 사회 전체의 후생을 증대시킨다.

2 토지가치세의 주요 내용과 효과

사회개량주의자였던 조지는 토지사유제의 폐해를 인지하면서도 사회주의적 국유화와 국가재정에 의한 매수를 주장하지는 않았다. 이러한 조치는 자본주의 경제 질서에 부합되지 않을 뿐만 아니라 정의롭지 못하고 가능하지도 않다는 점을 주장한다. 이러한 점에서 조지는 토지사유제의 문제점을 적시하며 토지공유제를 제시했던 스펜서(Herbert Spencer)와 밀(John S. Mill)과 구별된다.

스펜서는 토지공유제를 실현하기 위해서는 정부가 토지를 유상으로 매수하는 방법을 제시한 바 있다. 스펜서는 자신과 조상으로 노력으로 취득한 사유 토지를 정부가 정당하게 보상을 해 주고 매수해야 한다는 점을 주장한다. 그러나 조지는 토지의 현재의 매수가격은 현재의 토지 이용 가치에다 미래에 발생할 토지 이익을 현재가치로 환산하여 합한 것이기 때문에 미래의 지대수익을 선금으로 지급하는 것이나 다름없다고 비판한다. 더 나아가 미래의 가치를 현재가치로 환산할 때 시장이자율보다 더 높은 할인율을 적용하는 것이 일반적이기 때문에 투기적 가치까지 환산하여 세금으로 지급하게 된다는 점을 지적한다.

밀은 스펜서의 매매 환수안은 지나치게 급진적이고 사회적인 충격이 크기 때문에 대안으로서 초과이익환수제를 제안하고 있다. 현재의 토지 시장가격을 설정하고 토지가격이 미래에 그 이상으로 상승하면 그 증가분을 불로 토지 이익으로 규정하여 이를 환수하는 것을 내용으로 하고 있다. 조지는 이 제도는 투기적 토지 수요는 억제할 수 있지만 빈곤의 뿌리는 제거하지 못한다고 주장한다. 왜냐하면 현재의 시장가격에는 미래의 예상지대가 평가되어 있으며 토지사유제가 지속되는 한 이러한 지대의 일부는 토지 소유자에게 계속적으로 안전하게 보장되기 때문이다.

따라서 조지는 '매우 단순하고 쉽고 조용한 방법'에 의해 토지공유제를 실현하려 했다. 기존의 토지 소유자에게 소유권을 인정해 주면서 지주와 노동자를 비롯한 개인들의 노력에 의해 발생한 과실에 대해서는 사적 자치를 인정한다. 토지의 소유권을 사용권·처분권·수익권으로 구분할 때 조지는 사용권과 처분권은 개인들의 자율에 일임하고 수익권에 대해서만 관여하게 된다. 수익권도 일차적으로 수익에 대한 기여도에 따라 분배한다. 토지사유제도 하에서는 모든 수익은 지주에게 배타적으로 귀속되었으나 토지공유제 하에서는 수익 중에서 지주와 노동자의 기여분에 대해서는 각자의 권한을 인정한다. 다만 인구 증가나 기술 진보와 같은 사회적인 요인과 자연적인 여건에 의해 발생한 수익은 토지가치세로 징수하자는 것이다. 그 결과 지주와 노동자에 의한 토지개량에 대한 유인이 제공되어 경제가 활성화되고 징수된 재원은 빈곤의 해소와 국민의 생활 수준 향상에 기여하게 된다.

또한 조지는 토지가치세는 조세 원칙에도 부합된다고 주장한다. 토지에 부과되기 때문에 조세 회피와 조세 전가가 발생하지 않는다. 아울러 세정의 투명성이 확보되고 생산과 소비를 비롯한 경제 활동에 영향을 미치지 않는다는 점에서 중립성까지 담보할 수 있다. 또한 토지가치세의 세원은 풍부하여 여타의 조세를 보전하기에 충분하다. 따라서 소득세나 법인세와 같이 개인의 노력의 결실에 부과하는 벌금형 성격의 조세를 철폐할 수 있게 된다(토지단세론). 이는 징세를 위한 정부 활동을 축소시켜 정부의 감축관리와 함께 상대적으로 민간 부문을 활성화할 수 있게 된다.

제 4 절 평가적 의견

조지는 19세기 후반 빈부 격차의 문제에 대해 관심을 갖고 그 원인을 규명하여 이에 대한 처방을 제시하고자 했다. 조지는 지속적인 경제 발전 과정 중에 빈곤이 확대되는 이유를 토지 사유 제도에서 찾고 있다. 토지 사유 제도에 의해 모든 지대를 지주 계층이 독점함에 따라 노동자 계층은 상대적으로 빈곤해진다는 것이다. 조지는 기본적으로 자본주의 경제 질서를 존중하면서 소득재분배를 위한 토지가치세 도입을 제안한다. 토지사유제가 빈부 격차의 원인을 제공하지만 토지의 국유화나 국가 매수를 주장하지는 않았다. 개인의 토지 소유권을 인정해 주고 개인의 노력에 의해 증대된 지대에 대해서도 처분권을 보장해 주는 반면에 사회의 공동 노력과 자연적인 여건에 의해 증대된 지대를 토지가치세라는 조세로 징수하여 소득재분배에 활용하자는 것이다.

이러한 조지의 개혁사상은 생산과 소득의 원천은 토지에서 비롯된다는 점에 기초하고 있다. 인구 증가, 기계화, 노사 대립 등은 별문제가 아니고 오로지 토지사유제에 의해 토지 소유와 지대가 소수 계층에 의해 독점됨에 따라 빈곤이 야기된다는 것이다. 조지는 현재 주요한 이슈가 되고 있는 노동자와 자본가 간 갈등 관계나 이들 간의 빈부 격차는 경시했다. 더 나아가 이들 양자 간에는 상호 호혜적이고 전환 관계가 존재한다고까지 보았다.

또한 조지는 토지·자본·노동이라는 세 가지 생산 요소에 대한 생산 과실의 분배에 중점을 두고 있다. 분배 과정에서 자본(이자)과 노동(임금)이 차지하는 비율은 고정되어 있는데 반해 토지(지대)가 증대되는 부가가치의 대부분을 차지한다는 것이다. 기술이 진보하는 경우도 이러한 분배구조는 변화되지 않는다고 주장한다. 그러나 생산의 과실을 모두 지대가 흡수한다는 조지의 주장은 과장된 측면이 있고, 기술 진보의 결과 토지보다는 노동, 노동보다는 자본이 주요한 생산 요소로 작용하고 이들에 대한 분배율이 높아질 수 있다는 점이다. 이러한 주장에 대해 조지의 추종자들인 신조지주의자도 인정하고 있는 사실이다.

그럼에도 불구하고 토지 문제의 중요성을 인식하고 토지가치세를 중심으로 소득재분배를 기하고자 했던 조지의 사상은 정치개혁가들에게 많은 영향을 미쳤다. 조지의 대표적인 저서인 『진보와 빈곤』(1879)은 톨스토이(Lev A. Tolstoi), 쇼(Bernard Shaw), 쑨원(孫文) 등에게 영향을 미쳤고, 실제로 호주·뉴질랜드·대만 등의 토지개혁에 반영되기도 했다.

조지의 사상은 국토가 협소하고 가용 면적이 제한된 우리나라에도 시사하는 바가 크다. 소수계층이 토지를 독점하고 지가가 급등하고 있는 상황에서 투기 억제와 토지의 효율적인 이용 및 소득재분배에 관한 다양한 토지정책이 요구되고 있다. 이러한 정책대안을 마련할 때 조지의 토지가치세의 함의를 원용할 필요가 있다.

참고 문헌

김윤상(역).(1997). 「진보와 빈곤」, 비봉출판사.

김정완.(2006). "헨리 조지의 경제개혁에 관한 연구." 「한국정책연구」. Vol. 5, No. 2, 경인행정학회.

이재율.(1997). "헨리 조지의 분배이론 연구," 「경제학연구」, 제46권, 제2호, 한국경제학회

정윤형(역).(1991). 「정치경제학 및 과세의 원리」, 비봉출판사.

Andelson, Robert V(ed.).(1979). *Critics of Henry George*, London: Associated Univ. Press.

George, Henry.(1992[1879]). *Progress and Poverty*, New York: Robert Schalkenbach Foundation,

Horner, Jim.(1997). Henry George on Thomas Malthus: Abundance and Scarcity, *American Journal of Economics and Sociology*, 56(4).

O'Donnell, Edward T.(1997). Though Not a Irishman: Henry George and the American Irish, *American Journal of Economics and Sociology*, 56(4). Cambridge: Cambridge Univ. Press.

Ricardo, David.(1970). On the Principles of Political Economy and Taxation, In Piero Sraffa(ed.). *The Works and Correspondence of David Ricardo, vol. I.*

Yanosky, Ronald William.(1993). *Seeing the Cat: Henry George and the Rise of the Single Tax Movement*, Unpublished doctoral dissertation, Univ. of California, Berkeley.

2 가나이 토시유키의 지방재정조정이론

이정만
(공주대학교 교수)

제 1 절 머리말

이 글은 일본의 가나이 토시유키(金井利之) 교수의 재정조정이론 가운데 지방재정조정과 관련된 부분을 정리, 소개하는 데에 목적이 있다.

한 국가의 재정은 일반적으로 단일의 정부가 아니라 중앙정부와 복수의 지방정부에 의해 운영된다. 그리고 오늘날 대부분의 국가에서는 정부 기능이 확대되면서 각 정부의 회계도 일반회계뿐만 아니라 다양한 사업 영역에 따라 다수의 특별회계와 기금 등으로 운영되고 있다. 또한 중앙정부와 지방정부 간, 지방정부 상호간, 그리고 동일 정부 내 회계 간에도 복잡하고 다양한 재정적 거래가 이루어지고 있다.

가나이 교수는 이와 같은 정부회계 간의 복잡한 재정적 거래 및 융통 현상을 재정조정이라는 틀로 재구성하여 이론적 체계를 정립하고자 했다. 특히 그는 재정조정을 상대적으로 자립한 복수의 재정 주체(정부회계)로 구성되는 관계를 어떤 적정한 상태로 유지하고자 하는 활동으로 정의하고 지방재정조정에 국한되지 않는 다른 정부회계 간 관계에도 적용 가능한 재정조정에 관한 일반이론의 구축을 시도하고 있다.

재정조정에 관한 일반이론을 구축하기 위해 그는 우선 재정조정을 위한 일련의 행정 활동을 재정조정 프로그램으로 인식하면서 프로그램을 구성하는 요소를 추출하고 있다. 그리고 프로그램의 활동과 산출은 프로그램의 환경과 구체적인 운영에 따라 영향을 받지만 기본적으로 프로그램의 구성 요소와 요소 간의 연관 구조에 따라 일정하게 규정되는 것으로 보고 있다. 이러한 재정조정 프로그램의 구성 요소와 연관 관계가 어떻게 프로그램의 활동과 산출에 영향을 미치는지를 다양한 국가의 사례를 통해 분석하고 일반화하는 작업을 반복하고 있다. 이를 통해 개별적이고 특수한 재정조정제도에 국한되지 않은 재정조정 일반의 구조와 작용 논리를 체계화하고 있다.

구체적으로 재정조정 프로그램의 요소로서는 일반적으로 행정 활동이 일정한 목적을 지향하고 있다는 사실에 기초하여 우선 목적과 그 목적 달성을 위한 수단으로 구성되는 것으로 보고 있다. 그리고 다시 프로그램 수단의 행사 대상 등을 정하는 대상 설정, 프로그램 활동 방식을 규정하는 조건·절차, 그리고 활동을 직접 담당하는 운용기관 등을 재정조정 프로그램의 주요 구성 요소로 파악하고 있다.

이 글에서는 가나이 교수가 제시하고 있는 재정조정 프로그램의 요소 가운데 지방재정조정제도와 깊은 연관이 있는 부분을 중심으로 재정조정제도의 구조에 대한 논의를 정리해 보고자 한다.

제 2 절 지방재정조정제도의 구조

1 재정조정 프로그램의 대상 설정

재정조정 프로그램의 대상 설정은 어떤 정부회계 단위 간을 통합하여 그들이 구성하는 관계를 적정화할 것인가의 문제로 귀착되는 것으로 보고 있다. 지방정부 회계를 대상으로 하는 지방재정조정제도의 경우 지방정부의 회계 단위가 대상으로 하는 분야(정책 · 행정 분야), 지역(공간), 직역, 시간의 네 가지 차원에 따라 대상 설정이 가능할 수 있다. 이 가운데서 현실적으로 지방재정조정제도에서 중요한 대상 설정의 기준이 되고 있는 분야와 지역에 대한 논의를 살펴보고자 한다.

먼저 분야의 설정은 대상 분야를 좁은 특정 분야로 설정하는 경우도 있지만 많은 경우에는 넓은 일반 분야를 재정조정의 대상으로 설정하는 경우가 보통이다. 지방정부의 광범위한 사업 분야 속에서 단일적인 대상 설정이 곤란한 데다 재정조정의 대상 분야에서 제외되는 분야가 있게 되면 재정조정의 효과는 약해지기 때문이다. 그런데 일반 분야를 재정조정의 대상으로 설정하는 경우에도 모든 정책 분야를 포함시킬 수는 없기 때문에 그 차이는 상대적이라고 해야 할 것이다.

특정 분야의 지방재정조정의 사례로서 대표적인 것은 미국의 주 단위의 학교구(school district) 교부금이 있다. 우리나라의 시도 교육비특별회계에 대한 지방교육재정교부금도 특정 분야를 대상으로 한 재정조정이라고 할 수 있다.

다음으로 지역 설정의 문제로서 지방재정조정에서 가장 중요하고 지역 설정과 깊은 관계가 있는 것이 수평적 재정조정과 수직적 재정조정의 구분이다. 다양한 개념 정의가 있지만 가나이 교수는 수평조정은 지역 범위의 수준이 동일한 회계 단위군을 대상으로 한 재정조정인 반면에 수직조정이란 지역 범위가 중복하고 있는 다른 수준의 회계 단위군을 대상으로 한 재정조정으로 정의하고 있다.

수평조정과 수직조정을 구별하는 이유는 양자의 차이가 재정조정 프로그램의 목적과 운영에 영향을 미치기 때문이다. 수평조정에서는 뒤에서 언급할 평형화가 유력한 목적의 하나가 되는 반면에 수직조정에서는 평형화는 반드시 목적으로 채택되는 것은 아닌 데다 목적 설정 자체가 쉽지 않다. 이렇게 수직조정의 목적 설정이 곤란한 이유로 수평조정에 비해 수직조정의 사업 운영은 프로그램의 의도에 맞추어 조작하기 어렵다는 것이다.

일반적으로 대다수의 지방재정조정제도에서는 수직조정과 수평조정의 기능이 혼합되어 있다. 다만 중앙정부와 전체 지방정부 간에 재정조정 재원의 배분을 통해 명시적으로 수직조정을 하고 거기서 정해진 재원을 지방정부 간에 수평조정하는 경우와 수직조정 없이 수평조정의 결과로서 수직조정이 발생하는 경우가 있을 수 있다. 후자의 경우는 하나의 재정조정 프로그램을 통해 두 가지 목적을 추구하기 때문에 양자의 조화를 둘러싼 분쟁이 발생할 소지가 크다고 지적한다. 이러한 문제도 재정조정의 대상 설정에 기인하는 것이라고 할 수 있다.

수직조정의 경우 중앙정부, 광역 지방정부, 협역 지방정부 등 대상 설정을 어떻게 하느냐에 따라 1층식, 2층식, 1·2층식의 중간 형태 등 다양한 조합이 가능하고 그에 따라 재정조정 프로그램의 운영과 산출은 달라진다. 수평조정의 경우에도 수평조정의 대상 정부를 지역·권역별로 분리시킨다든지, 특정 지역·권역을 배제시키는 방법 등 대상 설정에 따라 다양한 조합이 있을 수 있다. 대상 설정시에 지역 분화가 생기면 일정한 목적 지향의 전국 단위의 수평조정은 어려워지는 반면에 지방정부의 행정·경제적 환경의 차이를 고려한 탄력적인 재정조정이 가능할 수 있다는 것이다.

2 재정조정 프로그램의 목적

가나이 교수는 다른 논자들의 견해를 종합하는 형태로 재정조정 프로그램이 추구하는 적정한 재정 상태의 내용이라고 할 수 있는 재정조정 프로그램의 목적을 평형화, 균형화, 자치, 실시 확보로 정리하고 있다. 물론 이들 목적 간의 비중은 재정조정 프로그램에 따라 다를 수 있고 목적 간에 상충될 수도 있다.

1) 평형화

가나이 교수는 재정조정 프로그램의 중심적인 목적은 평형화(equalization)에 있다고 한다. 평형화는 지방정부 간의 수평조정과 관련된 목적으로서 다른 각 지방정부와 동일한 비용 부담으로 일정한 수준의 서비스를 제공할 수 있는 동일한 능력을 갖는 상태로 정의하고 있다. 동일한 비용 부담이란 다른 동종의 지방정부와 동일한 세율·세부담을 의미한다고 할 수 있다.

이러한 동일 부담·동일 수준 능력의 확보 기준보다 다소 완화된 평형화의 형태는 각 정부가 합리적인 노력을 하면 다른 정부의 행정 수준에 크게 밑돌지 않는 수준의 행정 서비스를 제공할 수 있도록 보장하는 것이다. 달리 말하자면 재정조정 프로그램은 이러한 평형화를 저해하고 있는 현실의 재정적 격차(fiscal disparities) 제거를 제일차적 목적으로 하고 있다는 것이다.

재정적 격차는 일반적으로 두 가지 측면에서 구분되는 것으로 설명하고 있다. 첫째는 재정력·수입력의 격차로서 주어진 지방세원의 격차라고 할 수 있다. 두 번째는 서비스 비용의 격차인데 이는 지방정부의 재량에 좌우되지 않는다. 즉 환경적 요인에 의한 서비스 제공에 따른 비용의 격차이다. 재정력 격차 제거를 재정력 평형화라고 부르고 비용 격차 제거를 필요도 평형화라고 부를 수 있다.

또한 비용 격차는 서비스 양의 필요도 격차와 동일한 서비스 양을 산출하기 위한 협의의 생산비용의 격차로 나눌 수 있다. 전자는 의무교육 연령 아동 수 등과 같은 고객 수를 염두에 둔 것이라면 후자는 같은 고객 수라도 비용에 차이가 발생할 수 있는 경우로서 교원 급여나 시설의 건설·유지비 등과 같은 서비스 단위당 생산비용의 지역 차이를 의미한다.

그런데 재정조정 프로그램에 따라서는 이와 같은 두 가지 측면의 재정적 격차 해소가 아니라 한 측면만을 목적으로 하는 경우도 있다. 또한 두 가지 측면을 다 고려하더라도 상대적 중점이 다른 경우도 있을 수 있다.

한편 평형화라는 것은 지방정부 간 동일 부담·동일 수준(이상) 능력의 확보를 의미하지만 조작적 정의가 쉽지 않다. 게다가 평형화의 절대적 기준이 존재하는 것도 아니기 때문에 평형화의 수준은 재정조정 프로그램의 운영에 따라 다를 수밖에 없다.

예를 들면 캐나다의 연방·주 간 재정조정제도인 평형교부금(Equalization Payments)은 전국 평균 이하의 주에 대해서는 전국 평균에 도달하도록 전액 교부하고 있지만 평균 이상의 주에 대해서는 전국 평균 수준으로 내리기 위한 납부금을 부담시키는 것은 아니기 때문에 완전한 평형화가 이루어지는 것은 아니다. 이 경우에 교부금의 교부 기준을 낮추면 평형화 수준은 약하게 되고 반대로 올리게 되면 평화화의 수준도 높아진다. 교부금의 교부 수준을 가장 재정력이 높은 주를 기준으로 하면 평형화는 완전히 달성될 수 있다.

또한 교부금 교부 수준을 웃도는 재정력 보유의 주로부터 교부 수준을 상회하는 만큼의 역교부금을 납부하게 하면 어떠한 수준에서도 평형화는 달성될 수 있다. 혹은 재정력이 가장 높은 주보다도 더욱 높은 수준에 교부금 수준을 설정할 때도 마찬가지이다.

이렇게 재정조정제도가 추구해야 할 평형화 목적의 수준을 결정하는 절대적인 기준은 존재하기 어렵다는 것이다. 따라서 가나이 교수는 각 국가의 재정조정 프로그램의 평형화 수준은 그들 국가에서 재정조정제도의 평형화 목적에 대한 인식이나 평형화에 이용 가능한 재원의 상황 등에 따라 결정되는 것으로 보고 있다.

2) 균형화

앞에서 논의한 평형화는 수평조정의 목적이지만 수직조정에서는 의미가 없다. 왜냐하면 각 정부 계층 간에 사무·기능 배분이 다르기 때문에 동일 서비스 수준이라는 기준이 의미를 갖지 못하기 때문이다. 이렇게 수직조정의 영역에서는 독자적인 목적으로서 균형화(fiscal balance)가 필요하게 된다.

균형화를 평형화와 비슷한 개념으로 파악하는 경우도 있다. 발(Roy Bahl)은 지역 간의 재정력·지출 필요도의 격차 시정을 수평적 평형화(horizontal equalization)라고 부르는 한편 중앙·지방정부 간의 수입 권한과 지출 책임의 불균형(imbalance)을 적정화하는 것을 수직적 평형화(vertical equalization)라고 정의하고 있다(Bahl, 1986 : 3). 가나이 교수는 이를 구분하여 평형화와 균형화로 개념화하고 있다.

균형화는 수입 권한과 지출 책임의 관계를 적정화하는 것으로서 다른 계층의 정부간 재정적 불균형 관계를 시정하는 것을 의미한다. 일반적으로 중앙정부는 세원 배분상 지출 의무·책임에 비해 더 많은 수입 권한을 갖고 있는 반면에 지방정부는 그 반대이다. 이러한 불균형을 방치하게 되면 지방정부는 재원 부족으로 행정 서비스를 제대로 공급하지 못하게 되므로 중앙정부 수입의 일부를 지방정부의 지출 책임에 상응하여 재배분할 필요가 있다. 이런 이유로 균형화는 통상 지방재원 보장 기능으로 불리고 있다.

한편 균형화는 세원 배분 및 사무 배분 등과 깊은 관련이 있기 때문에 균형화의 보편적인 기준을 설정하기 어려우며 평형화 이상으로 조작화하기도 어렵다. 그를 반영하여 수평조정의 경우에는 재원 이전 방식이 산식화되어 있는 경우가 많지만 수직조정의 경우에는 교섭이나 정치적 결단에 맡겨지는 경우가 많다는 것이다. 물론 이 차이는 절대적인 것은 아니다. 산식화되어 있더라도 교섭이나 정치적 결단의 여지는 있는 데다 원래 산식 그 자체는 산식에 의해 정해지는 것이 아니기 때문이다. 또 수평조정이 항상 산식화되어 있는 것도 아니다. 한편 수직조정의 경우도 완전히 임의적인 것은 아니다. 세원 배분 및 사무 배분과 관련된 법제도에 규정되어 있고 제도 운영을 위한 보조 방식도 발달되어 있기 때문이다.

과거 서독에서는 연방·주 간의 세수 배분은 공동세의 참여율, 특히 1969년부터는 부가가치세 분여율에 의해 결정되고 영국의 레이트지원교부금(Rate Support Grant)은 지방정부 전체의 적정 지출(relevant expenditure)을 결정하고 그에 대한 총보조율을 적용하여 국고지원금 총액을 정하는 방식을 택하고 있다. 물론 이것들이 산식과 동일한 기능을 하는 것은 아니지만 일정한 조작성을 부여하는 것으로 볼 수 있다. 그러나 분여율이나 총보조율을 정하는 방식은 없다. 즉 균형화 목적은 평형화 목적에 비해 재정조정 프로그램 운영을 객관적인 수치나 산식에 의해 조작적으로 규정하는 정도는 낮다는 것이다.

3) 자치 및 실시 확보

지방재정조정 프로그램의 중심적인 목적은 앞에서 언급한 평형화와 균형화에 있고 그것은 수평조정과 수직조정에 대응하고 있다. 이러한 두 가지 목적의 연관성 내지 분리성은 프로그램의 성격을 규정하게 된다고 지적하고 있다. 이 밖의 목적은 주로 지방정부 등의 대상 정부회계 단위의 자주성 유지의 관점과 함께 재정조정 프로그램 운영의 원활한 확보의 관점에서 정리될 수 있다고 한다. 전자를 자치 목적, 후자를 실시 확보의 목적으로 구분하고 있다.

자치나 실시 확보의 목적도 재정조정 프로그램의 다른 요소나 프로그램의 운영과 깊은 관련을 갖는다. 그것은 한편으로 목적 간의 관계 설정의 어려움을 시사하는 측면이라고도 할 수 있다. 예를 들면 자치 목적의 관점에서 특정 목적 보조금은 상대적으로 기피된다. 또 평형화 목적의 내용 자체도 실제상의 동일 부담·동일 서비스 수준의 확보가 아닌 그 가능성의 확보라는 형태로 제시된다. 이것은 평형화 목적이 자치 목적과의 양립을 고려하고 있는 반증이라고 한다.

또한 적정한 평형화 수준의 확보가 실시 확보와 양립될 수 있을지도 의문이다. 특히 재정조정 프로그램 운영을 위한 재원 조달의 한계로 인해 프로그램의 원활한 실시를 위해 평형화·균형화 목적을 희생하는 사태가 초래될 수 있다. 그리고 교섭에 의존하기 쉬운 균형화와 객관적인 실시 확보는 쉽게 양립하지 않는다. 이것은 정부회계의 자치에 상응하여 중요한 책임성 확보의 관점에서 큰 장애 요소로 작용한다고 지적하고 있다.

3 재정이전 결정 방식

1) 재정이전 구조

가나이 교수는 재정조정 프로그램의 중심적인 수단은 재정이전(fiscal transfer)이나 정부간 이전(intergovernmental transfer)이라고 불리는 대상 정부에 대한 자금 교부라고 하면서 발(Bahl, 1986: 8-13)의 견해를 빌려 재정이전의 구조를 다음과 같은 두 가지 차원으로 정리하고 있다.

첫 번째는 재정이전 총액의 결정이고, 두 번째는 각 정부회계에 대한 배분액·배분비의 결정이다. 재정이전의 총액 결정은 프로그램의 입장에서 보면 재원 자원의 조달인 동시에 프로그램 수단의 행사이기도 하다. 지방재정조정에서는 광역정부가 재정이전의 총액을 부담하고 하위정부에 교부하는 형태를 띠는 경우가 많다. 이렇게 볼 때 총액 결정은 수직조정·균형화에, 배분 결정은 수평조정·평형화와 깊은 관계가 있다. 다만 이러한 가정이 항상 성립하는 것은 아니며 단순한 일반화는 불가능하다고 한다. 예를 들면 서독의 주간 재정조정 프로그램에서는 부유한 주가 부담하는 조정재원 총액은 수직조정과 무관하며 순수한 수평조정의 수단이기 때문이다.

2) 총액 결정 방식

총액 결정 방식에는 세입·세출 또는 특정 세수의 일정 비율(specified share)에 연계하는 특정 비율 방식, 임의적인 정치적 결정 방식(ad hoc political decision), 그리고 배분에 필요한 금액을 기준으로 한 비용 상환 방식(cost reimbursement)이라는 세 가지 방식이 있다.

특정 비율 방식은 재원을 부담하는 중앙정부나 재원을 교부받는 지방정부의 입장에서도 재원 규모에 대한 확실성은 상대적으로 높아서 다른 방식에 비해 제도가 안정적으로 유지될 가능성은 높다고 할 수 있다. 일반적으로 재정조정 프로그램 운용기관과 지방정부 측은 안정적인 재원 확보를 위해 특정 세목·세수 등과의 결합을 시도하는 반면 중앙정부는 재원의 재량적 지배를 위해 연계제를 약화시키고자 하는 경향을 보인다고 할 수 있다. 그러나 특정 비율 방식에서도 이전재원 총액의 절대적 규모는 경기 변동에 좌우되는 세수에 영향을 받기 때문에 불확실한 측면은 존재하고 그에 따라 세수 비율의 조정을 둘러싼 중앙·지방 간 분쟁의 가능성은 따르게 마련이다.

정치적 결정 방식은 총액 결정을 위한 객관적 산식이 존재하지 않는 방식으로서 중앙정부나 지방정부 쌍방 모두에게 불확실성이 높다. 이러한 상황은 재원을 보유하고 있는 중앙정부에 유리하다고 생각될 수도 있지만 항상 그렇다고는 할 수 없다. 오히려 재원 환경이 악화된 경우에는 이전재원의 규모를 확대하고자 하는 지방정부의 압력이 강해지고 결국 중앙정부와 지방정부 간의 분쟁으로 이어지기 쉽다. 결국 분쟁도 정치적 절충 과정을 통해 해결될 수밖에 없는데 재정이전 결정구조에 따라 중앙정부에 유리할 수도 있고 지방정부에 유리하게 작용할 수도 있다는 것이다.

비용 상환 방식은 지방정부에 대한 배분에 필요한 금액을 이전재원 총액으로 조성한다는 점에서 재원을 부담하는 중앙정부의 입장에서는 불확실한 측면이 큰 반면에 배분받는 지방정부의 입장에서는 유리한 방식으로 볼 수 있다. 그러나 실제로는 중앙정부의 불확실성을 감소시키기 위해 지방정부의 재정 행위에 엄격한 통제 조건이 설정되는 경향이 있다. 즉 비용 상환 방식은 내재적으로 지방정부에 대한 통제 강화로 이어질 필연성이 있다는 것이다. 이 때문에 비용 상환 방식은 자치 목적을 갖는 재정조정 프로그램보다도 개별 보조금 프로그램에 많이 활용된다.

3) 배분액 결정 방식

한편 지방정부에 대한 배분액 결정 방식에는 환부 방식(derivation principle), 정식(formula), 비용 상환, 임의적인 정치적 결정 방식 등 네 가지 방식이 있다. 환부 방식은 보통 세입·세수의 징수지를 환부의 기준으로 이용하고 정식 방식은 원칙적으로 대상 정부의 지출과는 무관하게 일정한 산식에 따라 배분하는 방식이다. 한편 비용 상환 방식은 대상 지방정부의 지출 비용을 배분액에 반영시키는 방식이고 임의적 방식은 정치적 절충에 의해 결정되는 방식이다.

그런데 환부 방식에서 지역 수입 세부담의 실제 귀착지를 정확하게 파악하여 결정하는 일은 현실적으로는 용이한 것이 아니다. 이런 이유로 일반적으로 세수의 징수지를 환부 기준으로 삼고 있는데 이는 엄밀하게 보면 의제적인 기준이라고 할 수 있고 이런 경우 정식 방식과 명확하게 구별하기도 어렵게 된다. 또 정식 방식의 경우에도 지방정부의 지출 비용을 반영한 정식도 있을 수 있기 때문에 정식 방식과 비용 상환 방식 사이에도 다양한 절충적인 유형이 존재한다. 따라서 넓은 의미에서는 이들 3자는 산식 방식으로 묶을 수 있어 배분 방식은 크게 산식 방식과 임의 방식으로 나눌 수 있다는 것이다.

산식 방식은 가장 많이 이용되는 배분액 결정 방식이다. 산식이라는 것은 각 대상 정부회계에 관한 지표를 대입하면 해당 지방정부에 대한 재정이전 규모가 도출되는 공식이다. 산식에 의한 배분은 산식이 모든 대상 지방정부에 적용되는 한 배분액 결정을 둘러싼 공평성 시비를 회피할 수 있는 장점이 있다.

그리고 산식의 이용은 재정조정 프로그램 운영상의 분쟁을 일정한 영역으로 한정하는 효과가 있다고 지적한다. 재원을 부담하는 중앙정부와 재원을 교부받는 지방정부의 입장은 다르기 때문에 산식의 선택을 둘러싸고는 항상 분쟁이 수반된다고 할 수 있다. 그러나 산식의 이용에 대해 일단 합의가 이루어지면 분쟁은 산식의 방식 선택에 한정됨으로써 분쟁의 무분별한 확대와 임시방편적인 타협의 반복을 회피할 수 있게 된다. 분쟁의 초점도 단순히 배분액 증가를 주장하는 개별적 요구를 초월하여 모든 지방정부에 적용되는 산식의 작성 방식이라는 일반적 논의의 형태를 띠게 된다는 것이다.

산식의 유형으로서는 크게 안분(按分) 방식, 차액 보전 방식, 혼합 방식으로 나누고 있다. 안분 방식은 미리 정해진 이전재원 총액을 일정한 지표를 근거로 대상 지방정부에 분할하여 배분액을 결정하는 방식이다. 수평조정에서는 보통 필요도 측정치에 비례적으로, 재정력 측정치에 반비례적으로 분할된다. 차액 보전 방식은 개별 지방정부별로 조정 목표치와 조정 전 상태를 산출하여 그 차액분을 보전하는 방식이다. 차액 보전 방식을 택하더라도 각 지방정부의 차액의 집계를 총액으로 정하는 비용 상환 총액 결정 방식이 아니라 별도로 총액을 결정하는 경우에는 차액의 합계액과 별도로 정한 총액이 일치하지 않을 가능성이 있기 때문에 어떤 방식으로든 조정이 이루어져야 한다.

산식의 구체적인 형태나 조정재원의 총액에 따라 다를 수 있지만 일반적으로 수평조정의 평형화 능력은 안분 방식보다도 차액 보전 방식이 크다고 할 수 있다. 안분 방식은 교부 대상 지방정부에 조정재원을 넓고 엷게 살포하는 양상으로 되기 쉬운 반면에 차액 보전 방식은 조정 목표치에 미달하는 빈약한 정부에 교부금이 집중적으로 배분되기 때문이다.

한편 안분 방식과 차액 보전 방식 양자를 절충한 혼합 방식이 있을 수 있다. 혼합 방식에는 먼저 재정력이 취약한 지방정부에는 안분 방식으로 배분되는 배분액에다 금액을 추가하여 일정한 목적치 수준을 달성하는 방법이 있다. 그리고 차액 전부를 보전하는 것이 아니라 차액에 비례하여 안분하는 방법도 있다. 또한 부유한 정부에 대해서는 일정한 목표치를 초과하는 경우 안분 방식으로 배분되는 금액을 삭감하거나 교부 대상에서 제외하는 방법도 있을 수 있다.

산식 방식은 임의 방식에 비해 배분의 확실성은 높지만 총액 결정 방식에 따라 그 정도가 달라질 수 있다. 한편 임의 방식은 지방정부의 입장에서는 불확실하고 총액 결정의 경우와 마찬가지로 분쟁으로 이어지기 쉽다. 그리고 비용 상환 방식은 중앙정부에게 불리한 것으로 볼 수 있지만 총액 결정 방식이 특정 비율 방식이나 정치적 결정 방식이라면 중앙정부가 일방적으로 불확실성의 위험을 떠맡지는 않게 된다. 결국 동일한 배분 방식을 택하더라도 중앙·지방정부에 미치는 영향은 총액 결정 방식에 따라 달라질 수 있다.

이와같이 재정조정 프로그램의 주요 수단인 재정이전의 총액 결정과 배분액 결정이라는 두 가지 차원의 조합에 따라 몇 가지 유형으로 분류할 수 있다. 이들 각 유형의 구조적 속성에 따라 재정이전 결정 과정에 참여하는 중앙정부, 지방정부를 포함하는 다양한 행위자들의 상호작용과 함께 균형화 및 평형화의 효과도 달라질 수 있는 것으로 설명하고 있다.

4 운용기관

재정조정 프로그램은 재정 자금의 차별적인 이전을 수반하는 점에서 관계 정부 간의 이해 대립과 분쟁의 가능성이 크다. 따라서 최종적으로는 각 정부의 최고 결정자의 판단이 필요한 사태가 발생할 수 있다. 그리고 분쟁의 가능성이 높은 만큼 프로그램의 적절한 운영을 위해 복잡·방대한 사무 작업을 요하는 경우가 많다. 이러한 재정조정 프로그램 운영상 최고 결정과 사무 작업을 연결하는 중간 관리를 담당하는 기관이 운용기관이라고 할 수 있다.

재정조정 프로그램의 운용기관은 일반적으로 중앙정부 부처의 부국(部

局) 수준에서 설정된다. 카나이 교수는 이러한 운용기관의 소재에 따라 재무성형, 내무성형, 절충형, 제3자 기관형으로 분류하고 있다. 재무성형은 중앙예산기관인 재무성 내에 지방재정 관련 부국을 설치하여 지방재정조정 프로그램을 운영하는 형태이다. 내무성형은 내정을 담당하는 부처 내의 재정 관련 부국이 운용기관의 지위를 맡는 형태이다. 한편 절충형은 지방재정조정 프로그램을 재무성과 내무성이 공동으로 소관하는 형태이다. 그리고 제3자 기관형은 중앙정부 및 지방정부와는 별개의 독자적인 제3의 기관을 설치하여 지방재정조정 프로그램의 운영을 책임지게 하는 형태이다.

재정조정 프로그램은 대상 정부회계 간의 적정한 관계의 확보를 목표로 하기 때문에 운용기관은 이들 대상 정부에 대해 '성실한 중개자'의 위치에 있어야 한다. 그런데 운용기관은 대체로 재무성형이나 내무성형으로서 중앙정부 소속기관인 경우가 많다. 즉 수직조정의 경우 피중개자와 중개자가 동일 부처 내지 동일 정부 내에 존재하는 형태이다. 이는 수직·수평조정에서 균형화 및 평형화보다도 재원 부담에 대한 배려가 우선시될 우려가 있다. 또 중앙정부의 정책 선호에 가까운 지방정부에 유리하게 행동할 위험성도 있다. 그리고 프로그램 목적 외에 중앙정부의 사정에 따라 재정조정 재원이 전용될 가능성도 있다. 이와같이 운용기관의 소재·위치 문제가 운용기관의 성실성에 대한 우려를 낳게 할 수 있다는 것이다.

이러한 문제에 대해서는 다음과 같은 몇 가지 대책이 마련될 수 있다고 설명하고 있다.

첫째, 부국(部局) 분화로서 일반적으로 내무성형은 물론이고 재무성형에서도 지방재정 프로그램 운용기관과 중앙재정 당국과는 부국 수준에서는 분리하여 설치한다. 그렇기 때문에 중앙정부는 단일적인 존재가 아니며 운용기관의 의향이 중앙정부 전체의 의향과 반드시 일치하는 것만은 아니라고 할 수 있다. 그러나 통상적인 편제상의 부국 분화만으로는 불충분하다. 운용기관이 중앙정부의 의향을 지방정부 측에 일방적으로 매개하지 않을 것을 명시하거나 중앙정부 내에서 운용기관의 독자성을 보장해 줄 필요가 있는 경우가 있을 수 있다.

두 번째 대책으로서는 지방정부 측의 의향을 반영하는 제도나 절차적 기회를 마련하는 방법이다. 다만 이렇게 하더라도 수직조정은 공정하게 될지 모르지만 수평조정은 지방정부 간의 이해 대립으로 갈등이 생길 수 있다. 특히 재정이전의 결정 과정에서 단순히 협의만을 하는 것이 아니라 지방정부의 합의에 의한 협정이 필요한 경우에는 지방정부가 실질적인 운용기관의 지위에 서게 되기 때문에 지방정부 간의 대립, 갈등의 조정은 지방재정조정 프로그램의 운영 과정에서 중요한 변수가 된다.

세 번째 대책으로서는 중앙정부 및 지방정부와 별개의 제3자 기관을 두는 것이다. 이 제3자 기관이 재정이전의 결정 방식이나 재정이전 금액 등을 중립적인 위치에서 검토함으로써 실질적인 운용기관의 역할을 할 수 있다.

가나이 교수는 이와같이 재정이전 결정 과정의 주요 행위자인 운용기관의 소재와 역할에 따라 재정이전 결정 과정에 참여하는 행위자들 간의 상호 작용과 수직·수평조정의 양상도 달라질 수 있다고 한다.

제 3 절 평가적 의견

이상과 같은 가나이 교수의 재정조정제도에 관한 논의는 지방재정조정제도의 일반적인 구조를 이해하고 제도의 구조적 요인이 어떻게 재원이전의 결정 과정 및 재정조정의 성과를 규정하는지를 검토하는 데에 이론적으로 기여할 수 있을 것으로 생각된다.

우리나라의 지방재정조정제도에 관한 연구는 대부분 법제도의 설명이거나 재정조정 기능에 대한 경제학적 기법을 이용한 실증 연구가 주종을 이루고 있다. 반면에 재정조정을 둘러싼 조직간 관계 등과 같은 행정학적 접근이나 제도의 구조적 요인과 재정조정의 과정 및 성과 간의 상관 관계를 분석하는 제도론적 연구는 거의 이루어지고 있지 못하다. 그 원인은 여러 가지가 있겠지만 무엇보다 재정조정의 내재적 논리나 구조에 관한 행정이론이 빈곤한 데에 기인하는 바가 크다고 할 수 있다. 이런 점을 감안하면 재정조정에 관한 행정학적 이론의 구축을 시도하고 있는 가나이 교수의 논의는 우리나라의 지방재정조정의 연구에도 시사하는 바가 작지 않으리라고 생각된다.

다만 가나이 교수의 논의에서는 재정조정 프로그램의 다양한 구성 요소를 포괄하는 재정조정제도의 전체적인 구조를 제시하고 있지는 못하고 있다. 즉 재정조정 프로그램의 구성 요소를 추출하고 이들 요소의 하위 유형을 분류한 후 그 유형의 차이에 따른 재정조정 행위자의 상호작용과 재정조정 성과 등에 대한 영향을 다각도로 분석하는 작업에 그치고 있다. 결국 이들 구성 요소의 집합으로 만들어지는 재정조정제도의 전체적인 구조를 유형화하고 그 유형별로 재정조정에 대한 영향을 분석하여 이론화하는 작업은 연구 과제로 남아 있다고 할 수 있다.

참고 문헌

金井利之(1999).「財政調整の一般理論」. 東京大學出版會.

이정만 역.(2003).「재정조정의 일반이론」. 도서출판두남.

Bahl, Roy.(1986). The Design of Intergovernmental Transfers in Industrialized Countries. *Public Budgeting and Finance*. winter.

3 포스터와 잭만의 교부금 배분의 원칙

남창우
(경북대학교 교수)

제 1 절 머리말

지방정부는 주민들의 공공 서비스 욕구를 충족시키고 복지를 증진하며 삶의 질을 높이기 위해서는 시장 메커니즘을 통해 공급할 수 없는 공공재와 공공 서비스를 생산하거나 공급해야 한다. 지방공공재를 공급하기 위해서는 지방정부가 충분한 재정을 가지고 있어야 한다. 그러나 지방정부는 충분한 재원을 가지고 있지 못한 경우가 대부분이다. 또한 지방공공재의 공급이 국가 전체적으로 일정한 수준 또는 최소한의 수준을 유지해야 한다. 그러기 위해서는 국가재정이 지방 공공재 공급을 원활히 하도록 지원되어야 하고, 지방공공재 공급의 지역 간 불균형이 해소될 수 있도록 중앙정부의 교부금 배분를 통해 이를 시정되도록 해야 한다.

포스터, 잭만 그리고 펄만(C. D. Foster, R. A. Jackman & M. Perlman)은 지방재정에서 발생하는 경제적 비효율과 지역 간의 수평적 재정불균형(horizontal fiscal unbalance)은 교부금을 통해 해결될 수 있다고 보고 있으며, 교부금 원조의 방법으로 레이트 원조 체제(rate support system)를 설명하고 있다.

이러한 맥락에서 경제적 효율과 교부금과의 관계, 형평성과 교부금과의 관계, 교부금 배분 방법에 대해 설명하고, 마지막으로 교부금 배분에 관해 평가하고자 한다.

제 2 절 경제적 효율과 교부금 배분

지방 공공 서비스에 대한 지출이 해당 지방정부의 비용으로 충당되거나 또는 각 가정에 제공되는 서비스의 비용과 주민의 세금이 동일하다면 경제 이론에서는 그들의 공급이 경제적으로 효율적이라고 말할 수 있다. 그러나 지방정부의 주민들이 가지고 있는 재산의 차이, 세율의 차이, 소득의 차이, 지방정부 간의 외부효과 등으로 인해 경제적 효율을 달성하기 어렵다. 따라서 각각의 경우와 경제적 효율성을 설명하기로 한다.

1 1인당 지방세액이 같을 경우

지방정부의 지출은 지방세(재산세)를 통해 만들어지고, 모든 지방정부가 똑같은 재산가치가 있어 1인당 세수입이 같다고 가정하면, 각 지방정부의 지출은 동일하게 되고 각 지방정부의 한계비용과 같게 된다. 그러면 지방정부 간의 수평적인 비효율은 발생하지 않을 것이다. 그러나 지방정부들 사이의 이주비용만 없다면, 재산이 많은 가구는 다른 지방정부로 이동하려 할 것이다. 왜냐하면 평균보다 재산이 많은 가구는 동일 지역 내에 가난한 사람이 포함되어 있기 때문에 그들이 제공받는 서비스의 수준보다 높은 세금을 부담하게 되어 지방 공공 서비스의 한계비용보다 많이 지출하게 되고, 가난한 사람은 그 반대가 되기 때문에 수직적 비효율이 예상된다.

2 재산세를 다르게 부과하는 경우

각 지방정부가 지방세를 다르게 부과하는 것을 허용하고, 각각의 지방정부에 재산가치가 비슷한 가구들이 있다고 가정해 보자. 그러면 지방정부마다 지방세가 다르기 때문에 거주하는 지방정부에 따라 지방세는 다양하게 나타날 것이다. 그렇게 되면 수평적 비효율이 발생할 수 있다. 각 지방정부가 각각의 가구에 똑같은 서비스를 제공하든 아니든 간에 제공된 서비스의 비용이 같아지게 지방세를 징수한다는 것을 가정할 수 없기 때문이다. 지방세가 높은 곳으로 이주하는 가구들에 대해 인센티브를 주거나 지방세를 낮추어 줄 수 있을 것이다. 이와 같은 인센티브는 비효율적이 될 것이지만 이러한 비효율은 효과적으로 균등화된 조세 기반 위에서는 지방정부에 다른 교부금을 주는 시스템에 의해 제거될 수 있을 것이다. 따라서 재원 균등 교부금을 통한 경제적 효율성을 달성할 수 있다.

3 재산가치가 다른 경우

위에서 전제한 상황과는 반대로 지방정부 간에 과세할 수 있는 재산가치가 구조적으로 다른 상황이라고 가정하자. 지방정부 A에 살고 있는 모든 거주자는 지방정부 B에 살고 있는 거주자보다 재산가치가 두 배 더 높다고 가정하고 각각의 자치단체가 제공한 서비스가 같다면, 재원균형교부금은 없을 것이다. A지역에서 지방세율은 B의 반이 될 것이고, 일반적인 납세자는 두 지역에서 똑같은 세금청구서를 기대할 것이다. 지방세 납부는 제공된 서비스의 비용과 같아질 것이다. 이러한 차이들이 체계적이기만 하다면 A지역의 과세가치가 높은 이유는 중요하지 않을 것이다. 그곳에는 사람들이 거주하려고 하는 입지적인 장점들을 가지고 있어서 주택가격이나 임대료가 높게 형성되었을 것이기 때문이다. 더 좋은 편익을 누리기 위해서는 그 지역의 거주하려는 주택에 더 많은 비용을 지불하는 것이 경제적으로 효율적이라고 생각하지만, 그들은 똑같은 지방정부 서비스에 대해 왜 더 많은 비용을 지불해야 하는 이유를 모를 것이다. 재원균형교부금에 대한 어떤 효율성도 없다는 것이다.

4 지방소득세를 부과할 경우

지방소득세를 부과한다고 하면 지방정부 간의 수평적인 효율성은 없을 것이다. 만약 지방정부가 똑같은 서비스를 제공하거나 다른 서비스를 제공한다고 하더라도 동일한 세입을 가진다고 가정한다면, 일반적인 가구의 이주에 대한 인센티브는 없다. 소비하는 지방 서비스에 대해 그들이 지불하는 비용을 줄일 수 있다는 점에서 소득이 높은 자치단체 지역으로 이주하는 인센티브가 있을 수 있다. 그와 같은 인센티브는 비효율적이기 때문에 재원 균형 교부금에 의해 바로잡힐 것이다.

그러나 지방정부 A와 B로 돌아가 보자. 주거 입지의 장점의 차이에서 발생된 토지 가치의 구조적인 차이를 설명하는 대신에 입지적인 장점은 같고 단지 토지의 가격을 올리는 활동에 의해 A지역의 토지가 B지역의 토지의 두 배라고 가정하자. 이 같은 상황에서 만약 A지역의 주민은 그들의 실질적인 소득을 B지역의 주민과 똑같이 하려고 한다면, A지역의 주민은 B지역보다 높은 주택비용과 교통비용을 상쇄하고도 남을 만큼의 소득을 가져야 한다. 만약 그것이 지방정부들 사이의 수입의 차이라고 설명하는 유일한 것이라면 거기에는 수평적 비효율뿐만 아니라 주민 이동에 대한 인센티브도 없다고 할 수 있다. 다른 말로 하면 지방 수입의 수준이 입지에 관계없이 독립적이라면 지방소득세는 재원 균형화 교부금을 정당화시키는 좋은 근거가 될 것이다.

5 지역 외의 조세 제도

지방 공공 서비스를 이용하는 모든 사람에게 세금을 부과하고 서비스의 편익은 주로 가구에게 간다고 가정하면 지역의 산업에 대해 가구에 부과하는 것과 같은 세율을 부과하는 것은 수평적인 비효율이 될 것이다. 제공된 서비스가 동일하다면 지역 내 과세액이 각 지방정부에 똑같다고 가정하더라도 지역 내의 납세자에 대한 세율과 세금청구액은 지역 외의 과세가치의 비율에서 오는 차이 때문에 서로 다르게 될 것이다. 이런 비효율은 재원균형 교부금으로 제거될 수 있다. 만약 지역 내 납세자에 대한 수평적 효율성을 세금액의 동일화로 가정한다면, 재원교부금의 형태는 1인당 총과세액을 동일화하는 것이 될 것이다. 만약 지역 내 납세자에 대한 수평적 효율성이 모든 지방정부를 통해 지방세청구액이 같다는 말로 정의된다면, 또다시 재원균형교부금은 균형을 만드는 것이 가능하다 하더라도 좀더 복잡한 형태가 될 것이다.

재원균형교부금의 형태는 지방정부가 서비스의 표준이 동일하게 공급하는 자치단체의 지역 내 또는 지역 외의 모든 납세자는 수평적 효율이 달성될 수 있을 것이나, 표준이 다르다면 어떠한 교부금도 수평적 효율을 달성할 수 없을 것이다. 효율이라고 하는 것은 서비스의 수준이 높은 곳에서는 지역 내 납세자는 높은 세금을 내야 하는 것이지만 지역외 납세자는 그렇지 않다. 왜냐하면 지역외 납세자는 더 좋은 지방 서비스로 인해 직접적인 이익을 얻는 것이 아니기 때문이다.

6 정부 상호간의 외부효과

지방정부가 제공하는 서비스의 관할권 밖에 살고 있는 사람들이 얻는 이익들을 몇 가지 설명할 수 있다. 지방정부가 관할하는 공원은 인근 지방정부에 살고 있는 사람들이 이용할 수 있다. 도로는 그 지역의 주민뿐만 아니라 여행자들에게도 편익을 준다. 경찰력은 그 지역 사람들뿐만 아니라 방문자들에게도 편익을 준다. 또 다른 예로 중심도시는 중심도시에 살고 있지 않지만 중심도시에서 일하는 많은 사람에게 서비스를 제공한다.

지방정부는 지역 주민에게만 정치적인 책임이 있기 때문에 다른 지역 거주자에게는 경제적인 이익보다 적게 서비스를 제공하려고 할 것이다. 효율성을 확보하기 위해 매칭 교부금은 지역 내의 이익을 위해 지방정부가 제공하는 서비스의 비용과 광역적 이익을 위해 제공되는 비용이 일치되기를 원한다. 정부 상호간의 외부효과가 중요하게 판단되는 지역의 서비스 공급은 일치시켜야 하고 그러한 교부금은 또한 명확해야 한다.

제 3 절 형평성과 교부금 배분

납세자의 비용 부담은 서비스를 받은 것에 대한 비용의 지불이라고 할 수 있다. 중앙에서 결정된 의무적인 서비스로 인해 납세자는 직접적인 이익을 받지 않기 때문에, 그 비용은 세금의 특성을 더 갖게 된다. 의무적인 서비스의 비용은 지방정부들마다 다르고, 그와 같은 차이가 세금 부담이 적은 지방정부로 기업과 가구가 이전하지 못하도록 해야 한다. 의무적인 서비스의 비용이 다른 지역보다 더 높기 때문에 세금을 더 많이 내는 지방정부의 주민들은 불평등하다고 할 수 있다.

1 서비스에서의 공평한 취급

수평적 형평성은 동일한 상태에 있는 사람은 그들의 지리적인 위치에 관계없이 동일한 대우를 받는 것을 의미한다. 만약 지방정부로부터 똑같은 표준적인 서비스를 받는 가구가 두 개 있다면, 지방세를 각자 동일하게 내는 것이 공평한 일이고, 의무적인 지출에 대해서도 똑같은 부담을 지는 것이 자연스러운 일이라고 생각한다. 이러한 형평성의 원칙은 도덕적인 원칙이고 그와 같은 원칙은 지역이나 지방정부뿐만 아니라 개인에게도 적용되어야 한다. 이것이 어떤 사람 A가 어떤 사람 B보다 상대적으로 불평등하게 취급받는 것이라고 이해될 수도 있다. 그러나 지방정부 X가 지방정부 Y에 비해 상대적으로 불공평하게 취급받는 것하고는 다르게 이해해야 한다. 다시 말해서 불공평한 취급을 받는 자치단체는 그 자치단체 안에 살고 있는 어떤 사람이 그 자치단체 안에 살고 있지 않은 다른 사람보다 불공평하게 취급받는 것을 의미할 수 있다.

공평한 취급은 서비스의 동일한 표준에 대해 동일한 가격을 의미하는 것이 일반적으로 받아들여지는 원칙이기 때문에 모든 서비스가 편익적인 곳에서 형평성은 발생하지 않는다. 한계비용에 근접하는 가격으로서의 세금의 불완전성 때문에 발생하는 재정적인 하층민을 줄일 수 있는 교부금을 찾아내는 것이다. 만약 몇 사람 혹은 모든 납세자가 소수자에게 편의를 제공하는 부담을 지는 곳에서 재배분적인 또는 의무적인 서비스가 있다면 그와 같은 재배분 서비스의 재정적인 부담을 어떻게 결정해야 하는가 하는 것이 형평성의 문제이다.

2 조세구조의 형평성

조세의 형평성은 동일한 상황의 납세자는 동일한 세금을 납부하는 것이다. 동일한 상황이란 첫째, 조세 제도는 동일하게 적용되어야 한다. 지방세와 지방소득세, 지방세와 지방소득세의 조합이 다른 것을 제외하고는 모든 면에서 동일해야 한다. 조세가 단순히 형식적인 것이 아니라 실제적이어야 하고, 재산이나 수입이 각각의 자치단체에서 동일한 방법으로 평가되어야 한다는 것을 함축한다. 수평적 효율성은 주 또는 몇몇의 자치단체가 어떠한 조세의 조합을 할 것인가를 결정하는 미국과 같은 시스템에서는 가능하지 않다. 실제로 지방세가 모든 지방정부에 대해 동일하거나 또는 동일하지 않거나 하는 결정은 연방제 국가든 중앙집권제 국가든 하나의 헌법조항으로 결정된다. 연방제 정부에서는 평등이 연방 내의 각각의 주들이 조세에서 동일한 취급을 받는다는 원칙을 의미하지는 않는다(Scott, 1964).

둘째, 국민에 대한 세금이 그들의 지불 능력과 관련하여 평등해져야 하고, 세금을 지불할 사람들의 능력은 그들의 수입이거나 재산 또는 둘 다에 의존하는 것이다. 형평성이라는 것은 동일한 수입이나 재산을 가진 사람은 재배분적이거나 의무적인 서비스의 제공에 대한 기여로써 동일한 세금을 지불해야 하는 것이라고 할 수 있다.

그러나 조세의 형평성은 모호할 수 있다. 예를 들면, 담배에 대한 세금이 있다면, 사람이, 그들이 동일한 소득을 갖는다고 하더라도 담배를 피우는 사람이 담배를 피우지 않는 사람보다 더 많은 세금을 지불하게 될 것이다. 그러나 이것은 두 사람이 똑같은 세율을 적용받기 때문에 동등한 취급을 받는 것이라고 말할 수 있다. 흡연자가 금연을 한다면 비흡연자와 동일한 세금을 내게 될 것이다. 그들이 비록 최종적으로는 세금의 양이 다르더라도 그들이 직면하고 있는 조세구조라는 측면에서 동일한 취급을 받는다고 할 수 있다. 형평성이 지방정부를 포괄하는 세율의 일치로 형평성을 정의한다면 지방정부에 동일한 세율을 적용하는 것은 형평성을 정확하게 달성할 수 없을 것이다.

따라서 지방정부에 동일화된 지방세율에 따라 교부금을 지급하기보다는 상대적으로 지불 능력이 낮은 지방정부에 더 많은 교부금을 지급하는 것이다. 그와 같은 교부금은 그곳에 살고 있는 모든 사람에게 세율을 낮추게 하는 것이 가능할 것이다. 그 지방정부에 살고 있는 사람들이 과세할 수 있는 자산의 가치와 관련하여 소득이 낮기 때문에 그들의 세금 부담은 과도한 것으로 여겨지고, 그 지방정부의 약자는 세금이 이미 낮아졌기 때문에 더 높은 소득을 기대할 수 있다. 그러나 자치단체에게 높아진 교부금은 모두에게 이익이 된다. 중요한 점은 불형평성의 원천이 개인 또는 가구에 대한 수입과 과세 가능액 사이의 관계가 적다는 것이다. 지불할 능력과 과세액의 관계가 낮기 때문에 지방세 시스템이 불공정하다고 한다면, 좀더 공정한 조세로 지방세를 대체하는 것이 논리적이라고 할 수 있다.

제 4 절 교부금 배분의 원칙

1 재원 요소

재원 요소(resources element)는 1947년 균형교부금의 원칙으로 소개된 후 현재까지도 존재한다. 1974년까지의 균형화는 자치단체에서 1인당 평균 과세액이라는 것으로 실행되었다. 평균 아래의 지방자치단체는 교부금의 지급에 의해 그 기본 수준을 효과적으로 유지해 왔으며, 평균 이상의 자치단체는 교부금을 지급받지 않았다. 그러나 1974년 시스템이 바뀌였다. 1인당 국가 평균 과세액이라는 평등화 대신에, 레이트원조교부금 규칙에서 전형적인 '표준' 과세액이라고 규정했다. 이러한 표준은 국가 평균과세액에서 중요한 기준이 되었기 때문에 실제적으로 모든 자치단체에 재원교부금에 대한 제한으로 작용하여 불과 절반 정도의 자치단체에만 교부금의 지급이 실행되었다.

재원 요소의 특징은 그것이 매칭 교부금이라는 것이다. 1인당 과세액이 기준 아래에 있는 각 자치단체는 그 자치단체의 1인당 과세액이 국가의 1인당 과세액의 기준까지 도달하도록 국가의 교부금을 지급한다는 것이다. RSG(레이트원조교부금)의 재원 요소로서 정부가 승인한 과세액에 도달하도록 세금을 정부가 자격이 있는 지방정부에게 지불하는 것이다. 지방정부가 그들이 징수한 세액보다 더 많이 지출할수록, 더 많은 교부금을 받게 된다. 이런 점에서 재원 요소는 매칭 교부금이고, 부가적인 지출에 대해 더 많은 교부금이 지급된다.

원칙적으로 재원 요소로부터 매칭 교부금의 특징을 제거하는 것은 어려운 일이다. 재원 요소는 자치단체의 실제적인 세금 비율보다는 중요한 세금 비율의 기초 위에서 지불되어야 한다. 재원 요소는 지방정부 지출의 큰 부분이 되었다.

그러나 여기에서 목적들 간의 갈등이 생겨난다. 재원 요소는 재산의 조합에서의 차이에 기인하는 비효율은 편익적인 서비스로 제거되기 때문에 지역 안에서와 밖에서 모두 1인당 세율이 중요하게 된다. 지방정부는 제공된 동일한 서비스의 비용에 맞추어 다른 세율로 징수하기 때문에 그것은 매칭 교부금이어야 한다. 매칭 교부금으로서 재원 요소는 주어진 서비스에 대한 세금의 형평을 달성하는 것이 아니라 똑같은 수준으로 제공한 서비스의 단위당 비용이기 때문이다.

동시에 배분적 효율의 목적은 매칭 교부금에 대항하는 논의이다. 서로 다른 자치단체에서 제공된 수익적 서비스의 기준이 거의 같다면, 재원 교부금은 지방세 구조의 차이로 발생하는 대부분의 잠재적인 수평적 비효율은 없어질 것이다. 동시에 이것이 매치되기보다는 총계이기 때문에 사적 영역과 지방정부의 재화와 용역 사이에 자원 배분을 왜곡시키는 것은 아니다.

유사한 점은 의무적인 서비스의 재원을 중요하게 하는 것이다. 다시 그와 같은 서비스가 모든 납세자에게 동일한 세금에 의해 재원이 마련되어야 한다고 가정하자. 이것은 다시 재원균형교부금(소요 교부금과 함께)에 의해 달성될 수 있을 것이다. 그러나 만약 중앙정부가 규정한 것보다 높은 수준의 의무적인 서비스를 몇몇 자치단체가 제공한다면 어떻게 할 것인가? 수평적 효율성의 논의는 재원균형교부금에 의해 지원된 그와 같은 부가적인 지출을 시사한다(그렇지 않으면 국가가 정한 기준보다 초과하는 서비스를 제공하는 두 개의 자치단체는 다른 세율이 적용될 것이다). 그리고 또 배분적 효율성에 관한 논의는 매칭 교부금에 반대한다.

단일 교부금의 기반은 환경부에 의해 추천되었고, 레이필드(Layfield) 위원회가 승인하고 정부에 의해 받아들여졌으며, 재원 요소의 매칭 교부금의 특징을 줄였다. 동시에 단순한 재원 요소와는 다르게 단일 교부금은－수평적 효율성의 특징을 보전하면서도－모든 서비스 수준에서 동일한 세율의 형태를 유지할 수 있도록 하고 있다.

2 소요 요소

소요교부금(needs grant)의 목적은 적어도 원칙상으로는 재원 요소의 원칙보다 간단하다. 그것은 단순히 중앙에서 결정하는 재배분 지출과 관련이 있다. 서로 다른 자치단체는 서비스에 대한 지출에서 다른 수준으로 제공할 수 있고, 그러한 차이들은 중앙정부가 강제하는 의무를 반영하는 한 자치단체는 소요교부금을 사용할 수 있다. 그러나 자치단체의 지출 차이는 그들의 의무의 차이를 반영할 필요는 없다; 자치단체는 서비스의 기준을 높게(또는 낮게) 제공하는 것을 선택할 수 있다. 거기에다 지출의 차이가 나는 원인에 대해 자세히 설명할 필요는 없다.

지출의 차이에 대한 원인은 개념적으로는 다양하지만 질의 차이, 소요의 차이, '비자발적인' 비용의 차이, '자발적인' 비용의 차이 등 네 개의 영역으로 설명할 수 있다. 예를 들면, 교육은 학생-교사 비율(질의 차이), 학령기 아동의 차이('소요'의 차이, '지역수당'과 같은 외부적으로 강제되는 임금의 차이('비자발적인' 비용의 차이), 교육 서비스를 관리하는 효율성에서의 차이('자발적인' 비용의 차이) 등으로 설명할 수 있다.

자치단체 수준에서, 중앙에서 결정된 서비스 제공에 관한 설명은 지방의 비용 특성을 알고 있는 사람들의 책임감에 의해 만들어진 서비스 제공은 효율성을 높인다는 것이다. 그와 같은 서비스의 운영이 '정치적' 효율성으로서 유권자의 책임이라고 한다면, 소요교부금은 효율성의 변화를 보상하지 않는다. 만약 지역 납세자가 아니라 중앙정부에 의해서만 이익이 된다면 지방정부가 더 효율적으로 운영하는 것은 장점이 되지 않는다. 차별은 비용에서 '자발적인' 차이를 소요교부금이 보상하지 않는다는 의미이다.

서비스 양의 차이는 더 어려운 문제이다. 의무적인 서비스는 그것으로부터 직접적인 편익을 제공받지 못한다고 하더라도 반드시 제공받아야 하는 것이라는 일반적인 주민의 생각을 의미하기 때문에 의무적인 서비스는 제공된다. 그러나 어떤 자치단체에서 사람들은 다른 지방정부가 제공하는 것보다 높은 수준의 서비스가 제공되어야 한다고 생각한다. 만약 이러한 것이 그 지역의 사람들이 선호하는 것이라면 그들의 의견이 자연스럽게 표현되어야 하지만, 일반적인 납세자에 대해 높은 교부금의 지급을 통해 부가적인 재원을 마련하도록 요구해서는 안 된다. 다른 한편으로 만약 다른 자치단체 주민들은 낮은 서비스의 수준으로 제공되기를 바란다면 그들이 절감된 모든 비용을 받아야 한다는 것은 이치에 맞지 않는다. 왜냐하면 결국은 낮은 수준의 서비스를 제공받고 보상의 이익도 없기 때문이다. 중앙정부는 가능하다면 입법적인 수단과 행정적인 수단을 통해 최소한의 기준을 마련할 것이다. 만약 그렇다면, 자치단체가 제공하는 높은 서비스에는 추가적인 비용을 지불하는 것이 타당하다.

반대로 편익적 서비스에 대한 원칙은 수익자에게 세금을 부과하여 재원을 마련하는 것이다. 지방정부들 사이의 서비스 지출에 관한 차이는 교부금의 차이에 의해 보상되어서는 안 되며, 지출의 차이가 비자발적인 비용의 차이에 기인한다고 하더라도 보상되어서는 안 된다. 일반적으로 경제적 효율성은 사람들이 소비하려고 결정한 서비스의 제공에 대해 비용을 지불하는 것을 의미하고, 만약 제공된 서비스의 비용이 다른 지역에 비해 높다고 한다면 사람들이 직면하는 가격으로 반영될 것이다. 사적 재화와 용역의 가격과 기대수익이 자치단체 간에 서로 다르고, 서로 다른 지역의 특성 차이를 반영하고, 공공 서비스에 대한 세금의 지불이 이러한 이유들 때문에 또한 달라야만 하는지에 대한 합리적인 이유는 없는 것처럼 보인다.

요약하면, 소요교부금은 이런 원칙들의 기반에서 소요에 대한 차이와 중앙정부가 결정하는 '비자발적' 비용의 차이에 대해 보상하는 것이다. 이것은 다른 원인으로부터 발생하는 지출의 차이에 대해서는 보상하지 않는다. 중앙정부의 결정과 편익적 서비스 사이의 구별은 확실하지 않고, 이것이 교부금 지급의 다른 목적들과 갈등을 야기하기도 한다. 런던에서 아이가 없는 납세자의 관점에서 볼 때 런던에 살고 있다는 이유만으로 다른 사람들의 교육비보다 더 많이 지불하는 것에 대해서는 합리적이지 않다고 생각한다. 다른 한편에서는 런던에서 학교를 다니는 아이를 둔 부모는 런던이 제공하는 특별히 비싼 서비스를 소비하기 때문에 높은 비용을 지불하는 것을 기대할 수 있다. 이런 목적의 갈등을 해결할 수 있는 수단은 없고, 어떤 것은 중앙에서 어떤 것은 지방에서 결정해야 하는 점에 대한 명확한 기준은 없다. 만약 소요교부금이 소요에 따라 다르게 지급된다면 소요의 양이 정확히 얼마인지, 그것을 어떻게 측정할 것인지 결정해야 할 것이다.

제 5 절 평가적 의견

교부금 시스템에서 중요한 점은 수평적 효율성과 형평성을 연관시키기 위해 메커니즘을 어떻게 지속적으로 발전시켜 왔는가 하는 것이다.

교부금 시스템은 동일한 서비스에 대해 동일한 비율의 수수료를 달성하도록 했다. 앞에서 본 것처럼, 동일 비용 청구서라기보다는 동일 비율 수수료라는 아이디어가 자치단체 간에 과세 가능액이 다르기 때문에 수평적 효율을 달성하는 적절한 기준이 될 수 있을 것으로 보인다. 동일 비율 수수료는 형평이라는 정의에 따라 형평을 달성할 수 있다. 재산세로서의 지방세를 포함하는 조세구조라는 측면에서 형평의 정의에 관해서도 설명했다. 이 정의에 따라 수수료율의 동일화는 공평한 것이라고 할 수 있다. 그러나 만약 지방정부의 재정 시스템이 괴리되어 있다면 동일한 지방정부 서비스에 대해 다른 양의 금액을 지불해야만 하는 불공평이 잘 나타나게 될 것이다. 또한 모든 서비스의 기준에 대해 수수료율을 똑같이 하는 것은 재원 매칭 교부금을 의미하고, 그리고 그것은 지방정부의 지출을 장려하는 것이다.

지방정부의 지출은 지방정부 상호간의 외부효과를 발생시키고, 외부효과는 경제적 효율성을 저해하기 때문에 외부효과를 제거할 수 있는 교부금이 필요하다.

재원균형교부금은 지출 수준에 대한 재정적 능력의 균형이라는 것을 함축하는 수평적 효율이라는 것에 기초하고 있는데 그것이 바로 매칭 교부금이다. 매칭 교부금은 수평적 효율과 배분적 효율 사이의 갈등을 만들어 낸다. 우리나라와 같이 조세 원천의 차이가 심각한 상황에서는 경제적 효율이나 배분적 효율보다는 수평적 효율을 강화하는 교부금 정책이 필요하다.

수평적 효율성은 비슷한 상황에 있는 납세자에 대해 재분배 서비스를 동일화할 수 있는 세금의 부담이 필요하다. 1단계에서는 소요의 차이 때문에 서비스의 차이가 발생하고 서비스의 차이에 따른 비용의 차이가 발생한다. 2단계에서는 조세 시스템이 형평성의 기준을 충족시키는 재배분 서비스와 같은 역할이 필요하다. 세금 납부와 수입의 단순한 관계라기보다는 조세구조의 형평성과 관련된다면, 조세부담액을 균등하게 하는 재원배분 교부금은 형평성의 개선이라는 점에서 정당화될 수 있을 것이다.

참고 문헌

Buchanan, J. M.(1967). *Public Finance in Democratic Process*. Chapell Hill, N. C.: University of North Carolina Press.

Buchanan, J. M., & Wagner, R. E.(1970). An Efficiency Basis for Federal Fiscal Equalization. In J. Margolis(ed). *Analysis of Public Output*. National Bureau of Economic Research. New York: Columbia University Press.

Foster, C. D.(1973). The Reform of Local Government Finance. *Proceedings of a Conference on Local Government Finance*. London: Institute for Fiscal Studies.

Foster, C. D., Jackman, R. A. & Perlman, M.(1980). *Local Government Finance in a Unitary State*. London: George Allen & Unwin.

Harris, R., & Seldon, A.(1976). *Pricing or Taxing?*. IEA Hobart paper no. 71. London: Institute of Economic Affairs.

Harrison, A. J. & Webber, R.(1977). Capital spending on housing: Control and distribution. *Centre for Environmental Studies Review*. no. 3.

Jackman, R. A. & Sellars, M.(1977). The Distribution of RAG: the hows and whys of the new needs formula. *Centre for Environmental Studies Review*, no.1.

Oates, W. E.(1972). *Fiscal Federalism*. New York: Harcourt, Brace.

Scott, A. D.(1964). The Economic Goals of Federal Finance. *Public Finance*, 19(3).

4 홀콤과 자드쿠히의 연방교부금의 결정 요인

박민정
(원광대학교 교수)

제 1 절 머리말

지방정부가 그 사무를 행하고 사업을 수행하는 데 필요한 경비는 자주재원인 지방세수입과 세외수입으로 충당하는 것이 바람직하다. 그러나 지역 간의 현저한 경제적 격차에 의해 세원이 편재되어 있어 지방정부 간 재원조달 능력에 차이가 나타나고 있다. 이러한 지방정부 간의 재정 격차를 방치할 경우, 지역에 따라 주민의 조세 부담과 공공 서비스 수준 간에 차이가 발생한다. 따라서 재정을 재분배하여 지방정부 간의 재정력 격차를 시정하고 모든 지방정부 간 일정 수준의 공공 서비스를 균등하게 유지시키도록 하는 노력이 필요하다(손희준 외, 2005). 이러한 노력의 일환으로 지방정부 간의 재정력 격차를 조정하고 지방정부의 부족 재원을 보충하기 위해 중앙정부가 지방정부에게 다양한 재정조정 제도를 통해 지방정부 간의 재정 균형을 맞추고자 하고 있는데, 그 중 대표적인 것이 지방교부금 혹은 연방교부금이라고 볼 수 있다.

주정부나 지방정부로 배분되는 연방정부의 교부금은 지급되는 많은 이유가 있다. 많은 경우 가장 주요한 동기는 재분배적인 측면으로 본다. 어떤 지역은 심각한 실업 문제를 겪고 있거나, 높은 조세율이 확보되지 않으면 일상적인 공공 서비스를 제공할 수 없을 만큼 충분한 조세재원을 가지지 않은 재정이 빈약한 지역도 있을 수 있다. 이러한 문제들을 가진 주정부나 지방정부는 도움을 청하기 위해 중앙의 연방정부로 지방 공무원들을 보낼 것이다. 지출, 배분 공식과 사업의 적용에 대한 적합성 등 이 모든 것을 가능하게 결정하는 것은 강한 정치적 로비이다. 사실 이러한 교부금을 둘러싼 다툼은 많은 주와 시에서 지속되고 있다. 지방정부의 이러한 요구에 대해 연방정부는 협조적인 편인데, 직접적으로 세입 분할(revenue sharing)[1]을 통해 더 작은 정부에게 부가적인 세입을 제공하기도 하며, 공공부조사업(public assistance programs)과 같은 곳에 지급하는 교부금, 경제적 기회 교부금(economic opportunity grants), 인력훈련 사업(man-power training programs)과 같은 곳에 교부금을 제공한다. 이러한 교부금 지급의 근거는 상대적으로 세입을 필요로 하는 지역에 재배분해 주고자 하는 것이며, 실제로 이러한 교부금의 배분이 실질적으로 상대적 필요성을 충족하는 기능을 했는지 혹은 정치적 고려들이 그러한 목표에 개입되었는지에 대해서는 의문이 남아 있다. 홀콤(Rondal G. Holcombe)과 자드쿠히(Asghar Zardkoohi)는 그들의 논문 「연방교부금의 결정 요인들(The Determinants of Federal Grants)」(1981)에서 이러한 논의를 하고 있다,

이 논문에서의 목적은 연방정부가 실제로 교부금을 배분할 때 기준을 검토해 보고자 하는 것이었다. 이러한 연구의 특징으로 인해, 교부금의 특정 유형들만 여기에서 고려되었다. 이 연구에서 검토한 교부금들은 경제적 수요에 대한 합리적인 기준들에 의해 결정한 것이었다. 그래서 교부금이 규정된 산정 근거에 따라 집행된다면, 가장 큰 규모의 자금은 가장 교부금을

---

1) 미국의 세입 분할이란 연방정부가 주 및 지방정부에 대해 또는 주정부가 지방정부에 대해 일반재원을 강화하기 위해 자기세입의 일부를 교부하는 제도로서 용도에 아무런 제약이 없는 교부금이다. 연방정부에 의한 일반세입 분할제도는 1972년 주 및 지방정부재정원조법에 의거해 창설되었으며, 창설 취지는 연방정부 세입의 일부를 주 및 지방정부에 이양하여 주 및 지방정부 주민의 재정 부담을 경감시키면서 사용 용도의 결정을 주민에 좀더 가까운 정부에 위임함으로써 탄력적이고 효과적인 연방자금의 사용을 도모하는 데 있었으며, 1985년까지 시행되고 폐지되었다(林省吾, 1986: 581).

필요로 하는 지역에 가야 한다. 예를들어 시험적 물처리 시설과 같은 것을 건설하기 위한 교부금은 어떤 지역이든 합리적으로 배분되게 되어 있는데, 사업에 대해 재원을 충당하는 것이 유일한 목적이고 그 사업과 관련된 위치만이 부적절할 수는 있다. 이때 교부금의 지정은 정치적 동기에 의해 결정될 것이나, 이는 교부금의 목적과 상충하지는 않을 것이다.

이 연구는 각 지방으로 내려가게 되는 재원 규모를 주(state) 단위에 근거하여 고려한다. 주별로 특정 교부금들은 주 내에서 더 작은 정부 단위로 직접적으로 주어지기도 한다. 이러한 접근의 이유는 의회에서의 개별 의사결정자들이 재분배적 이슈에서는 다른 지역을 고려하기보다는 특정 주(state)들의 의사를 대표하는 경향이 있기 때문이다. 여기서 검토되는 실질적 이슈는 재분재적 성격의 교부금이 배분과 관련된 규정된 기준에 근거하는지, 정치적 고려가 결정을 압도하게 되는지를 알아볼 것이다. 사람들은 그들이 원치 않는 경제적 상황에 직면하게 될 때, 상황을 개선하고자 정부의 개입이 필요하다고 제안하는 경향이 있다. 정부가 최선의 결과를 알고 있다면 정부는 최선의 결과를 달성하기 위해 자원을 배분할 수 있다. 이러한 철학은 특히 재배분적 이슈에서는 일반적이다. 경제학자들은 현재 점차 공공 부문에서의 유인 구조가 사적 부문에서와 같이 어떤 목적들과 양립하기가 어려워질지 모른다고 본다. 현재, 이는 의회에서의 제도적 구조가 연방정부 교부금이 원래 의도대로 배분되고 있는지 혹은 정치력이 어떤 수요의 객관적인 기준보다 더 큰 역할을 하는지에 대해 의문을 제기하는 것이다.

이 논문에서는 정부교부금에 대한 원리를 검토하고 교부금의 배분에서 이루어진 경제적 연구들을 검토한다. 그런 후 교부금이 주어지는 정치적 환경이 검토되고 교부금의 배분면에서 정치적 영향력의 중요성을 결정하는 경험적 검증이 뒤따르게 된다.

제 2 절 연방교부금의 결정 요인들

1 교부금 결정의 정치

연방교부금의 일반적인 근거는 형평성 측면에 기반을 두고 있다. 빈곤한 지역은 더 적은 세원을 가지고 있기에, 부유한 지역의 공공 서비스의 제공만큼 서비스의 질을 높이기 위해서는 세율을 더 높이는 것이 필요하다. 형평성의 논의는 빈곤 지역으로의 교부금의 제공을 지지해 주기에, 빈곤 지역들은 동일한 조세율을 가진 채 부유한 지역의 공공 서비스와 같은 서비스를 제공할 수 있게 된다.[2] 공공 지출의 편익이 지출을 하게 되는 정부 단위의 범위를 넘어선다면 정부교부금은 또한 파급효과(spillover effect)에 근거하여 정당화되기도 한다. 파급효과의 존재는 쉽게 증명되기도 하며 의문이 남기도 하는 등 그 범위가 넓은데, 특정 교부금에 따라 달라진다. 적어도 어떤 중요한 파급효과가 존재하는 것은 사실이다. 좋은 예는 교육인데, 한 교육구에서 교육을 받던 사람이 교육을 받은 후에 다른 지역으로 이주해 갈 때이다. 기본적으로 그때 교부금은 형평성과 효율성이라는 기준에서는 정당화된다.

연방교부금에 관한 연구의 중요한 영역은 교부금의 수혜자인 지방정부가 교부금을 어떻게 쓸 것인가에 관한 것이었다. 연방교부금 뒤에 숨겨져 있는 유인 구조의 검토는 대체로 교부금의 배분을 당연히 주어진 것으로 보고, 수혜자들의 대응과 유인 구조들을 고찰했다. 이러한 유형의 질문들에 대해 적어도 연방정부가 교부금을 수혜자인 지방정부들을 위해 배분한다는

2) 뷰캐넌(James M. Buchanan)은 이 형평성 문제에 대해 제기한 바 있는데, 그는 연방교부금을 제공하지 않는 것이 하나의 문제해결책이나 빈곤한 지역에서 더 높은 지방세율을 내는 조세 납부자들을 보상하기 위해 더 낮은 연방세율을 적용하는 것은 낮은 세원으로 인해 필요로 하는 것이라고 보았다.

점에서는 적절하다고 답할 수 있다. 어떻게 연방 수준에서의 정치적 과정들이 교부금의 배분에 영향을 미치는가? 이 질문에 대해 수많은 연구들이 정치적 과정들을 고찰해 왔는데, 대부분 연방교부금의 배분을 둘러싼 역사적 문건들에 대한 접근으로부터 시작했다. 세입 분할(revenue sharing)은 분석을 위해 특히 인기 있는 사업이었다. 왜냐하면 1972년에 전적으로 새로운 사업으로 시작되었기 때문이다. 이 연구에서는 연방교부금 이면의 정치적 과정에 대한 역사적 문서들을 찾아내고, 더 나아가 그러한 교부금의 실질적 배분의 결정에 영향을 미치는 요인들을 검토했다.

홀콤과 자드쿠히 연구에서 한 가지 가정은 교부금과 관련된 규정된 기준(stated criteria)이 교부금의 배분을 결정한다는 것이다. 예를 들어 세입 분할의 경우에 배분은 복잡한 산식에 의해 결정된다. 즉 수혜를 받는 지방정부의 인구, 도시화된 인구, 1인당 소득, 일반적인 조세 노력 등을 고려하는 것이다(Stole, 1974). 이러한 가정 하에서 예를 들어 다른 조건이 같다면, 도시화된 지역의 인구 비중이 더 커질수록 세입 분할 교부금이 더 커질 것이다.

또 다른 가정은 일단 지출 사업을 수행하기로 결정되면 자금의 배분은 상원과 하원의 상대적인 힘에 의해 결정된다는 것이다. 더 강한 정치적 힘을 가진 대표들을 가진 주(state)는 더 큰 규모의 교부금을 받게 되는 경향이 있을 것이다. 정치가 연방정부의 자금 배분에 영향을 미친다는 것은 대체로 익히 알려져 있다. 그러나 이러한 영향의 정도는 놀라울 수 있다. 세입 분할 프로그램은 좋은 예이다. 왜냐하면 연방정부의 자금을 필요로 하는 객관적인 기준을 가진 더 작은 단위의 지방정부에게로 배분하고자 하는 의도의 사업이기 때문이다.[3] 그 기준은 이미 언급된 것처럼 복잡한 공식들과 함께 연계되어 있고 그 공식 자체도 교부금에 대한 상하위의 범위를 결정하는 복잡한 공식이다. 객관적인 기준에 근거한 산식들은 객관성을 보여주는 반면, 상당 부분 조작이 간단한 산식에서도 가능하다. 복잡한 세입 분

---

3) 헬라(Richard E. Walter Hellar)가 처음으로 1960년대 초에 세입 분할이라는 개념을 소개했다. 톰슨(Richard E. Thompson)은 연방 세입의 잉여분을 지출하는 하나의 방법으로 여겨지고 있다고 밝혔다.

할 산식은 특정한 결과를 산출하기 위해 계획된 것처럼 보인다.

이러한 조작의 가능성을 염두에 두면서, 상원과 하원에서 분리되어 제안한 것처럼 보이는 세입 분할 법안을 검토하는 것은 흥미로운 일이다. 상원 법안은 상원재정위원회(The Senate Finance Committee)에 의해 초안이 마련되는데 이는 10개 주의 상원의원들로 이루어지며, 하원법안은 하원재원위원회(The House Ways and Means Committee)에 의해 초안이 마련되며 7개의 주에서 13명의 의원들로 구성된다. 10개의 주들은 상원위원에서 대표되며, 7개의 주들은 하원 위원회에서 대표된다. 어떤 주라도 상원과 양원 양쪽에 모두 구성원이 될 수는 없다. 하원법안과 상원법안을 비교할 때, 하원 위원회에서 대표되는 7개 주 중에 1개는 상원입법보다 하원입법 하에서 더 높은 정부지출금을 확보하게 된다. 반면에 상원위원회에서 대표되는 10개의 주 중에 9개의 주는 하원법안에서보다 더 높은 재정 지출금을 확보하게 된다. 두 개의 법안에 따라 통계적으로 의미 있게 정부지출금이 차별적으로 배분되는지를 t검증을 통해 살펴본 결과, 상원위원회에서 대표되는 주들이 상원입법에서 더 높은 정부지출금을 확보해 간 것으로 나타났으며 t값은 3.12였고, 하원 위원회에서 대표되는 주들은 하원입법에서 더 높은 정부지출금을 확보했고 t값은 3.42였다. 그 차이는 대체로 통계적으로 상당히 유의미하고 이는 선출된 대표자들은 그들의 주에 교부금의 배분을 증가시키기 위해 정치적 힘을 사용하는 것임을 나타낸다.

2 연방교부금의 결정 요인들

여기에서는 정치적 권력이 어떻게 연방교부금이 배분되도록 영향을 미치는가에 대한 가설에 대해 좀더 종합적인 검증을 보여 주고자 한다. 검토된 교부금은 공적 부조(public assistance), 세입 분할(revenue sharing) 그리고 경제적 기회와 인력교부금(economic opportunity and manpower grant)들이다. 이러한 교부금들은 모두 성격적으로 재배분적 성격을 띠고 있고 상대적으로 상대적 수요에 대한 객관적 기준과 연관될 수 있기 때문에 선택되었다. 반대로, 시험적 물 처리시설(experimental water treatment plant)에 대한 연방교부금은 교부금이 배분된 수많은 지역 어디에도 성공적으로 이루어지고 있을 것이다. 이 경우 지역에 대한 정치적 결정은 덜 비판적이게 되는데, 왜냐하면 교부금은 어느 지역이든 교부되어야 하고, 그 지역은 교부금의 목적에 영향을 미치지 않을 것이기 때문이다. 비록 다른 카테고리의 연방교부금이 있을지라도 간단히 공적 부조, 세입 교부, 경제적 기회와 인력교부금만을 연방교부금으로 간주하고 논의한 것이다.

이러한 교부금들은 경제적 원조의 교부금들로, 보조금에 대한 규정된 목적에 따라 집행된다면 경제적 원조를 가장 필요로 하는 주(state)들은 가장 큰 규모의 1인당 교부금을 받아야 한다. 규정된 기준을 반영한 이 모형에서 쓰여진 변수들은 빈곤 수준보다 더 열악한 주 인구의 비율(POVERTY), 주의 1인당 소득(INCOME), 대도시 지역에 사는 인구의 비율(METRO), 주의 인구(POP)이다. 교부금이 규정된 목적에 따라 집행되어진다면 1인당 교부금의 크기와 빈자들에 대한 원조를 반영하는 빈곤 수준 이하의 인구 비율 간에 양(+)의 상관관계가 나타날 것이라고 기대할 수 있다. 이와같이 더 빈곤한 주들은 더 큰 규모의 1인당 교부금을 기대해야 하고, 1인당 소득과 교부금의 수준 간에는 부(-)의 상관관계가 있음을 함의하는 것이다. 더 큰 규모의 교부금들은 대도시 지역에서 높은 인구 비율을 가진 주로 가도록 기대되는데, 특히 이는 세입 분할 산식에서 기준들 중의 하나이다. 끝으로 인구 변수는 포함되는데 왜냐하면 이 또한 세입 분할 산식에 포함되기 때문이다. 교부금이 규정된 기준에 의해 실제로 집행될 것이라고 가정한 연방교부금의 수준의 예측을 위해 이러한 변수들이 유의미하게 이용되는 것이다.

다른 가설은 연방정부의 교부금의 집행이 정치적으로 유인화되어, 더 큰 규모의 교부금들이 의회에서 가장 강력한 힘을 가진 대표자들의 주(state)에게로 간다는 것이다. 정치적 권력에 대해서는 세 가지의 변수가 대리변수로 쓰였는데, 우선 상원의 근속연수 변수(SENATE)로 주의 두 명의 상원의원이 의원으로서 일한 평균 시간이다. 근속연수는 자동적으로 정치적인 권력을 부여하기에 SENATE 변수는 주의 교부금 규모와 양(+)의 상관 관계를 가진다. 두 번째 대리변수는 다수당의 구성원으로서 하원에서의 의원 비율(HOUSE)이다. 다수당의 구성원으로서 하원의원들이 큰 부문을 확보하고 있는 주들은 더 많은 정치적 권력을 가질 것이다. 즉 HOUSE 변수와 주로 배분되는 교부금 간에는 양(+)의 상관 관계를 가지게 된다. 끝으로 더미변수(COMM)로 상원재정위원회의 구성원이거나 하원재원위원회의 구성원을 가진 주는 1이며, 다른 주는 0이다. 이것은 연방교부금의 배분 결정시에 그러한 위원회의 힘을 반영한 것이다. 이와 관련해서 양(+)의 상관 관계가 추정되었다. 모형은 로그선형 형태였다. 1976개의 자료를 사용한 1인당 연방교부금의 로그값에 대한 이러한 변수들의 로그값에 대한 회귀식은 다음과 같다.

$$
\begin{aligned}
\text{GRANTS} = & -0.22 + 0.11\ \text{SENATE} + 0.23\ \text{HOUSE} + 0.15\ \text{COMM} \\
& \quad (0.05) \qquad\quad (2.43) \qquad\qquad (2.76) \qquad\qquad (2.11) \\
& -0.05\ \text{POVERTY} + 0.49\ \text{INCOME} - 0.14\text{METRO} + 0.04\ \text{POP} \\
& \quad (0.33) \qquad\qquad\qquad (0.94) \qquad\qquad (1.11) \qquad\qquad (0.83) \\
R^2 = & -.40, \quad F = 3.19
\end{aligned}
$$

주목할 만하게도 모든 정치적 변수들은 상당히 유의미했으며, 교부금 산정을 위해 규정된 기준을 나타내는 변수들은 어떤 변수도 의미 있게 나타나지 않았다. 분석된 자료들은 정치적 영향력이 연방정부의 교부금의 배분을 압도적으로 결정하고 있는 것으로 나타내었다.

다른 회귀식에서 포함되었지만, 통계적으로 유의미하지 않은 또 다른 정치적 변수는 하원에서 평균 근속연수 수준이었고, 상원 근속연수 변수와 같은 방법으로 계산되었다. 왜 하원의원의 근속연수는 유의미하지 않았는데, 상원의 근속연수 변수가 유의미하게 나타났는지에 대해 의문을 가질 수 있다. 한 가지 가능한 설명은 회귀식에서 사용된 주의 자료들에서 찾을 수 있다. 상원의원들은 전체 주를 대표하기 위해 선출되었으나 하원의원들은 작은 지역구를 대표한다. 만약 지역구 자료들이 사용되었다면 하원에서의 근속연수가 유의미할 것이다. 그러나 다수당으로부터의 대표자들 중 더 큰 비중을 차지하는 주 전체는 연방교부금의 더 높은 수준과 관련이 있다.

<표 4-1>은 연방교부금을 공적 부조, 세입 분할, 경제적 기회 교부금의 구성 그룹들로 나누어서 보여 주고 있다. 비록 정치적 변수들에 대한 t값은 사업이 결집되어 있을 때보다는 대체로 더 낮게 나왔지만, 모든 변화된 현상은 예측된 바와 같다. 각각 분리시킨 결과에서 결과는 공적 부조와 경제적 기회 영역에서 가장 강력하게 나타났고, 세입 분할은 통계적 유의성이 다소 떨어진 것으로 나타났다. 세입 분할 모형은 또한 로그 선형적이기보다는 선형적이었다. 선형모형에서 SENATE 변수의 t값은 2.04이고, 5% 수준에서 유의미하고 방정식에서 가장 큰 t값을 나타내었다. 비록 이러한 결과들이 연방교부금의 배분을 결정하는 중요한 요인은 정치적 변수라는 가설을 지지해 주지만, 세입 분할 결과는 세입 분할의 결과에 대한 상원과 하원의 세입 분할을 비교한 앞에서 언급된 시각에서 본다면 강력하게 영향력을 나타내지는 않는 편이었다. 이는 절충적 법안이 어떤 집단에게도 유리하게 된 것이 아니었고, 사업이 시작된 1972년과 1976년 사이에 변화된 상대적으로 비탄력적인 공식에서의 요인들 때문이라고 볼 수 있다. 또 하나의 가능한 설명은 비록 명백하게 통합된 결과는 정치적 영향력을 보여 주

〈표 4-1〉 연방교부금의 결정 요인 변수

	공적 부조 (public assistance)	세입 분할 (revenue sharing)	경제적 기회 (economic opportunity)
Constant	-3.35(0.45)	6.85(2.18)	-1.66(0.39)
SENATE	0.12(1.50)	0.06(1.70)	0.13(2.97)
HOUSE	0.43(3.00)	0.05(0.73)	0.18(2.13)
COMM	0.19(1.66)	0.05(0.92)	0.07(1.04)
POVERTY	-0.30(1.10)	-0.09(0.79)	0.27(1.75)
INCOME	0.58(0.64)	-0.47(1.21)	0.76(1.46)
METRO	-0.38(1.73)	-0.09(0.93)	0.15(1.15)
POP	0.17(2.25)	0.03(0.78)	-0.13(3.01)
R^2	.41	.25	.49
F Ratio	3.28	1.57	4.60

고 있지만, 로그롤링(log rolling)은 개별 프로그램에서 발생한 정치적 영향력을 불분명하게 한다는 것이다.

세입 분할 프로그램에서 정치적 영향력은 상원과 하원에서 명백히 증명된다. 비록 그 영향력들이 통계적으로 공적 부조와 경제적 기회 프로그램에서 더 유의미하지만. <표 4-1>에서 보여 주는 또 다른 흥미있는 결과는 인구는 통계적으로 유의미하고 공적 부조 회귀식에서는 양(+)의 값을 보이고 경제적 기회 회귀식에서는 유의미하나 부(−)의 값을 가진다. 종속변수가 1인당 단위이기 때문에 이는 더 큰 주가 더 많은 1인당 공적 부조 교부금을 가지게 된다. 더 작은 주는 1인당 경제적 기회 교부금에서는 더 많은 교부금을 가진다. 이와 같은 영향은 더 큰 규모의 주와 더 작은 규모의 주 간의 로그롤링을 반영하는 것임을 회귀식에서 찾아볼 수 있다.

3 소 결

이 연구의 목적은 실증적으로 연방정부의 교부금이 규정된 산정 기준에 의해 집행된다라는 가설과 교부금의 배분은 정치적으로 동기부여되어 이루어진다라는 가설을 비교해 보고자 한 것이다. 자료들을 통한 검토 결과, 정치적 고려들은 연방교부금의 배분의 결정에 주요한 결정 요인인 것으로 나타났다. 여기서 검토된 교부금은 모두 상대적인 경제적 수요에 기반을 두고 주어지는 교부금들이었다. 그러나 빈곤 기준 이하의 인구 비율을 측정하는 변수들, 1인당 소득, 도시 지역에서의 인구 비율, 인구 변수들은 1인당 교부금의 수준을 설명하는 데에는 통계적으로 유의미하지 않았다. 대신에 정치적인 힘에 근거하여 교부금이 배분되었음을 알 수 있었다. 1인당 교부금은 상원에서 더 오래 의원직을 한 의원들이 있는 주가 더 많은 교부금을 가져갔고, 하원에서 다수당 구성원의 비율이 더 높을수록, 영향력 있는 상원과 하원위원회의 구성원이 있을수록 더 많은 교부금을 가지고 간 것으로 나타났다.

제 3 절 평가적 의견

우리나라는 현재 지방재정조정제도상에서 지방교부세 제도를 도입하고 있는 것으로 정액교부금(lump-sum general grants)을 배분하고 있다. 이는 징수 노력이나 지출 수준의 유지 노력과는 무관하게 일정액의 재원을 별 조건 없이 이전시키는 제도이다. 또한 중앙정부가 지방정부에 아무런 조건도 없이 지급하는 교부금으로 지방정부는 어떤 용도에도 사용할 수 있는 무조건부 교부금(unconditional grants)이다. 그러나 홀콤과 자드쿠히의 논문에서는 미국에서 연방교부금이 결정되는 결정 요인을 분석한 것은 미국의 노력 관련 교부금(effort-related general grants)으로 교부 금액이 지방정부의 세입 노력의 결과에 따라 변하는 교부금을 대상으로 본 것이다.

실제 우리나라의 지방교부세는 정액, 무조건부 교부금제이지만, 미국의 세입 분할 교부금와 같은 교부금은 이처럼 지방정부의 노력에 따라서 달라지는 성격을 지니고 있으므로 현재 우리나라의 일률적 조정 비율을 적용하여 무조건적으로 배분하는 체제에 대한 문제점을 파악하는 과정에서 이와 같은 연방교부금 배분의 결정 요인을 고찰해 보는 것은 의의가 있다.

실제 홀콤과 자드쿠히의 연구 결과는 모든 정치적 변수들은 상당히 유의미했으며, 교부금 산식에서의 기준을 나타내는 변수들은 어떤 변수도 의미있게 나타나지 않았다. 정치적 고려들이 연방교부금 배분의 결정에 주요한 결정 요인인 것으로 나타났다. 실제 우리의 경우도 지방교부세, 조정교부금 등을 배분할 때 일정 비율의 재원을 할당하여 지방정부의 인구, 면적, 가구수, 공무원 수 등의 기본적인 배정 산식상의 변수들을 고려하고는 있으나, 실제로 이와 같은 산식상의 기준에 의해서만 배분되고 있다고는 말할 수 없다. 이와 같은 산식을 기준으로 하되, 우리나라의 경우도 정치적 영향력이 미치고 있는 것이 현실일 것이다. 지역간 재정력 격차 완화와 자원 배분의 효율성 측면에서 모든 지방정부에 동일의 조정률을 적용하여 지방정부의 세원 확보를 위한 노력 등은 전혀 고려되고 있지 않는 현실에서, 실제로 전혀 정치적 영향력이 배제되고 있지 않고 있다면 좀더 지방별로 차등적 배정을 위한 다양한 변수들이 고려될 필요는 있을 것이다.

참고 문헌

손희준 외 3인.(2005). 「지방재정론」. 서울: 대영문화사.

Break, George F.(1967). *Intergovernmental Fiscal Relations in the United States*. Washington, D.C.: Brookings.

Buchanan, James M.(1950). Federalism and Fiscal Equity. *American Economic Review*, 40(4): 583-99.

Caputo, David A. & Cole, Richard L.(1974). *Urban Politics and Decentralization: The Case of General Revenue Sharing*. Lexington, Mass.: Lexington.

Gist, John R. & Hill, R. C.(1981). The Economics of Choice in Allocation of Federal Grants: An Empirical Test. *Public Choice*, 36(1): 63-73.

Gramlich, Edward M.(1970). "The Effect of Federal Grants on State-Local Expenditures: A Review of the Econometric Literature." Proceedings of the Sixty-Second Annual Conference on Taxation, 569-93.

Harbert, Anita S.(1976). *Federal Grants-in-Aid: Maximizing Benefits to the States*. New York: Praeger.

Hirsch, Werner Z.(1970). *The Economics of State and Local Government*. New York: McGraw-Hill.

Holcombe, R. G. & Zardkoohi, A.(1981). The Determinants of Federal Grants. *Southern Economic Journal*, 48: 393-399.

McGuire, Martin.(1973). Notes on Grants-in-Aid and Economic Interactions among Governments. *Canadian Journal of Economics*, 6(2): 207-21.

Netzer, Dick.(1974). State-Local Finance and Intergovernmental Fiscal Relations. In Alan S. Blinder, et al. *The Economics of Public Finance*. Washington, D.C.: Brookings.

Stole, Otto G.(1974). *Revenue Sharing: Legal and Policy Analysis*. New York: Praeger.

Thompson, Richard E.(1973). *Revenue Sharing: A New Era in Federalism*. Washington, D.C.: Revenue Sharing Advisory Service.

5 래드와 잉거의 지방 교부금의 형평성 논의[1]

엄태호
(연세대학교 교수)

제 1 절 머리말

정부지원금 제도의 주된 경제적 논거로는 효율성과 형평성의 제고를 들 수 있다. 이 논문은 이 중에서 정부지원금이 형평성에 미치는 영향을 이론적으로 분석하고 있다.[2] 미국의 지방자치제를 기준으로 논의를 전개하고 있으므로 지방자치단체 즉 지방정부가 지방재산세율을 자율적으로 정할 수 있다는 점에서 우리나라의 상황과는 다소 괴리가 있을 수 있으나 재정분권화가 지방자치 제도의 큰 축임을 고려할 때 향후 진행될 우리나라의 지방재정 분권화에 시사하는 바가 적지 않다.

구체적 논의에 앞서 저자는 정부지원금 제도가 재정자립도가 낮은 지방정부를 위해 중앙정부가 취할 수 있는 다양한 정책 수단 중 하나임을 강조하고 있다. 이러한 다양한 수단에는 지방정부의 합병, 주요 지방공공재의 직접 제공, 중앙과 지방 간 세원 조정 등이 포함될 수 있다. 따라서 지방교

1) Ladd, H. F. & J. Yinger (1994). The case for equalizing aid. *National Tax Journal* 47: 211-224.

2) 지방교부금의 효율성을 다룬 논문으로는 Ladd & Yinger(1991), Oates & Schwab (1991), 그리고 Oakland(1994)를 들 수 있다.

부금은 이러한 다양한 정책 수단 중 현재의 지방자치 제도의 틀을 그대로 유지한 채 지방정부의 재정적 보정을 위한 정부지원금의 한 형태로 이해해야 할 것이다.

지방교부금[3]은 중앙정부가 지방정부의 재정 산출물 또는 재원을 균등화하기 위해 사용될 수 있다. 지방교부금은 효율성의 관점에서 정당화될 수 있으나 이 논문에서는 지방교부금의 가장 우선적인 정책 목표인 형평성의 관점에 초점을 맞추고 있다. 구체적으로 이 논문은 형평성의 정책 목표를 특정 범주적 형평성(categorical equity)과 분배의 형평성(distributional equity)의 두 가지 측면에서 고찰하고 있다. 특정 범주적 형평성은 특정 지방공공재를 위한 지출에서 지방정부 간 차이가 있는가를 논의하고 있으며 분배의 형평성은 지방정부 간 주민의 실질 소득 균등화를 의미한다. 이하의 논의는 중앙정부의 지방정부에 대한 지원금 중 산출 공식에 의해 결정되는 지방교부금에 초점을 맞추고 있으며 논의의 단순화를 위해 지방재산세를 지방정부가 가지는 유일한 자주 조세원이라 가정한다. 또한 주민 1인당 재산세원은 지방정부마다 다르다는 현실을 기반으로 논의를 전개한다.

이 논문이 가지는 지방재정학 분야에서의 공헌 중 하나는 지방재정조정제도에 공공재의 원가 개념을 도입한 것이라고 할 수 있다. 여기서 원가라고 함은 해당 지방공공재를 지방정부가 제공할 때 일정한 서비스의 질을 유지하기 위해 반드시 지출해야 하는 금액을 의미한다. 이러한 원가는 공공재 산출을 위한 투입물의 가격과 각 지방정부가 안고 있는 환경적인 여건을 모두 포함하는 개념이다. 지방정부가 지불해야 하는 투입물의 가격은 각기 다를 수 있다. 또한 브래드퍼드, 멀트와 오츠(Bradford, Malt, & Oates, 1969)가 지적한 바와 같이 상대적으로 열악한 환경에 처해 있는 지방정부의 경우 특정 수준의 공공재를 제공하기 위해서는 다른 지방정부보

3) 이 논문에서 다루고 있는 형평성 증진을 위한 정부지원금(Equalizing Aid)은 우리나라에서 사용되는 용어인 지방교부세의 하나인 보통교부세로 해석해야 할 것이다. 지방교부세는 지방정부의 재정력 격차를 줄이기 위해 중앙정부가 지원하는 조건 없는 일반지원금에 해당한다. 여기서는 지방교부세가 주는 세금으로서의 어감을 없애기 위해 지방교부금으로 용어를 통일하여 사용한다.

다 더 많은 지출을 해야 한다. 예를 들어, 오래된 주택이 많은 경우 화재 예방을 위한 지출을 더 많이 해야 하며 저소득층이 많은 지역의 경우 사회복지 등에 대한 지출이 상대적으로 많을 수밖에 없을 것이다.

이러한 원가에 대한 정보는 지방정부의 지출 결정 요인을 분석하는 회귀분석의 계수값을 통해 얻을 수 있다.[4] 버그스트롬과 굿맨(Bergstrom & Goodman, 1973)의 논문에서 본격적으로 분석되기 시작한 지방정부의 지출 결정 모형은 중위자 투표 모형을 이용하여 지역민의 선호와 소득 수준 그리고 환경적 요인 등이 지방공공재에 대한 지출을 결정한다는 이론을 근거로 회귀분석을 이용하여 실증분석을 한 것으로 이 모형을 통해 던코움과 잉거(Duncombe & Yinger, 1996)가 개발한 원가지수(cost index)를 산출할 수 있다.[5] 원가지수는 지방정부가 가지고 있는 환경적 요소만을 고려하여 산출된 것으로서 평균 원가 수준을 가진 지방정부에 대한 각 지방정부의 상대적 지출 필요 정도를 나타낸다. 예를 들어, 원가지수가 1.5인 지방정부는 다른 지방정부의 평균보다 50%의 지출을 더 해야만 유사한 수준의 공공재를 공급할 수 있다. 이러한 원가지수의 고려는 지방정부가 조정할 수 없는 환경적 어려움을 지방교부금의 산정 방식에 포함시킴으로써 지방공공재를 제공하는 데 실질적인 형평성을 추구하고자 하는 이유에서이다.

제 2 절 특정 범주적 공평성 주장에 근거한 지방교부금의 설계

특정 범주적 형평성(categorical equity)은 가장 기본이 되는 형평성의 기준이라고 할 수 있는데, 이는 모든 시민은 기회의 균등이라는 측면에서 매우 중요한 공공재에 대한 균등한 접근 기회를 보장받아야 한다는 점을

4) 다른 형태의 지방공공재 수요예측 기법으로는 Bergstrom et al.(1983) 등이 있다.
5) 원가지표 접근 방법에 대한 좀더 자세한 내용은 Bradbury et al.(1984), Ratcliffe, Riddle, & Yinger(1990), Ladd & Yinger(1991), Ladd, Reschovsky, & Yinger(1991), Oakland (1994)에서 다루고 있다.

강조한다. 중앙정부는 지방정부가 제공하는 공공재가 특정 범주적 형평성을 달성하고 있는가에 대해 궁극적인 책임을 져야 한다는 점을 저자는 강조하고 있다. 이하에서는 특정 범주적 공평성의 구체적 목표들을 설정하고 각각의 목표를 달성하기 위한 구체적인 지방교부금의 산출 공식을 설명한다.[6)]

1 최소 수준 공공재 제공에 대한 보장

특정 범주적 형평성을 달성하기 위한 가장 일반적인 기준 중 하나는 모든 시민은 최소한 수준의 공공재를 제공받아야 한다는 것이다. 이러한 기준은 교육, 치안 등의 개별 공공재뿐만 아니라 일반 지방공공재 전체에 적용될 수 있다.

이러한 기준을 달성하기 위한 가장 직접적인 방법은 기초지방교부금(Foundation Grant)이라고 할 수 있는데, 이를 통해 각 지방정부는 E^*의 주민 또는 학생 한 명당 최소 수준의 지출을 보장받을 수 있는 바, 이는 지방정부의 자주세원에 대한 최저 지방세율 t^*를 가정한 것이다. 이 경우 E^*와 t^*은 중앙정부가 결정할 수 있는 정책 수단으로서의 의미를 갖는다.

이 공식 하에서 j라는 특정 지방정부가 받는 지방교부금액 A_j는 중앙정부가 정한 주민 1인당 최소 지출액에서 1인당 자주세원(V_j)에 최소 세율을 곱한 금액을 뺀 것이 되며 이를 산식으로 표현하면 아래와 같다.

$$A_j = E^* - t^* V^j \qquad (1)$$

상기 모형의 수정 모형 중 하나는 기초보조금이 지방정부가 선택한 지출수준과는 전혀 상관없는 포괄보조금이므로 자주세원이 적은 지방정부에 더 많은 1인당 보조금이 지급된다는 점을 보완하고자 했다.[7)] 즉, V^*를 A_j가 받

6) Hochman & Rogers(1969), Ladd & Doolittle(1982)는 형평성의 증대를 위한 정책이 동시에 효율성을 높일 수 있다고 주장했다.

7) 이와같이 지방정부의 자주조세원과 역의 관계를 가진 지방교부금은 지방정부의 효율성에 영향을 줄 수 있다. 오클랜드(Oakland, 1994)는 지방교부금이 지방정부의 공공재-재산세

는 지방교부금액이 0일 때의 1인당 자주세원 수준으로 정의할 경우 이는 $E^{*}=t^{*}V^{*}$ 또는 $t^{*}=E^{*}/V^{*}$로 나타낼 수 있다. 이를 위 산식 1)에 반영하면 아래의 수정 모형을 얻을 수 있다.

$$A_j = E^{*}\times(1-V_j/V^{*}) \qquad (2)$$

위 산식에서 음의 지방교부금이 적용되지 않을 경우, V^{*}보다 높은 수준의 1인당 자주세원 V_j를 가진 지방정부는 지방교부금을 받을 수 없다. 상기 모형(2)는 지방공공재의 원가 개념을 적용하기에 매우 용이하다. 이 경우 새로운 정책 변수를 아래와 같이 정의할 수 있다.

S^{*}: 최소 수준의 공공재의 질(quality)
C_j: 지방정부 j의 원가지수

따라서, 지방정부 j가 받는 지방교부금은 S^{*}를 공급하기 위해 지출해야 하는 상대적 비용($S^{*}C_j$)과 중앙정부가 정한 최소세율에 자체세원을 곱한 금액의 차이라고 할 수 있으며, 이를 산식으로 표현하면 아래와 같다.

$$A_j=S^{*}C_j - t^{*}V_j \qquad (3)$$

이제 V^{*}를 원가지표 1을 가정한 상황에서 지방교부금을 전혀 받지 않는 자주세원이라고 재정의하면 아래의 산식을 얻을 수 있다.

$$A_j=S^{*}(C_j-V_j/V^{*}) \qquad (4)$$

상기 교부금 산정 공식은 지방정부의 원가지표와 자주조세원에 의해 결정지어지는 포괄 지방교부금(Block Grant)을 나타낸다. 여기서 원가지표는 각각의 지방정부가 평균 원가지표를 가지는 가상의 지방정부에 대한 상대적인 지출 비중을 의미하므로 괄호 안의 공식은 상대적인 수치로 이해해야 할 것이다.

조합의 변화를 줄임으로써 효율성을 낮출 수 있다고 주장했으며 일부 학자들은 지방정부가 과세대상 자산을 늘리기 위한 유인을 저해한다고 주장하고 있다(Ladd & Yinger, 1991).

이론적으로 기초지방교부금 공식에 의할 경우 중앙정부는 지방정부가 적정한 자체 세율 하에서 중앙정부가 정한 적정한 수준의 지방공공재를 제공할 수 있게 하는 수준의 재정 지원을 제공하지만 실제로 각 지방정부가 이 수준의 지방공공재를 제공하는지를 보장하는 것은 아니며, 이는 지방정부가 정한 자체 세율이 중앙정부가 정한 최소 세율 이상인지 여부에 달려 있다.

2 재정 수요와 재정력 차이의 보전

지방정부가 자치적으로 주민의 의사를 반영하여 지방공공재의 질과 양을 결정하는 것은 지방자치제로 인한 효율성 증대를 의미하며 이를 근거로 중앙정부는 지방공공재의 공급에 대한 관여를 자제해야 한다는 일부의 주장도 있다. 그럼에도 불구하고 최소한 두 가지 이유에서 중앙정부의 재정 지원은 정당화될 수 있다. 첫째는 일부 지방정부의 재정력이 다른 지방정부에 비해 매우 낮다는 점이며, 둘째는 지방공공재가 지역 주민의 삶의 질에 미치는 영향이 매우 크다는 점이다. 그러므로 일부 학자들은 지방정부의 자율성을 최대한 침해하지 않는 범위에서 중앙정부가 적정 수준의 지방공공재 제공을 위해 지방정부의 재정력을 보정하는 방법을 지지하고 있다.

지방정부 간 재정력의 차이는 다음의 두 가지 요인에 기인한다. 이는 지방재산세 V_j로 나타나는 조세원, 즉 조세를 징수할 수 있는 기반이 다른 지방정부보다 낮은 경우와 원가지표 C_j로 나타나는 지방공공재를 제공하는 데 소요되는 원가가 다른 지방정부에 비해 현저하게 높은 경우이다. 그러므로 중앙정부가 효율적으로 지방정부를 지원하기 위해서는 재정 수요과 재정력의 차이가 큰 지방정부에게 더 많은 재원을 지원해야 한다.[8] 이와 같은 접근 방법은 모든 지방정부가 표준 지방세율을 부과할 경우 정책적으

8) 이와 같은 형태의 지방교부금을 지급하고 있는 예로는 1980년대의 매사추세츠를 들 수 있다. Ratcliffe, Riddle, & Yinger(1990) 또는 Ladd, Reschovsky, & Yinger(1991)에서 이에 대한 좀더 자세한 내용을 서술하고 있다.

로 정한 적정 수준의 지방공공재를 제공할 수 있게끔 한다.

구체적으로, 저자는 재정 수요와 재정력의 차이를 지방정부가 특정 지방공공재를 제공하기 위한 지출 필요액과 지방세를 징수할 수 있는 지방 재산세원의 크기의 차이로 정의한다. 여기서 사용되는 모든 지표는 주민 1인당 금액이다. 지방공공재 지출 필요액은 표준 수준의 지방공공재(S′)을 제공하기 위한 지출액에 해당 지방정부의 원가지표 Cj를 곱한 금액으로 나타낸다. 지방정부의 재정력은 조세를 징수할 수 있는 능력을 말하는 것으로서 표준세율(t′)에 해당 지방정부의 조세원(Vj)을 곱한 금액으로 정의할 수 있다. 이 두 지표의 차이를 재정 수요와 재정력의 차이로 정의하며 이는 표준 지방공공재를 제공하기 위해 반드시 지출해야 하는 금액과 표준세율을 적용했을 때 지방정부가 징수할 수 있는 지방세의 차이이다. 이와같이 재정 수요와 재정력의 차이를 정의하면 중앙정부의 지방정부에 대한 재정 지원의 목적은 이 차이를 최소화하는 데 있다고 할 수 있다. 이를 산식으로 나타내면 아래와 같다.

$$A_j=a+bG_j = a+b(S'C_j-t'V_j) \qquad (5)$$

여기서 a, b는 구체적인 지방교부금의 성격을 결정하는 정책 변수이다. 또한 G′를 지방교부금 금액을 0으로 만드는 재정 수요와 재정력의 차이로 정의하면 이는 a=-bG′로 나타낼 수 있고, 이를 산식 (5)에 대입하면 아래의 공식을 얻는다.

$$A_j = b(G_j - G') = b(S'C_j - t'V_j - G') \qquad (5)$$

이 공식에 의하면 앞서 언급한 바와 같이 부의 지방교부금을 배제할 경우 재정 수요와 재정력의 차이가 G′보다 적은 지방정부의 경우 중앙정부로부터 지방교부금을 받을 수 없다. 기초지방교부금(Foundation Grants)은 위 공식에서 b가 1로 정의된 특수한 경우라고 할 수 있는데 이는 재정 수요와 재정력의 차이 전부를 중앙정부가 보전하는 지방교부금이라고 할 수 있다. 좀더 보편적인 형태의 공식 (5)는 재정 수요와 재정력 차이의 일부분만 중앙정부가 지방교부금으로 보전하는 한편 재정력이 재정 수요보다 높은 지방정부에 대해서도 일정 수준의 지원금을 제공하는 지방교부금 형태를 가능하게 한다.

정책 변수 b를 1보다 낮게 설정하고 지방정부에 표준 세율 이상의 세율을 적용해야 하는 것을 강제하지 않을 경우 이 공식에 의한 지방교부금은 지방정부가 자치적으로 제공하기 원하는 지방공공재의 수준에 도달하기 위해 도움이 될 수는 있으나 재정 수요와 재정력의 차이를 완전히 제거할 수 있게 하는 것은 아니며 이를 강제하고 있지도 않다. 또한 정책 변수 b와 중앙정부의 지방교부금 예산 총액과는 역의 관계에 있으므로 이를 고려하여 지방교부금을 설계해야 할 것이다.

3 균등재정력 지방교부금

특정 범주 형평성을 달성하기 위해 논의되고 있는 다른 하나의 목표는 각 지방정부가 주어진 조세원에 상관없이 일정 수준의 '희생'을 할 경우 모두 동일한 수준의 지방공공재를 제공할 수 있어야 한다는 것이다. 여기서 '희생'이라고 함은 유효 지방재산세율(Effective Property Tax Rates)을 의미한다. 이러한 목표를 위해 고안된 지방교부금을 균등재정력 지방교부금(Power-Equalizing Grants)이라고 한다.

$$E_j = t_j V^{**} \qquad (7)$$

여기서 V^{**}는 정책 변수이다. 지방정부의 실질 조세 수입은 $t_j V_j$이므로 지방교부금은 아래와 같이 지방정부의 지출액과 자체 수입의 차액으로 정의할 수 있다.

$$A_j = E_j - L_j = t_j(V^{**} - V_j) \qquad (8)$$

공식(7)을 t_j에 대해 정리한 다음 이를 공식(8)에 대입하면 아래와 같은 공식을 얻을 수 있다.

$$A_j = E_j(1 - V_j/V^{**}) \quad (9)$$

위의 공식은 중앙정부의 지원금이 지방정부의 실제 지출액에 비례하여 증가하는 일종의 정률교부금(Matching Grant)을 정의하고 있다. 여기서 사용된 정책 변수인 V^{**}가 앞서 검토한 기초지방교부금에서 사용된 정책 변수인 V^{*}와 일치할 경우 두 교부금이 같은 것으로 보일 수 있으나 공식 (9)는 지방정부의 실제 지출액을 곱한 것이라는 점에서 큰 차이점을 보인다. 다시 말해, 균등재정력 지방교부금의 경우 각 지방정부가 받는 지원금은 해당 지방정부가 자치적으로 정한 특정 지방공공재에 대한 지출액과 해당 지방정부의 조세원의 크기가 중앙정부가 정책 변수로서 정하는 기준 조세원에 미달되는 정도에 의해 결정지어진다. 여기서 정책 변수인 V^{**}는 가장 부유한 지방정부의 조세원 이하의 어떠한 수준에서도 결정될 수 있으며, 부유한 지방정부의 경우 부(negative)의 정률(matching rates)을 적용받을 수 있으나 이는 정치적인 부담으로 인해 현실적으로 실행되지 않고 있다.

이와 같은 형태의 지방교부금 역시 원가를 고려한 모형으로 수정될 수 있다. 지방공공재 질의 수준을 공식(10)과 같이 정의할 경우, 공식(11)과 같은 수정 모형의 도출이 가능하다.

$$E_j/C_j = S_j - t_jV^{**} \quad (10)$$

$$A_j = S_j(C_j - V_jC_j/V^{**}) \quad (11)$$

이제 위의 공식에 의해 설계되는 균등재정력 지방교부금에서 중앙정부의 지원금 규모는 지방정부의 재정력 이외에 상대적 원가지표에 의해 결정지어지게 된다.

4 부(富)의 중립성

미국의 경우 지방공공재 중 특히 교육면에서 형평성의 개념은 종종 법원의 판결에 의해 정리되고 발전되는 경향이 있다. 주대법원 또는 연방대법원의 판결에서 나타나는 주된 쟁점은 주로 학생 한 명당 교육비 지출액으로 측정되는 지방교육 서비스의 질이 각 지방정부의 조세원의 크기에 의해 결정되는 것이 위헌인가의 여부이다. 많은 경우에 법원은 부의 중립성(wealth neutrality)을 교육 서비스의 형평성을 측정하는 주된 기준으로 제시하고 있다. 물론 이와 같은 부의 중립성 개념은 교육 서비스 이외에 다른 지방공공재의 형평성 기준으로 사용될 수 있다.

지방 공공재의 질과 지방정부의 재정력을 분리할 수 있는 가장 근본적인 해결책은 물론 지방자치제를 포기하거나 조세원이 균등하게 배분될 수 있도록 지방정부의 경계를 재조정하는 것 등을 들 수 있다. 그러나 이는 정치적으로나 실질적으로 불가능한 정책 수단이라고 할 수 있다. 균등재정 지방교부금은 원래 부의 중립성을 위해 고안된 것이기는 하나 펠드스타인(Feldstein, 1975)이 지적한 바와 같이 중앙정부가 높은 수준의 정률을 정한다고 해도 증가된 중앙정부의 지원이 재정력이 취약한 지방정부로 하여금 낮은 수준의 지방재산세율을 선택하게 할 유인을 낳고 있으므로 균등재정 지방교부금과 부의 상관 관계는 실증적으로 매우 높은 편이다. 이와같이 부의 중립성을 지방교부금을 통해 효율적으로 실현하는 이론적 접근 방법으로서 펠드스타인(Feldstein, 1975)이 제시한 유권자의 예산 제약선을 조정하는 방법 등이 제시되었으며 법원의 판결에서는 재정력이 낮은 학교구(School Districts)에 환경적 요인을 고려하여 높은 수준의 지방교부금을 제공하는 동시에 적정 재산세율을 강제하여 지역 주민의 자율 선택권을 제한하는 방법 등이 제시되고 있다.

5 균등한 성과에 대한 보장

부의 중립성보다 강한 형평성 목표는 지방공공재 수준의 완전한 균등성을 보장하는 것이다.[9] 이와 같은 목표는 교육, 치안, 소방 등의 특정 공공재

9) 레스쇼브스키(Reschovsky, 1994)가 지적한 바와 같이 실제로 교육재정과 관련한 법원의 판결 중 이러한 목표를 구체적으로 제시하고 있는 경우가 다수 있다.

가 시민의 삶에서 차지하는 중요성이 매우 커서 모든 시민에게 이러한 공공재에 대한 동일한 접근이 보장되어야 한다는 주장에 근거한다. 앞서 우리가 살펴본 기초지방교부금, 균등재정력 지방교부금, 부의 중립성을 위한 지방교부금은 이러한 목표를 이룰 수 있는 구조를 가지고 있지 못하다. 생각할 수 있는 유일한 대안은 모든 지방정부로 하여금 중앙정부가 정한 동일한 지방재산세율을 채택하도록 하는 것이다.[10] 그러나 이와 같은 정책은 부유한 지방정부 주민의 반발을 나을 수 있다. 부유한 주민은 자녀를 사립학교에 보내거나 재정력이 높은 지역으로 이주하여 더 높은 수준의 공교육 서비스를 자신의 자녀에게 제공하기 원할 것이다(Reschovsky, 1994).[11] 무엇보다 이와 같은 정책은 지방자치제의 이론적인 지지 기반이라고 할 수 있는 선호의 다양성을 기반으로 한 지방공공재의 효율적 공급이라는 기본원칙을 침해하는 것이라고 할 수 있다.

제 3 절 지방교부금을 통한 실질소득 형평성 제고

지방교부금을 통해 실현하고자 하는 정부 정책의 목표 중 하나는 실질가계소득의 형평성을 증가시키는 것이다. 사회 계층 간 소득 균형을 위한 정책에는 여러 가지 소득 이전 프로그램들과 사회보장 제도, 그리고 누진세 등을 들 수 있으나 지방교부금의 경우에도 이와 같은 효과를 나을 수 있는 역할이 존재한다. 이러한 역할은 빈곤 계층이 지방공공재의 공급량과 지방세율을 직접 결정할 수 있는 정치적인 권한이 낮을 때 커진다. 빈곤계층이 다수를 점유하고 있는 지방정부의 지방공공재 공급량이 빈곤계층이

10) 물론 동일한 수준의 재정지출이 보장되더라도 생산적 효율성(productive efficiency)이 다른 경우 균등한 공공재의 질과 양을 보장할 수는 없을 것이다. 또 하나의 방법은 지방재산세를 국세로 전환하여 동일한 수준의 지방공공재를 중앙정부가 제공하는 것이다(Giertz & McGuire, 1992).

11) 부유한 지방정부의 재산세율 제한에 대한 논의는 Gomez-Ibanez & Kalt(1990)를 참고할 것.

원하는 수준에 미달될 경우 중앙정부의 지원금이 지방공공재의 수준을 높이는 데 사용되면 이는 빈곤 계층의 소득을 직접 보전하는 이전 프로그램보다 빈곤 가계의 효용을 더 높일 수 있다. 또한 지방세가 역진적이어서 세금 감면의 효과가 빈곤층에 상위계층보다 큰 이익을 가져다 줄 경우 지방세의 감소를 유도하는 지방교부금이 소득의 직접 지원보다 빈곤 계층에 더 큰 효용의 증가를 가져올 수 있다.

그러나 이러한 이론적인 효과는 자본화(capitalization)에 의해 크게 제한될 수 있다.[12] 자본화는 지방공공재의 수준과 지방세율이 자산 가격에 반영되는 효과를 말한다.[13]

완전자본화(full capitalization)가 나타날 경우, 지방교부금으로 인해 지방공공재의 공급량이 늘어나더라도 임차인이 누릴 수 있는 효과는 높아진 임대료로 인해 상당 부분 상쇄될 수 있으며, 이 경우 지방교부금으로 인한 대부분의 편익은 주택 소유자에게 돌아가게 된다. 미래에 그 지역으로 이전하고자 하는 가계 역시 높은 가격으로 주택을 매입해야 하므로 지방교부금으로 인한 지방공공재 증가 효과는 결국 현재의 주택 소유자에게 한정되는 것이다. 더욱이, 자본화는 실질임금의 균등화에 내포된 암묵적인 가정, 즉 실질임금은 부분적으로 지방공공재의 수준과 지방세율에 영향을 받는다는 가정을 약화시킨다. 이론적으로 모든 가계의 주거 이동이 완전히 자유로울 경우 동일한 능력과 선호를 가진 모든 가계는 동일한 실질임금을 받는다. 그러므로 지방공공재의 수준이 낮거나 지방세율이 높은 지역에 거주하는 빈곤층의 경우 이미 낮은 주거비용으로 이를 상쇄했으므로 지방세율이 낮거나 지방공공재의 수준이 높은 지역에 거주하는 가계에 비해 불리한 형편에 있다고 말할 수 없다.

그러나 이러한 자본화 주장으로 인해 지방공공재의 수준이 가계의 실질임금에 영향을 준다는 가설과 지방교부금이 실질임금의 균등화에 기여할 수 있다는 가설의 실효성이 완전히 사라진 것은 아니다. 첫 번째 이유는,

12) 이에 대한 자세한 논의는 Yinger(1986) 또는 Wycoff(1992)를 참고할 것.
13) 자본화에 대한 실증 논문의 검토는 Yinger et al.(1988)을 참고할 것.

나이, 가계소득, 사회적 차별 등의 이유로 인해 빈곤층의 주거 이동이 완전히 자유롭지 못하다는 점이다.[14] 이러한 진입 장벽으로 인해 지방공공재의 질과 지방세율의 크기는 완전히 자산 가격에 반영될 수 없다. 두 번째 이유는 만약 빈곤 계층의 주거 이전이 완전히 자유롭다고 하더라도 지방교부금의 효과는 매우 복잡한 일반균형 문제에 달려 있으며, 이 경우 지방교부금의 변화가 자산 가격의 변화로 완전히 상쇄되지는 않는다는 점이다. 이에 대한 일반론적인 이론과 실증분석은 연구되지 않았으나 특별한 경우를 가정한 실증분석 결과는 이러한 자본화 효과의 한계를 증명하고 있다. 결론적으로 자본화는 지방교부금의 실질 임금 균등화 효과를 약화시킬 수 있으나 완전히 상쇄하지는 못한다고 할 수 있다.

제 4 절 평가적 의견

최소한 두 가지 면에서 이 논문은 이론적·정책적으로 중요한 함의를 가지고 있다.

첫째, 지방교부금의 산출 공식에 원가 개념을 도입함으로써 지방정부가 부담하고 있는 환경적 차이를 정부지원금을 통해 반영하고자 하는 시도를 한 점이다. 지방공공재를 제공할 때 다른 지방정부에 비해 환경적으로 불리한 상태에 있는 지방정부는 동일한 재원을 투입하더라도 낮은 수준의 지방공공재를 생산할 수밖에 없다. 이는 동일한 수준의 실내 온도를 유지하기 위해 추운 지방의 가계가 따뜻한 지방의 가계보다 더 많은 난방비를 지불해야 하는 것과 같은 논리이다(Duncombe & Yinger, 1996).

둘째, 자본화의 개념을 도입하여 지방교부금의 실질임금 증대 효과를 분석한 점이다. 저자가 언급한 바와 같이 실질적으로 완전자본화에 대해 학

14) 소득 수준 및 인종적인 편견이 빈곤층의 주거 이동에 미치는 제약에 대해서는 Yinger (1993)를 참고할 것.

자들은 회의적인 시각을 가지고 있다. 중요한 점은 완전자본화 여부가 아니라 자본화가 현실에서 접할 수 있는 매우 보편적인 현상이라는 점이다. 우리나라의 경우 지방정부의 과세권이 제한되어 있으므로 실질적인 주민의 선호를 반영한 지방공공재의 공급이 이루어지지 않고 있으나 재정분권화가 진행될수록 자산가치의 차별화는 급속도로 진행될 개연성이 크다. 과거 몇 년 동안에 나타난 수도권 일부 지역의 자산 가격 급등은 유사한 지방공공재 수준에도 불구하고 공공재 성격이 강한 교육 서비스의 사적 인프라에 크게 기인했다는 점에서 지방공공재의 차별화가 자산 가격에 미칠 영향에 대한 시사점이 크다고 할 수 있다.

참고 문헌

Bergstrom, Theodore C. & Goodman, Robert.(1973). Prvate Demand for Public Goods. *American Economic Review*, 53: 280-96.

Bergstrom, Theodore C., Rubinfeld, Daniel L., & Shapiro, Perry.(1982). Micro-Based Estimates of Demand Functions for Local School Expenditures. *Econometrica*, 50: 1183-1205.

Bradbury, Katharine L., Ladd, Helen F., Perrault, Mark, Reschovsky, Andrew & Yinger, John.(1984). State Aid to Offset Fiscal Disparities Across Communities. *National Tax Journal*, 151-70.

Bradford, David F., Malt, R. A. & Oates, Wallace E. The Rising Cost of Local Public Services: Some Evidence and Reflections. *National Tax Journal*, 22(June): 185-202.

Feldstein, Martin S.(1975). Wealth Neutrality and Local Choice in Public Education. *American Economic Review*, 65: 75-89.

Duncombe, Will & Yinger, John.(1996). Alternative Approaches to Measuring the Cost of Education. In Helen Ladd(ed.), *Holding Schools Accountable: Performance-Based Reform in Education*, 327-356. Washington DC: The Brookings Institution.

Giertz, J. Fred & McGuire, Therese J.(1992). "Regional and State-wide Property Tax Base Sharing For Education." In Proceeding of the 85th *Annual Conference of the National Tax Association-Tax Institute of America*: 190-94.

Gold, Steven, Smith, David, Lawton, Stephen & Hyary, Andrea C.(1992). *Public School Finance Programs of the United States and Canada. Albany*, NY: The Nelson A.Rockefeller Institute of Government.

Gomez-Ibanez, Jose A. & Kalt, Joseph P.(1990). *Cases in Microeconomics*. Englewood Cliffs, NJ: Prentice-Hall.

Hanuschek, Eric.(1986). The Economics of Schooling. *Journal of Economic Literature,* 24: 1141-75.

Hochman, H. M. & Rogers, J. D.(1969). Pareto Optimal Redistribution. *American Economic Review*, 59: 542-57.

Inman, Robert P.(1979). The Fiscal Performance of Local Governments: An Interpretative Review. In P. Mieszkowski & M. Straszheim(ed.). *Current Issues in Urban Economics*, 270-321. Baltimore: Johns Hopkins University Press.

Ladd, Helen F. & Doolittle, Frederick C.(1982). Which Level of Government Should Assist Poor People? *National Tax Journal*, 35: 323-36

Ladd, Helen F., Reschovsky, Andrew & Yinger, John.(1991). City Fiscal Condition and State Equalizing Aid: The Case of Minnesota. In *Proceedings of the 84th Annual Conference of the National Tax Association-Tax Institute of America*: 42-49.

Ladd, Helen F. & Yinger, John.(1991). *America's Ailing Cities: Fiscal Health and the Design of Urban Policy*. Updated ed. Baltimore: Johns Hopkins Press.

Myers, Will S.(1992). "Local Government Implications of Recent Trends in State Education Finance." In *Proceedings of the 85th Annual Conference of the National Tax Association-Tax Institute of America*: 184-89.

Oakland, William.(1994). "Fiscal Equalization: An Empty Box?." *National Tax Journal*, 47(1).

Oates, Wallace E. & Schwab, Robert.(1988). Economic Competition Among Jurisdictions: Efficiency Enhancing or Distortion Inducing? *Journal of Public Economics,* 35: 333-54.

Odden, Allan R. & Picus, Lawrence O.(1992). *School Finance: A Policy Perspective*. New York. McGraw-Hill.

Ratcliff, Kerri, Riddle, Bruce & Yinger, John.(1990). The Fiscal Condition of School Districts in Nebraska: Is Small Beautiful? *Economics of*

Education Review: 81-99.

Reschovsky, Andrew.(1994). Fiscal Equalization and School Finance." *National Tax Journal*, 47(1).

Wyckoff, Paul Gary.(1992). Capitalization, Equalization and Intergovernmental Aid. Unpublished Manuscript.

Yinger, John.(1986). On Fiscal Disparities Across Cities. *Journal of Urban Economics*, 19: 316-37.

———.(1993). Access Denied, Access Constrained: Results and Implications of the 1989 Housing Discrimination Study. In M. Fix & R. S. Truyk(ed.). *Clear and Convincing Evidence: Measurement of Discriminationin America*, 69-112. Washington, D.C.: The Urban Institute Press.

Yinger, John, Boerscn-Supan, Axel Bloom, Howard S. & Ladd, Helen F.(1988). *Propery Taxes and House Values: The Theory and Estimation of Intrajurisdictional Property Tax Capitalization*. New York: Academic Press.

Yinger, John & Ladd, Helen F.(1989). The Determinants of State Assistance to Central Cities. *National Tax Journal,* 62: 413-28.

6 그린의 연방-주재정 관계에서 몇 가지 제도적 고려 사항들

황수연
(경성대학교 교수)

제 1 절 머리말

연방제(federalism)는 과거에는 중앙집권화를 의미했으나 오늘날에는 지방분권화를 의미한다. 지방분권화(decentralization)란 하나의 정부 단위를 여러 개의 작은 정부 단위들로 나누고 이들 각각을 다시 여러 개의 작은 정부 단위들로 나누어 가능하면 낮고 작은 정부 단위에서 서비스를 제공하는 것이다. 지방분권화하면 주민들의 선호가 더욱더 잘 충족될 수 있고 서비스가 효율적으로 제공되는 장점이 있다(Tullock, 1994/황수연 역, 2002).

물론 후생경제학에서 주장하듯이 외부효과라든지 규모 및 지역의 경제의 존재로 크고 높은 정부 단위에서 서비스가 제공되는 것이 바람직할 때도 있다. 그리고 많은 사람들은 실제 중앙집권화가 이루어지는 것은 이러한 외부효과와 규모의 경제 때문이라고 주장하기도 한다. 그러나 주나 지방정부에서 서비스를 제공하는 것이 더 효율적인데도 연방정부에서 서비스를 제공하는 경우도 많은데, 이런 현상이 생기는 것은 서비스 제공 수준이 경제적인 고려에 의해서가 아니라 정치적 고려에 의해 결정되기 때문이다. 이것이 의미하는 것은 규범적으로는 외부효과라든가 규모의 경제와 같은 공익적 관점에서 연방제가 운영되는 것이 맞다 하더라도, 실제적으로는 국민들의 사익에 따라 연방제가 운영된다는 점이다.

사회 전체적으로 연방정부 곧 중앙정부에서 서비스를 제공하는 것이 비효율적인데도 연방정부에서 서비스를 제공하는 것은 서비스 제공 단위의 수준이 '사익'에 따라 '정치적으로' 결정되기 때문이라면, 정부 수준에 관한 논의를 후생경제학적 관점에서의 논의로 그치는 것은 분석적으로 불완전하다. 즉, 규범적으로 연방 수준에서 서비스가 제공되어야 하는 근거를 제시하는 것으로 그칠 것이 아니라, 현실적으로 연방 수준에서 서비스가 제공되는 이유가 무엇인가에 대한 논의가 이루어져야 한다는 것이다. 여기에 공공선택론적 관점에서의 분석이 도입되어야 할 필요성이 존재한다.

공공선택론에서 유권자들은 사회 전체의 이익 혹은 공익과 무관하게 자신의 사익을 최대한 추구하는 존재로 가정되고 분석된다. 유권자들이 사익에 따라 움직이므로 연방과 주의 관계에서도 반드시 공익에 일치하는 결정이 나온다는 보장이 없다. 그린(Kenneth V. Greene) 역시 이러한 인간 행태 가정에 의존하여 연방과 주의 관계를 분석하고 있다. 그린은 1970년『공공선택(*Public Choice*)』 제9권에 발표한 논문인「연방-주재정 관계에서 몇 가지 제도적 고려 사항들(Some Institutional Considerations in Federal-State Fiscal Relations)」에서 주정부에서 서비스가 제공되는 것이 효율적임에도 왜 연방정부로 서비스 제공이나 재원 조달이 이전되는가 하는 문제를 탐구하고 있다(이 논문은 Greene, 1972에 재수록되어 있다). 그린은 민주주의에서의 사익 추구적 인간 행태 가정에 입각하여 그 답을 구하고 있는데, 특히 그는 다운스(Downs, 1957), 뷰캐넌과 털럭(Buchanan & Tullock, 1962)의 저작으로부터 큰 도움을 얻고 있다.

이와같이 왜 중앙집권화하는가에 관한 분석은, 규범적인 후생경제학의 관점에서만 논의할 것이 아니라, 사익이라는 관점에서 사람들이 실제로 어떻게 결정하고 행동하는가 하는 관점에서 분석해야 한다. 연방과 주의 관계는 국민들이 민주주의적으로 결정한다. 그리고 민주주의에서는 과반수의 동의만 있으면 결정이 이루어진다. 그것이 사회에 순손실을 끼치더라도 과반수가 찬성하면 관철이 된다. 주정부에서 중앙정부로 서비스 제공을 옮기는 것도, 국민들이 규범적인 관점에서 외부효과와 규모의 경제를 고려하여 그렇게 한 것이 아니라, 과반수 유권자들의 사익에 일치하기 때문에 그렇게 한 것이다. 이러한 점에 관해 그린은 구체적으로 어떻게 설명하고 있는지 살펴보자.

제 2 절 연방-주 재정 관계에서의 몇 가지 제도적 고려 사항들

주의 서비스 제공과 재원 조달을 연방 수준으로 이전하는 것을 후생경제학자들은 외부효과나 규모의 경제 때문이라고 설명한다. 한 정부 단위가 다른 정부 단위에 긍정적으로나 부정적으로 외부효과를 끼칠 때 이러한 외부효과를 내부화하기 위해서는 더 크고 높은 정부 단위로의 통합이나 이전이 필요하다는 것이다. 또 작은 정부 단위에서 서비스를 제공하는 것은 비용이 많이 들고 큰 정부 단위에서 서비스를 제공하면 비용 절감이 이루어질 경우, 즉 규모의 경제가 존재할 때는, 이러한 규모의 경제의 이득을 누리기 위해 높고 큰 정부 단위로의 통합이나 이전이 필요하다는 것이다.

만약 주민들이 자신의 사익에 따라서가 아니라 공익에 따라 결정한다면 이러한 주장이 옳다. 그러나 주민들은 사익에 따라 움직인다. 따라서 후생경제학의 주장들은 규범이론으로서는 타당하지만, 실증이론으로는 옳지 않다.

사람들은 시장에서건 정부 부문에서건 사익에 따라 행동한다. 시장에서의 사익 추구는 대개 보이지 않는 손에 이끌려 공익에 이바지하게 되어 있다. 그러나 민주주의 아래서 주민들이 자신들의 사익에 따라 결정하고 행동한 결과는 반드시 공익에 이바지하지는 않는다. 사익 추구와 공익 달성의 관계는 시장에서보다 민주주의에서는 더욱 느슨하다. 사익 추구를 공익 달성에 기여하게 하는 제도적 제약이 더 느슨하기 때문이다.

과반수 민주주의에서는 사회적으로는 바람직하지 않은데도 과반수가 동의하면 관철이 된다. 주에서 연방으로 서비스 제공과 재원 조달을 이전하는 것이 비효율적인데도, 과반수 민주주의 아래서는, 그로부터 과반수가 이익을 얻기 때문에 주에서 연방 정부로 서비스 제공과 재원 조달을 이전한다.

공공선택론에서의 분석은 보통 이러한 사익의 대상이 무엇인가 하는 것을 규정하는 것에서 출발한다. 그린은 조세 제도에 주목했고, 주간 소득 분배 구조를 추가했다. 그린이 자신의 논문에서 말한 연방-주 재정 관계에서의 제도적 고려 사항들이란 주(州) 간 소득 분배 구조와 조세 제도를 말한다. 주 간 소득 분배가 서로 다르고 따라서 주 간 소득 수준에 차이가 있게 되면, 이것이 비례세 구조나 누진세 구조와 같은 조세 제도와 상호 결합되어, 주민들이 주에서 서비스를 제공하는 것이 자기들에게 이익인지 연방에서 서비스를 제공하는 것이 더 나은지 결정하게 된다는 것이다.

만약 주민들의 과반수에게 연방에서 서비스를 제공하는 비용이 더 낮아 이득이 된다면 문제는 간단하다. 그들은 간단히 연방으로 서비스 제공을 이전한다. 만약 연방에서 서비스를 제공하는 비용이 더 낮은 주민들이 과반수가 되지 않을 때는 어떨까? 그런 경우에도 방법은 있는데, 연방으로 서비스 제공을 이전하면서 서비스 제공을 늘릴 경우 이득이 생기는 집단이 있을 수 있고, 그들에 의해 과반수 연합(majority coalition)이 형성될 수 있기 때문이다. 그린은 이러한 두 가지 이유 때문에 주정부에서 연방정부로 서비스가 이전된다고 하고 있다.

이러한 그린의 주장을 먼저 비례세 구조(proportional tax structure)와 관련하여 살펴보고, 다음 연방세 구조가 주(州)세 구조보다 더욱 누진적(progressive)일 경우를 살펴보기로 하자.

1 비례세 구조의 경우

여기서는 주도 연방도 비례세 제도를 채택한다. 이때, 주별로 소득 분포가 다르고 평균 소득 수준이 다른 경우에 연방-주 재정 관계가 어떻게 될까? 논의의 편의를 위해 단지 두 주만 존재한다고 하자. 부유한 주 A와 가난한 주 B가 그것이다. 부유한 주 A에는 연간 소득이 12,800달러인 상위 소득 납세자들이 4명, 연간 소득 6,400달러인 중간 소득 납세자들이 4명, 그리고 연간 소득이 3,200달러인 하위 소득 납세자들이 2명 있다. 반면 가난한 주 B에는 부유, 중간, 그리고 빈곤 납세자들의 수는 각각 2, 4, 그리고 4명이다. 이 10명 모두에게 제공되는 특정 서비스의 단위당 비용은 12,000달러이다. 이 경우 각 주의 개개 주민들이 부담하는 조세 가격의 크기는 어떻게 될까?

그린의 논문에는 아래 세 번째 도표와 같은 조세 가격이 제시되고 있지만, 어떻게 계산되어 이러한 결과가 나오게 된 것인지 설명이 없다. 독자들 중에는 이러한 결과가 어떻게 나온 것인지 이해가 되지 않을 독자들도 있을 것이므로(필자가 처음 이 논문을 읽을 때 그러했다), 아래 표 및 방정식과 같은, 필자가 고안한 방법을 통해 계산 과정을 보이기로 한다.

소득	소득집단별 인구	개인당 세금	소득집단별 세금
12,800달러	4	4x	16x
6,400	4	2x	8x
3,200	2	x	2x

부유한 주 A에서, 3,200달러의 소득을 가진 사람의 개인 세금을 x라 두면, 비례세를 가정하고 있으므로, 6,400달러의 소득을 가진 사람의 개인 세금은 2x, 그리고 12,800달러의 소득을 가진 사람의 개인 세금은 4x가 될 것이다. 이것이 세 번째 열(column)에 나타나 있다. 다음 개인당 세금과 소득집단별 인구를 곱하여 소득집단별 세금을 구한다. 예를 들어 12,800달러 소득집단의 세금은 4×4x=16x이다. 이러한 것들은 맨 마지막 열에 나타나 있다. 총 세금은 12,000달러이므로, 16x+8x+2x=12,000인 관계가 성립하고, 이 방정식을 풀어 x를 구하면 x=461.54이어서, 소득이 3,200달러인 사람의 개인 세금은 461.54달러가 된다. 소득이 6,400달러인 사람의 개인 세금은 2x=923.08달러, 그리고 소득이 12,800달러인 사람의 개인 세금은 4x=1,846.16달러가 된다.

같은 방법으로 가난한 주 B의 개인 세금도 구해 볼 수 있다. 한 번 더 연습해 보기로 한다.

소득	소득집단별 인구	개인당 세금	소득집단별 세금
12,800달러	2	4x	8x
6,400	4	2x	8x
3,200	4	x	4x

8x+8x+4x=12,000, 20x=12,000, 그러므로 x=600.00, 2x=1,200.00, 4x=2,400.00이 된다. 이상의 결과로부터 구한 주 A와 주 B의 서비스 단위당 조세 가격은 그린의 논문에서 제시하듯 아래 표와 같이 나타난다(같은 논리를 사용하여 연방의 조세 가격도 구할 수 있다).

서비스 단위당 조세 가격

	주 A	주 B	연방
부유	1,846.16달러	2,400.00달러	2,123.08달러
중간	923.08	1,200.00	1,061.54
빈곤	461.54	600.00	530.77

서비스 단위당 조세 가격을 살펴보면, 연방 조세 가격은 집단에 상관없이 주 A의 조세 가격보다 높고 주 B의 조세 가격보다 낮다. 이것이 의미하는 것은 이 경우 부유한 주 A는 주 자체적으로 서비스를 제공하려 할 것이고, 가난한 주 B는 연방에 서비스 제공을 넘기려고 할 것이라는 점이다. 그러나 주 B는 과반수가 되지 않으므로 자신의 의사를 관철하지 못할 것이다. 그렇다면 연방 수준에서 서비스 제공은 이루어질 수 없는가? 그렇지는 않다. 제공 수준이 불가피하게 고정되어 있다고 가정했기 때문에 이런 결과가 나온다. 만약 제공 수준을 늘릴 수 있다고 한다면 사정이 달라질 수 있다.

문제의 서비스 단위들에 대해 아래와 같은 한계 평가 스케줄 집합을 가정해 보자.

상이한 소득집단들의 한계 평가

	첫 번째 단위	두 번째 단위	세 번째 단위
부유	2,600달러	2,500달러	1,800달러
중간	1,500	1,400	900
빈곤	1,000	800	700

서비스 단위에 대한 조세 가격과 한계 평가에 관한 위의 두 표를 비교해 보면 알 수 있듯이, 첫 번째 단위는 말할 것도 없고 두 번째 단위의 한계 평가도 각 주의 각 소득집단에 대한 단위당 조세 가격을 능가함을 알 수 있다. 즉 각 주에서는 만장일치로 두 단위가 승인될 것이다. 그러나 주 수준에서 세 단위를 제공하려는 안은 거부될 것인데, 왜냐하면 각 주의 가난한 사람들만이 확대된 제공으로부터 순편익을 얻는데, 이들은 소수파에 속하기 때문이다. 따라서 최종적으로 각 주에서는 두 단위가 제공된다.

이때 서비스 제공과 재원 조달을 연방 수준으로 이전하고 서비스 제공을 세 단위로 확대하는 안이 제안된다고 해 보자. 그러한 이전의 한계비용을 계산해 놓은 것이 아래 표이다. 이 한계비용은 다음과 같이 계산되었다. 부유한 주의 부유한 사람들을 예를 들어 보자. 그들은 주에서 두 단위를 제공할 때 1,846.16달러×2=3,692.32달러를 지불했다. 그들의 연방 단위당 조세 가격은 2,123.08달러이므로, 만약 그들이 주에서 두 단위 제공하던 것을 연방에서 세 단위 제공하는 것으로 바꾸게 되면, 그 한계 비용은 2,123.08달러×3-3,692.32달러=2,676.92달러가 된다. 다른 이전의 한계 비용도 같은 방식으로 구할 수 있고, 그 결과가 아래 표와 같이 나타나 있다.

연방이 제공하는 세 단위의 한계비용

	주 A	주 B
부유	2,676.92달러	1,569.24달러
중간	1,338.46	784.62
빈곤	669.23	392.31

각 주의 각 집단에 대해 이러한 이전의 한계비용과 세 번째 제공 단위의

한계 평가를 비교해서 그들이 주 정부로부터 연방정부로의 이전을 찬성할지 반대할지 결정할 수 있다. 두 표를 비교해 봄으로써, 가난한 주 B의 모든 소득집단과 부유한 주 A의 낮은 소득집단에 대해서는 이전의 한계비용이 세 번째 제공 단위의 한계 평가보다 작음을 알 수 있다. 따라서 성공적인 주간(州間) 연합(intercoalition)을 통해 서비스 제공이나 적어도 재원 조달을 연방 수준으로 이전할 여지가 있다. 이들은 과반수를 차지하므로 그렇게 할 수가 있다.

이상의 논의는 균형 주 제공 수준이 주별로 같다고 전제하고 이루어졌으나, 주별로 그 수준이 다른 것이 현실이다. 또, 위에서는 두 주가 동일한 연방 조세 가격을 부담한다고 가정했으나, 확대를 원하는 부유한 주는 더 높은 연방 조세 가격을 지불해야 할지도 모른다. 그뿐만 아니라, 이상의 논의는 오직 두 주만을 논하고 있지만, 현실은 주의 소득이 국가 평균으로부터 아주 높은 주로부터 아주 낮은 주에 이르기까지 수많은 주들로 구성되어 있다. 이런 완화된 가정 아래서도 여전히 위의 경우와 동일한 결과를 보여줄 수 있는데, 그린(Greene, 1970: 7-10; 1972: 243-5)이 그림을 통해 잘 설명하고 있으므로 관심 있는 독자들은 참조하기 바란다.

2 상이한 조세 제도의 경우

위에서는 모든 조세 구조가 비례적인 연방 제도를 살펴보았으나, 현실은 그렇지 않다. 미국의 경우 연방 조세 구조는 누진 소득세제가 지배하는 반면, 대부분의 주 재원 조달 방식들은 대체로 비례적이거나 순수하게 역진적이다. 상이한 정부 수준에 따라 상이한 조세 구조가 사용되면, 부유한 주의 몇몇 소득집단들이 연방 수준에서 실제로 더 낮은 단위당 조세 가격을 가질지 모르며, 그런 집단들이 과반수에 이를 수도 있다. 이러한 가능성을 고찰하기 위해 다음과 같은 경우를 생각해 보자.

연방 소득 분포의 구성이 12,800달러의 연간 화폐 소득을 가진 상위 소득 납세자들 40%, 6,400달러의 연간 화폐 소득을 가진 중간 소득 납세자들

40%, 그리고 3,200달러의 연간 화폐 소득을 가진 하위 소득 납세자들 20%로 이루어져 있다고 가정하자. 그리고 연방 소득세를 통한 조세 부담률(tax liability ratio)이 7.0: 3.1: 1이라고 가정하자. 이 말은 낮은 소득 단위가 지불하는 조세 1달러당, 중간 소득 단위는 조세로 3.10달러 지불하고, 상위 소득 단위는 7.00달러 지불한다는 것을 의미한다. 10명에게 제공되는 서비스의 단위당 비용은 앞의 예에서와 마찬가지로 12,000달러라고 하자. 위에서 필자가 사용했던 계산 방식을 사용하여 제공 단위당 연방 조세 가격을 계산해 보기로 한다.

소득	집단별 인구 비율	개인당 세금	소득집단별 세금
12,800달러	40%	7.0x	28x
6,400	40%	3.1x	12.4x
3,200	20%	x	2x

28x+12.4x+2x=12,000. 따라서 x=283.02, 3.1x=877.36, 7.0x=1981.14. 따라서 서비스 단위당 연방 조세 가격은 다음과 같다.

서비스 단위당 연방 조세 가격

부유	1,981.14달러
중간	877.36
빈곤	283.02

이 연방이 아래와 같은 소득 분포를 가진 동일한 크기의 두 주로 구성되어 있다고 가정하자.

주 A			주 B	
인구 비율		평균 소득	인구 비율	
부유	45%	12,800달러	부유	35%
중간	45%	6,400	중간	35%
빈곤	10%	3,200	빈곤	30%

만약 문제의 서비스가 각 주에서 세 소득집단들에 대한 조세 부담률 2.1: 1.7: 1인 조세에 의해 재원 조달된다면, 위에서 필자가 사용한 방식을 사용하여 제공 단위당 주 조세 가격을 계산할 수 있다. 우선 주 A의 조세 가격을 구해 보자.

소득	집단별 인구 비율	개인당 세금	소득집단별 세금
12,800달러	45%	2.1x	9.45x
6,400	45%	1.7x	7.65x
3,200	10%	x	x

9.45x+7.65x+x=12,000. 따라서 x=662.98, 1.7x=1,127.07, 2.1x=1,392.26. 여기서는 계산 과정을 생략하지만, 같은 방법으로 주 B에 대해서도 구할 수 있는데, 주 A와 주 B의 조세 가격은 그린의 논문에 나와 있듯이 다음과 같다.

서비스 단위당 주 조세 가격

주 A	소득집단	주 B
1,392.26달러	부유	1,546.02달러
1,127.07	중간	1,251.54
662.98	빈곤	736.20

이제 우리는 각 주의 조세 가격과 연방 조세 가격을 비교해 봄으로써, 양 주의 하위 및 중간 소득집단들이 연방 재원 조달을 통해 단위당 조세 가격을 낮출 수 있음을 쉽게 알 수 있다. 연방으로 이전하기를 원하는 사람들은 연방 전체 인구의 60%를 차지하므로 서비스의 제공 및/혹은 재원 조달을 연방 수준으로 이전할 수 있다. 이와같이 연방과 주가 상이한 조세 제도를 가지고 있는 경우에도 주에서 연방으로 서비스 제공, 재원 조달을 이전할 수 있다.

그런데, 주 A는 예를 들어 앨라배마와 같은 주인데, 그 주의 중간 소득집단이 연방 통제에 대해 강한 반감을 가지고 있어서, 여하한 연방 재원 조달 혹은 제공 계획을 거부한다고 해 보자. 이런 경우에는, 설사 과반수에게 연방에서의 조세 가격이 주에서의 조세 가격보다 낮다 하더라도, 주에서 연방으로의 이전(transfer)이 저지될 수도 있다.

그렇다 하더라도, 연방 프로그램에 따라서는 과반수 연합(majority coalition)의 지지를 얻을 수도 있는데, 각 주의 상위 소득집단들이 자신들의 주 제공 수준이 부족하다고 여길 수도 있기 때문이다. 소비자들의 상품에 대한 만족도가 가격뿐만 아니라 수량에도 좌우되듯이, 유권자들의 만족도도 정부 서비스의 가격뿐만 아니라 제공되는 양에도 영향을 받는다. 예를 들어 가난한 주 B의 상위 소득집단이 주 제공 수준이 부족하다고 여긴다고 해 보자. 이 경우에는, 비록 주 A의 중간 소득집단의 지지는 얻지 못할지라도, 가난한 주 B의 상위 소득집단과 그 주의 다른 구성원들 및 주 A의 하위 소득집단이 연합하여 서비스 제공을 확대할 수 있다. 그렇게 하면 그 연합은 55%의 지지를 얻는다. 이와같이 주 및 연방 조세 제도의 차이와 주간 소득 수준의 차이 때문에 주정부에서 연방정부로 서비스 제공 및/혹은 재원 조달을 이전할 수 있다.

그런데 가정된 조세 부담률이 현실 적합성이 있는가 하는 문제가 있다. 물론 현실 적합성이 있다. 그린의 위의 조세 부담률은 그가 자의적으로 만든 것이 아니라 현실 자료에 근거해서 만든 것이다. 우선 연방 조세 부담률은 1961년 상이한 가계별 개인 소득 구간에 대한 연방 소득세의 실효 세율 자료로부터 계산했다. 이 자료에 따르면, 소득세 가계별 개인 소득이 3,000~3,999달러인 사람들은 5.5%의 실효 세율을, 소득세 가계별 개인 소득이 6,000~7,499달러인 사람들은 8.4%의 실효 세율을, 그리고 소득세 가계별 개인 소득이 10,000~14,999달러인 사람들은 9.6%의 실효 세율을 가지고 있었다. 따라서 3,200달러의 세전 개인 소득을 가진 평균 납세 단위는 1961년에 개인 소득세로서 대략 3,200달러×0.055=176.00달러를 납부했고, 6,400달러의 세전 개인 소득을 가진 납세 단위는 대략 6,400달러×0.084=537.60달러을 납부했으며, 12,800달러의 세전 개인 소득을 가진 납세 단위는 12,800달러×0.096=1,228.80달러를 납부했다. 그 결과 이 소득집단들에 대한 조세 부담률은 높은 소득집단부터 6.98: 3.054: 1임을 나타내는데, 소수 첫째 자리로 반올림하면 앞에서 사용한 조세 부담률과 같다.

그린이 소득집단별 주 조세 부담률로 사용한 비율은 1959년의 화폐 소득 구간에 따른 판매세의 실효 세율 자료인데, 이 자료에 따르면 식료품이 과세될 때의 실효 세율은 소득 구간이 3,000~3,999달러일 때는 1.326%, 소득 구간이 6,000~7,500달러일 때는 1.114%, 그리고 소득 구간이 10,000달러 이상일 때는 0.69%이었다. 따라서 식료품에 과세되는 주에서 12,800달러의 화폐 소득을 가진 가계 단위는 판매세로서 대략 12,800달러×0.0069=88.32달러를 납부했고, 6,400달러의 화폐 소득을 가진 가계 단위는 대략 6,400달러×0.01114=71.30달러를 납부했으며, 3,200달러의 화폐 소득을 가진 가계 단위는 대략 3,200달러×0.01326=42.43달러를 납부했다. 그러므로 이 집단들에 대한 조세 부담률은 2.081: 1.682: 1인데, 소수점 첫째 자리로 반올림하면 앞에서 가정된 비율이 된다. 식료품이 면세되는 경우는 조세 부담률이 다소 다른 값을 가진다(Greene, 1970, 15; 1972: 250).

물론 어떤 집단에게 연방 수준에서 조세 가격이 낮다 하여 그 집단이 반드시 연방 제공 혹은 재원 조달 그리고 제공 수준의 확대를 지지하는 것은 아니다. 예를 들어 중간 계급은 심지어 현재의 주 제공 수준조차도 과도하다고 여길지 모른다. 그렇지만, 이전에 주에서 재원 조달되던 제공 수준을 줄이고 대신 연방에서 제공하는 어떤 프로그램을 마련할 수 있다면, 연방에서 재원 조달하여 제공하는 것이 그들의 지지를 얻을 수도 있다.

제 3 절 평가적 의견

후생경제학은 지방 분권의 장점을 인정한다. 그러나 외부효과가 존재한다거나 규모의 경제가 존재할 때는 상위의 대규모 정부 단위에서 서비스가 제공되는 것이 더 바람직하다고 주장한다. 이러한 후생경제학적 접근에 대해 규범적으로나 실증적으로 비판을 가할 수 있다.

규범적으로는 외부효과가 존재한다고 반드시 정부 단위의 규모를 크게 하여 외부효과의 문제를 처리할 필요가 있는 것은 아니다. 관련 당사자 수가 적기 때문에, 코스(Ronald Coase)의 이론에 따라, 정부 단위 간 협상에 의해 외부효과의 문제를 해결할 가능성이 있다. 규모의 경제의 존재도 크고 높은 정부 단위를 정당화하는 것이 아니다. 작은 단위를 그대로 두고 서비스를 외부 위탁할 수 있기 때문이다. 또한 실제 정부 단위에는 규모의 경제는 별로 없고 지역의 경제가 존재하는 것이 보통인데, 지역의 경제는 정부 단위들 간의 협상과 협정으로 잘 처리할 수 있다(Tullock, 1994/황수연 역, 2002).

실증적으로는, 규모의 경제가 존재하지 않거나 존재한다 하더라도 다른 비용에 의해 상쇄되는 경우가 많다. 또, 흔히 규모의 경제는 독점의 이득을 옹호하기 위한 방편으로서나 비교를 피하기 위한 방편으로서 제기된다. 즉 경쟁을 피하려는 동기가 배후에 깔려 있는 경우가 많다(Tullock, 1994/황수연 역, 2002; 황수연, 2007: 96).

후생경제학을 실증적 입장에서 비판하는 공공선택론은 유권자들의 사익 동기의 가정에서 연방제 문제를 분석한다. 사익을 추구하는 유권자들은 설사 주정부에서 서비스를 제공하는 것이 효율적이라 하더라도 자기들의 이익에 부합되면 연방으로 이전한다는 것이다. 그러한 이전에 영향을 미치는 제도적 고려 사항들은 매우 많다. 그 중에서 그린은 조세 제도와 소득 분배 구조를 고찰하고 있다.

그린은 주정부에서 서비스를 제공하는 것이 더 효율적인데도 불구하고, 과반수 민주주의를 사용하는 경우 연방 수준으로 정부 서비스 제공이나 재원 조달을 이전하는 현상에 대해, 조세 제도와 소득 분배 구조 때문에 과반수 유권자들에게 연방에서의 조세 가격이 주에서의 조세 가격보다 낮아서 그렇게 한다는 것인데, 그린은 이 점을 구체적인 수치를 이용하여 아주 논리적으로 잘 설명하고 있다.

그의 분석은 이론적으로 단순하지만 엄밀하다. 그린은 공공선택론적 접근에 의존하고 있는데, 그린이 이 논문을 쓴 1970년은 공공선택론이 연구되기 시작한 지 얼마 되지 않은 시점이었고, 선행 연구가 별로 많지 않았다. 현대 공공선택론이 본격적으로 연구되기 시작한 기점을 공공선택학회의 출발(1965년)로부터 잡든, 저널 『공공선택(*Public Choice*)』의 발간(1966)으로부터 잡든, 그린이 이 논문을 출간하게 된 시점은 이제 막 공공선택론이 연구되기 시작한 시점이라는 점은 부인할 수 없다. 따라서 그의 이론이 단순하다는 것을 비난할 수만은 없을 것이다.

그린의 논문의 독특한 점은, 주정부에서 연방정부에로 서비스 제공이나 재원 조달을 이전하는 데 영향을 미치는 제도적 요인들을 고찰할 뿐만 아니라, 구체적인 수치들을 사용함으로써 반박의 여지가 없도록 엄밀하게 이것들에 대한 설명을 제시하고 있다는 점이다. 이론의 내용 자체가 어려운 것은 아니지만 하나하나 수치에 근거하여 자신의 주장을 뒷받침한 것은 그의 독특한 공헌이라 할 것이다. 그리고 이러한 점은 이론적 '엄밀성'(theoretical 'rigor')을 추구하려고 한 공공선택학자들의 정향과 일치한다 할 것이다. 저널 『공공선택』의 내표지에는 "…… 대체로, 공공선택론은 이론적 엄밀성, 통계적 검증, 그리고 현실 세계 문제에 대한 적용에 관심이 있는 경제학자들과 정치학자들의 관심 분야라고 볼 수 있다"라고 하고 있다.

물론 그의 논문의 가설, 곧 이전 가설(transference hypothesis)이 입증된 것은 아니다. 그린도 그 점을 언급하고 있다. 서비스 제공 및 재원 조달을 주에서 연방으로 이전한 것이 주간 외부성 때문인지 그린의 가설 때문인지 알 수 없다. 또, 예를 들어서 앨라배마 사람들이 이러한 이전을 반대한다고 할 때, 그것이 그들이 주 자립(state autonomy)에 높은 가치를 부여해서 그렇게 된 것인지, 아니면 그린의 가설이 틀려서 그렇게 된 것인지 확인하기 어렵다. 따라서 엄밀한 검증을 위해서는 상이한 주들의 상이한 소득 집단들의 기호(taste)를 잘 파악해야 할 것이다. 이 밖에도 이러한 서비스 제공 및 재원 조달의 이전에 관한 주민투표 자료들이 충분히 구비되어 있어야 가설이 제대로 검증될 수 있으나 현실은 그렇지 못하다.

사정이 이러함에도 불구하고 그린의 논문은 우리나라에 시사하는 바가 크다. 우리나라도 광역시나 도에 의해 서비스가 제공되고 재원 조달되는 것이 더 효율적인데도 중앙정부에 의해 서비스가 제공되는 경우가 흔하다. 그 원인으로 여러 가지 제도적 요인들을 생각할 수 있을 것이지만, 그린이 대상으로 삼았던 조세 제도와 소득 분배 구조도 중요할 것이다. 물론 이것은 어디까지나 가설에 불과하기 때문에 검증을 요한다. 그러나 적어도 앞으로 우리나라에서 지방자치가 더욱 고도화될수록 이 가설의 타당성이 높아질 것으로 생각된다.

참고 문헌

황수연 (2007), 지방 분권화와 기업의 자유. 『제도와 경제』, 1(1): 85-108.

Buchanan, James M. & Tullock, Gordon.(1962). *The Calculus of Consent: Logical Foundations of Constitutional Democracy*. Ann Arbor: The University of Michigan Press; 전상경, 황수연 공역(1999), 「국민합의의 분석: 헌법적 민주주의의 논리적 기초」. 서울: 시공아카데미.

Downs, Anthony.(1957). *An Economic Theory of Democracy*. New York: Harper and Row.

Greene, Kenneth V.(1970). Some Institutional Considerations in Federal-State Fiscal Relations. *Public Choice*, 9: 1-18. 이것은 James M. Buchanan & Robert D. Tollison이 편집한 *Theory of Public Choice: Political Applications of Economics*, 1972, pp. 236-254에 재수록되어 있다.

Tullock, Gordon.(1994). *The New Federalist*. Vancouver: The Fraser Institute; 황수연 역.(2002). 「새 연방제론: 지방 자치의 공공선택론」, 서울: 형설출판사.

제4편 지방재정 관리

1 그램리히의 뉴욕 시 재정 위기

전상경
(동아대학교 교수)

제 1 절 머리말

뉴욕 시의 재정 위기와 캘리포니아의 주민발의 13(Proposition 13)은 1970년대 미국의 주정부와 지방정부 재정 분야에서 가장 주목받았던 두 사건이라고 할 수 있다. 1970년대에 미국에서는 뉴욕 시뿐만 아니라 뉴어크(Newark), 디트로이트(Detroit), 버팔로(Buffalo), 보스턴(Boston), 필라델피아(Philadelphia), 클리블랜드(Cleveland) 등도 상당한 재정적 곤란을 겪었고, 실제로 클리블랜드 시는 재정 파산을 경험했다. 하지만 뉴욕 시는 다음과 같은 몇 가지 점에서 다른 도시들과 구분된다: (i) 조세수입의 43%(전국 평균은 62%)만 경기 변동에 덜 민감한 재산세 수입에 의존했고 또한 주정부는 2.5% 이상의 재산세율을 금지했으며, (ii) 1974년도에 주정부와 연방정부의 법률에 따라 자녀 부양을 위한 현금가족수당(Aid to Families with Dependent Children Cash Assistance)과 의료보호비(Medicare Payments)의 23%를 부담해야 했고,[1] (iii) 통상적인 경우와는 달리 대규모

---

1) 이것과 대조적으로 미네소타 주와 캘리포니아 주는 지방정부로 하여금 각각 21.8%와 14.5%를 부담하게 했으며, 규모가 작은 도시가 있는 다른 주들의 경우는 10% 미만을 부

의 공립병원 및 시립대학을 갖고 있었다.[2)]

뉴욕 시가 1960년대 말부터 1970년대 초에 직면한 재정 문제들은 뉴욕 시 특유의 문제들과 다른 오래된 도시들이 공통적으로 갖고 있던 문제들이 결합된 것이었다. 경상회계 적자는 증세나 지출 삭감을 통하기보다도 거의 10년 동안 해마다 단기차입에 의존하여 해결되었다. 다른 주와 마찬가지로 뉴욕 주에서도 경상적 계정의 재원 조달을 위한 차입은 불법이었지만, 자본적 지출을 위한 차입이나 수입을 예상하고 이루어지는 차입은 용인되었다. 그 결과 교량 도색(橋梁塗色)과 직업학교 교사 급료와 같은 상당수의 경상적 기능들이 자본적 계정으로 이관되었다. 그뿐만 아니라 수입 예상 채권(anticipation bonds)을 발행했지만 실제로는 아무런 수입도 발생하지 않은 경우가 많았고, 심지어 연방정부로부터의 지원금을 예상하고 일 년 기한의 채권을 발행했지만 의회가 그러한 지원금을 승인하지 않는 경우도 있었다. 그리하여 뉴욕 시는 이미 1975년 상반기에 53억 달러의 단기 채무를 지게 되었는데, 그것은 전국 총액의 29%였다. 또한 뉴욕 시는 94억 달러에 이르는 장기채무도 보유했지만, 그것은 전국 총액의 6% 수준이어서 상대적으로 양호했다.

놀랍게도 뉴욕 시는 채무 상환에 대한 특별한 희망이나 아무런 구체적 계획도 없이 전술한 바와 같은 엄청난 채무를 쌓아가고 있었다. 뉴욕 시는 차입(borrowing)을 마치 다른 재원 조달 행위처럼 취급했다. 뉴욕 시의 재정 위기라는 드라마의 공연을 위한 무대장치는 완료되었고, 그 시작을 알리는 풍선이 터지는 것만 남아 있었다. 마침내 그것은 1975년 4월에 일어났다. 뉴욕 시에 자금을 제공하던 주요 금융기관들이 위험을 인식하여 뉴욕 시에 대한 신용창구(credit window)를 폐쇄했다. 이에 따라 뉴욕 시의 부채 상환을 위한 채무 조달은 점점 어려워졌고 재정 위기는 서서히 그 막을

담하게 하거나 또는 전혀 부담을 요구하지 않기도 했다. 이러한 법률의 결과 뉴욕 시의 사회복지비 관련 지출은 1974년도에 총 경상회계예산(current account budget)의 3분의 1을 차지했고, 이것은 전국 평균 7.5%에 비하면 엄청난 규모이다(Mills & Hamilton, 1984: 278).

2) 이것은 뉴욕 시가 비거주재산(nonresidential property value)에 대한 과세를 통해 재원을 조달할 수 있었던 시기에 시작되었었다.

올리게 되었다. 주요 금융기관들은 뉴욕 시에 대해 고용 인원의 감축, 급료 동결 또는 삭감 등과 같은 조치를 요구했지만, 뉴욕 시의 조치는 충분하지 못했고 점점 채무 불이행 상황으로 접어들고 있었다.

뉴욕 시는 채무 불이행 상태로 빠지는 것을 방지하기 위해 주정부와 더불어 여러 가지 노력을 했으나 자체적으로 감당하기 어려웠다. 처음에는 뉴욕 시에 대한 긴급구제(bailouts)를 거절했던 포드 행정부도 1975년 11월 26일 입장을 바꿈으로써 뉴욕 시의 재정 위기는 진정의 길로 접어들었다. 그램리히의 논문은 뉴욕 시 재정 위기의 주요 원인을 고찰한 후, 그러한 재정 위기에 대한 단기 대책으로서 연방정부가 개입하게 된 과정, 그리고 뉴욕 시 재정 위기가 던져 준 장기적 이슈들을 고찰한 것이다.

제 2 절 뉴욕 시 재정 위기의 원인과 영향 및 단기적 대책과 장기적 과제

1 재정 위기의 주요 원인

1) 경상회계의 적자 보전을 위한 단기채무의 활용

지방정부는 세 가지 이유 때문에 차입을 하게 된다. 그 중 두 가지 이유는 채권 보유자들로부터 수용될 수 있지만, 나머지 이유는 위험한 것으로 간주된다. 첫 번째 수용될 수 있는 이유는 장기적인 자본적 투자사업을 위한 재원 조달을 위한 것이다. 즉 지방정부가 오랫동안 사용할 수 있는 학교 건물을 지을 경우, 그 전체 비용을 어떤 특정한 연도에 지불할 필요가 없고, 유동적인 장기부채(floating long-term debt)를 발행함으로써 학교의 수명기간 동안에 걸쳐 그 비용을 분산할 수 있다. 두 번째 수용될 수 있는 이유는 단기 차입을 통해 세입과 세출상의 계절적 변동(seasonal fluctuations)을 조정하기 위한 것이다. 지방정부의 법률이나 채권 보유자들의 입장에서 수용될 수 없는 마지막 이유는 경상회계(current account)의 적자 보전을 위한 것이다.

뉴욕 시 재정 위기에 대해서 인식해야 할 첫 번째 사실은 뉴욕 시가 1960~61회계연도 이후 지속적으로 경상회계의 적자 보전을 목적으로 차입을 해 왔다는 것이다. 어떻게 이것이 가능했는지는 상당한 의문이었다. 특히 1970년도부터 시작된 경상회계의 대규모 차입은 자본 형성(capital formation)으로 연결되지 않았고, 그와 같은 차입은 단기시장(short-term market)에서 이루어져야만 했다. 따라서 뉴욕 시는 엄청난 규모의 단기 채무를 지게 되었고, 매년 이러한 단기 채무를 차환(roll over)하기 위해 매우 높은 수준의 통제 불가능한 비용(uncontrolled expenses)을 갖게 되었다. 1973년도의 경우 1인당 단기 채무는 485달러로서 다른 어떤 큰 도시에 비해 훨씬 높은 수준을 유지했다. 단기 채무는 새로운 차입선을 찾지 못할 경우 그것을 모두 갚아야 하기 때문에, 이것을 위해 경상경비의 32% 정도가 소요되었다.

2) 경상회계 적자의 지속적인 과소평가

그램리히는 그의 논문에서 미국 도시정부 재정에 관한 통계조사국(U.S. Bureau of Census)의 정보를 이용하여 1960~74년간의 뉴욕 시 예산 자료를 작성한 후 경상회계 적자 및 순차입을 설명했다. 그러나 이렇게 작성된 예산 자료들은 뉴욕 시 재정 문제의 심각성을 다음과 같은 세 가지 방법으로 과소평가하게 되었다.

첫째, 예산 자료들은 뉴욕 시에 심각한 타격을 준 현재의 경기 위축이 시작되기 전인 1973~74년도까지만 이용 가능했다. 만약 1973~74년도 뉴욕 시의 실업률이 현재와 같은 수준이라면(즉 6.5% 대신 11%라면) 적자는 4억 8천 8백만 달러에서 5억 달러가 추가되었을 것이다.

둘째, 통계조사국은 경상적 지출과 자본적 지출의 구분에 관한 뉴욕 시의 말을 액면 그대로 받아들였으나, 뉴욕시 공무원이 인정한 바에 의하면 상당수의 경상적 지출이 부당하게 자본적 지출로 분류되었다고 한다. 조사국의 자료 대신 시 지원공사(Municipal Assistance Corporation: MAC)의 좀더 현실적인 통계치를 사용하면, 약 7억 달러가 자본 계정에서 경상적 지출로 이관되어야 하고, 그 결과 경상적 적자는 그만큼 더 커져야 한다.

셋째, 현재의 공무원의 연금기여금이 매년도 연금책임액의 증가폭에 미치지 못한다. 따라서 진정한 연금기여금은 현재보다 25% 정도 높은 수준(2억 달러)이어야 한다.

만약 이러한 조정이 이루어진다면, 1973~74년도에 4억 8천 8백만 달러로 추정된 경상회계 적자는 14억 달러만큼 증가되어 그 규모는 거의 20억 달러 수준에 육박하게 된다. 그것은 세입의 17% 규모에 해당되는 수준이다. 1975~76 회계연도에 예상되는 적자폭은 뉴욕 주의 재정통제비상위원회(Financial Emergency Control Board)의 명령에 따른 지출 삭감 때문에 이 규모보다 작다. 하지만 이러한 지출 삭감에도 불구하고 경상회계의 적자폭은 여전히 커서 장래의 대금업자(lenders)를 놀라게 할 것이며 또한 조만간 파산의 위협을 주게 될 것이다.

3) 공무원노조의 막강한 정치적 힘과 지나친 사회복지사업의 추구

이러한 적자를 설명하기 위해 제안된 가설은 두 가지 유형으로 구분된다. 첫 번째 가설은 뉴욕시 공무원노조의 막강한 힘과 관련된 것이다. 즉 재정 위기가 발생하기 전까지 다년간 공무원노조가 협상을 통해 뉴욕 시로부터 무리한 양보를 끌어내었으며, 그것은 뉴욕 시 재정 운영에 상당한 부담을 주었다. 공무원노조의 막강한 힘은 선거에서 결정적 영향력을 행사할 수 있는 공무원노조의 규모와 정치력 때문에 가능했다.[3]

두 번째 가설은 뉴욕 시가 상당한 재원을 사회복지사업(social welfare program)에 할당한 것과 관련된다. 즉 뉴욕 시는 대중교통 사업으로 인한 지속적인 적자를 경험하고 있었고, 관대한 공무원연금 제도를 갖고 있었으며,[4] 또한 고비용의 복지사업, 고등교육,[5] 공립병원, 공공주택사업 등에 재

3) 그램리히가 이 논문을 작성할 시점에서 뉴욕 시의 공무원 수는 상근과 비상근을 합쳐 총 45만 명이었다. 이들 공무원이 각각 결혼하여 뉴욕 시에 살고, 뉴욕 시의 제반 문제와 관련하여 그와 동일한 투표 성향을 갖는 한명의 친구나 친척을 갖는다면, 뉴욕 시 전체 유권자 수의 30%에 해당되고 실제 투표자 수의 거의 절반에 가까운 135만 표가 노동조합에 유리한 정책을 이끌 수 있도록 결집될 수 있었다.

4) 대표적인 사례는 1960년대 초에 연금 수익 산정의 기초 기간을 변경하는 법령이 통과되

원을 조달했다. 다른 대도시의 경우 이러한 사업들은 주정부가 실시하거나 아니면 공공 영역에서는 전혀 시도되지 않았다. 즉 그런 사업들은 전적으로 보조금이나 수익자 부담으로 재원을 조달하거나 또는 독자적인 특별구의 세원으로 재원을 조달하여, 중첩되는 카운티 정부(county government)가 담당했다.

4) 채권신용평가 시스템상의 문제

뉴욕 시가 재정 파산으로 치닫게 된 흥미있는 배경 설명 중의 하나는 투자자들이 뉴욕 시가 발행한 채권의 신용평가에만 주목하다가 잘못된 정보를 갖게 되었다는 것이다. 신용평가기관인 무디스(Moody's)와 스탠더드 앤드 푸어스(Standard and Poor's)는 뉴욕 시가 최초로 경상회계(current account)상의 적자 지출을 경험한 1960년대 초반에 뉴욕 시의 채권을 중상급(upper medium)인 A등급으로 평가했다. 그러다가 그와 같은 경상회계 적자가 5년간 지속된 1965~66회계연도에는 두 신용평가기관 모두 뉴욕 시의 채권을 중하위(lower medium)급인 Baa 등급으로[6] 평가했다. 이것은 뉴욕 시의 차입비용을 0.5~0.75% 인상시키는 결과를 초래했다.

이 당시 금융시장의 분위기는 뉴욕 시의 경우 Baa평가를 받은 다른 도시들보다 더 높은 비율로 차입하도록 조성되어 있었다. 그럼에도 불구하고 뉴욕 시 공무원과 뉴욕 출신 국회의원들은 평가 등급을 하향 조정한 두 민간 평가기관에 지속적으로 항의했다. 아무튼 오랫동안 계속된 그러한 정치적 노력은 효과가 있어 1972년 12월에 무디스는, 비록 뉴욕 시가 매우 큰 폭의 경상회계 적자가 시작될 것이라는 사실에도 불구하고, 뉴욕 시의 채권을 다시 A급으로 상향 조정했다. 스탠더드 앤드 푸어스는 더 이상스러운

었다. 즉 종전에는 퇴직 전 5년간의 평균임금을 기초로 하여 연금이 산정되었지만, 새로운 법에서는 최종 연도의 임금을 기준으로 산정되게 되었다. 이에 따라 뉴욕 시 정부의 연금부담이 가중되었다.

5) 다른 도시와는 달리 뉴욕 시는 뉴욕시립대학교(City University of New York)를 운영하고 있었다.

6) 이것은 무디스 사의 평가 분류인데 동일한 평가 등급을 스탠더드 앤드 푸어스사는 BBB로 분류한다.

행태를 보였다. 즉 이 평가기관은 1974년 12월까지 뉴욕 시 채권의 상향 조정을 보류했다가, 잠재적 파산의 초기 징조가 나타나는 시점에 이르러서 채권 등급을 A로 상향 조정했다.

신용평가기관을 강력하게 비판하는 것이 어렵기도 하고 또한 아마 공정하지도 않았을 것이다. 왜냐하면 신용평가기관의 평가를 받은 어떠한 일반 보증채(general obligation bond)[7]도 전후 기간 중 채무가 이행되지 못한 적이 없었기 때문이다. 이와 같은 좋은 전통이 유지된 데는 신용평가기관이 제공하는 정보와 승인의 역할이 컸음이 분명하다. 그러나 뉴욕 시의 경우가 설명하듯이 언제나 '처음'은 있게 마련이다. 즉 뒤돌아보면 평기기관이 공급한 정보가 뉴욕 시의 특수한 경우에는 그렇게 좋지 못했다. 왜냐하면 평가기관들이 1965~1972년 기간 동안에는 뉴욕 시에 적절한 제재를 가했지만, 1972년에는 부적절하게도 아무런 제재를 가하지 않았다. 경상회계의 적자가 신용평가에 별다른 영향을 주지 않았다는 사실은 (i) 신용평가기관이 채택하고 있는 평가 기준에 문제가 있거나 (ii) 평가기관의 평가가 뉴욕 시 공무원과 뉴욕 시 출신의 정치인들로부터의 압력에 상당한 영향을 받았을 수 있었다는 것을 말해 준다.

2 뉴욕 시 재정 위기가 경제에 미친 영향

뉴욕 시와 다른 주요 도시들의 재정 위기는 상당 부분 경기 불황(economic recession) 때문에 야기되었지만, 거꾸로 도시의 재정 위기가 경기 회복에 상당히 나쁜 영향을 줄 수도 있다. 즉 도시가 파산하거나 파산 위기에 직면하면, 경기 회복에 찬물을 끼얹을 수 있는 일련의 연쇄반응을 불러일으킬 수 있다. 뉴욕 시 재정 위기가 경제에 미친 일련의 반응은 다음의 세 가지로 정리된다.

첫째, 가장 직접적인 문제는 부도난 채권 때문에 야기되는 자본 손실이

7) 이것은 원금과 이자 지급에 보증된 지방채를 의미한다.

다. 만약 뉴욕 시가 채무를 변제하지 못하면, 첫 번째 손실을 입게 되는 사람들은 채권 소유자이다. 변제되지 못한 채권의 상당 부분은 뉴욕 소재의 은행들이 보유하고 있었다. 그 손실 폭이 너무 커서 뉴욕 소재의 은행들로부터 예금 이탈이 발생할 위험이 제기된 때도 있었다. 하지만 연방정부가 뉴욕 시에 단기 융자를 제공하기로 합의했고, 연방준비은행(Federal Reserve)도 곤란해 처해 있는 은행에 대해서는 우대융자(discount loan)를 해주기로 결정했기 때문에, 뉴욕 시의 재정 위기로 인해 은행이 연쇄적으로 붕괴될 위험성은 상대적으로 작았다.

둘째, 뉴욕 시 재정 위기가 경기 회복의 지연을 초래할 수 있는 것은 균형예산을 유지하기 위해 요구되는 지출 삭감과 조세 증가 때문이다. 즉 균형예산을 달성하기 위한 뉴욕 주 재정통제비상위원회의 계획은 1975~76년 회계연도에 1억 달러, 1976~77회계연도에 5억 달러, 1977~78회계연도에 7억 달러의 지출 삭감을 요구했다. 이것은 이미 뉴욕 시가 행한 6% 지출 삭감과 7%의 세입 증가 조치, 그리고 연방정부의 단기융자 조건 속에 포함된 2억 달러의 증세 조치와는 별도이다. 자신의 재정 문제를 안고 있는 뉴욕 주도 이미 6억 달러의 증세 조치를 취했다. 이러한 일련의 조치들은 결과적으로 주정부와 지방정부에 의한 총수요(aggregate demand)를 약 20억 달러 감소시켰고, 그것은 궁극적으로 약 40억 달러에 달하는 GNP의 감소를 초래했다.

셋째, 뉴욕 시 재정 위기가 주와 지방정부 채권수익률(bond rate)에 미치는 영향도 중요한 요소이다. 이것을 고찰하기 위해 1955~74년 기간 중의 반년도 자료를 이용하여 다음 방정식을 추정한 후, 그 추정 방정식에 입각한 1975년도 지방정부 채권수익률 추정치와 1975년도의 실제치를 비교했다.

$$CORP(t-1)-RATE=a_0+a_1U+a_2TIME$$

(여기서 CORP는 Aaa급의 회사채 수익률, t는 주나 지방정부가 발행한 채권 소유자들의 평균 소득세율, RATE는 각각의 위험군(Aaa, Aa, A, Baa)에 속한 지방채 수익률, U는 실업률, TIME은 시간을 나타낸다.)

양자 간의 차이가 전부 뉴욕 시 때문에 야기된 것인지는 확실하지 않지만, 상당 부분은 뉴욕 시 때문에 야기된 것으로 추측된다. 지방채 신용평가 등급에서 높은 위험군에 속한 지방채일수록 양자 간의 차이는 컸고, 그러한 차이는 도시재정 문제에 대한 뉴스가 심각했을 때 가장 컸다. 만약 (i) 양자 간의 차이는 전적으로 뉴욕 시 때문에 야기되었고, (ii) 지방채 시장에서의 어려움 때문에 회사채의 수익률이 하락되지 않는다는 극단적 전제를 할 수 있다면, 뉴욕 시의 재정 위기는 자본 건설사업을 위한 재원 조달을 위해 주정부와 지방정부가 차입할 수 있는 여지를 감소시킨다는 결론을 이끌어 낼 수 있다. 이 경우 주정부나 지방정부의 건설사업은 45억 달러 규모로 축소되고, 이것이 GNP에 미치는 영향은 첫 한두 해에는 90억 달러에 이를 것이다. 이러한 영향과 위에서 언급한 직접적인 삭감의 영향을 합칠 경우 0.7%의 GNP 감소와 0.25%의 실업률 상승이 초래될 것인데, 이것은 한 도시의 재정적 곤란 때문에 야기된 결과로서는 상당히 큰 규모이다.

3 뉴욕 시의 재정 위기에 대한 단기적 대책과 장기적 과제

1) 단기적 대책: 연방정부의 긴급재정구제

전술한 뉴욕 시 재정 위기의 전개 과정을 살펴보면 다음과 같은 두 가지 원칙이 도출될 수 있다.

첫째, 뉴욕 시가 겪는 재정적 곤란의 궁극적 책임은 뉴욕 시 자체에 있다. 예산상의 적자는 오래 전에 시작되었고, 그 부분적 이유는 그러한 문제의 심각성이 공식적으로 과소 평가되었기 때문이다. 또한 적자폭도 현재의 불황 이전에 더 컸었고, 그러한 적자는 하나의 특정 사업 때문이 아니라 여러 가지 사업이 복합적으로 작용해 생긴 것이었다.

둘째, 비록 뉴욕 시의 재정 위기는 뉴욕 시 자신이 초래한 것이지만, 이제 그 상황은 뉴욕 시 스스로 그 문제를 시정할 수 없는 지경에 이르렀다. 즉 뉴욕 시와 뉴욕 주의 조세 부담은 이미 매우 높은 수준이었고, 경직성 경비도 매우 높으며, 단기 부채를 회전시키는 데 필요한 현금 지출도 매우 어려운 상황이다. 재정통제비상위원회가 설정한 심각한 지출 삭감으로써도 뉴욕 시가 균형예산을 회복하는 데는 3년이 걸리며, 그것도 미래의 세입에 대한 매우 낙관적인 가정 하에서이다.

연방정부가 직면한 문제는 뉴욕 시가 가까운 시일에 만기가 도래하는 채권을 부도내지 않도록 긴급구제(bailout)에 나설 것인가였다. 만약 연방정부가 개입하지 않는다면 재정적 공황 상태(financial panic)가 발생할 가능성이 있으며, 설령 그러한 재정 혼란은 발생하지 않더라도 경기 회복이 좌절될 수 있는 가능성이 있었다. 그뿐만 아니라 뉴욕 시가 부도나면 치안, 소방, 위생, 보건, 교육 같은 필수적 서비스의 전달이 일시적으로 중단되거나 영원히 붕괴될 수 있고, 따라서 그 뒷수습을 하는 것이 매우 어렵게 될 가능성이 충분히 존재했다. 이러한 두려움을 최소화시키는 것이 뉴욕 시의 파산을 방지하는 근거가 된다.

다른 한편 뉴욕 시가 파산될 경우 장점도 있었다. 뉴욕 시는 처음부터 충족할 수 없는 계약을 체결한 경우도 있었고, 예산 과정의 개선과 적자폭의 감소에 대한 요구도 있었다. 하지만 강제적 파산 과정이 없다면 스스로 그러한 노력을 경주하는 것이 결코 쉽지는 않을 것이다. 이럴 즈음 뉴욕 주는 재정통제비상위원회를 통해 뉴욕 시에 대해 상당한 통제를 가했으며, 그 결과 뉴욕 시는 실질적으로 예산자율성을 상실했고 어떤 계약은 부도 여부와는 관계없이 취소될 수밖에 없었다. 부도로 얻을 수 있는 이러한 한계적 이점은 그렇게 중요하지 않은 것 같았다. 따라서 뉴욕 시의 재정 파산을 방치하는 위험의 감수는 바람직스럽지 않았고, 연방정부는 긴급구제를 결정했다.

2) 장기적 과제

뉴욕 시의 재정 위기는 몇 가지 장기적 이슈들을 제기해 주었다.

첫째, 주정부와 지방정부 재무회계(financial accounting) 제도의 시급한 개선이 요구되었다. 규모가 큰 주정부나 지방정부가 표준화된 방식과 공식적인 규약(conventions)에 입각하여 자본적 지출과 경상적 지출, 연금 부채, 미해결된 부채의 규모와 만기 등에 관련된 각종 재정정보를 좀더 신속하고 정확하게 금융계(financial community)에 제공해야 할 필요성이 제기되었다. 또한 채권평가기관이 증권거래위원회(Securities and Exchange Commission)의 소속으로 되어야 하는지에 관해서뿐만 아니라 채권의 평가 과정과 평가 기준 및 그 사용 자료 등에 관한 검토도 요구되었다. 그때까지 신용평가기관은 평가재산 가치(assessed property values)에 대한 부채 비율과 같은 저량(貯量)자료(stock figures)에만 의존했으나, 경상회계의 잉여 규모, 예산의 경직성 비율, 단기 채무를 회전시킬 수 없는 위험 등과 같은 유량(流量)자료(flow figures)의 활용 가능성에 대한 검토도 제기되었다.

둘째, 거시경제 조건이 변할 때 주정부와 지방정부가 겪는 재정적 곤란에 대한 대처 방안이다. 그 당시 주와 지방정부의 세입은 주로 소득세와 판매세로 구성되어 있었으며, 1973년의 경우 그 두 조세는 자체수입의 60%를 차지했다. 사회복지와 의료보호 분야의 순지출도 크게 증가했다. 연방정부 예산과 마찬가지로 주정부와 지방정부의 예산도 총수요가 감소되면 자동적으로 안정화 방식(stabilizing manner)으로 작동되는 경향이 있다. 그렇지만 주정부나 지방정부는 연방정부와는 달리 경상회계를 적자로 운영할 수 없기 때문에 그러한 안정화 장치는 지출 삭감이나 조세 증가로 상쇄된다. 이것은 거시경제적 관점에서 볼 때 역효과를 가져올 뿐 아니라 주와 지방정부 수준에서 서비스 전달상의 불안정을 초래하게 된다. 그렇기 때문에 좋은 대책은 연방정부의 세입 공유재원(revenue sharing money)을 경기조정의 토대(countercyclical basis) 위에서 나누어 주는 것이다.

셋째, 연방주의 체제 하에서 지방정부가 수행해야 하는 적절한 기능이 무엇인가에 대한 검토가 요구된다. 뉴욕 시가 수행한 각종 사회사업(social programs)은 재분배적 성격을 띠고 있었다. 그와 같은 사회사업 중 공무원의 연금 적립, 고등교육, 대중교통 보조금, 공립병원 등과 같은 분야는 순전히 뉴욕 시가 스스로 선택한 것이지만, 사회복지 및 의료보호와 같은 분야는 뉴욕 주가 법률에 의해 뉴욕 시의 예산에 위임한 것이다. 이러한 선택은 사회적 견지에서 본다면 칭찬받을 일임에 틀림없다. 하지만 연방 체제에서 지방정부는 (i) 납세자에게 지나친 부채와 무리한 부채 상환금을 부담시키지 않도록 해야 할 뿐만 아니라 (ii) 지나친 소득재분배를 시도하지 않도록 각별한 주의를 기울여야 한다. 만약 그러한 정책들을 추진하려면 그 재원은 전국적 토대 위에서 조달되어야 한다. 이런 입장에서 본다면 뉴욕 시의 경험은 신연방주의(new federalism)에 역행하는 것으로 해석될 수 있다. 왜냐하면 몇몇 신연방주의의 주창자들은 소득재분배와 같은 기능을 주나 지방정부에 되돌려 주어야 하는 것으로 생각하지만, 뉴욕 시의 경험은 그것과의 반대 방향을 시사해 주기 때문이다.

제 3 절 평가적 의견

뉴욕 시의 재정 위기는 비록 1970년대에 미국에서 발생한 것이지만 지방자치가 활성화되기 시작한 오늘날의 우리나라에도 상당한 시사점을 줄 수 있다. 특히 우리나라는 1995년 민선자치단체장 시대가 시작됨에 따라 자치단체장은 선거를 의식해서 득표 극대화에 도움이 되는 재정 운영을 추구하지 않을 수 없게 되었다. 그뿐만 아니라 최소의 비용으로 최대의 효용을 모색하는 납세자 · 유권자들의 행태 또한 직 · 간접적으로 지방정부의 재정 운용에 상당한 영향을 미치고 있다. 더욱이 우리나라에도 최근에는 공무원노조가 결성되고 있다. 뉴욕 시 재정 위기의 상당 부분이 공무원노조의 막강한 힘이 불합리하게 발휘된 점에 기인한다는 사실은 우리나라 공무원노조 활동의 범위에도 상당한 시사점을 던져 준다.

지방자치가 실시된 후 지방정부의 사회개발비 · 이전경비 · 민간 이전 등과 같은 이전적 지출이나 단기 사업에 대한 비중이 크게 증가되고 있다. 이것은 이러한 분야가 선거에서 단체장이 지역 구민들의 득표에 단기적이고 직접적인 효과를 볼 수 있는 영역이기 때문이라고 생각된다. 지방정부가 지역 주민의 후생 증진을 위해 노력하는 것은 지극히 당연하지만, 재정연방주의(fiscal federalism)의 관점에서 볼 때 지방정부의 지나친 사회복지 부문 투자는 자원 배분의 효율성에 문제가 될 수 있다. 뉴욕 시의 재정 위기 원인 중의 하나도 결국은 다른 대도시에서 볼 수 없는 과도한 복지비 지출이라는 점은 우리나라 지방정부의 복지비 지출 증가가 갖고 있는 문제점에 상당한 시사점을 준다.

우리나라는 지방자치가 실시됨에 따라 주민들의 행정 서비스 수요가 폭증하고 있지만 재원 확충은 그렇게 용이하지 않다. 한정된 재원으로서 많은 사업을 실시하려는 단체장들은 행정 서비스의 민영화, 경영수익사업, 해외자본 유치, 지방채 발행, 상위정부 보조금 획득 등과 같은 여러 가지 정책 수단을 동원하게 된다. 민간기업에 비해 비용 개념이 희박한 지방정부가 경영수익사업을 운영할 때 여러 가지 문제점이 제기될 수 있고, 또한 지방채 발행은 지방재정의 건전성을 크게 저하시킬 수 있다. 따라서 지방자치 하에서 지방정부의 재정 운영의 책임성과 투명성을 제고할 필요성이 더욱 커진다.

이런 관점에서 볼 때 우리나라의 지방재정 분석제도나 지방재정 공시제도 등은 지방자치 하의 신재정통제라는 비난이 제기되기도 하지만 필요한 제도라고 생각된다. 그뿐만 아니라 2007년도부터 도입되고 있는 지방정부의 복식부기회계 제도는 지방정부의 재정 운영 실태를 정확하게 파악케 하는 데 매우 유용하다. 뉴욕 시의 경우 오랫동안 경상계정 적자 보전을 위해 부당하게 지방채가 발행되었을 뿐만 아니라 부실한 재정정보로 인해 잠재적인 재정위기도 간과되었다. 이것은 뉴욕 시의 부실한 재무회계 제도 때문에 가능했다는 점을 생각한다면 우리나라의 지방정부에 도입된 전술한 재정 제도들의 존재 의의는 크다고 하겠다.

뉴욕 시가 재정 위기에 직면했을 때 연방정부는 상당히 망설이다가 긴급구조(bailout)에 나섰다. 만약 지방정부가 재정적 곤란에 처하게 될 때 상위정부가 반드시 상당한 재정 지원을 할 것이라고 확신하면, 그러한 확신은 지방정부로 하여금 재정 운영상의 전략적 행태(strategic behavior)를 유발한다. 이렇게 되면 재정 운영상 지방정부들의 기회주의적 행태(opportunistic behavior)가 나타나게 되고, 상위 정부는 지방정부의 전략적 행태에 말려들게 된다. 따라서 상위정부는 지방정부가 경성예산 제약(hard budget constraint) 하에 있다는 것을 느낄 수 있게 함으로써 또 다른 지방정부의 재정 위기를 사전에 예방할 수 있는 것이다.

참고 문헌

Gramlich, Edward M.(1976). The New York City Fiscal Crisis: What Happened and What is to be Done, *The American Economic Review*, 66(2): 415-429.

Mills, Edwin S. & Hamilton, Bruce W.(1984). *Urban Economics*(3rd. ed.). Glenview, Illinois: Scott, Foresman and Company.

찾아보기

ㄱ

ㄴ

ㄷ

ㄹ

ㅁ

ㅂ

ㅇ

ㅊ

ㅋ

ㅌ

ㅍ

ㅎ

저자 소개 (가나다 순)

권오성(權五聖)

- 한국행정연구원 수석연구위원(현재)
- 성균관대학교(학사)
- 미국 웨스트버지니아대학교(행정학 석사)
- 미국 조지아대학교(행정학 박사)
- 주요 연구: Top-down 예산제도에 의한 예산자원 배분방식의 효율화 방안, 공공기관 책임성 제고 방안, 재정분권화정책은 만병통치약인가?, 정책수단으로서의 보조금 현황 및 연구 경향, Local Decision-Making on Capital Spending in US Cities(1980-2000) 등.
- 주요 경력: 한국행정학보, 한국행정연구, 한국행정논집 등 주요 학술지의 편집위원과 한국지방재정학회와 한국정부회계학회 이사 역임.

김재영(金在榮)

- 인천대학교 행정학과 교수(현재)
- 연세대학교 행정학과(행정학사)
- 미국 플로리다주립대학교(행정학 Ph. D.)
- 주요 연구: 지방정치엘리트의 특성과 인식분석, 지방의회와 집행기관 간 갈등과 협력 요인에 관한 사례분석, 지방세 세수 추계 개선 방안 연구, Fiscal Autonomy of Korean Local Governments and Intergovernmental Relations in the 1990s(이상 공동연구), 광역자치단체의 자금관리에 관한 연구 등.
- 주요 경력: 한국지방재정학회 부회장(현재), 인천대학교 사회과학대학장 겸 행정대학원장, 인천대학교 국제교류센터 소장 역임.

김정완(金政完)

- 대진대학교 행정학과 교수(현재)
- 전남대학교(행정학 학사 · 석사)

- 전남대학교(행정학 박사)
- 주요 연구: 「지방재정론」(공저). 「케인즈의 경제정책」(공역), 「공공선택론」(역), 「지방재정의 이론과 실제」, 지역생산의 역외 유출입에 따른 세원조정 방안, 신행정도시 건설에 대한 공공선택론적 분석, 주민참여예산제도의 평가와 발전 방안 등.
- 주요 경력: 광주전남발전연구원 책임연구원, 행정안전부 지방재정발전기획단 연구위원, 경실련 정부개혁위원회 연구위원, 행정고시 시험위원, 한국정책연구 편집위원장, 미국 캔자스대학교 객원교수 등 역임.

남창우(南昌祐)

- 경북대학교 법과대학 행정학부 교수(현재)
- 서울시립대학교 도시행정학과(행정학사)
- 서울시립대학교 대학원 도시행정학과(행정학 석사)
- 동국대학교 대학원 행정학과(행정학 박사)
- 주요 연구: 지방소비세 도입에 따른 영향 분석, 국가균형발전특별회계의 실태와 과제, 공공부문의 BSC 수용성 및 조직성과의 영향요인 분석, 가족 사회자본이 사회참여에 미치는 영향: 한일 양국간 비교분석 등.
- 주요 경력: 한국정책과학학회 부회장, 한국지방재정학회 편집이사, 행정안전부 공기업 평가위원, 경상북도 재정계획 심의위원, 경상북도 의정비심의 부위원장, 청와대 국가안전보장회의(NSC) 자문위원, 소방방재청 민방위선진화전략 자문위원장 등.

박민정(朴玟貞)

- 원광대학교 사회과학대학 정치행정학부 조교수(현재)
- 부산대학교(행정학 학사 · 석사)
- 서울대학교(행정학 박사)
- 주요 연구: Rent Seeking in Korean Government Budget Allocation, 성과관리 도입과 관료의 대응 : 톱니효과를 중심으로, 주민참여 예산제도의 절차적 합리성 분석, 정책 수단으로서의 보조금 현황 및 연구 경향, Collaborative Governance in the United States and Korea : Cases in Negotiated Policy making and Service Delivery 등.
- 주요 경력: 한국행정연구원 연구위원 역임.

박정수(朴釘洙)

• 이화여대 행정학과 교수(현재)
• 서울대학교(경제학사)
• 서울대학교(행정학 석사)
• 피츠버그대학교(정책학 박사)
• 주요 연구: 대학특성화 및 구조개혁 지원사업 예산분석, 대학교육 성과에 영향을 미치는 요인에 관한 연구, 기획예산재정 분야의 조직개편: 쟁점과 과제, 지방교육자치의 정치경제: 지방교육재정과 지방재정의 연계분석을 중심으로, 지방교육재정 구조개혁과 분권화 해법 등.
• 주요 경력: 국회예산정책처 예산분석심의관, 서울시립대학교 교수, 한국조세연구원 연구위원 등 역임.

신무섭(申武燮)

• 전북대학교 행정학과 교수(현재)
• 연세대학교 수학과(이학사)
• 서울대학교 행정대학원(석사 · 박사)
• 주요 연구: 지방자치 실시와 추가경정예산 운영, 지방세출 배분의 지역적 형평성에 관한 연구, 한국 지방자치단체 지출 수준의 결정요인 등.
• 주요 경력: 한국행정학회 이사, 서울행정학회 편집위원장 등 역임

엄태호(嚴泰晧)

• 연세대학교 사회과학대학 행정학과 교수(현재)
• 연세대학교(경영학 학사)
• 사라큐스대학교(행정학, 응용통계학 석사)
• 시라큐스대학교(행정학 박사)
• 주요 연구: Anticorruption Effects of Information Communication and Technology(ICT) and Social Capital, E-government and Anti-Corruption: Empirical Analysis of International Data, Reconciling State Aid and Property Tax Relief for Urban Schools: Birthing a New STAR in New York State, Do State-Funded Property Tax Exemptions Increase Local Government Inefficiency?: An Analysis of New York State's STAR Program(이상 공동연구), A Comprehensive Model of Determinants of

Property Tax Assessment Quality: Evidence in New York State 등.
- 주요 경력: 미국 Rutgers-the State University of New Jersey 조교수, 삼일, 삼정 회계법인 근무(한국 공인회계사), *Journal of Public Management and Social Policy* 편집위원, 한국지방재정학회 총무이사 등 역임.

유금록(柳金祿)

- 국립 군산대학교 행정학과 교수(현재)
- 성균관대학교 경제학과 졸업(경제학 학사)
- 서울대학교 행정대학원 졸업(행정학 석사)
- 서울대학교 대학원 졸업(행정학 박사)
- 주요 연구: 정치적 경기순환론에 의한 불균형예산의 결정요인에 관한 연구(박사학위 논문), Intervention Analysis of Electoral Tax Cycle, 잔여기준초효율성모형에 의한 민간위탁업무의 표준원가 추정, 지방재정교부금이 지방정부 및 중앙정부의 지출에 미치는 효과분석, 한국과 일본의 국세행정의 효율성 비교 등 90여 편의 논문과 「공공부문의 효율성 측정과 평가」, 「현대재무행정이론」 등 10권의 저서를 저술.
- 주요 경력: 미국 하버드대학교 및 예일대학교 객원교수, 한국정책분석평가학회 회장 등 역임, 국무총리실 자체평가위원회 위원장, 한국공공선택학회 회장, 대통령 소속 지방분권 촉진위원회 실무위원(이상 현재).

윤성채(尹盛埰)

- 고려대학교 공공행정학부 교수(현재)
- 고려대학교 법과대학 행정학과(학사)
- 웨스트버지니아대학교 경제학과(경제학 석사 · 박사)
- 주요 연구: 관리도구로서의 예산, 적자예산에 대한 미국 행정부와 의회의 대응, 예산결정과정에서의 의회와 행정부의 역할, Public Assistance and Cost Advantage of EU Peripheral Regions for FDI 등.
- 주요 경력: 미국 USC와 듀크대학교의 객원교수 역임, 조달청 계약심사위원, 관세청 규제위원, 행정복합도시 건설청 평가·자문위원(이상 현재).

이정만(李貞滿)

- 공주대학교 행정학과 부교수(현재)

• 서울대학교 정치학과(학사)
• 서울대학교 행정대학원(행정학 석사)
• 동경대학(석박사(학술))
• 주요 연구: 「일본행정론」(공저), 일본 삼위일체 개혁의 추진과정과 성과 등.

인태환(印兌煥)

• 국가안보전략연구소 책임연구위원(현재)
• 동국대학교 법정대학 행정학과(학사)
• 서울대학교 행정대학원, 인디애나대학교 SPEA(석사)
• 시라큐스대학교 맥스웰 스쿨 행정학과(박사)
• 주요 연구: The Effect of Mandatory, Secondary Municipal Bond Market Disclosure Requirements on the U.S. Municipal Bond Market: The Amended Securities Exchange Act, Rule 15c-12 of 1994(박사학위 논문), 이명박 정부의 재정개혁 과제: 총량적 지출 상한제(spending caps) 도입을 통한 재정준칙 제정을 중심으로, 1960년 이후 미국 재정적자 추이 및 주요 적자 감축정책 연구, 우리나라 공적연금 체제의 현황과 향후 과제: 4대 공적연금 구조 분석과 근본적 개혁을 중심으로, 공무원연금: 기금 고갈 사태에 대한 원인 진단과 해결 방안을 중심으로, 「현대재무행정이론」(공저) 등.
• 주요 경력: 현 금융감독원, 한국소비자원 대리, *The Journal of East Asian Affairs* 편집위원장, 정부혁신지방분권위원회 전문위원, 한국행정학회 상임이사, 한국정책분석평가학회 연구이사 등 역임.

전상경(全相京)

• 동아대학교 행정학과 교수(현재)
• 부산대학교 전자공학과(학사)
• 서울대학교 행정대학원(행정학 석사)
• 미국펜실베이니아대학교 워튼스쿨(정책학 박사)
• 주요 연구: 「현대지방재정론」(2판), 「정책분석의 정치경제」(3판), 「국민 합의의 분석」(2인 공역), 「시장과 정부: 불완전한 선택대안」(역서), 「관료제의 정치경제학」(2인 공역) 등.
• 주요 경력: 중국 강소성 사회과학연구원 방문연구원(현재), 한국지방정부학회 회장, 미국 펜실베이니아대학교 Senior Fellow, 한국행정학회 편집위원장, 미

국 캘리포니아대학교(버클리) 풀브라이트 교환교수 등 역임.

황수연(黃壽淵)

- 경성대학교 행정학과 교수(현재)
- 서울대학교 경영학과(학사)
- 서울대학교 행정대학원(행정학 석사 · 박사)
- 주요 연구: 「새 연방제론: 지방자치의 공공선택론」(고든 털럭 저), 「게임이론」(프랭크 저게리 저), 「지대 추구」(고든 털럭 저), 「공공재, 재분배 그리고 지대 추구」(고든 털럭 저), 「득표 동기론 II: 공공선택론의 이해」(고든 털럭 저) 번역서 등.
- 주요 경력: 한국개발연구원(KDI) 연구원, 애리조나대학교 경제학과 풀브라이트 교환교수, 조지 메이슨 대학 공공선택연구소 교환교수, 경성대학교 교육연구처장, 경성대학교 법정대학장 등 역임.

현대 지방재정의 주요 이론

펴낸날 / 제1판 제1쇄 2009년 7월 20일

지은이 / 한국행정학회 재무행정연구회

펴낸이 / 임춘환

펴낸곳 / 도서출판 대영문화사

주소 / 서울 용산구 청파동 1가 178-2 ㊀ 140-869

등록 / 1975년 12월 26일 제3-16호

전화 / (02)716-3883, (02)714-3062

팩시밀리 / (02)703-3839

우체국 온라인 / 011353-02-009106

© 한국행정학회 재무행정연구회, 2009

ISBN 978-89-7644-318-2

〔값 16,000원〕

* 잘못된 책은 바꾸어 드립니다.

* 이 책의 내용은 저작권법의 보호를 받습니다.